Hasso Lieber | Ursula Sens

Fit fürs Schöffenamt

Ratgeber für ehrenamtliche Richterinnen und Richter in der Strafgerichtsbarkeit

3. vollständig überarbeitete Auflage

Onlineversion
Nomos eLibrary

Partizipation in der Justiz (PariJus)
– Gemeinnützige Gesellschaft zur Förderung zivilgesellschaftlicher Teilhabe mbH –

Die Deutsche Nationalbibliothek verzeichnet diese Publikation in der Deutschen Nationalbibliografie; detaillierte bibliografische Daten sind im Internet über http://dnb.d-nb.de abrufbar.

ISBN 978-3-7560-0899-5 (Print)
ISBN 978-3-7489-1645-1 (ePDF)

Die Vorauflagen sind im Berliner Wissenschaftsverlag erschienen.

3. Auflage 2024
© Nomos Verlagsgesellschaft, Baden-Baden 2024. Gesamtverantwortung für Druck und Herstellung bei der Nomos Verlagsgesellschaft mbH & Co. KG. Alle Rechte, auch die des Nachdrucks von Auszügen, der fotomechanischen Wiedergabe und der Übersetzung, vorbehalten. Gedruckt auf alterungsbeständigem Papier.

Vorwort

Schöffen sprechen Recht – Rechts*wissenschaften* müssen sie aber nicht studiert haben. Kenntnisse von den Zusammenhängen des Rechts und der Rechtsordnung setzen keine wissenschaftliche Ausbildung voraus. Recht bestimmt unseren Alltag, unseren Beruf, unsere Freizeit, ist also etwas „Alltägliches" – im Strafrecht allemal, denn es ist der Teil der Rechtsordnung, der am intensivsten in das Leben der Bürgerinnen und Bürger eingreift. In Freiheit, Eigentum, Persönlichkeitsrechte. Umso wichtiger ist es, Menschen an der Anwendung von Recht zu beteiligen, die nicht mit der Abstraktion des wissenschaftlichen Denkens, nicht aus der professionellen Einbindung in die Staatsgewalt an die Beurteilung – ggf. Verurteilung – menschlichen Verhaltens herangehen.

Dieses Buch handelt vom Recht. Ist es deshalb ein juristisches Buch? Ja und Nein. Es handelt vom Strafrecht und Strafverfahrensrecht, von der Rolle und der Verantwortung der Schöffen sowie ihren Schutzrechten. Insofern ist es auch juristisch. Es soll dem Schöffen deutlich machen, in welchem Rahmen, welcher Systematik und welcher Denkweise er sich bewegt. Schließlich ist er an Recht und Gesetz gebunden, ohne darin ausgebildet worden zu sein. Das Buch soll deutlich machen, wieviel Spielraum eigenen Denkens, eigener Erfahrung, eigener Entscheidungsräume die Beteiligung an der Rechtsprechung eröffnet. Insofern geht das Buch über den rein juristischen Part hinaus und zeigt Perspektiven auf, die Anwendung des Rechts als Vorgang zu begreifen – den „Krug des Rechts mit dem Wasser des Lebens zu füllen".

Martin Luther sagte in der Phase des Vordringens des römischen Rechts in Kontinentaleuropa: „Ein Jurist, der nicht mehr ist als ein Jurist, ist ein armselig Ding." Und *Gustav Radbruch* ergänzte Anfang des 20. Jahrhunderts: „Ein guter Jurist kann nur der werden, der mit einem schlechten Gewissen Jurist ist." Die Rechtskenntnis allein tut's also nicht. Schöffen müssen verstehen, warum was wann geschieht, um sich an der richtigen Stelle mit ihren Mitwirkungsmöglichkeiten und Kompetenzen beteiligen zu können. Aus gutem Grund repräsentieren auch die Autoren beide Komponenten dieser Anforderungen an Rechtsprechung.

Nicht zufällig widmet sich der letzte Teil den – notwendigen – Schutzregeln für die ehrenamtlichen Richter. Bei aller Eloquenz, mit der die Schöffenwahl 2023 von Politik und Medien begleitet wurde, sind die negativen Begleiterscheinungen, die das Amt in der Kollision mit beruflichen Pflichten mit sich bringen kann, selten angesprochen worden. Es gilt auch insoweit, die Schöffen in der Ausübung ihres Amtes zu stärken, Handlungskompetenz und Mut zum Richten zu vermitteln.

PariJus begleitet Sie durch den Alltag des richterlichen Ehrenamtes mit Rat und kritischer Unterstützung. Möge dieses Buch ein Baustein dazu sein.

Berlin, im Mai 2024

Hasso Lieber *Ursula Sens*

Inhaltsverzeichnis

Vorwort	5
Abkürzungsverzeichnis	17
Teil A Das Schöffenamt	21
I. Zivilgesellschaftliche Teilhabe an der Rechtsprechung	21
1. Recht und Gerechtigkeit im Rechtsstaat	21
1.1 Funktion des Rechts	21
1.2 Rechtsquellen	23
1.3 Gerechtigkeit	25
1.4 Recht und Gerechtigkeit, Gesetz und Recht	27
1.5 Der Rechtsstaat	28
2. Ehrenamtliche Richter im System von Verfassung und Gerichtsverfassung	29
2.1 Ehrenamtliche Richter in der Verfassung	29
2.2 Richterliche Ehrenämter	31
3. Vom Volksgericht zum heutigen Schöffengericht	32
3.1 Volksgerichte bis zum Ende des Mittelalters	33
3.2 Schöffengerichte von der Neuzeit bis zum Absolutismus	35
3.3 Schöffen- und Schwurgerichte in der bürgerlichen Freiheitsbewegung	36
3.4 Schöffen- und Schwurgerichte im 20. Jahrhundert	38
4. Pro und Contra Schöffen	41
4.1 Demokratieprinzip	42
4.2 Beitrag zur Qualität der Rechtsprechung	43
4.3 Volkspädagogischer Effekt	44
5. Wahl der Schöffen und Jugendschöffen	45
6. Amtszeit, Art und Umfang des Einsatzes	46
6.1 Amtszeit	46
6.2 Unterschiedliche Schöffenämter	47
6.3 Einsatz der Hauptschöffen	47
6.3.1 Bestimmung der Sitzungstage	47
6.3.2 Auslosung der Hauptschöffen	48
6.3.3 Benachrichtigung, Ladung zum Termin	49
6.4 Einsatz der Ersatzschöffen, Ergänzungsschöffen	51
6.4.1 Modus der Heranziehung	52
6.4.2 Anlass der Heranziehung	52

		6.4.3 Ergänzungsschöffen	53
		6.4.4 Wechsel in die Hauptschöffenliste	54
		6.4.5 Ergänzungswahl	55
	7.	Aufbau und Organisation der Strafgerichtsbarkeit	55
		7.1 Beginn des Verfahrens beim Amtsgericht	56
		7.1.1 Allgemeine Strafverfahren	56
		7.1.2 Jugendstrafsachen	56
		7.1.3 Jugendschutzverfahren	57
		7.2 Beginn des Verfahrens beim Landgericht	57
		7.2.1 Große Strafkammer	57
		7.2.2 Große Jugendkammer	57
		7.3 Beginn des Verfahrens beim Oberlandesgericht	58
		7.4 Der Bundesgerichtshof	58
II.	Rechtsstellung der Schöffen		58
	1.	Funktion und Aufgaben der Schöffen	58
	2.	Allgemeine Rechtsstellung der Schöffen	61
		2.1. Gleichstellung mit dem Berufsrichter	61
		2.1.1 Richterliche Unabhängigkeit	61
		2.1.2 Gleiches Stimmrecht	63
		2.2 Haftung, Spruchrichterprivileg	64
	3.	Entscheidungen während der Hauptverhandlung	64
		3.1 Entscheidungen unter Mitwirkung der Schöffen	64
		3.2 Ausnahmen von der Mitwirkung der Schöffen	65
		3.3 Entscheidungen über Maßnahmen des Vorsitzenden	66
	4.	Verantwortung, ethisches Verhalten, Fortbildung	66
	5.	Strafbarkeit der Schöffen	68
III.	Pflichten der Schöffen		70
	1.	Teilnahme an der Hauptverhandlung	70
		1.1 Pünktliche, körperliche und mentale Anwesenheit	70
		1.2 Befreiung von einzelnen Sitzungstagen	71
		1.2.1 Verhinderung wegen unabwendbarer Umstände	72
		1.2.2 Unzumutbarkeit des Sitzungsdienstes	72
		1.2.3 Verfahren der Entbindung	75
		1.2.4 Erreichbarkeit, Nichterreichbarkeit	76
		1.3 Ausschluss von einzelnen Verfahren	78
		1.3.1 Gesetzlicher Ausschluss	78
		1.3.2 Besorgnis der Befangenheit	79
	2.	Weitere Obliegenheitspflichten	86
		2.1 Eid und Gelöbnis	86

	2.2	Mitwirkung an Entscheidung und Abstimmung	86
3.	Pflicht zu Verschwiegenheit und Zurückhaltung		87
	3.1	Beratungsgeheimnis, Pflicht zur Geheimhaltung	87
	3.2	Umgang mit den (sozialen) Medien	89
	3.3	Kontakt zu Prozessbeteiligten	91
4.	Pflicht zu Neutralität und Unparteilichkeit		93
5.	Bindung an Gesetz und Recht		93
6.	Pflichtverletzungen und Folgen		94
	6.1	Unentschuldigtes Ausbleiben, Verspätung	94
	6.2	Verletzung von Obliegenheitspflichten	94
	6.3	Ordnungsgeld, Verfahrenskosten	96
	6.4	Nachträgliche Entschuldigung und Beschwerde	97
	6.5	Amtsenthebung	98
		6.5.1 Fehlende Verfassungstreue	98
		6.5.2 Gröbliche Verletzung der Amtspflichten	100
		6.5.3 Verfahren der Amtsenthebung	101

IV. Befreiung und Ausschluss vom Schöffenamt 102
1. Streichung von Amts wegen 102
   1.1 Unfähigkeit zum Amt 102
   1.2 Ungeeignetheit zum Amt 103
2. Streichung auf Antrag 105
   2.1 Zahl von geleisteten Sitzungstagen 105
   2.2 Umzug innerhalb des Landgerichtsbezirks 106
   2.3 Nachträglich eingetretene Ablehnungsgründe 106
   2.4 Antragsberechtigung 106
   2.5 Zuständigkeit für die Entscheidung 106

Teil B Grundlagen des Strafrechts 109

I. Kriminalität und Strafe 109
1. Ursachen kriminellen Verhaltens 109
2. Die Strafbarkeit von Verhaltensweisen 112
   2.1 Materielles Strafrecht 112
   2.2 Formelles Strafrecht 112
   2.3 Einteilung der Straftaten 113
3. Aufgabe, Sinn und Zweck von Strafrecht und Strafe 113
   3.1 Begriff der Strafe 114
   3.2 Aufgaben des Strafrechts 114
   3.3 Sinn und Zweck der Strafe 116

4.	Feststellung einer Straftat	119
4.1	Phasen einer Straftat	120
4.2	Objektiver Tatbestand	122
	4.2.1 Täter	122
	4.2.2 Täterschaft und Teilnahme	122
	4.2.3 Tathandlung, Erfolg und Tatmodalitäten	124
	4.2.4 Kausalität	125
	4.2.5 Versuch	126
4.3	Subjektiver Tatbestand	127
	4.3.1 Vorsatz	127
	4.3.2 Fahrlässigkeit	128
	4.3.3 Grenzfälle zwischen Vorsatz und Fahrlässigkeit	128
4.4	Rechtswidrigkeit und Rechtfertigungsgründe	129
	4.4.1 Notwehr	130
	4.4.2 Rechtfertigender Notstand	130
	4.4.3 Einwilligung	131
	4.4.4 Rechtfertigende Pflichtenkollision	131
	4.4.5 Festnahmerecht	131
	4.4.6 Handeln auf Befehl	132
	4.4.7 Zivilrechtlicher Notstand	132
	4.4.8 Wahrnehmung berechtigter Interessen	132
4.5	Schuld, Schuldausschließungs- und Entschuldigungsgründe	133
	4.5.1 Schuld	133
	4.5.2 Schuldausschließungsgründe	133
	4.5.3 Entschuldigungsgründe	135
4.6	Strafausschließungs- und Strafaufhebungsgründe	136
	4.6.1 Strafausschließungsgründe	136
	4.6.2 Strafaufhebungsgründe	136
4.7	Irrtum	137
	4.7.1 Irrtum über den Tatbestand	137
	4.7.2 Irrtum über das Verbotene des Tuns	138

II. Sanktionensystem 138
1. Sanktionen ohne Strafcharakter 138
   1.1 Einstellung des Verfahrens 138
   1.2. Verwarnung mit Strafvorbehalt 139
   1.3. Absehen von Strafe 141
2. Geldstrafe, Ersatzfreiheitsstrafe 141

3. Freiheitsstrafe 143
   3.1 Dauer 143
      3.1.1 Kurze Freiheitsstrafen 143
      3.1.2 Zeitige Freiheitsstrafe 144
      3.1.3 Lebenslange Freiheitsstrafe 144
      3.1.4 Exkurs: Korrektur der Strafe im Vollzug 145
   3.2 Strafaussetzung zur Bewährung 145
      3.2.1 Voraussetzungen 145
      3.2.2 Auflagen und Weisungen 146
4. Nebenstrafen, Nebenfolge, Einziehung 147
   4.1 Nebenstrafen 147
   4.2 Nebenfolgen 148
      4.2.1 Verlust von Rechten 148
      4.2.2 Einziehung, Vermögensabschöpfung 148
5. Maßregeln der Besserung und Sicherung 149
   5.1 Unterbringung in einem psychiatrischen Krankenhaus .. 149
   5.2 Unterbringung in einer Entziehungsanstalt 150
   5.3 Unterbringung in der Sicherungsverwahrung 150
   5.4 Führungsaufsicht 151
   5.5 Berufsverbot 152
   5.6 Entziehung der Fahrerlaubnis 152
6. Sanktionen nach dem Jugendstrafrecht 153
   6.1 Erziehungsmaßregeln 153
   6.2 Zuchtmittel 153
   6.3 Jugendstrafe 154

Teil C Das Strafverfahren 157

I. Beteiligte am Strafverfahren 157
   1. Gericht 157
   2. Staatsanwaltschaft 158
   3. Angeklagter 158
   4. Verteidiger 160
   5. Nebenkläger 161
   6. Verletzter 162

II. Aufgabe des Strafverfahrens 163

III. Grundsätze mit Verfassungsrang 163
   1. Allgemeine Grund- und Menschenrechte 164
   2. Justizgrundrechte 165
      2.1 Gesetzlicher Richter 165

	2.2 Abschaffung der Todesstrafe	166
	2.3 Rechtliches Gehör	166
	2.4 Keine Strafe ohne Gesetz	166
	2.5 Verbot der Mehrfachbestrafung	167
	2.6 Folterverbot	168
	2.7 Freiheitsentziehung (Richtervorbehalt)	168
	2.8 Verhältnismäßigkeit	168
IV.	Prozessgrundsätze	168
	1. Öffentlichkeit	169
	2. Mündlichkeit und Unmittelbarkeit	170
	3. Anklageprinzip	170
	4. Offizial-, Legalitäts-, Opportunitätsprinzip	171
	5. Beschleunigungsgrundsatz	172
	6. Selbstbelastungsfreiheit	172
	7. Faires Verfahren	173
	8. Unschuldsvermutung	174
	9. Freie Beweiswürdigung	174
	10. Im Zweifel für den Angeklagten	176
	11. Güterabwägung	176
V.	Das Strafverfahren bis zur Hauptverhandlung	177
	1. Ermittlungsverfahren	177
	1.1 Ermittlungsmethoden, Beweismittel	178
	1.2 Freiheitsentziehende Maßnahmen zur Sicherung des Verfahrens	180
	1.3 Anklageerhebung oder Einstellung des Verfahrens	181
	2. Zwischenverfahren; Eröffnung des Hauptverfahrens	182
VI.	Hauptverhandlung	183
	1. Ablauf und Dauer der Hauptverhandlung	183
	2. Informationsquellen der Schöffen	186
	2.1 Information vor Beginn der Sitzung	186
	2.2 Beratungsbedarf während der Verhandlung	187
	3. Arbeitsmittel der Schöffen	187
	4. Aktenkenntnis	189
	4.1 Rechtsprechung	189
	4.2 Umfang der Aktenkenntnis	191
	4.3 Aushändigung der Anklageschrift	192
	5. Aufruf der Sache bis Verlesung der Anklage	194
	6. Vernehmung des Angeklagten zur Sache	194

Inhaltsverzeichnis

VII.	**Beweisaufnahme**	**195**
	1. Grundsätze des Beweisrechts	195
	2. Beweismittel und -arten	196
	3. Beweis und Indizien, Haupt- und Hilfstatsachen	196
	4. Beweisantrag, Beweisanregungen	198
	5. Beweisverbote	199
	5.1 Beweiserhebungsverbote	199
	5.2 Beweisverwertungsverbote	200
VIII.	**Einzelne Beweiserhebungen**	**203**
	1. Zeugenvernehmung	203
	1.1 Zur Person	203
	1.2 Zur Sache	203
	1.3 Rechte und Pflichten des Zeugen	204
	1.4 Zeugnisverweigerung	205
	1.5 Auskunftsverweigerung	206
	1.6 Zeugenbeistand	207
	1.7 Junge Zeugen – Vertrauensperson	207
	1.8 Unmittelbarkeit der Vernehmung	208
	2. Sachverständige	210
	3. Richterlicher Augenschein	211
	4. Urkunden, Selbstleseverfahren	211
IX.	**Fragerecht der Schöffen**	**212**
	1. Fragetechnik	213
	2. Frageformen	215
X.	**Besprechungen zwischen den Verfahrensbeteiligten**	**218**
	1. Erörterung des Verfahrensstandes	218
	2. Verständigung	219
	2.1 Grundsätze der Verständigung	220
	2.2 Zulässige Gegenstände der Verständigung	224
	2.3 Zustandekommen der Verständigung	226
XI.	**Einstellung während der Hauptverhandlung**	**227**
XII.	**Schlussvorträge und letztes Wort**	**229**
	1. Staatsanwaltschaft	229
	2. Nebenklage	230
	3. Verteidigung	230
	4. Letztes Wort	230
XIII.	**Beratung und Urteil**	**231**
	1. Ablauf der Beratung	231

2.	Tatsachenfeststellung, Beweiswürdigung	233
2.1	Kriterien der Glaubwürdigkeit	234
2.2	Kriterien der Glaubhaftigkeit	235
2.2.1	Aussageanalyse	235
2.2.2	Körpersprache	238
2.2.3	Geständnis	239
3.	Richterliche Überzeugung	239
3.1	Gesamtschau der Aussagemerkmale	240
3.2	Gesamtschau der Haupttatsachen	240
3.3	Bewertung von Indizien	241
3.4	Methoden der Entscheidungsfindung	241
4.	Rechtliche Würdigung der Tat	242
5.	Abstimmungen	244
5.1	Abstimmung über Verfahrensfragen	244
5.2	Entscheidungen im Freibeweis	244
5.3	Abstimmung über die Schuld (Tatnachweis)	245
5.4	Abstimmung über die Rechtsfolgen	246
XIV.	**Strafzumessung**	**247**
1.	Festlegung der Strafart	248
2.	Festlegung des Strafrahmens	248
2.1	Gesetzlicher Strafrahmen der Freiheitsstrafe	248
2.2	Verschiebungen des gesetzlichen Strafrahmens	249
2.2.1	Strafmilderungsgründe	249
2.2.2	Strafschärfungsgründe	251
2.3	Doppelverwertungsverbot	253
2.4	Gesetzlicher Strafrahmen der Geldstrafe	253
2.5	Einordnung der Schuld in den Strafrahmen	254
2.6	Präventionsentscheidung	257
2.7	Prognoseentscheidungen	258
3.	Strafzumessung bei mehreren Straftaten	259
3.1	Tateinheit, Tatmehrheit	259
3.2	Gesamtstrafe	259
3.3	Geldstrafe neben Freiheitsstrafe	260
4.	Weitere Entscheidungen	261
4.1	Maßregeln der Besserung und Sicherung	261
4.2	Anrechnung vorläufiger Freiheitsentziehung und Maßregeln	261
4.3	Kosten und notwendige Auslagen	261

			4.4 Entschädigung für Strafverfolgungsmaßnahmen	262
	5.	Praktischer Fall: Wie findet die Kammer die richtige Strafe? ..		263
XV.	**Berufungs- und Jugendstrafverfahren**			265
	1.	Besonderheiten des Berufungsverfahrens		265
		1.1	Gegenstand der Berufungsverhandlung	265
		1.2	Verlesung des Urteils erster Instanz	266
		1.3	Anwesenheit in der Berufungsverhandlung	266
		1.4	Vernehmung zur Sache	266
		1.5	Reihenfolge der Schlussvorträge	267
		1.6	Das Verschlechterungsverbot	267
	2.	Besonderheiten des Jugendstrafverfahrens		267
		2.1	Voraussetzungen	268
		2.2	Öffentlichkeit	268
		2.3	Erziehungsberechtigte und gesetzliche Vertreter	268
		2.4	Jugendgerichtshilfe	269
		2.5	Vorläufige Freiheitsentziehung	269
		2.6	Erziehungsgedanke	269

Teil D Schutz vor Benachteiligung				271
I.	**Beschränkungs- und Benachteiligungsverbot**			271
	1.	Grundsatz		271
	2.	Umfang des Schutzes		271
II.	**Arbeitsrechtlicher Schutz**			273
	1.	Kündigungsschutz		273
	2.	Freistellung		274
		2.1	Grundsatz	274
		2.2	Flexibilisierung der Arbeitszeit	274
		2.3	Entgeltfortzahlung und Entschädigung	276
		2.4	Bewertung der Rechtsprechung	276
	3.	Urlaub		278
	4.	Mutterschutz		278
III.	**Sozialversicherung**			279
	1.	Krankenversicherung		279
	2.	Rentenversicherung		279
	3.	Unfallversicherung		280
IV.	**Entschädigung**			281
	1.	Geltungsbereich des JVEG		281
	2.	Zeitberechnung		282
		2.1	Dauer der Heranziehung	282

Inhaltsverzeichnis

2.2 Vor- und Nachbereitungszeiten	282
3. Entschädigung für Zeitversäumnis	283
4. Entschädigung für Nachteile bei der Haushaltsführung	283
4.1 Anspruchsberechtigte	283
4.2 Erwerbsersatzeinkommen	283
4.3 Erwerbsminderungsrente	284
5. Entschädigung für Verdienstausfall	284
5.1 Tatsächlicher Verlust, Nachweis	284
5.2 Bemessungsgrundlage, Obergrenzen	285
5.3 Selbstständige, Freiberufler	286
6. Entschädigung für Teilzeitbeschäftigte	286
7. Fahrtkosten	287
7.1 Wegstrecke	287
7.2 Verkehrsmittel	288
8. Aufwand	289
9. Sonstige Aufwendungen	289
9.1 Auslagen	289
9.2 Vertretung	289
9.3 Begleitperson	290
9.4 Nicht notwendige Auslagen	290
9.5 Umsatzsteuer	290
10. Verfahren und Kosten	290
10.1 Antragstellung	290
10.2 Gerichtliche Entscheidung	291
10.3 Beschwerde, weitere Beschwerde	291
11. Verlust des Anspruchs; Rückforderung	291
11.1 Erlöschen, Verjährung	291
11.2 Überzahlte Entschädigung	292
12. Besteuerung der Entschädigung	292
Glossar zum Schöffenamt	295
Partizipation in der Justiz (PariJus)	309
Register	311

Abkürzungsverzeichnis

a. A.	anderer Ansicht
Abs.	Absatz
AG	Amtsgericht
ahd.	althochdeutsch
Alt.	Alternative
Anm.	Anmerkung
AO	Abgabenordnung
ArbGG	Arbeitsgerichtsgesetz
ArbZG	Arbeitszeitgesetz
Art.	Artikel
AuR	Arbeit und Recht
BAG	Bundesarbeitsgericht
BAGE	Entscheidungen des Bundesarbeitsgerichts
Bd.	Band
BFH	Bundesfinanzhof
BGB	Bürgerliches Gesetzbuch
BGBl	Bundesgesetzblatt
BGH	Bundesgerichtshof
BGHSt	Entscheidungen des Bundesgerichtshofes in Strafsachen
BGHZ	Entscheidungen des Bundesgerichtshofes in Zivilsachen
BR-Drs.	Drucksache / Bundesrat
BRKG	Bundesreisekostengesetz
BSG	Bundessozialgericht
BT-Drs.	Drucksache / Deutscher Bundestag
BtMG	Betäubungsmittelgesetz
BT-PlPr.	Plenarprotokoll / Deutscher Bundestag
BVerfG	Bundesverfassungsgericht
BVerfGE	Entscheidungen des Bundesverfassungsgerichts
BVerwG	Bundesverwaltungsgericht
BVerwGE	Entscheidungen des Bundesverwaltungsgerichts
BZRG	Bundeszentralregistergesetz
bzw.	beziehungsweise
d. h.	das heißt
DB	Der Betrieb
DÖV	Die öffentliche Verwaltung
DRiG	Deutsches Richtergesetz
DVBl	Deutsches Verwaltungsblatt
EGMR	Europäischer Gerichtshof für Menschenrechte

EGStGB	Einführungsgesetz zum Strafgesetzbuch
EMRK	Europäische Menschenrechtskonvention
EStG	Einkommensteuergesetz
et al.	und andere
evtl.	eventuell
f., ff.	(fort)folgende
FGO	Finanzgerichtsordnung
Fn.	Fußnote
GA	Goltdammer's Archiv für Strafrecht
GG	Grundgesetz
ggf.	gegebenenfalls
GRCh	Charta der Grundrechte der Europäischen Union
GVG	Gerichtsverfassungsgesetz
HRG	Handwörterbuch zur deutschen Rechtsgeschichte
HRRS	HRR-Strafrecht.de, https://www.hrr-strafrecht.de
i. V. m.	in Verbindung mit
incl.	inklusive
JGG	Jugendgerichtsgesetz
JMBl.	Justizministerialblatt
JR	Juristische Rundschau
jurisPR-StrafR	juris PraxisReport Strafrecht
JVEG	Justizvergütungs- und -entschädigungsgesetz
JZ	Juristenzeitung
KG	Kammergericht
LG	Landgericht
LM	Lindenmaier/Möhring (Hrsg.), Nachschlagewerk des Bundesgerichtshofs
LSG	Landessozialgericht
LVerf Bbg	Landesverfassung Brandenburg
m. w. N.	mit weiteren Nachweisen
MDR	Monatsschrift für deutsches Recht
MuSchG	Mutterschutzgesetz
n. Z.	nach der Zeitrechnung
NJW	Neue juristische Wochenschrift
Nr.	Nummer
NStZ	Neue Zeitschrift für Strafrecht
NStZ-RR	Neue Zeitschrift für Strafrecht, Rechtsprechungs-Report
NVwZ-RR	Neue Zeitschrift für Verwaltungsrecht, Rechtsprechungs-Report
OLG	Oberlandesgericht
OVG	Oberverwaltungsgericht

OWiG	Gesetz über Ordnungswidrigkeiten
RG	Reichsgericht
RGBl	Reichsgesetzblatt
RiStBV	Richtlinien für das Strafverfahren und das Bußgeldverfahren
Rn.	Randnummer
RohR	Richter ohne Robe
Rpfleger	Der deutsche Rechtspfleger
S.	Seite
SG	Sozialgericht
SGB	Sozialgesetzbuch
SGG	Sozialgerichtsgesetz
SJZ	Süddeutsche Juristen-Zeitung
sog.	sogenannte/n/r/s
Sp.	Spalte
Std.	Stunde/n
StGB	Strafgesetzbuch
StPO	Strafprozessordnung
StREG	Gesetz über die Entschädigung für Strafverfolgungsmaßnahmen
StV	Strafverteidiger
TVöD	Tarifvertrag für den öffentlichen Dienst
u. a.	unter anderem, und andere
usw.	und so weiter
v. Z.	vor der Zeitrechnung
VerfGH	Verfassungsgerichtshof
VG	Verwaltungsgericht
vgl.	Vergleiche
VwGO	Verwaltungsgerichtsordnung
z. B.	zum Beispiel
ZIS	Zeitschrift für internationale Strafrechtsdogmatik, www.zis-online.com
ZRP	Zeitschrift für Rechtspolitik

Teil A Das Schöffenamt

I. Zivilgesellschaftliche Teilhabe an der Rechtsprechung

1. Recht und Gerechtigkeit im Rechtsstaat

Was verstehen wir unter Recht? Ist Recht nur die Gesamtheit aller Gesetze, die die Parlamente erlassen haben? Oder gibt es übergeordnete Prinzipien, die ein Gesetz erst zu „Recht" machen? Kann Recht jeden beliebigen Inhalt haben oder gibt es Kriterien für das – von der Gesellschaft empfundene – richtige Recht? Sprachlich hat „Recht" denselben Ursprung wie „richtig" (ahd., *reht*). Ob stets richtig ist, was dem Wortlaut eines Gesetzes entspricht, und ein Verhalten, das nicht mit dem Wortlaut übereinstimmt, immer Unrecht ist oder trotzdem Recht sein kann, ist eine Frage des Einzelfalls. Ist ein Gesetz selbst Unrecht (z. B. die Nürnberger Rassengesetze), kann seine Beachtung nicht Recht sein. Umgekehrt kann ein Verhalten, das zwar dem Wortlaut eines rechtmäßigen Gesetzes entspricht, aber seinem Sinn und Zweck zuwiderläuft, ebenfalls nicht Recht sein.

1.1 Funktion des Rechts

Was Recht ist, kann aus der Funktion des Rechts gefolgert werden. In seiner **ordnenden Funktion** sorgt Recht für Sicherheit, indem es verbindliche Verhaltensnormen für eine Vielzahl von Betroffenen vorhersehbar regelt. Dabei kommt es oft weniger auf den Inhalt als auf die Einheitlichkeit an, z. B. das Rechtsfahrgebot im Straßenverkehr. Diese Ordnung muss nicht unbedingt durch staatliche Regeln vorgeschrieben werden; auch private Normen können die ordnende Funktion bewirken. So ermöglichen die Standards des Deutschen Instituts für Normung (DIN) bei der Beurteilung von Fahrlässigkeit, ob der Hersteller eines Produkts die allgemein anerkannten Regeln der Technik beachtet und somit die verkehrsübliche Sorgfalt eingehalten hat.

Zur Ordnung gehört die **Rechtssicherheit**. Sie schützt das Vertrauen des Bürgers in die Existenz von klaren, beständigen und verlässlichen Pflichten und Rechten. Dieser Grundsatz, formal besonders ausgeprägt in den Prozessordnungen der einzelnen Gerichtsbarkeiten, garantiert dem Einzelnen die gleiche rechtliche Behandlung gleichartiger Einzelfälle, die Vorhersehbarkeit von Rechtsfolgen sowie das Vertrauen darauf, dass eine von den Gerichten getroffene Entscheidung auch durchgesetzt wird. Zu den Merkmalen der Rechtssicherheit gehören z. B. das Verbot der Rückwirkung belastender Gesetze, die Wahrung des Vertrauensgrundsatzes und die Garantie der Rechtskraft von Urteilen. Rechtssicherheit beinhaltet – gerade im Strafrecht – vor der Staatsgewalt schützende Kriterien, wie etwa die Verfolgungsverjährung. Dieser Schutz gilt auch – und gerade – im Rechtsstaat. Im Oktober 2023 kassierte das Bundesverfassungsgericht die vom Deutschen Bundestag mit § 362 Abs. 1 Nr. 5 StPO geschaffene Möglichkeit der Wiederaufnahme eines Strafverfahrens gegen einen rechtskräftig freigesprochenen „Täter", weil neue Beweismittel gefunden worden seien. Das Gesetz verstieß gegen zwei verfassungsrechtliche Grundsätze: das Rückwirkungsverbot (Art. 103 Abs. 2 GG) und das Mehrfachbestrafungs- bzw. Mehrfachverfolgungsverbot (Art. 103 Abs. 3 GG).[1]

Recht trägt zum **sozialen Frieden** bei, indem Streitigkeiten durch materielles Recht und Verfahren kanalisiert und durch bindende Entscheidungen beendet werden, z. B. durch das Urteil des staatlichen Gerichts, eines privaten Schiedsgerichts (etwa die Sportgerichtsbarkeit) oder durch Einigung der Beteiligten. Seine Friedensfunktion erfüllt Recht insbesondere dann, wenn es den Parteien Gestaltungsmöglichkeiten für einvernehmliche Lösungen anstelle streitiger Entscheidungen einräumt. Gegenseitiges Nachgeben (Vergleich) ist oft sinnvoller als ein Urteil, wenn man nach der Verhandlung weiter miteinander umgehen muss (will).

Die **Freiheitsfunktion** des Rechts sichert dem Einzelnen Freiräume zu, die ihn vor Beeinträchtigungen durch Private ebenso wie vor staatlicher Machtausübung schützen. Der Schutz kann durch Ansprüche (z. B. aus Vertrag), Abwehrrechte (z. B. kann der Eigentümer andere von seinem Eigentum ausschließen) oder Statusrechte (z. B. als Angeklagter oder Nebenkläger) bewirkt werden. Freiheit hat auch ihre Grenzen. Sie endet dort, wo das Recht des anderen beginnt. So hat der Geschädigte einer Straftat eigene Rechte im Verfahren gegenüber Gericht und Staatsanwalt wie gegenüber dem Angeklagten. Die freiheitssichernde Funktion gilt gegenüber der staatlichen Macht vor allem durch das Prinzip der Verhältnismäßigkeit der Mittel. Staatliche Gewalt kann nur so weit in Grundrechte der Bürger eingreifen, wie aus einer Abwägung der in Konkurrenz stehenden Rechte unbedingt erforderlich. Der Strafanspruch des Staates kann hinter das Recht auf Privatheit des Beschuldigten zurücktreten, z. B. wenn es um die Zulässigkeit eines Tagebuches als Beweismittel geht.

Moderne Gesellschaften zeichnen sich durch individuelle Vielfalt aus, in der Recht seine **Integrationsfunktion** entfalten muss. Dass Menschen unterschiedlicher Neigungen, Veranlagungen, Kultur und Herkunft die gleichen Rechte genießen, basiert auf einem gemeinsamen Rechtsbewusstsein und der Überzeugung von der Gleichheit der Menschen vor dem Gesetz sowie der Unverletzlichkeit der Würde eines jeden Menschen. Diese Funktion bewirkt im Gegenzug, dass Auffassungen, die Einzelnen oder Gruppen diese Gleichheit verwehren, in der demokratischen Rechtsordnung keinen Raum beanspruchen können.

Recht soll das Verhalten gesellschaftlicher Akteure **gestalten und steuern**, z. B. das Verhältnis von Arbeitnehmer und Unternehmer, Mieter und Vermieter, Produzent und Verbraucher. Politische Programme werden im parlamentarischen und außerparlamentarischen Willensbildungsprozess in Recht umgesetzt. Die Gestaltung des Rechts kann einen sozialen Wandel nachvollziehen, der im gesellschaftlichen Bewusstsein bereits besteht. Als der Gesetzgeber die Strafbarkeit von Homosexualität und Ehebruch beseitigte, hat er lediglich ein seit Jahrzehnten verändertes öffentliches Bewusstsein in Gesetzesform gegossen.

---

[1] BVerfG 31.10.2023, 2 BvR 900/22, NJW 2023, S. 3698.

Die **Kontrollfunktion** des Rechts ermöglicht die Überprüfung und dadurch Begrenzung der Ausübung staatlicher Macht. Diese Kontrolle kann *innerhalb* der Staatsorganisation z. B. durch Verfassungsgericht, Rechnungshof, ehrenamtliche Richter bzw. von *außerhalb* durch die Freiheit der Presse, die Koalitionsfreiheit von Tarifparteien oder die Arbeit von Interessenverbänden ausgeübt werden. Am deutlichsten kommt die Kontrollfunktion in Art. 19 Abs. 4 GG zum Ausdruck; danach kann jeder Bürger, der durch staatliche Akte benachteiligt wird, ein Gericht anrufen.

Die Herrschaft des Rechts bedarf der **Legitimation**. Die Ausübung der (politischen, rechtlichen und administrativen) Staatsmacht muss den formellen und materiellen verfassungsrechtlichen Ansprüchen genügen. Gesetze müssen nicht nur in dem vorgeschriebenen Verfahren (etwa durch Parlamentsbeschluss) zustande gekommen sein, sondern auch inhaltlichen Anforderungen entsprechen, die sich z. B. aus den Grundrechten ergeben.

1.2 Rechtsquellen

Recht kann auf unterschiedlichen Ebenen und in unterschiedlicher Weise entstehen. **Rechtsquellen** sind

- das geschriebene Recht (Parlamentsgesetz, Rechtsverordnung, Satzung, Verwaltungsvorschrift);
- das (ungeschriebene) Gewohnheitsrecht, das sich durch langjährige Übung entwickelt und aufgrund der übereinstimmenden Auffassung der Beteiligten anerkannt wird, z. B. Handelsbräuche unter Kaufleuten;
- in der globalisierten Welt europäisches, internationales und Völkerrecht (völkerrechtliche Verträge, Völkergewohnheitsrecht, von den Kulturvölkern akzeptierte allgemeine Rechtsgrundsätze).

Keine Rechtsquellen – aber Rechts*erkenntnis*quellen – sind das Richterrecht und die anerkannten Lehrmeinungen der Wissenschaft. Allerdings können bestimmte Entscheidungen des Bundesverfassungsgerichts Gesetzeskraft entfalten. Auch Private können Recht schaffen, etwa durch Verträge, einseitige Rechtsgeschäfte (z. B. ein Testament, das abweichend vom Gesetz den Erben bestimmt) oder privatrechtliche Satzung (z. B. eines Vereins oder einer Gesellschaft).

Über die Frage, ob es über dem geschriebenen Recht Rechtsquellen gibt, wird in der Rechtswissenschaft seit Jahrhunderten gestritten. Der **Rechtspositivismus** erkennt nur das mit staatlicher Autorität zustande gekommene Gesetz als „Recht" an. Eine Rechtsanwendung ist positivistisch, wenn sie sich streng am vorgegebenen Gesetzeswortlaut orientiert und gegenüber außerrechtlichen Prinzipien undurchlässig ist. Im Gegensatz dazu fragt die soziologische Jurisprudenz bzw. die juristische **Hermeneutik** (griech., Auslegung und Verstehen) nach den konkreten gesellschaftlichen Rahmenbedingungen der Gesetzesauslegung. Dieser Gegensatz ist bereits dem alten Begriffspaar „recht und billig" eigen. „Recht" umfasst das geschriebene und ungeschriebene Gesetz; „billig" entspricht der Gerechtigkeit im

Einzelfall, der vom Gesetz nicht immer vorhergesehen und geregelt werden kann. Recht und Billigkeit gelten als zwei Säulen der Gerechtigkeit.

Die **Naturrechtslehre** behauptet ein ewig gültiges, dem menschlichen Einfluss entzogenes (sog. überpositives) Recht, das seine Gültigkeit von der Natur des Menschen oder einer höheren Macht (Vernunft, Natur, Gott) ableitet und legitim selbst durch staatliche Gesetzgebung nicht geändert werden kann. Was als „vernünftig", „gottgegeben" oder „natürlich" erachtet wird, müssen die Vertreter der Naturrechtslehre zwangsläufig daraus ableiten, was sie zuvor als Vernunft, Gott(eswille) oder Natur definiert haben, begründen letztlich das Ergebnis mit sich selbst (sog. Zirkelschluss). Gleichwohl kann nicht geleugnet werden, dass es in der modernen Demokratie oberste Werte wie die Grundrechte gibt, die in ihrem Kern unveränderbar Geltung beanspruchen. Obwohl z. B. das Strafrecht unter dem strengen Grundsatz steht, dass eine Strafbarkeit nicht rückwirkend gesetzlich bestimmt werden darf, wird in besonderen Fällen auf „überrechtliche" Grundsätze zurückgegriffen, etwa bei den Nürnberger Prozessen gegen NSDAP-Größen, den sog. Mauerschützen-Prozessen und den Verfahren gegen hohe DDR-Funktionäre. Das Bundesverfassungsgericht hat entschieden, dass es an der besonderen Vertrauensgrundlage für das strikte Rückwirkungsverbot fehlt, wenn die Staatsmacht die in der Völkergemeinschaft allgemein anerkannten Menschenrechte in schwerwiegender Weise missachtet.[2]

Auch für Rechtspositivisten stellt sich die Frage, ob staatlich gesetztes Recht „Unrecht" sein kann, ob man dieses auf jeden Fall befolgen muss und wo die Grenze zwischen Gehorsam und Widerstand liegt. Mit einer überstarken Betonung der Gesetzesbindung geben Rechtspositivisten autoritären Systemen die Möglichkeit, Unrecht durch „Recht" zu legitimieren. In dem Merkblatt „Fünf Minuten Rechtsphilosophie", das *Gustav Radbruch* seinen Studenten aushändigte, heißt es: „Wenn Gesetze den Willen zur Gerechtigkeit bewußt verleugnen, z. B. Menschenrechte Menschen nach Willkür gewähren und versagen, dann fehlt diesen Gesetzen die Geltung, dann schuldet das Volk ihnen keinen Gehorsam, dann müssen auch die Juristen den Mut finden, ihnen den Rechtscharakter abzusprechen."[3] Die Auffassung, dass man dem Tyrannen keine Treue schulde, entspricht alter germanischer Rechtstradition. Der frühere hessische Generalstaatsanwalt *Fritz Bauer*, der in seinem Plädoyer des ersten Auschwitz-Prozesses den Begriff des „Unrechtsstaates" geprägt hat, erläuterte das so: „Das germanische Recht kannte keinen blinden und unbedingten Gehorsam, es kannte auch keinen unbedingt bindenden Eid. Der Eid verpflichtete nicht zur Treue gegenüber einem Menschen, sondern zur Treue gegenüber einem ewigen Recht, und er erlosch automatisch, wenn der Herrscher aufhörte, das Rechte zu tun. Dergleichen steht in der Edda, es findet sich in allen germanischen Rechtsquellen, besonders im Sachsenspiegel (…). Dort lesen wir: *Der Mann muß wohl auch seinem König, wenn dieser Unrecht tut, widerstehen und sogar*

---

2 BVerfG 24.10.1996, 2 BvR 1851/94 u. a., BVerfGE 95, S. 96 (Leitsatz 3).
3 *Gustav Radbruch*, Rechtsphilosophie, 4. Aufl., 1950, S. 336.

helfen, ihm zu wehren in jeder Weise, selbst wenn dieser sein Verwandter und Lehnsherr ist. Und damit verletzt er seine Treuepflicht nicht."[4]

Alle Rechtsquellen zusammen bilden die **Rechtsordnung**. Das Prinzip der Einheit der Rechtsordnung besagt, dass sie sich nicht widersprechen darf. Die Vielzahl der Rechtsnormen wird als widerspruchsfreies System betrachtet. Ein augenfälliges Beispiel liefert der digitale Umbruch der Gesellschaft, bei dem eine unbeschränkte „Freiheit des Netzes" propagiert wird. Es wird jedoch zunehmend deutlich, dass die Freiheit, sich weltweit zu äußern und unbeschränkt zu informieren, ihre Grenze an den Persönlichkeitsrechten anderer Teilnehmer oder Nichtteilnehmer findet. Dem Rückgriff auf die Rechtsordnung lag z. B. die Entscheidung des BGH zugrunde, dass der Facebook-Account einer Verstorbenen ebenso den erbrechtlichen Regeln unterliegt wie analoge Gedankenverkörperungen (Tagebuch, Briefe).[5] Durch digitale Medien werden keine Sonderrechte kreiert, so dass die Erben einen Anspruch gegen den Netzwerkbetreiber auf Zugang zum Benutzerkonto und zu den Kommunikationsinhalten haben.

1.3 Gerechtigkeit

Ein wesentliches (ungeschriebenes) Element der Rechtsordnung ist die Gerechtigkeit.[6] Ihr grundsätzlicher Ausgangspunkt ist die **Gleichheit**, wonach Gleiches nicht ungleich und Ungleiches nicht willkürlich gleich behandelt werden darf. Staatliche Entscheidungen müssen auf objektiven Kriterien basieren und dürfen nicht willkürlich sein. Willkür liegt vor, wenn es für die Gleich- oder Ungleichbehandlung keinen vernünftigen und einleuchtenden Grund gibt. Soweit man nicht einer egalitären Gerechtigkeit zuneigt (alles ist gleich, jeder hat Anspruch auf das Gleiche), kommt es zu Differenzierungen.

Die *soziale* Gerechtigkeit ist ein Grundprinzip für das faire und gerechte Zusammenleben in der Gesellschaft und berücksichtigt die unterschiedlichen gesellschaftlichen Bedingungen – verteilende (distributive) und ausgleichende (kommutative) Gerechtigkeit bei *Aristoteles*[7]; „Jeder nach seinen Fähigkeiten, jedem nach seinen Bedürfnissen!" bei *Marx*[8]. Soziale Gerechtigkeit wird zunehmend als Chancen- und Teilhabegerechtigkeit verstanden, die auf gleichen Zugang zu Bildung, Arbeit, Kultur usw. abzielt. *Generationen*gerechtigkeit bedeutet, dass Entscheidungen und Handlungen jeder Generation so ausgestaltet sein sollten, dass die Last nicht auf zukünftige Generationen abgewälzt wird. Die *Leistungs*gerechtigkeit will dem, der mehr für die Gemeinschaft leistet, auch mehr an (materieller, immaterieller) Gegenleistung gewähren. Die *ökologische* Gerechtigkeit garantiert, dass nicht mehr Ressourcen verbraucht werden als nachwachsen (Nachhaltigkeit). *Vertragsge-*

---

[4] *Fritz Bauer*, Die Wurzeln faschistischen und nationalsozialistischen Handelns, 1965, S. 18.
[5] BGH 12.7.2018, III ZR 183/17, MDR 2018, S. 1002.
[6] *Stefan Gosepath*, Gerechtigkeit, in: Hans Jörg Sandkühler (Hrsg.), Enzyklopädie Philosophie, Bd. 1, 2010, S. 835.
[7] *Aristoteles*, Nikomachische Ethik, Eugen Rolfes (Übers.), 2. Aufl., 1911, 5. Buch.
[8] *Karl Marx*, Zur Kritik des sozialdemokratischen Parteiprogramms, 1875, erstmals veröffentlicht in: Die Neue Zeit 9 (1890/91) Bd. 1, H. 18, S. 561, 567.

rechtigkeit bedeutet, dass geleistet wird, was vereinbart wurde. *Verfahren*sgerechtigkeit sorgt für Waffengleichheit (fair trial).

Bei der Vielzahl der Gerechtigkeitsbegriffe und dem Wandel, dem die **Auffassung von Gerechtigkeit** in verschiedenen Staats- und Gesellschaftsformen im Laufe der Jahrhunderte unterworfen war, besteht die Gefahr – so der österreichische Philosoph und Soziologe *Ernst Topitsch* –, dass Gerechtigkeit nur deshalb als fundamentales Prinzip anerkannt wird, weil sie keinen oder keinen näher bestimmbaren Regelungsgehalt besitze.[9] In einer freiheitlichen Staats- und Gesellschaftsordnung existiere Gerechtigkeit nur im Plural, nämlich als Abbild der unterschiedlichen Gerechtigkeitsideale in der Gesellschaft und als Wettbewerb um mehrheitsfähige Lösungen von Gestaltungs- und Regelungsproblemen.[10] Muss deshalb auf eine gemeinsame Vorstellung von Gerechtigkeit verzichtet werden? Gerechtigkeit hat nach allen Erklärungsmodellen – wenn man sie auf grundlegende Übereinstimmungen zurückführt – zwei wesentliche Komponenten. Sie garantiert die Gleichbehandlung aller Menschen, die durch soziale (im Sinne von „gesellschaftliche") Komponenten ihre Korrektur oder Differenzierung erfährt. „Ius est ars boni et aequi" – Recht ist die Kunst des Guten (Gerechten) und Gleichen – findet sich schon als erster Satz in den Digesten unter Kaiser *Justinian*. Der Philosoph *John Rawls* hat das moderne Verständnis von sozialer Gerechtigkeit entscheidend geprägt. Seine Theorie der Gerechtigkeit beinhaltet zwei Prinzipien für die Grundstruktur einer demokratischen Gesellschaft. Vorrangig ist für ihn die gleiche Verteilung aller Grundfreiheiten. Der zweite Grundsatz – das Differenzprinzip – betrifft die Chancengleichheit beim Zugang zu Ämtern und Positionen sowie die Verteilung sozialer und ökonomischer Ressourcen. Ungleichheiten hält Rawls dann für gerechtfertigt, wenn sie den am schlechtesten gestellten Personen die größtmöglichen Vorteile bringen.[11]

Besonders schwierig zu beurteilen ist die Frage nach **Gerechtigkeit im Strafverfahren**, da der Straftäter selbst gegen grundlegende ethische Prinzipien verstoßen hat. Die Strafe allein mit dem Ausgleich (Kompensation) der Schuld des Täters durch Vergeltung zu rechtfertigen, würde bedeuten, dass Staat und Gesellschaft selbst wiederum gegen ethische Prinzipien verstießen, wenn nach dem Grundsatz „Auge um Auge" (sog. Talionsprinzip) vorgegangen wird. Die Todesstrafe ist auch dann nicht gerecht, wenn Taten abzuurteilen sind, durch die (vorsätzlich) der Tod einer Person herbeigeführt wurde. Erst durch die zusätzlichen Elemente der Prävention und Resozialisierung wird eine „gerechte" Strafe gefunden, zumal – empirisch nachgewiesen – ein auf Resozialisierung aufbauendes Sanktionssystem die allgemeine Rechtssicherheit erhöht.

Aus den unterschiedlichen Vorstellungen von Gerechtigkeit lässt sich ableiten, dass diese in Diskussion treten müssen. Gegen die Dominanz einzelner Auffassungen

---

9 *Ernst Topitsch*, Über Leerformeln, in: E. Topitsch (Hrsg.), Probleme der Wissenschaftstheorie, Festschrift für Victor Kraft, 1960, S. 233; ebenso *Hans Kelsen*, Was ist Gerechtigkeit?, 2. Aufl., 1975, S. 18.
10 *Bernd Rüthers*, Das Ungerechte an der Gerechtigkeit, JZ 2009, S. 969, 975.
11 Vgl. *Johannes J. Frühbauer* (Hrsg.) et al., Rawls-Handbuch, 2023.

von Gerechtigkeit, die ihre wahren Motive auch verdecken können, helfen nur Transparenz und Diskurs. Diese sind – insoweit kann man an *Topitsch* anknüpfen – nur durch Verfahren herzustellen. Diese Feststellung hat für die Justiz besondere Bedeutung. Eine Auseinandersetzung mit der Frage der Gerechtigkeit im Einzelfall kann nur in einem Kollegium geführt werden. Seit Jahrzehnten werden aber die Kollegialgerichte vom Gesetzgeber zunehmend auf Einzelrichter reduziert, die zudem teilweise im schriftlichen Verfahren entscheiden und sich kein eigenes Bild vom Beschuldigten machen können.

1.4 Recht und Gerechtigkeit, Gesetz und Recht

Das Begriffspaar „Recht und Gerechtigkeit", das positives Recht und Einzelfallgerechtigkeit verbindet, hat die „institutionelle Gerechtigkeit" im Fokus. Aufgabe des Staates ist es, die Herstellung der materiellen Gerechtigkeit im Einzelfall durch ein gerechtes Verfahren zu sichern. Das Parlament muss mit einem „gerechten" Gesetz die Grundlage für die Rechtsanwendung z. B. der Verwaltungen und Gerichte schaffen, die im Einzelfall unter Abwägung der besonderen Umstände diese Gerechtigkeit für die Beteiligten real werden lässt.

Zwischen den einzelnen Elementen von „Recht" und „Gerechtigkeit" kann ein Spannungsverhältnis bestehen. Die Rechtssicherheit fördert die Anwendung des positiven Rechts, weil der Adressat eines Rechtssatzes die Pflichten und Rechtsfolgen abschätzen kann; die gleichmäßige Anwendung kann selbst bei Unrichtigkeit des Rechts ein Wert an sich sein. Der Rechtsphilosoph und Reichsjustizminister *Gustav Radbruch* bezeichnet die Auflösung dieses Widerspruchs als eine Frage des Maßes: „Wo die Ungerechtigkeit positiven Rechts ein solches Maß erreicht, daß die durch das positive Recht verbürgte Rechtssicherheit gegenüber der Ungerechtigkeit überhaupt nicht mehr ins Gewicht fällt – in einem solchen Fall hat das ungerechte positive Recht der Gerechtigkeit, einem überpositiven Recht zu weichen."[12] Das Thema ist nicht nur rechtswissenschaftlich, sondern auch literarisch aufgearbeitet worden, am bekanntesten wohl in *Schillers* Wilhelm Tell, wo er den Stauffacher sagen lässt: „Eine Grenze hat Tyrannenmacht. Wenn der Gedrückte nirgends Recht kann finden, wenn unerträglich wird die Last, greift er hinauf getrosten Mutes in den Himmel, und holt herunter seine ew'gen Rechte, die droben hangen unveräußerlich und unzerbrechlich wie die Sterne selbst."[13]

Das andere Begriffspaar „Gesetz und Recht" spielt in diesem Zusammenhang eine Rolle. Art. 20 Abs. 3 GG formuliert: „Die Gesetzgebung ist an die verfassungsmäßige Ordnung, die vollziehende Gewalt und die Rechtsprechung sind an Gesetz und Recht gebunden." Die Mütter und Väter des Grundgesetzes wollten mit der Doppelung der Begriffe zum Ausdruck bringen, dass es auch Unrecht in Gesetzesform geben kann, so dass alle staatlichen Gewalten gehalten sind, sich über die „Gerechtigkeit" eines Gesetzes zu vergewissern. *Gustav Radbruch* hat das in seiner

---
12 *Gustav Radbruch/Konrad Zweigert*, Einführung in die Rechtswissenschaft, 10. Aufl., 1961, S. 42.
13 *Friedrich Schiller*, Wilhelm Tell, 2. Aufzug, 2. Szene.

nach ihm benannten Formel so zum Ausdruck gebracht, dass sich ein Richter bei einem Konflikt zwischen dem positiven (vom Gesetzgeber erlassenen) Recht und der Gerechtigkeit immer dann – und nur dann – gegen das Gesetz und stattdessen für die materielle Gerechtigkeit zu entscheiden hat, wenn das fragliche Gesetz als „unerträglich ungerecht" anzusehen ist oder die im Recht grundsätzlich angelegte Gleichheit aller Menschen „bewusst verleugnet" wird. Denn man könne Recht gar nicht anders definieren als eine Ordnung und Satzung, die ihrem Sinne nach bestimmt ist, der Gerechtigkeit zu dienen.[14] Im demokratischen Rechtsstaat wird vielfach der Dualismus zwischen Gesetz und Recht als aufgehoben betrachtet, indem „Gesetz" als geschriebenes = gesetztes Recht, „Recht" als Gewohnheitsrecht oder Fortentwicklung des Rechts durch Rechtsprechung (Richterrecht) verstanden wird.

1.5 Der Rechtsstaat

Ist der Rechtsstaat – um an den Satz „Wir wollten Gerechtigkeit und bekamen den Rechtsstaat" der DDR-Bürgerrechtsaktivistin *Bärbel Bohley* anzuknüpfen – lediglich eine Förmlichkeit, die mit Gerechtigkeit wenig oder nichts zu tun hat? Mit ihrer Kritik hat *Bohley* übersehen, dass der Rechtsstaat eine formelle und eine materielle Komponente hat. Als *formeller* Rechtsstaat gilt ein Staat, der die Gewaltenteilung, die Unabhängigkeit der Gerichte, die Gesetzmäßigkeit der Verwaltung, Rechtsschutz gegen Akte öffentlicher Gewalt und eine öffentlich-rechtliche Entschädigung (Staatshaftung) als unverzichtbare Institute anerkennt. *Materielle* Rechtsstaatlichkeit beinhaltet, dass fundamentale Elemente des Rechtsstaates und die Rechtsstaatlichkeit im Ganzen gewahrt bleiben müssen, die nicht nur den Gesetz-, sondern auch den Verfassungsgeber binden. Der Grundsatz der Rechtsstaatlichkeit enthält die Idee der Gerechtigkeit.[15] Auch der Gesetzgeber kann Unrecht setzen, so dass die Möglichkeit gegeben sein muss, den Grundsatz der materiellen Gerechtigkeit höher zu werten als den der Rechtssicherheit. Ebenso wie der ursprüngliche Verfassungsgeber darf auch der verfassungsändernde Gesetzgeber grundlegende Gerechtigkeitspostulate nicht außer Acht lassen,[16] so dass materielle Rechtsstaatlichkeit die formelle ergänzt und erweitert.

Der **Grundsatz der Rechtsstaatlichkeit** gehört zu den elementaren – im Grundgesetz mit „Ewigkeitsgarantie" ausgestatteten – Verfassungsgrundsätzen. Dazu zählen insbesondere die Gewaltentrennung, die Gewährleistung persönlicher Grundrechte, die Bindung der Gesetzgebung an die verfassungsmäßige Ordnung sowie der vollziehenden und der rechtsprechenden Gewalt an Gesetz und Recht. Weiter folgt aus dem Rechtsstaatsprinzip der Grundsatz der Verhältnismäßigkeit von Mittel und Zweck (Übermaßverbot) und schließlich die möglichst umfassende Gewährung von Rechtsschutz durch unabhängige Gerichte bei Rechtsverletzungen

---

14 *Gustav Radbruch*, Gesetzliches Unrecht und übergesetzliches Recht, SJZ 1946, S. 105, 107.
15 BVerfG 19.7.1972, 2 BvL 7/71, BVerfGE 33, S. 367, 383; BVerfG 8.10.1985, 2 BvR 1150/80, 2 BvR 1504/82, BVerfGE 70, S. 297, 308.
16 BVerfG 23.4.1991, 1 BvR 1170/90 u. a., BVerfGE 84, S. 90, 121.

durch die öffentliche Gewalt. Das Grundgesetz enthält zudem Mindestgarantien in Form der sog. Justizgrundrechte (Art. 101 bis 104 GG) als Ausprägungen des Rechtsstaatsprinzips in Verfahren und Rechtsanwendung, die in ihrem Kerngehalt in der Menschenwürde wurzeln.

Der Glaube, dass Rechtsstaatlichkeit automatisch durch die demokratische Verfasstheit des Rechtsstaates gesichert sei, wäre leichtfertig. Sie muss durch eine ausgewogene gegenseitige Kontrolle nicht nur der staatlichen Organe, sondern auch durch Instrumente der Zivilgesellschaft ständig überprüft werden. Ein wesentliches Element des Rechtsstaates ist das **Gewaltmonopol** des Staates. Die Befugnis zur zwangsweisen Durchsetzung von Ansprüchen und Strafen steht allein den staatlichen Organen zu. Die Verfassung legt diesem Gewaltmonopol Fesseln an. Die Grundrechte binden Gesetzgebung, vollziehende Gewalt und Rechtsprechung als unmittelbar geltendes Recht (Art. 1 Abs. 3 GG); der Rechtsweg steht jedem offen, der durch die öffentliche Gewalt in seinen Rechten verletzt wird (Art. 19 Abs. 4 GG). Zudem wird das Recht auf ein faires Verfahren garantiert (Art. 6 EMRK). Das Gewaltmonopol, das dem Staat von seinen Bürgern übertragen worden ist, setzt eine funktionierende Justiz voraus. Die zivilgesellschaftliche Mitgestaltung an der Ausübung von Staatsgewalt vollzieht sich insbesondere durch die Beteiligung ehrenamtlicher Richter an der Rechtsprechung.

2. Ehrenamtliche Richter im System von Verfassung und Gerichtsverfassung
2.1 Ehrenamtliche Richter in der Verfassung

In der Demokratie stellt sich die Frage nach der Legitimation dieser dem Staat übertragenen Macht. Deshalb regelt Art. 20 Abs. 2 GG: „Alle Staatsgewalt geht vom Volke aus. Sie wird vom Volke in Wahlen und Abstimmungen und durch besondere Organe der Gesetzgebung, der vollziehenden Gewalt *und der Rechtsprechung* ausgeübt." Im Hinblick auf die Dritte Gewalt bestimmt Art. 92 GG: „Die rechtsprechende Gewalt ist den Richtern anvertraut ..." Richter sind unabhängige Organe der Rechtspflege, die Streitigkeiten im Einzelfall weisungsfrei mit Letztverbindlichkeit entscheiden. Die Entscheidungen können nur durch ein anderes Gericht korrigiert werden. Richter im Sinne des Grundgesetzes sind – als Folgerung aus Art. 20 GG – auch die in den einzelnen Verfahrensordnungen vorgesehenen ehrenamtlichen Richter. Hauptamtliche oder **Berufsrichter** sind in aller Regel ausgebildete Juristen mit zwei Staatsexamina, die die im Deutschen Richtergesetz genannten Voraussetzungen der „Befähigung zum Richteramt" erfüllen. Beim Bundespatentgericht wirken als hauptamtliche Richter auch technische Mitglieder mit, die in einem Zweig der Technik sachverständig sein müssen. Die entscheidenden Merkmale des Richters sind seine Unabhängigkeit und die Verbindlichkeit der Entscheidung.

Neben den Berufsrichtern nehmen auch **ehrenamtliche Richter** an den Entscheidungen teil. Art. 92 GG enthält keine ausdrückliche Aussage über die Zulässigkeit oder gar Notwendigkeit der Beteiligung ehrenamtlicher Richter, erkennt das richterliche Ehrenamt aber als traditionelle Institution der Gerichtsverfassung stillschweigend an.[17] Das Bundesverfassungsgericht hält nicht nur die Teilhabe von Nichtjuristen als ehrenamtliche Richter für zulässig, sondern hat auch keine verfassungsrechtlichen Einwände gegen Gerichte (in weniger schwierigen Bagatellverfahren[18]), die ausschließlich mit ehrenamtlichen Richtern besetzt sind. Voraussetzung ist, dass die typischen Merkmale eines Richters im Übrigen gewahrt sind (Unabhängigkeit, Trennung von Rechtsprechung und Verwaltung, Bestimmung des gesetzlichen Richters usw.).[19]

Im Rahmen der Kompetenzordnung des Grundgesetzes sehen zwölf der 16 **Landesverfassungen** die Beteiligung von „Frauen und Männern aus dem Volke" an der Rechtsprechung „im Rahmen der Gesetze" verbindlich vor.[20] Die Teilhabe ehrenamtlicher Richter an der Rechtsprechung ist somit zu den Verfassungsgrundsätzen zu zählen. Die Länder können im Rahmen ihrer grundgesetzlichen Kompetenz weitere Regelungen über die Ausgestaltung des richterlichen Ehrenamtes treffen. So enthält die Verfassung des Landes Brandenburg den Schutz ehrenamtlicher Richter und einen Fortbildungsanspruch (Art. 110 LVerf Bbg).

Die Gesetzgebungskompetenz zur **Gerichtsverfassung** liegt beim Bund, der weitere Regelungen für die Länder öffnen kann. Allerdings setzen die Länder einige Bundesgesetze mit **Öffnungsklauseln** zur Mitwirkung ehrenamtlicher Richter nicht vollständig bzw. gar nicht um. So kann die Landesgesetzgebung vorsehen, dass die Senate beim Oberverwaltungsgericht bzw. Verwaltungsgerichtshof unter Beteiligung von zwei ehrenamtlichen Richtern entscheiden können (§ 9 Abs. 3 VwGO). Hiervon haben vor allem die süddeutschen Länder keinen Gebrauch gemacht. Wird beim Finanzgericht eine Sache vom Senat auf den Einzelrichter übertragen, können die Länder durch Gesetz regeln, dass zwei ehrenamtliche Richter an dessen Entscheidungen mitwirken (§ 5 Abs. 4 FGO). Von dieser Ermächtigung hat noch kein Land Gebrauch gemacht. Nach Auffassungen in der landesverfassungsrechtlichen Literatur sind die Länder mit entsprechenden Bestimmungen in der Landesverfassung aber zur Umsetzung verpflichtet.[21]

Die Teilhabe ehrenamtlicher Richter kann als **Strukturprinzip der europäischen Rechtssysteme** bezeichnet werden. In den Verfassungen vieler europäischer Staaten ist die Beteiligung des Volkes an der Rechtsprechung verankert.[22] Das Europäische Netzwerk der Vereinigungen ehrenamtlicher Richter (European Network of

---

17 BVerfG 30.5.1978, 2 BvR 685/77, BVerfGE 48, S. 300, 317 (Ehrengerichte für Rechtsanwälte).
18 Zum Einsatz ehrenamtlicher Richter in Bagatellverfahren vgl. *Hasso Lieber*, Kostendeckung und Ehrenamt in der Justiz – Antinomie oder Symbiose, in: Martin Wolmerath (Hrsg.) et al., Recht – Politik – Geschichte, Festschrift für Franz Josef Düwell, 2011, S. 420.
19 BVerfG 9.5.1962, 2 BvL 13/60, BVerfGE 14, S. 56, 65 f. (Zulässigkeit der Gemeindegerichte in Baden-Württemberg).
20 Bayern Art. 88, Berlin Art. 79 Abs. 2, Brandenburg Art. 108 Abs. 2, Bremen Art. 135 Abs. 2, Hamburg Art. 62, Mecklenburg-Vorpommern Art. 76 Abs. 2, Niedersachsen Art. 51 Abs. 2, Nordrhein-Westfalen Art. 72 Abs. 2, Rheinland-Pfalz Art. 123 Abs. 1, Sachsen Art. 77 Abs. 2, Sachsen-Anhalt Art. 83 Abs. 1, Thüringen Art. 86 Abs. 3.
21 *Ralph Zimmermann*, in: Baumann-Hasske (Hrsg.), Die Verfassung des Freistaates Sachsen, 2021, Art. 77 Rn. 21; *Hasso Lieber*, in: Lieber/Iwers/Ernst (Hrsg.), Verfassung des Landes Brandenburg, 2012, Art. 108 Anm. 3.
22 Vgl. die Verfassungen von Belgien Art. 150, Dänemark Art. 65, Griechenland Art. 97, Italien Art. 102, Österreich Art. 91, Spanien Art. 125; die meisten anderen Staaten haben einfachgesetzliche Regelungen getroffen.

Associations of Lay Judges, ENALJ) beklagt seit Jahren auch in diesen Staaten eine Zurückdrängung der Beteiligung der Zivilgesellschaft durch die Rechtspolitik – zumeist aus ökonomischen Gesichtspunkten, teilweise wegen der zunehmenden Regulierung (Gesetzesflut), die für den Nichtjuristen nicht zu durchschauen sei.

2.2 Richterliche Ehrenämter

(a) Das Deutsche Richtergesetz regelt Grundsätze der Bestellung, Hindernisse der Berufung und Abberufung (§§ 44 bis 44b DRiG), die Garantie der Unabhängigkeit sowie die besonderen Pflichten (§ 45 DRiG, Eid, Verschwiegenheit) übergreifend für alle richterlichen Ehrenämter. Im Übrigen ergeben sich ihr Einsatz und Status aus den Verfahrensgesetzen der jeweiligen Gerichtsbarkeit. Sie üben das Amt nicht berufsmäßig aus und werden für ihre Tätigkeit nicht besoldet. Auch Juristen können das richterliche Ehrenamt ausüben. Lediglich Berufsrichter und Staatsanwälte dürfen – natürlich – nicht zu ehrenamtlichen Richtern berufen werden (ausgenommen in den Disziplinar- und Richterdienstgerichten). Rechtsanwälte und Notare sind als Organe der Rechtspflege je nach Gerichtsbarkeit in unterschiedlichem Umfang vom richterlichen Ehrenamt ausgeschlossen.

Die Anforderungen an das richterliche Ehrenamt sind genauso unterschiedlich wie die Verfahren der Wahl bzw. Berufung der Bewerber. Einige Gemeinsamkeiten zeichnen alle ehrenamtlichen Richter aus: Ihre Mitwirkung ist auf die Hauptverhandlung bzw. mündliche Verhandlung begrenzt. Sie wirken weder bei der Vorbereitung der Verhandlung noch bei der schriftlichen Abfassung oder der Vollstreckung des Urteils mit. Sie werden unter den gerichtsverfassungsrechtlichen Voraussetzungen der jeweiligen Gerichtsbarkeit tätig, wirken in allen Verfahren grundsätzlich in gleichem Umfang und mit gleichem Stimmrecht wie die Berufsrichter mit. Die ehrenamtlichen Richter aller Gerichtsbarkeiten werden auf die Dauer von fünf Jahren gewählt bzw. berufen.

(b) Die **Bezeichnung** als ehrenamtlicher Richter regelt § 45a DRiG für alle Gerichtsbarkeiten. Aus Tradition führen die ehrenamtlichen Richter in der Strafgerichtsbarkeit den besonderen Namen „Schöffen" und in den Kammern für Handelssachen die Bezeichnung „Handelsrichter". Umgangssprachlich werden ehrenamtliche Richter ohne juristische Ausbildung häufig auch Laienrichter genannt. Unausgesprochen wird der kirchenrechtliche Gedanke übernommen, dass Laien zwar zur Teilhabe berufen sind, jedoch nicht die „höheren Weihen" besitzen. Dieses Verständnis entspricht nicht der Geschichte und dem Geist des richterlichen Ehrenamtes. Das altgriechische Wort laikós bedeutet „aus dem Volke stammend". Es handelt sich um Richter, die das Volk im Sinne von Art. 20 GG repräsentieren und „Im Namen des Volkes" an der Rechtsprechung mitwirken.

(c) Nach den **Voraussetzungen**, die ehrenamtliche Richter für ihr Amt mitbringen müssen, ist zu unterscheiden zwischen denjenigen,

- die als reine Vertreter der Zivilgesellschaft – außer der allgemeinen Lebenserfahrung – Menschenkenntnis, Fähigkeit zu logischem Denken und dem Mut

zum Richten keine weiteren fachlichen Voraussetzungen erfüllen müssen, z. B. Schöffen in Strafsachen gegen Erwachsene, ehrenamtliche Richter an den Verwaltungsgerichten;
- die über besondere (nichtjuristische) Sachkunde und Erfahrungen verfügen müssen, z. B. Handelsrichter, Jugendschöffen, ehrenamtliche Richter in der Arbeits- und Finanzgerichtsbarkeit oder in Landwirtschaftsverfahren;
- die als Vertreter eines bestimmten Berufszweiges an den Verfahren und Entscheidungen in der Berufs- und Disziplinargerichtsbarkeit teilnehmen.

Abbildung 1 Kategorien der ehrenamtlichen Richter

Ehrenamtliche Richter als reine Vertreter des Volkes	Ehrenamtliche Richter mit besonderer Sachkunde	Ehrenamtliche Richter als Vertreter einer Berufsgruppe
Schöffen	Jugendschöffen	Richterdienstgerichte
Ehrenamtliche Richter in der Verwaltungs-gerichtsbarkeit	Handelsrichter	Disziplinargerichte für Beamte
	Ehrenamtliche Richter in Landwirtschaftsverfahren	Wehrdienstgerichte
	Ehrenamtliche Richter in Flurbereinigungsgerichten	Berufsgerichte der freien wirtschafts- und rechtsberatenden, technischen und Heilberufe
	Ehrenamtliche Richter in der Arbeitsgerichtsbarkeit	
	Ehrenamtliche Richter in der Finanzgerichtsbarkeit	
Ehrenamtliche Richter in Landesverfassungsgerichten		
Ehrenamtliche Richter in der Sozialgerichtsbarkeit		

3. Vom Volksgericht zum heutigen Schöffengericht

Karl der Große institutionalisierte mit seiner Gerichtsreform im gesamten Reich das Schöffenamt, das mit der Übernahme des römischen Rechts und seinen rechtsgelehrten Richtern in Kontinentaleuropa zurückgedrängt wurde. Die Bürgerbeteiligung in Strafverfahren war eine zentrale Forderung der Aufklärung und des Liberalismus und der damit einhergehenden Entwicklung demokratischer und rechtsstaatlicher Prinzipien. Entstehung und Durchsetzung des Rechts spiegeln im Verlauf der Geschichte immer auch die politischen Verhältnisse wider.[23]

3.1 Volksgerichte bis zum Ende des Mittelalters

Die Rechtsprechung der germanischen Stämme in der Zeit zwischen ca. 100 v. Z. bis 500 n. Z. war Angelegenheit des Volkes. Im **Thing** (Volksversammlung, Ding) wurden politische Entscheidungen – vor allem über Krieg und Frieden – getroffen sowie Rechtsstreitigkeiten entschieden. Das Thing basierte auf einer Versammlung aller freien, waffentragenden Männer[24] eines bestimmten Gebietes, die zur Teilnahme verpflichtet waren (in der Regel die Hundertschaft des Bezirks, bei todeswürdigen Verbrechen die Landgemeinde). Getagt wurde unter freiem Himmel an Thingstätten, meist Kult- und Opferstätten. Der „Richtherr" leitete die Verhandlung und erfragte den Urteilsvorschlag von einem Thinggenossen. Das Urteil wurde durch die Zustimmung (Vollbort) der umstehenden Gerichtsversammlung (Umstand) rechtskräftig und durch den Richter verkündet. In der germanischen Zeit erfolgte bereits die Trennung zwischen dem echten Thing, das zu bestimmten Zeiten abgehalten wurde, und dem gebotenen, das bei Bedarf einberufen wurde. Einen Rechtszug gab es nicht, aber die Partei und jeder Thinggenosse konnte das Urteil mit der Urteilsschelte angreifen.[25]

Nach der Lex Salica, dem um 507 bis 511 n. Z. niedergeschriebenen Volksrecht der Salfranken, wurde der Urteilsvorschlag auf ein meist siebenköpfiges Gremium angesehener und erfahrener Männer – sog. **Rachinburgen** (auch Rachinbürgen) – übertragen, die für jede Gerichtsversammlung neu bestimmt wurden. Ihr Urteilsvorschlag bedurfte weiterhin der Zustimmung aller Thinggenossen.[26]

Zwischen 770 und 780 setzte *Karl der Große* diese Entwicklung fort. Er führte eine Reform des Gerichtswesens durch, die vor allem die thingpflichtigen Freien entlasten sollte. Das echte Thing, an dem alle Freien anwesend sein mussten, wurde auf drei Versammlungen pro Jahr beschränkt. Dabei hatten sieben Schöffen (**Scabini**), die als Beamte auf Lebenszeit bestellt wurden, das Urteil vorzuschlagen; zur Rechtskraft bedurfte es der Zustimmung der Gerichtsversammlung. Zum gebotenen Thing mussten die Thingpflichtigen nicht mehr erscheinen. Die sieben Schöffen waren nunmehr allein für die Urteilsfindung zuständig. Sie waren mit dem Recht vertraut, von einwandfreiem Charakter und wirtschaftlich unabhängig.[27] Die Funktionsteilung zwischen prozessleitendem Richter und urteilenden Schöffen blieb erhalten. Aufgrund der unterschiedlich besetzten Gerichte erfolgte eine Trennung der Zuständigkeit zwischen echtem Thing für wichtige Streit- und Straffälle und gebotenem Thing für Schadenersatz, Geldschulden, fahrende Habe.

---

23 Zusammenfassende Darstellungen: *Friederike Charlotte Grube*, Richter ohne Robe, 2005; *Diana Löhr*, Zur Mitwirkung der Laienrichter im Strafprozess, 2008.
24 Nach damaligem Verständnis galt derjenige als frei, der voll rechts- und waffenfähig war und bei der Regelung der öffentlichen, die Allgemeinheit betreffenden Belange mitwirken durfte.
25 *Hermann Conrad*, Deutsche Rechtsgeschichte, Bd. 1, 2. Aufl., 1962, S. 28.
26 *Heiner Lück*, Rachinbürgen, in: HRG, 2. Aufl., Bd. 4, Lfg. 28, 2020, Sp. 986.
27 Beispiele bei *F. Battenberg*, Schöffen, Schöffengericht, in: HRG, Bd. 4, 1990, Sp. 1463, 1465.

Neben die Volksgerichte trat im Frankenreich das **Königsgericht** am jeweiligen Aufenthaltsort des Königs. Es konnte grundsätzlich jeden nicht erledigten Fall an sich ziehen, bei Rechtsverweigerung oder -verzögerung der ordentlichen Gerichte eingreifen und als „zweite Instanz" tätig werden. Richter war der König selbst, der wie im Volksgericht nur das Urteil erfragte; die am Hof weilenden Freien bildeten den Umstand.[28]

Das Mittelalter war durch eine starke Rechtszersplitterung geprägt, da jede, auch die kleinste Gemeinschaft ihr eigenes Recht entwickelte.[29] Drei Entwicklungen ab dem Hochmittelalter waren für die Ausbildung größerer Rechtskreise maßgeblich. Die neu entstehenden **Landesherrschaften** bildeten für ihr Gebiet Territorialrecht, das Geltung für jeden Bewohner beanspruchte. Seit dem 13. Jahrhundert zeichneten **Rechtsbücher** das Gewohnheitsrecht einzelner Gebiete auf, z. B. der Sachsen-, Deutschen-, Schwaben- und Frankenspiegel. Sie integrierten auch vereinzelt römisches und kanonisches (kirchliches) Recht und trugen aufgrund ihrer Verbreitung zur Rechtsvereinheitlichung bei. Das berühmteste deutschsprachige Rechtsbuch ist der Sachsenspiegel (1220/35), in dem *Eike von Repgow* als rechtskundiger Freier das in seiner Heimat angewandte Recht und die Gerichtspraxis „spiegelt". Darin formulierte er auch Anforderungen an das Schöffenamt. Die Fähigkeit zum Schöffenamt gehörte danach zu den Standesrechten der Schöffenbarfreien, die ein Stammgut von mindestens drei Hufen Land besitzen mussten und das Schöffenamt vererben konnten.[30] Der Sachsenspiegel unterschied weiterhin zwischen echtem und gebotenem Thing mit der Aufgabenteilung zwischen Richter und urteilenden Schöffen. Mit dem Sachsenspiegel dehnte sich das „Magdeburger Recht" (als ius teutonicum) nach Osteuropa bis zu einer Linie von Vilnius/Kaunas (Litauen) bis Minsk (Belarus) und Kiew (Ukraine) aus.[31] Die dritte Komponente war die **Renaissance des römischen Rechts**.

Die wachsende Bedeutung der Städte für den Handel erforderte eigene – auch für Marktstreitigkeiten zuständige – **Stadtgerichte**. Die städtische Gerichtsbarkeit wurde vom Rat oder einem aus Ratsmitgliedern gebildeten Schöffenkollegium – ohne Trennung zwischen Richter und Urteiler – ausgeübt. In Städten, die ihr Recht von Mutterstädten ableiteten, konnten sich Schöffen in Zweifelsfragen an den **Schöffenstuhl** (Schöppenstuhl) ihrer Mutterstadt (sog. Oberhof) wenden, der über eine größere Erfahrung in der Anwendung des Stadtrechts verfügte. Die Rechtsprechung der Schöffenstühle orientierte sich an von Stadtschreibern angelegten Sammlungen von Rechtssprüchen der Schöffen.[32]

In der spätmittelalterlichen Gerichtsverfassung hatte der König die Gerichtshoheit. Den Landesherren wurde die Hochgerichtsbarkeit für wichtige Zivil- und Straffälle

---

[28] *Eduard Kern*, Geschichte des Gerichtsverfassungsrechts, 1954, S. 4 f.
[29] *Hermann Conrad*, Deutsche Rechtsgeschichte, Bd. 1, 2. Aufl., 1962, S. 346.
[30] *G. v. Olberg*, Schöffenbarfreie, in: HRG, Bd. 4, 1990, Sp. 1469; *Heinrich Mitteis/Heinz Lieberich*, Deutsche Rechtsgeschichte, 19. Aufl., 1992, S. 215.
[31] *Hasso Lieber*, Das richterliche Ehrenamt im Spiegel europäischer Geschichte und Institutionen, LAIKOS Journal Online 2024, S. 33, 34.
[32] *F. Battenberg*, Schöffenstuhl, in: HRG, Bd. 4, 1990, Sp. 1474.

übertragen; ein Graf hatte den Vorsitz. Das Gericht war mit einer Mindestzahl von Schöffen (sieben, zwölf oder 14) besetzt. Dem Niedergericht für weniger schwere Fälle gehörten ebenso Schöffen an; den Vorsitz hatte der Zentgraf. Allmählich verschwand die Notwendigkeit der Zustimmung der Volksversammlung, das von den Schöffen gefundene Urteil zu bestätigen.

Ende des 13. Jahrhunderts gingen aus den westfälischen Freigrafengerichten besondere **Femegerichte** (Feme, Veme = Strafe) für schwere Delikte hervor.[33] Sie breiteten sich im ganzen Reich aus und stellten eine echte Beteiligung des (freien) Volkes dar. Unmittelbar dem König unterstellt, beanspruchen sie Kompetenz für das ganze Reichsgebiet. Standesunterschiede spielten keine Rolle; sowohl Adelige als auch Bauern mit gutem Leumund konnten das Schöffenamt ausüben. Angehörige der Femegerichte wurden in feierlicher Form in die Geheimnisse der Feme eingeweiht und bildeten eine Art Geheimbund der „Wissenden". Wenn Schöffen Kenntnis von einer Straftat erlangten, die in die Zuständigkeit des Femegerichts fielen, mussten sie diese vor Gericht bringen. Das Femegericht tagte mit einem Freigrafen (Inhaber des Freistuhls) als Richter und sieben Freischöffen. Auch hier wurde zwischen echtem (offenem) und gebotenem (heimlichem) Thing unterschieden. Sonderform war das mit drei Freischöffen besetzte „Notgericht", das im Eilverfahren Verbrecher am Tatort verurteilen und sofort durch den Strang hinrichten konnte. Zunächst als wirksames Instrument der Verbrechensbekämpfung eingesetzt, ging der Einfluss der Femegerichte im 15. Jahrhundert merklich zurück.

Die formellen Beweismittel des alten Anklageprozesses waren der Eid des Beklagten (Reinigungseid) oder von Eideshelfern sowie das Gottesurteil. Im Spätmittelalter rückte die Erforschung der materiellen Wahrheit durch das Gericht in den Mittelpunkt. Im **Inquisitionsprozess** (lat., inquirire = befragen, untersuchen) traten an die Stelle der Eideshelfer Zeugen, die eigene Wahrnehmungen bekundeten, sowie das Geständnis des Angeklagten. Das Geständnis als „sicherster Beweis" wurde häufig in einem Vorverfahren durch die Folter erzwungen. Falls der Angeklagte ein abgelegtes Geständnis im öffentlichen Verfahren vor dem Volk („endlicher Rechtstag") widerrief, mussten zwei Schöffen das Geständnis bestätigen. Der neue Strafprozess sorgte für einen Bedeutungsverlust der Schöffen. Zugleich bewirkte er eine stärkere Differenzierung zwischen Zivil- und Strafprozess.

3.2 Schöffengerichte von der Neuzeit bis zum Absolutismus

Die zunehmenden Handelsbeziehungen in Europa, das Fehlen einer starken Zentralgewalt, die ein einheitliches Recht schaffen konnte, und die Bewunderung der Antike (Renaissance) führten zu einer **Rezeption** (Übernahme) des römischen Rechts. An die Stelle der Richter aus dem Volk traten rechtsgelehrte Juristen von den italienischen Universitäten, die die Urteilsfindung maßgeblich bestimmten. Das schriftliche Verfahren setzte voraus, dass die Richter lesen und schreiben konn-

---

33 *Hermann Conrad*, Deutsche Rechtsgeschichte, Bd. 1, 2. Aufl., 1962, S. 377.

ten. Diese Fähigkeit fehlte den meisten Schöffen. Waren sie zunächst noch von Nutzen, weil die Richter mit dem lokalen Recht nicht vertraut waren, wurden sie nach und nach durch rechtsgelehrte, beamtete Richter ersetzt. Das fremde Recht verursachte eine tiefe Kluft zwischen den Juristen und dem Volk, das die meisten Regelungen nicht verstand. Während des Bauernkrieges (1524/26) forderten die Bauern, die „doctores" aus den Gerichten zu verbannen und das fremde Recht zu beseitigen.[34]

Der Geist der Rezeption beschleunigte die Reform des Strafprozesses mit der **Peinlichen Halsgerichtsordnung** (Constitutio Criminalis Carolina) Kaiser *Karls V.* von 1532. Der gesetzlich geregelte Inquisitionsprozess sah eine unterschiedliche Zahl von Schöffen vor. Bei Verurteilung zum Tode und zu lebenslanger Freiheitsstrafe waren mindestens sieben Schöffen erforderlich, bei Leibesstrafen vier Schöffen. Bei Untersuchungshandlungen (Androhung der Folter, peinliche Frage) genügten zwei Schöffen, die insbesondere das Geständnis des Angeklagten bestätigen konnten, falls dieser am endlichen Rechtstag leugnen sollte. Der Richter, vom Landesherrn eingesetzt, musste nicht rechtsgelehrt sein. Seine Stellung wurde insoweit gestärkt, als er nicht nur die Verhandlung leitete, sondern an der Urteilsfindung mitwirkte. Als stimmberechtigtes Mitglied im Kollegialgericht fällte er gemeinsam mit den Schöffen das Urteil. In der Carolina (Art. 81) heißt es, dass Richter und Urteiler das Urteil miteinander bereden und beschließen sollen.[35] Die Carolina sah ausdrücklich das Institut der Aktenversendung vor. Wenn der Richter nicht über Kenntnisse des römischen Rechts verfügte, sollte das Gericht in Zweifelsfällen die Akten an ein Kollegium von geschulten Juristen an Höfen, juristischen Fakultäten oder Schöffenstühlen schicken. Das ratsuchende Gericht bekam die Rechtsauskunft in Form von Gutachten, das Ratschläge enthielt. Später wurde das Gutachten für das Gericht bindend und nur noch formell verkündet. Damit war dem Gericht nur die Voruntersuchung vorbehalten. Die Schöffen hatten das Ergebnis der Vernehmung zu beurkunden, ggf. zu bezeugen und wurden „praktisch zu bloßen Statisten".[36] Da die Richter als Beamte von ihren Landesherren abhängig waren, waren Recht und Gericht für die Fürsten reine Instrumente der Machtausübung. Der Absolutismus beseitigte im 17. Jahrhundert die letzten Schöffengerichte; bis ins 19. Jahrhundert hinein regierte der Wille des Monarchen die Gerichte.

3.3 Schöffen- und Schwurgerichte in der bürgerlichen Freiheitsbewegung

Die demokratischen Bewegungen des 18. und 19. Jahrhunderts hatten zur Begrenzung der Macht beamteter, d. h. weisungsunterworfener Richter die Beteiligung des Volkes an der Rechtsprechung auf ihre Fahnen geschrieben. Die Forderungen beschränkten sich nicht allein auf das Strafrecht, fanden hier aber ihre deutlichste politische Ausprägung. Neben der Laienbeteiligung konzentrierten sich die Forderungen nach einem demokratischen Prozess auf die Einführung der Münd-

---

34 *Eduard Kern*, Geschichte des Gerichtsverfassungsrechts, 1954, S. 23.
35 *Hermann Conrad*, Deutsche Rechtsgeschichte, Bd. 2, 1966, S. 287.
36 *Eduard Kern*, Geschichte des Gerichtsverfassungsrechts, 1954, S. 37.

lichkeit und Öffentlichkeit der Verhandlung, das Prinzip der freien Beweiswürdigung sowie die Trennung von Richterfunktion und Anklagebehörde durch die Bildung von Staatsanwaltschaften. Der Kampf um die Mitwirkung des Volkes an der Strafjustiz war also immer verbunden mit dem politischen Kampf um Bürgerrechte und gegen die Willkür landesherrlicher Justiz. 1791 wurden in Frankreich das Schwurgericht und die Anklage durch die Staatsanwaltschaft durchgesetzt. In England war schon 1215 mit der „Magna Charta Libertatum" die Macht des Königs vertraglich begrenzt und die Beteiligung der Freien an der Gerichtsbarkeit eingeführt worden. Diese vom Kontinent abgekoppelte Entwicklung ist auch heute noch in Großbritannien zu spüren; ehrenamtliche Richter (Magistrates) bearbeiten dort rund 80 bis 90 % der Strafverfahren.

Mit der **Paulskirchenverfassung** von 1849 war die Beteiligung des Volkes an der Rechtsprechung erstmals in Deutschland verfassungsrechtlich erkämpft worden.[37] Die Verfassung für den preußischen Staat vom 31.1.1850 übernahm diese Garantie.[38] Die folgenden Jahrzehnte waren rechtspolitisch von der Frage beherrscht, ob die Beteiligung in Form der Schwur- oder Schöffengerichte erfolgen sollte. Die „Amtliche Denkschrift über die Schöffengerichte" von 1873 formulierte, „daß kein Strafurtheil ohne die Mitwirkung von Laien gefällt werden kann".[39] Fast alle deutschen Staaten übernahmen in der Folge die Volksbeteiligung in der Strafrechtspflege.

Das **Gerichtsverfassungsgesetz** vom 27.1.1877, das am 1.10.1879 einheitlich für das Deutsche Reich in Kraft trat, entschied sich für ein Nebeneinander beider Formen: Schöffengericht und Schwurgericht.[40] Das Schöffengericht am Amtsgericht war für Fälle der leichteren Kriminalität zuständig, z. B. Übertretungen (heute Ordnungswidrigkeiten) und Vergehen, für die nicht mehr als drei Monate Freiheitsstrafe drohten. Ein Berufsrichter und zwei Schöffen hatten alle Fragen gemeinsam zu entscheiden. Die Schöffen wurden jährlich aus einer Urliste (Verzeichnis aller schöffenfähigen Einwohner der Gemeinde) durch einen Ausschuss gewählt. Die (nur mit Berufsrichtern besetzten) Strafkammern befassten sich mit mittelschweren Vergehen, die mit mehr als drei Monaten Freiheitsstrafe bedroht waren, und den ihnen ausdrücklich zugewiesenen Verbrechen (im Wesentlichen solche mit einer Höchststrafe von fünf Jahren) sowie mit Berufungen gegen Urteile des Amtsrichters und Schöffengerichts.

Das periodisch tagende **Schwurgericht** am Landgericht war für besonders schwere Verbrechen zuständig, die nicht in die Zuständigkeit der Strafkammer oder des Reichsgerichts fielen.[41] Zwölf Geschworene hatten über die Schuldfrage und drei Berufsrichter über das Strafmaß zu entscheiden. Dafür wurden aus einer „Spruch-

---

37 Verfassung des Deutschen Reiches vom 28.3.1849 (Zuständigkeit der Schwurgerichte: Art. 143 Abs. 3, Art. 179 Abs. 2).
38 Verfassungs-Urkunde für den Preußischen Staat, Art. 94.
39 Archiv für gemeines deutsches und für preußisches Strafrecht 21 (1873), S. 40, 42.
40 RGBl 1877, S. 41 (§§ 25 ff. GVG Schöffengerichte, §§ 79 ff. GVG Schwurgerichte).
41 Zur Hauptverhandlung im Schwurgericht vgl. *Peter Rieß*, Über das Schwurgericht im deutschen Strafprozess, in: Heinz Schöch (Hrsg.) et al., Strafverteidigung, Revision und die gesamten Strafrechtswissenschaften, Festschrift für Gunter Widmaier, 2008, S. 473, 485.

liste" mit 30 Hauptgeschworenen für jede Hauptverhandlung zwölf Geschworene durch Los bestimmt. Anklage wie Verteidigung durften jeweils eine bestimmte Anzahl ausgeloster Geschworener ohne Angabe von Gründen ablehnen. In der Beweisaufnahme, deren Umfang durch den Vorsitzenden bzw. die Berufsrichter bestimmt wurde, beschränkte sich die Beteiligung der Geschworenen auf das Fragerecht. Nach Schluss der Beweisaufnahme richteten die Berufsrichter Haupt-, Hilfs- und Nebenfragen an die Geschworenen. Danach erfolgten die auf die Schuldfrage beschränkten Plädoyers. Schließlich belehrte der Vorsitzende die Geschworenen über die Rechtslage und die Geschworenen begaben sich mit den schriftlich abgefassten Fragen in Klausur. Jede Hauptfrage hatte mit den Worten zu beginnen: „Ist der Angeklagte schuldig …?" Die Geschworenen mussten die Fragen mit Ja oder Nein beantworten; die gesetzlich vorgesehene Mehrheit entschied. Eine Begründung war für die Entscheidung nicht erforderlich. In der Folge schlossen sich im Falle eines Schuldspruchs die erneuten Plädoyers und das Urteil des Gerichts zum Strafmaß an. Die Urteilsgründe in Schwurgerichtssachen waren stark reduziert und die Entscheidung einer Überprüfung im Revisionsverfahren im Wesentlichen entzogen, da der einer Entscheidung der Geschworenen zugrunde liegende Sachverhalt sowie die Beweiswürdigung und die rechtliche Würdigung dem Gericht unbekannt blieben. Stattdessen wurde der „Wahrspruch" der Geschworenen dem Urteil, das sich damit vorrangig auf die Strafzumessungserwägungen beschränkte, beigefügt. Die Revision war folgerichtig fast ausschließlich auf Verfahrensrügen beschränkt. Ein Ausgleich zu diesem Mangel war möglich, wenn die Berufsrichter einstimmig zu dem Ergebnis gelangten, dass sich die Geschworenen zum Nachteil des Angeklagten geirrt hatten. Dann konnte die Sache – ohne jede Begründung – an das Schwurgericht der nächsten Schwurgerichtsperiode verwiesen werden; eine solche Entscheidung war jedoch nur einmal möglich.

3.4 Schöffen- und Schwurgerichte im 20. Jahrhundert

Nicht alle Bevölkerungsschichten hatten – faktisch oder rechtlich – gleichen Zugang zum Schöffenamt. Eine Entschädigung war bis 1913 nicht vorgesehen, so dass die Beteiligung der Arbeiter gering blieb. Man wollte die Last der ehrenamtlichen Tätigkeit denen ersparen, die sie sich am wenigsten leisten konnten.

▶ BEISPIEL

Zusammensetzung des Schwurgerichts in Bartenstein (Ostpreußen) für die Sitzungsperiode ab 4.7.1921:
zehn Rittergutsbesitzer, ein Rittergutspächter, vier Gutsbesitzer, ein Mühlenbesitzer, ein Fabrikbesitzer, ein Administrator, ein Majoratsbesitzer, ein Stadtgutsbesitzer, ein Oberinspektor, fünf Grundbesitzer, zwei Kaufleute, ein Stellmachermeister.[42] ◀

---

42 Zitiert in: *Erich Kuttner*, Warum versagt die Justiz?, 1921, S. 31.

Ab 1913 gab es als Entschädigung lediglich ein Tagegeld in Höhe von fünf Mark.[43] Erst 1922 wurde eine gesetzliche **Entschädigung** für Verdienstausfall eingeführt, um möglichst viele Bürger an der Rechtsprechung zu beteiligen und nicht nur vermögende.[44]

Nach Gründung der Weimarer Republik 1918 lebte die Diskussion über die Gerichtsverfassung und die Beteiligung des Volkes wieder auf. Insbesondere die Diskriminierung eines wesentlichen Teils der Bevölkerung wurde beseitigt. 1922 wurden **Frauen** als Schöffinnen und Geschworene zugelassen[45] – kurz bevor auch ihre Zulassung zum Richteramt und zu anderen juristischen Berufen gesetzlich geregelt wurde.

Das Schwurgericht in der Weimarer Republik kämpfte aufgrund der national-konservativen Einstellung vieler Geschworener mit Problemen. Geschworene wurden für politisch motivierte Fehlurteile verantwortlich gemacht.[46] In seinem „Merkblatt für Geschworene" appellierte *Kurt Tucholsky* 1929 an die Unabhängigkeit und Unvoreingenommenheit der Geschworenen, auch gegenüber dem Richter („Laß' dir vom Richter nicht imponieren") und den eigenen Anschauungen.[47]

1924 wurde das klassische **Schwurgericht** durch Notverordnung[48] des Reichsjustizministers *Erich Emminger* – vorrangig aus finanziellen Gründen – beseitigt. Initiativen im Ermächtigungsausschuss auf die Beibehaltung fanden ebenso wenig eine Mehrheit wie spätere Versuche, das Schwurgericht wieder einzuführen. Aus dem Schwurgericht wurde eine Große Strafkammer, die den Namen „Schwurgericht" beibehielt. Drei Berufsrichter und sechs Geschworene hatten gemeinsam über Schuld und Strafe zu entscheiden. Die Zwei-Drittel-Mehrheit sicherte den Einfluss der Geschworenen, die eine Verurteilung gegen die Stimmen der Berufsrichter durchsetzen konnten. Die gemeinsame Entscheidung ermöglichte eine Begründung des Urteils, das in der nächsten Instanz überprüft werden konnte. Die Zuständigkeit des Schwurgerichts beschränkte sich auf Verbrechen, für die nicht das Amtsgericht oder Reichsgericht zuständig waren, und umfasste im Wesentlichen den Bereich der Kapitaldelikte. Daneben gab es Schöffen in den Schöffengerichten sowie in den Strafkammern, die nur noch für Berufungen zuständig waren. Gleichzeitig wurde mit der Emminger-Verordnung der Einzelrichter (Strafrichter) beim Amtsgericht eingeführt.

---

43 Gesetz, betreffend die Entschädigung der Schöffen und Geschworenen, vom 29.7.1913, RGBl 1913, S. 617; Bekanntmachung, betreffend die Tagegelder und Reisekosten der Schöffen und Geschworenen, vom 2.8.1913, RGBl 1913, S. 618.
44 Gesetz über die Entschädigung der Schöffen, Geschworenen und Vertrauenspersonen, vom 4.7.1922, RGBl I 1922, S. 561.
45 Gesetz über die Heranziehung der Frauen zum Schöffen- und Geschworenenamte, vom 25.4.1922, RGBl I 1922, S. 465; vgl. *Ursula Sens/Hasso Lieber*, Frauen seit 1922 im Schöffen- und Geschworenenamt, LAIKOS Journal Online 2023, S. 4.
46 Vgl. *Günther Hadding*, Schwurgerichte in Deutschland, 1974, S. 73.
47 In: *Kurt Tucholsky*, Gesammelte Werke, Bd. 7, 157.-181. Tsd., 1993, S. 158.
48 Verordnung über Gerichtsverfassung und Strafrechtspflege, vom 4.1.1924, RGBl I 1924, S. 15; Bekanntmachung der Texte des Gerichtsverfassungsgesetzes und der Strafprozeßordnung, vom 22.3.1924, RGBl I 1924, S. 299.

Die Nationalsozialisten tauschten bereits unmittelbar nach der „Machtergreifung" 1933 die Schöffen aus[49] und beseitigten am 1.9.1939, dem Tag des Überfalls auf Polen, „kriegsbedingt" die Schöffenbeteiligung vollständig – mit Ausnahme derer beim Volksgerichtshof.[50] Dem gehörten nur handverlesene linientreue NSDAP-Mitglieder mit der Bezeichnung „Volksrichter" an. Der Widerstand des 20. Juli hielt bewusst an der Beteiligung des Volkes fest, wie sich aus dem Entwurf der Regierungserklärung *Carl Friedrich Goerdelers* ergibt: „Um das Vertrauen des Volkes in die Rechtspflege wiederherzustellen, werden Laien bei der Urteilsfindung in allen Strafsachen mitwirken."[51]

Nach Kriegsende wurde die rechtsstaatlich-demokratische Beteiligung der Bevölkerung an der Rechtsprechung wieder aufgegriffen. Die Änderungen des Gerichtsverfassungsgesetzes in der Bundesrepublik mit dem „Gesetz zur Wiederherstellung der Rechtseinheit auf dem Gebiete der Gerichtsverfassung, der bürgerlichen Rechtspflege, des Strafverfahrens und des Kostenrechts" vom 12.9.1950[52] geht im Wesentlichen auf das GVG von 1924 zurück und übernahm das reine Schöffensystem der Emminger-Verordnung. Damit wurde auch die kurze Nachkriegsepisode des klassischen Schwurgerichts in Bayern beendet.[53] Die Neuordnung sah auch eine Änderung der Wahl der Schöffen und Geschworenen vor. Zur besseren Auswahl geeigneter Personen wurde die Urliste durch eine von den Gemeindevertretungen erstellte Vorschlagsliste ersetzt.

Seit den 1970er-Jahren haben alle Justizreformen – ohne es je auszusprechen – kontinuierlich eine **Reduzierung der Beteiligung** der Schöffen bewirkt. Das „Erste Gesetz zur Reform des Strafverfahrensrechts" (1. StVRG) vom 9.12.1974[54] gestaltete das **Schwurgericht** in seiner seit 1924 bestehenden Besetzung mit sechs Geschworenen in eine Große Strafkammer mit zwei Schöffen um. Die Begründung für diese Reduzierung lautete, dass das Argument überholt sei, zahlreiche Geschworene schafften ein wirksames Gegengewicht gegen abhängige richterliche Beamte.[55] Tatsächlich war die Möglichkeit beseitigt, dass die Schöffen eine Verurteilung gegen die Berufsrichter durchsetzen konnten, da sie die erforderliche Zwei-Drittel-Mehrheit verloren hatten. Im 1. StVRG wurden zahlreiche Vorschriften über die Schöffen geändert (z. B. Herabsetzung des Mindestalters auf 25 Jahre, Höchstaltersgrenze von 70 Jahren, Verlängerung der Amtsperiode auf vier Jahre). Bereits 1972 wurde die einheitliche Bezeichnung „Schöffe" für die ehrenamtlichen Richter in der Strafgerichtsbarkeit eingeführt.[56]

---

49 Gesetz über die Neuwahl der Schöffen, Geschworenen und Handelsrichter, vom 7.4.1933, RGBl I 1933, S. 188.
50 Verordnung über Maßnahmen auf dem Gebiete der Gerichtsverfassung und der Rechtspflege, vom 1.9.1939, RGBl I 1939, S. 1658.
51 Gedenkstätte Deutscher Widerstand (Hrsg.), Erklärung der Regierung Beck/Goerdeler, Entwurf, Sommer 1944, 2008.
52 BGBl 1950, S. 455.
53 Bundesminister der Justiz *Dr. Thomas Dehler*, BT-PlPr. 1/43 vom 1.3.1950, S. 1435A.
54 1. StVRG, BGBl I 1974, S. 3393.
55 BT-Drs. 7/551 vom 2.5.1973, S. 54.
56 Gesetz zur Änderung der Bezeichnungen der Richter und ehrenamtlichen Richter und der Präsidialverfassung der Gerichte, vom 26.5.1972, BGBl I 1972, S. 841.

Das Rechtspflegeentlastungsgesetz von 1993[57] erweiterte die Zuständigkeit des Einzelrichters auf Freiheitsstrafen bis zu zwei Jahren (vorher ein Jahr), so dass schlagartig die Zahl der Verfahren mit Schöffenbeteiligung an den Amtsgerichten bundesweit um 50 % zurückging.[58] Gleichzeitig wurde die Strafgewalt des Amtsgerichts von drei auf vier Jahre Freiheitsstrafe erhöht und die Kleine Strafkammer für alle Berufungen gegen die Urteile des Amtsgerichts (Strafrichter, Schöffengericht) zuständig. Somit verfügen in beiden Tatsacheninstanzen für kleine bis mittelschwere Kriminalität die Schöffen über eine Zwei-Drittel-Mehrheit. Zahlenmäßig ist die Beteiligung der Schöffen gemessen an allen Strafverfahren deutlich zurückgegangen. Das bedeutet, dass die demokratische Legitimation der Justiz langsam ausblutet; die Entwicklung in den anderen Gerichtsbarkeiten verläuft ähnlich.

4. Pro und Contra Schöffen

Nach dem 2. Weltkrieg formulierte *Eduard Kern* vor dem Konstanzer Juristentag 1947: „Die Frage, ob in Deutschland das Volk an der Rechtspflege mitwirken soll, ist eigentlich gar keine Frage; ihre Bejahung ist selbstverständlich. In der Demokratie darf das Volk nicht bloß Objekt der Rechtsprechung sein, sondern es muß auch ihr Subjekt sein; es muß, wie an allen anderen Teilen der staatlichen Willensbildung – also an der Gesetzgebung und an der Verwaltung – so auch an der Rechtsprechung mitwirken."[59] 35 Jahre später schreibt der Münchener Rechtsprofessor *Klaus Volk*: „... das einzige Argument, das für die Laienbeteiligung spricht, ist die Tatsache, daß es sie gibt."[60] Und noch drastischer *Hans-Heiner Kühne* 1985: „Der Schöffe hat für das Strafverfahren allenfalls noch Symbolwert."[61] *Kühne* hat allerdings seine Meinung insofern modifiziert, als er in Anlehnung an die englischen Magistrates' Courts oder die spanischen Friedensrichter eine Übertragung der in der Mehrzahl einfach gelagerten Verfahren der Amtsgerichte auf eine Laiengerichtsbarkeit für denkbar und wünschenswert hält.[62]

Befürworter halten die Laienrichter für sinnvoll bis unbedingt erforderlich, ablehnende Stimmen für ein historisch überkommenes Institut. Die Beteiligung der Schöffen ist aber keineswegs sinnentleert oder historisch überholt. Es kommt auf ihre Umsetzung an. Von Bedeutung ist vor allem, welche Frauen und Männer in das Schöffenamt gewählt werden. Das Strafverfahren lebt nicht nur von der technisch-wissenschaftlichen Professionalität der Berufsrichter – es bedarf der Legitimation durch die Zivilgesellschaft. Im Folgenden werden die wesentlichen Argumente der Befürworter und Gegner der Beteiligung von Schöffen erläutert.[63]

---

57 Gesetz zur Entlastung der Rechtspflege, vom 11.1.1993, BGBl I 1993. S. 50.
58 Vgl. *Hasso Lieber*, Drastischer Rückgang der Verfahren an den Schöffengerichten, RohR 1998, S. 80.
59 *Eduard Kern*, Die Beteiligung des Volkes an der Strafrechtspflege, in: Der Konstanzer Juristentag, 1947, S. 135.
60 *Klaus Volk*, Der Laie als Strafrichter, in: Ernst-Walter Hanack (Hrsg.) et al., Festschrift für Hanns Dünnebier, 1982, S. 373, 389.
61 *Hans-Heiner Kühne*, Laienrichter im Strafprozeß?, ZRP 1985, S. 237, 239.
62 *Hans-Heiner Kühne*, Laienrichter im Strafverfahren, in: Martin Böse/Detlev Sternberg-Lieben (Hrsg.), Grundlagen des Straf- und Strafverfahrensrechts, Festschrift für Knut Amelung, 2009, S. 657, 667.
63 Argumente für und gegen die Schöffenbeteiligung: *Ulrike Benz*, Zur Rolle der Laienrichter im Strafprozeß, 1982, S. 199; *George Andoor*, Laien in der Strafrechtsprechung, 2013, S. 62, 91; *Rudolf Wassermann*, Bürgermitwir-

4.1 Demokratieprinzip

Pro: Das Verfassungsrecht begründet die Mitwirkung der Bürger an der Rechtsprechung mit dem Gedanken der repräsentativen Demokratie. Dieser beruht auf der Vorstellung, dass die Bürger an allen Gewalten der Staatsmacht aktiv teilhaben und sie gestalten sollen (Art. 20 GG: „Alle Staatsgewalt geht vom Volke aus"). Ehrenamtliche Richter in der Justiz tragen zur demokratischen **Legitimation** des gesamten Justizsystems bei. Als Vermittler zwischen Justiz und Bevölkerung stärken sie das Vertrauen in die Justiz sowie die Bereitschaft zu gesetzeskonformem Verhalten. Im Strafverfahren herrscht der Grundsatz der **Öffentlichkeit**; Geheimjustiz soll unmöglich sein. Daher ersetzen und repräsentieren Schöffen die Öffentlichkeit, wenn diese ausgeschlossen ist, z. B. in der Beratung des Gerichts. Gerade bei der Abwesenheit öffentlicher Wahrnehmung kommt die Kontrollfunktion der Schöffen als Teil der staatlichen Gewalt besonders zum Tragen. Die geradezu massenhafte Verletzung geltenden Rechts (und der Stellung der Schöffen) bei der Verständigung in der Hauptverhandlung macht die Notwendigkeit zivilgesellschaftlicher Teilhabe deutlich.

Contra: (a) Dem Argument der demokratischen Legitimation wird entgegengehalten, dass Berufsrichter demokratisch legitimiert und der Schöffe als notwendiges Element aus vordemokratischen Zeiten inzwischen überholt sei. Diesem Argument liegt ein fehlerhaftes Verständnis von Demokratie zugrunde. Demokratie ist kein „Zustand", den man erreicht hat, womit die Instrumente zu ihrer Erreichung obsolet geworden seien. Sie ist ein permanenter Prozess, in dem die Ausgewogenheit und Kontrolle aller staatlichen Gewalt ständig neu gesichert werden muss.

(b) Kritik wird unter Demokratieaspekten auch an der **Schöffenwahl** geübt. Sie eigne sich nicht, alle sozialen Gruppen für das Schöffenamt zu gewinnen; Angehörige des öffentlichen Dienstes seien deutlich überrepräsentiert. Als überwiegend Repräsentanten der Mittelschicht seien Schöffen nicht als Korrektiv zu den weitgehend aus der gehobenen Mittelschicht stammenden Berufsrichtern geeignet, die Realität anderer sozialer Schichten zu vermitteln. Schöffen könnten daher nicht als Repräsentanten des Volkes bezeichnet werden, da der Schöffenwahlausschuss die Auswahl weitgehend nach politischen Gesichtspunkten treffe.

Die Kritik an der Auswahl geeigneter Personen für das Schöffenamt betrifft nicht Sinn und Zweck des Schöffensystems, sondern Mängel seiner Umsetzung. Viele Gemeinden kommen ihrer Aufgabe der Gewinnung und Auswahl geeigneter Personen aus allen Schichten der Bevölkerung nur oberflächlich bis gar nicht nach. Sie stellen häufig die Vorschlagslisten nach Parteienproporz auf; bei einer großen Zahl von Interessenten werden die Bewerber einfach „durchgewunken". Zudem sind auch strukturelle Gründe für den – als Faktum nicht zu bestreitenden – Umstand zu beachten. Wenn Beamte für das Schöffenamt weitgehend Anspruch auf bezahlten Sonderurlaub haben, während private Arbeitnehmer sehr oft mit

---

kung an der Rechtsprechung, in: Hasso Lieber/Ursula Sens (Hrsg.), Ehrenamtliche Richter – Demokratie oder Dekoration am Richtertisch?, 1999, S. 38, 42; *Beate Linkenheil*, Laienbeteiligung an der Strafjustiz, 2003, S. 178.

zeitlichen (Urlaub, Überstundenabbau, Nacharbeiten zu anderer Zeit) und finanziellen (Deckelung der Entschädigung für Verdienstausfall) Nachteilen zu kämpfen haben, darf man sich über soziologische Schieflagen nicht beklagen.

4.2 Beitrag zur Qualität der Rechtsprechung

Pro: (a) Die Beteiligung des Volkes als politische Forderung sollte individuellen Schutz gegen Richterwillkür und Kabinettsjustiz durch freie, politisch und ökonomisch unabhängige Laienrichter gewährleisten. Sie ist ein Akt staatsbürgerlicher Emanzipation des liberalen Bürgertums. Die Willkür der Weisung durch Regierung und Justizverwaltung hat das Grundgesetz inzwischen durch die verfassungsrechtlich abgesicherte Unabhängigkeit der Richter beseitigt. Es gibt aber eine Art von Experten-Willkür unter den Berufsjuristen, von der auch die Justiz nicht frei ist und die der Kontrolle innerhalb der Gerichte bedarf. Deshalb haben die Schöffen ihre Funktion als internes **Kontrollinstrument** gegenüber den Berufsrichtern nicht verloren. Die Mitglieder eines Kollegialgerichts werden mit unterschiedlichen Auffassungen konfrontiert, während man beim Einzelrichter dessen alleiniger Wertung ausgesetzt ist. Im Schöffengericht herrscht selbst dann ein anderes Klima, wenn die Schöffen während der Hauptverhandlung durch Fragen nicht sonderlich in Erscheinung treten. Schöffen sichern die **Unabhängigkeit der Justiz** auch insoweit, da sie nicht in das System der Justiz mit ihren Beförderungen und Beurteilungen sowie den gerichtsinternen informellen Beeinflussungen („großer Kantinensenat") eingebunden sind.

(b) Berufsrichter werden durch die Anwesenheit von Nichtjuristen gezwungen, verständlich zu formulieren und zu argumentieren. Die Schöffen üben eine **Plausibilitätskontrolle** aus, wachen über Transparenz und Verständlichkeit von Verfahren und Urteil, indem sie sich z. B. Fachtermini erläutern lassen. Ein verständliches Verfahren schafft Vertrauen in die Justiz und schützt den Angeklagten. Was der Schöffe nicht versteht, versteht in aller Regel der Angeklagte auch nicht.

(c) Dem Rechtspositivismus vieler Berufsrichter und ihrer Abhängigkeit vom bloßen Wortlaut des geschriebenen Rechts soll der Einfluss der konkreten **Lebenserfahrung** entgegengesetzt werden. Eine wesentliche Bedeutung für das Verfahren hat der Schöffe dort, wo er dem Berufsrichter **Wissen über Realität** vermitteln kann. Er stellt somit ein Korrektiv gegen die ausschließlich juristisch geprägte Sicht dar. Der Sachverstand über Dinge des täglichen Lebens und der Arbeitswelt, über Erfahrungen anderer gesellschaftlicher Schichten soll dem nur-akademischen Richter zur Seite gestellt werden. Die Bedeutung des ehrenamtlichen Richters ist nach der Wiedervereinigung in den ostdeutschen Ländern deutlich zum Ausdruck gekommen. Da die meisten Berufsrichter aus den westdeutschen Ländern kamen, hatten Schöffen die Funktion, die gesellschaftliche Realität auch aus DDR-Zeiten in das Verfahren einzubringen. Die Sozialisation junger Menschen, die Lebensumstände, die Situation in Betrieben und Schulen der DDR – all dies war den Berufsrichtern aus dem Westen fremd.

(d) Auch der – nicht juristisch, aber gebildete – Bürger besitzt aufgrund natürlichen **Rechts- und Gerechtigkeitsempfindens** die Fähigkeit, Gerechtigkeit in den Normen zu erkennen und anzuwenden. Eine Kritik an fehlender oder sehr begrenzter Rechtskunde der Schöffen, die zu Fehlurteilen führen könne, verkennt das System der Beteiligung der „Frauen und Männer aus dem Volk". Schöffen haben ihr Gewicht vor allem bei der sehr viel größeren Zahl der tatsächlichen Entscheidungen in der Beweisaufnahme und bei der Strafzumessung. Die Beurteilung, ob ein Zeuge irrt, lügt oder die Wahrheit sagt, wird weniger mit juristischen Mitteln als mit Menschenkenntnis und Lebenserfahrung vorgenommen. Die Rechtskenntnis liegt bei den Berufsrichtern, die das Ergebnis entsprechend der Beratung und Beschlussfassung „revisionssicher" abfassen. Zweifelsohne ist das System verbesserungsbedürftig: In Wirtschaftsstrafverfahren, in denen selbst die Berufsrichter allzu oft „Laien" sind, wären sachkundige Schöffen eine sinnvolle Ergänzung zum juristischen Wissen der Berufsrichter. Derzeit ist eine Auswahl nach speziellen Fähigkeiten der Schöffen in Jugendstrafverfahren vorgesehen.

Contra: Hinsichtlich der Plausibilitätskontrolle wird bezweifelt, dass Schöffen bei komplexen Fragen (Denk-)Fehler der Berufsrichter erkennen können. Schöffen verfügen nicht über ein prozessrechtliches Instrument, um den Vorsitzenden zu einer verständlichen Verhandlungsleitung anzuhalten. Sie können auch nicht überprüfen, ob die juristische Fachsprache richtig „übersetzt" wird. Auch ohne Beteiligung von Schöffen unterliegen Richter der Kontrolle durch die Rechtsmittelinstanz.

Gerade das letzte Argument zeigt eine bedenkliche Fehlinterpretation des Rechtsschutzes durch die Gerichte. Gegen landgerichtliche Urteile gibt es als Rechtsmittel nur die Revision. An die tatsächlichen Feststellungen der ersten Instanz ist das Revisionsgericht gebunden. Es ist also von höchster Wichtigkeit, die Tatsachen nicht nur in formaler (vom Revisionsgericht ggf. korrigierbarer) Hinsicht korrekt, sondern inhaltlich richtig festzustellen. Dazu bedarf es mehr als nur juristischer Kenntnisse. Gerade dieses Argument wendet sich gegen die, die es vorbringen.

4.3 Volkspädagogischer Effekt

Pro: (a) Die Beteiligung von Schöffen hat einen volkspädagogischen Effekt, da sie aufgrund ihrer Funktion als **Multiplikatoren** die Rechtskenntnisse der Bürger verbessern, die **Akzeptanz von Rechtsprechung** erhöhen und „dabei zur Verinnerlichung von Strafrechtsnormen beitragen und zugleich generalpräventiv wirken".[64] Die Mitwirkung an der Rechtspflege ist Teil der Entwicklung des Rechtsbewusstseins. Der Weg zur Erkenntnis des Sachverhaltes und der Urteilsfindung kann Verständnis für „normales" und „abweichendes" Verhalten wecken, das Kainsmal der Strafe relativieren und den Mythos des Strafverfahrens abbauen. Darüber hinaus werden – und sollen – Schöffen im Familien-, Freundes- und Bekanntenkreis über ihre Erfahrungen berichten. Bei über 60.000 Schöffen ist dies ein ungeheures

---

[64] *Hans-Heiner Kühne*, Laienkompetenz gegen Expertenkompetenz im Strafrecht?, in: Heike Jung (Hrsg.), Alternativen zur Strafjustiz und die Garantie individueller Rechte der Betroffenen, 1989, S. 175.

Potenzial, um authentische Informationen über Strafprozess und Kriminalität zu verbreiten. Schöffen kommen mit ihnen ansonsten fremden Verhaltensweisen in Kontakt (z. B. bei Drogendelikten) und transportieren diese Erfahrungen. Diesem Auftrag kommen die lokalen Medien so gut wie nicht nach, die überregionalen höchstens in öffentlichkeitswirksamen Strafprozessen.

(b) Schöffen können eine **Scharnierfunktion** in rechtspolitischen Diskussionen erfüllen. Viele von ihnen sind politisch interessiert oder gar organisiert, so dass ihre Erfahrungen über die Ursachen von Kriminalität, die Schwierigkeiten der Aufklärung einer Straftat usw. in den politischen Willensbildungsprozess einfließen können.

Contra: Die Teilnahme der Schöffen entfaltet nur eine geringe volkspädagogische Wirkung, da die Hauptverhandlung ohnehin öffentlich ist und Schöffen aufgrund des Beratungsgeheimnisses nicht über den Hergang der Beratung und Abstimmung berichten dürfen. Die volkspädagogische Wirkung der Medien sei wesentlich höher. Schöffen seien keine „Missionare des Rechtswesens in das juristisch flache Land hinein".[65]

5. Wahl der Schöffen und Jugendschöffen

Schöffe kann jeder deutsche Staatsbürger zwischen 25 und 70 Jahren werden, soweit er nicht als unfähig (§ 32 GVG) oder ungeeignet (§§ 33, 34 GVG) ausgeschlossen ist. Jeder Gewählte ist zur Annahme des staatsbürgerlichen Ehrenamtes verpflichtet, wenn er nicht zur Ablehnung aus gesetzlichen Gründen berechtigt ist (§ 35 GVG).

Die Wahl vollzieht sich in einem zweistufigen Verfahren.[66] Alle fünf Jahre stellt jede Gemeinde durch ihre Vertretung (Gemeinderat, Stadtverordnetenversammlung usw.) eine Vorschlagsliste für die **Schöffen in allgemeinen Strafsachen** (gegen Erwachsene) auf, die mindestens doppelt so viele Bewerber enthalten muss, wie aus dieser Gemeinde an Schöffen für den entsprechenden Gerichtsbezirk benötigt werden (§ 36 GVG). Interessenten am Schöffenamt können sich bei der Gemeindeverwaltung ihres Wohnortes bewerben oder von einer gesellschaftlichen Organisation (Partei, Gewerkschaft, karitative Organisation, Bürgerinitiative usw.) vorschlagen lassen. Bedenklich ist die Praxis mancher Gemeindeverwaltungen, nach dem Zufallsprinzip Personen aus dem Einwohnermelderegister zu ermitteln. Auf diese Weise kann die Geeignetheit von „Bewerbern" für das Amt nicht beurteilt werden. Für die Aufnahme in die Vorschlagsliste ist die Zustimmung von zwei Dritteln der anwesenden Mitglieder der Vertretung (mindestens der Hälfte der gesetzlichen Zahl) erforderlich (§ 36 Abs. 1 GVG). Die Listen sind eine Woche lang öffentlich auszulegen; jeder kann Einspruch mit der Begründung einlegen, dass ein Bewerber die gesetzlichen Voraussetzungen nicht erfüllt (§§ 36 Abs. 3, 37 GVG).

---

[65] *Klaus Volk*, Der Laie als Strafrichter, in: Ernst-Walter Hanack (Hrsg.) et al., Festschrift für Hanns Dünnebier, 1982, S. 373, 374.
[66] Ausführlich: *Hasso Lieber*, Die Verantwortung der Gemeinden und Kreise bei der Schöffenwahl 2023, 2. Aufl., 2022.

Aus den Vorschlagslisten der Gemeinden des Amtsgerichtsbezirks wählt der Schöffenwahlausschuss – bestehend aus einem Amtsrichter als Vorsitzenden, einem Verwaltungsbeamten und sieben Vertrauenspersonen aus der Einwohnerschaft des Amtsgerichtsbezirks – mit einer Zwei-Drittel-Mehrheit in getrennten Listen die Haupt- und Ersatzschöffen für das Amtsgericht bzw. den auf den Bezirk entfallenden Anteil für ein gemeinsames Schöffengericht mehrerer Amtsgerichte, sowie den auf den Amtsgerichtsbezirk entfallenden Teil der Haupt- und Ersatzschöffen für das zuständige Landgericht bzw. eine auswärtige Strafkammer (§§ 42 Abs. 1, 58 Abs. 2, 78 Abs. 3 GVG). Wurde ein Bewerber aus der Vorschlagliste vom Schöffenwahlausschuss nicht gewählt, ist eine Klage gegen seine Nichtwahl mangels Klagebefugnis unzulässig, es sei denn, bei der Wahl sind Rechtsverstöße erfolgt, durch die der Anspruch auf gleichen Zugang zum Amt verletzt wurde. Der Wahlausschuss darf seiner Auswahlentscheidung aber sachgerechte Kriterien zugrunde legen.

Die Wahl der **Jugendschöffen** findet gleichzeitig mit der Wahl der Schöffen in allgemeinen Strafsachen im Wesentlichen nach den gleichen Regularien statt. Die Bewerber sollen jedoch erzieherisch befähigt und in der Jugenderziehung erfahren sein (§ 35 Abs. 2 JGG), da sich das Jugendstrafrecht vorrangig an dem Gedanken der Erziehung orientiert. Für die Wahl der Bewerber auf die Vorschlagsliste ist deshalb der Jugendhilfeausschuss zuständig. Erzieherische Befähigung und Erfahrung in der Jugenderziehung müssen nicht durch pädagogische oder erzieherische Ausbildung oder Berufsausübung nachgewiesen werden; sie können ehrenamtlich (Jugendtrainer, Helfer bei Jugendfreizeiten usw.) oder anderweitig im Beruf (Ausbilder) erworben sein. Da an einer Hauptverhandlung des Jugendschöffengerichts oder der Jugendkammer immer eine Jugendschöffin und ein Jugendschöffe mitwirken, soll bereits die Vorschlagsliste je zur Hälfte aus Frauen und Männern bestehen. Der Schöffenwahlausschuss beim Amtsgericht, der die Schöffen in allgemeinen Strafsachen wählt, wählt auch die Jugendschöffen für das Amts- und Landgericht; Vorsitzender muss ein Jugendrichter sein.

6. Amtszeit, Art und Umfang des Einsatzes
6.1 Amtszeit

Die Schöffen sind für eine Amtszeit von fünf Jahren gewählt (§ 36 Abs. 1 GVG).[67] Die Wiederwahl ist inzwischen ohne Einschränkungen im Rahmen der allgemeinen Voraussetzungen zulässig. Dauert die Hauptverhandlung über das Ende der regulären Amtszeit hinaus, bleiben die Schöffen bis zu deren Abschluss im Einsatz (§ 50 GVG). Sie können sich parallel für die neue Amtsperiode bewerben und gewählt werden, nehmen aber an keinem neuen Verfahren teil, solange sie in dem laufenden Verfahren tätig sind.

---

[67] Verlängerung der Amtsperiode auf 5 Jahre: Gesetz zur Vereinfachung und Vereinheitlichung der Verfahrensvorschriften zur Wahl und Berufung ehrenamtlicher Richter, vom 21.12.2004, BGBl I 2004, S. 3599.

6.2 Unterschiedliche Schöffenämter

Bei den Schöffenämtern wird unterschieden zwischen Schöffen in allgemeinen Strafsachen (gegen Erwachsene) und Jugendschöffen. Der Schöffenwahlausschuss hat für beide Ämter jeweils die Funktion als Haupt- oder Ersatzschöffe bestimmt. Diese bleibt während der gesamten Amtszeit bestehen; nur in wenigen gesetzlich geregelten Fällen erfolgt ein Wechsel vom Ersatz- zum Hauptschöffen. Schöffen dürfen in der Amtszeit nur ein Schöffenamt beim Amts- oder Landgericht ausüben (§ 77 Abs. 4 Satz 1 GVG). Ist ein Schöffe in mehrere Ämter „bestimmt" worden, hat er nur das Amt auszuüben, zu dem er zuerst einberufen wird (§ 77 Abs. 4 Satz 2 GVG). Bei gleichzeitiger Einberufung für das Amtsgericht und das Landgericht hat die Kommentarliteratur weitere Kriterien entwickelt: Ein bereits in der vergangenen Amtsperiode ausgeübtes Amt hat Vorrang vor dem neuen, das Amt beim Landgericht Vorrang vor dem beim Amtsgericht, die Funktion des Hauptschöffen vor der des Ersatzschöffen,[68] das speziellere Amt des Jugendschöffen vor dem des Schöffen in allgemeinen Strafsachen[69].

Der Schöffe darf aber gleichzeitig ein richterliches Ehrenamt in einer anderen Gerichtsbarkeit ausüben, z. B. in der Arbeits- oder Verwaltungsgerichtsbarkeit. Innerhalb der jeweiligen Gerichtsbarkeit kann wiederum eine Beschränkung auf nur ein Amt bestehen.

Grundsätzlich sind alle Schöffenämter gleichwertig. Der Begriff *Ersatz*schöffe bedeutet nicht, dass diese Schöffen weniger Verantwortung tragen, weniger qualifiziert oder engagiert sein müssen bzw. ein geringeres Ansehen hätten; sie werden nur nach einem anderen Modus eingesetzt. Die Schöffen in allgemeinen Strafsachen und die Jugendschöffen sind gleichrangig; auch zwischen den Schöffen am Amts- oder Landgericht besteht keine Hierarchie. Ein Schöffe kann durchaus in einer Amtsperiode Hauptschöffe am Landgericht und in der nächsten Ersatzschöffe am Amtsgericht sein. Wie oft ein Schöffe zum Einsatz kommt, hängt davon ab, ob die Wahl zum Haupt- oder Ersatzschöffen erfolgte.

6.3 Einsatz der Hauptschöffen

6.3.1 Bestimmung der Sitzungstage

Hauptschöffen werden vor Beginn des Geschäftsjahres auf die einzelnen Sitzungstage des Gerichts ausgelost (§ 45 Abs. 1 GVG) und stehen im Voraus für jede im nächsten Jahr stattfindende Hauptverhandlung unabhängig von der Anklage und dem Angeklagten fest. Die Sitzungstage eines Spruchkörpers bestimmt das Präsidium des Gerichts, ein von den Richtern für jedes Gericht gewähltes Selbstverwaltungsgremium. Die vom Präsidium zugewiesenen Sitzungstage sind die „ordentlichen"; sollte ein Spruchkörper zusätzliche Sitzungstage benötigen, an denen eine Hauptverhandlung beginnt, handelt es sich um „außerordentliche".

---

68 *Dirk Gittermann*, in: Löwe-Rosenberg, Die Strafprozeßordnung und das Gerichtsverfassungsgesetz, 27. Aufl., Bd. 11, 2023, § 77 GVG Rn. 10; *Herbert Mayer*, in: Kissel/Mayer, Gerichtsverfassungsgesetz, 10. Aufl., 2021, § 77 Rn. 9.
69 *Oskar Katholnigg*, Strafgerichtsverfassungsrecht, 2. Aufl., 1995, § 77 Rn. 7.

Es sollen so viele Hauptschöffen gewählt werden, dass voraussichtlich jeder zu nicht mehr als zwölf ordentlichen Sitzungstagen im Jahr zum Einsatz kommt (§ 43 Abs. 2 GVG). Da die Hauptverhandlung aus mehreren Sitzungstagen bestehen kann, kommen die auf den ersten Sitzungstag ausgelosten Schöffen zum Einsatz und müssen bis zum Ende an der Hauptverhandlung teilnehmen. Insbesondere in der Schwurgerichts- oder Wirtschaftsstrafkammer des Landgerichts kann sich die Hauptverhandlung über mehrere Monate erstrecken. Verhandelt die Strafkammer währenddessen keine weitere Strafsache, fällt in dieser Zeit für alle auf die Termine dieser Kammer ausgelosten Schöffen der Sitzungsdienst aus. Das gleiche gilt, wenn Sitzungstage des Spruchkörpers aus anderen Gründen ausfallen (z. B. Urlaub des Vorsitzenden, Abwesenheit des Angeklagten). Hauptschöffen können so über einen längeren Zeitraum nicht zum Einsatz kommen. Wenn sie entgegen der im Voraus mitgeteilten Termine nicht herangezogen werden, hat dies rein objektive Gründe. Die Vorsitzenden haben keine Möglichkeit, Schöffen vom Sitzungsdienst auszuschließen, etwa weil sie ihnen missliebig sind. Das wäre ein Verstoß gegen das Prinzip des gesetzlichen Richters und würde die Aufhebung des Urteils in der Revision zur Folge haben (können).

Wird ein Sitzungstag um wenige Tage auf einen Termin verschoben, der nicht regelmäßiger Sitzungstag des Spruchkörpers ist, handelt es sich um eine **Verlegung des Sitzungstages**, an dem die auf den ordentlichen Sitzungstag ausgelosten Hauptschöffen teilnehmen, wenn der ordentliche Sitzungstag verhandlungsfrei bleibt.[70] Ansonsten ist die verlegte Hauptverhandlung eine außerordentliche Sitzung, bei der Ersatzschöffen eingesetzt werden.

6.3.2 Auslosung der Hauptschöffen

Die Art und Weise der Auslosung auf die Sitzungstage ist gesetzlich nicht geregelt. § 45 Abs. 2 Satz 2 GVG erwähnt nur, dass die Auslosung auch so gestaltet werden kann, dass jeder Hauptschöffe nur an den Sitzungen *eines* Schöffengerichts teilnimmt. Je nachdem, welcher Besetzungsmodus gewollt ist, wird in der Auslosung unterschiedlich verfahren. Die Entscheidung hierüber trifft der auslosende Richter.

- *Variante 1:* Jeder Schöffe soll in jeder Hauptverhandlung mit zufällig wechselnden Mitschöffen und Berufsrichtern verhandeln. Dabei werden die Schöffen auf die Sitzungstage aller Spruchkörper des Gerichts in chronologischer Reihenfolge ausgelost. Anschließend kommen alle Namen wieder in den Lostopf und werden erneut den einzelnen Sitzungstagen zugelost. Dieser Vorgang wird wiederholt, bis alle Sitzungstage eines Jahres mit Schöffen besetzt sind.
- *Variante 2:* Jeder Schöffe soll mit zufällig wechselnden Mitschöffen, aber immer mit denselben Berufsrichtern eines Spruchkörpers zusammen verhandeln. Zunächst wird den einzelnen Spruchkörpern des Gerichts die erforderliche Anzahl von Hauptschöffen zugelost. Diese werden dann wie in Variante 1 den einzelnen Sitzungstagen ihres Spruchkörpers in chronologischer Reihenfolge zugelost.

---

70 BGH 9.2.2005, 2 StR 421/04, RohR 2005, S. 134.

- *Variante 3:* Jeder Schöffe soll immer mit dem gleichen Mitschöffen, aber wechselnden Berufsrichtern verhandeln. Zunächst werden feste Schöffenpaare zusammengelost. Diese werden wie in Variante 1 den Sitzungsterminen aller Spruchkörper des Gerichts in chronologischer Reihenfolge zugelost.
- *Variante 4:* Immer das gleiche Schöffenpaar tagt für die Dauer eines Jahres mit den gleichen Berufsrichtern eines Spruchkörpers. Will man eine solche Kontinuität in die Besetzung der Spruchkörper bringen, sind bei der Auslosung drei Schritte erforderlich. Zunächst werden wie in Variante 2 jedem Spruchkörper „seine" Schöffen zugelost. Danach werden aus dem Anteil eines jeden Spruchkörpers feste Schöffenpaare wie in Variante 3 zusammengelost, die dann im dritten Schritt auf die Sitzungstage des Gerichts in chronologischer Reihenfolge ausgelost werden.

Bei allen vier Varianten ist es zulässig, dass die Schöffen einmal nach der jeweiligen Variante ausgelost werden und diese Reihenfolge wiederholt wird, bis für alle Sitzungstage des Jahres Schöffen bestimmt sind. Der Sitzungsrhythmus der Schöffen kann unterschiedlich gestaltet werden. Üblich ist der monatliche Einsatz. Es ist aber zulässig, die Schöffen „im Block" für mehrere aufeinanderfolgende Sitzungstage auszulosen. Praktisch bedeutet dies, dass sie in jedem Viertel- oder Halbjahr innerhalb von mehreren Wochen einen Block mit einer bestimmten Zahl von Sitzungstagen absolvieren.

Die Auslosung ist öffentlich (§ 45 Abs. 2 Satz 1 GVG). Die Akten über die Auslosung können später von Verteidigern oder Nebenklagevertretern eingesehen werden, um die ordnungsmäßige Auslosung und die Besetzung des Gerichts zu überprüfen.

Grundsätzlich müssen alle Hauptschöffen eines Gerichts auf die Sitzungstage des kommenden Jahres ausgelost werden. Das „Parken" von Schöffen, weil einem Gericht im Verhältnis zur Geschäftsbelastung zu viele Hauptschöffen zugeordnet wurden und deshalb ein (überzähliger) Teil nicht auf die Sitzungstage des nächsten Geschäftsjahres ausgelost wird, ist unzulässig, führt zu falsch besetzten Gerichten und damit zu begründeten Revisionen.[71]

6.3.3 Benachrichtigung, Ladung zum Termin

Hauptschöffen erhalten am Jahresende die Termine für das gesamte kommende Jahr schriftlich mitgeteilt. Dabei handelt es sich um Sitzungstage, an denen eine Hauptverhandlung beginnen *kann*. Für Sitzungstage, an denen tatsächlich eine Hauptverhandlung beginnt, erhält der Schöffe ca. zwei bis drei Wochen vor der Hauptverhandlung eine ausdrückliche **Ladung**, ggf. mit der Information über Fortsetzungstermine. Hauptschöffen haben ihre private und berufliche Planung an diesen Terminen auszurichten.

---

71 OLG Celle 16.11.1990, 3 Ss 243/90, NStZ 1991, S. 350 mit Anm. *Katholnigg*.

▶ **BEISPIEL**

Die Hauptverhandlung begann wegen der Corona-Krise nicht an dem geplanten Hauptverhandlungstag, sondern etwa vier Wochen später an dem geplanten vierten Sitzungstag mit den für diesen Tag ausgelosten Schöffen. Der Verteidiger rügte die fehlerhafte Besetzung des Gerichts, weil die für den ersten Sitzungstag ausgelosten Schöffen zuständig seien. Das Oberlandesgericht bestätigte die korrekte Besetzung des Gerichts. Für die Bestimmung der Schöffen sei der *erste* Sitzungstag entscheidend, an dem die Hauptverhandlung *beginnt*. Die für den neuen Sitzungstag ausgelosten Hauptschöffen sind demnach die gesetzlichen Richter.[72] ◀

Falls ein Termin nicht stattfindet, sollte das Gericht eine **Abladung** schicken, was aber nicht jedes Gericht tut. Ist 14 Tage vor dem ausgelosten Termin noch keine Ladung eingegangen, empfiehlt sich die Nachfrage bei der Schöffengeschäftsstelle.

Schöffen müssen an allen **Fortsetzungsterminen** teilnehmen. Schließlich müssen alle Mitglieder des Gerichts von allen Beweisen Kenntnis haben. Ein Wechsel von Schöffen während der laufenden Hauptverhandlung ist – mit Ausnahme von Ergänzungsschöffen – nicht möglich. Für den Fall, dass zusätzliche Termine am Verhandlungstag vereinbart werden, sollte der Schöffe seinen Terminkalender bereithalten.

Probleme können entstehen, wenn die Hauptverhandlung länger dauert als vorgesehen und Fortsetzungstermine in den **Urlaub** des Schöffen fallen. Bei Sitzungstagen, die kurz vor einem geplanten Urlaub anberaumt sind, sollten sich Schöffen vorsorglich bei der Schöffengeschäftsstelle vergewissern, ob mit Fortsetzungsterminen zu rechnen ist.

Erhält der Schöffe bereits mit der Ladung Kenntnis von Fortsetzungsterminen, kann er ggf. für die gesamte Hauptverhandlung entbunden werden. Da die Hauptverhandlung nur für maximal 21 Tage unterbrochen werden darf (ausnahmsweise einmal für 30 Tage), kann dem Schöffen zugemutet werden, für einen Tag aus dem Urlaub zurückzukehren, um durch einen Verhandlungstag die zulässige Unterbrechungsfrist zu wahren.

▶ **BEISPIEL**

Das hätte sich der Pensionär bei der Buchung einer Weltreise nicht träumen lassen: Nach knapp vier Wochen musste er seine Tour unterbrechen und für einige Tage aus dem warmen Malaysia in den ungemütlichen deutschen Winter fliegen. Der Weltreisende ist Schöffe im Mordprozess M.-E. am Landgericht Dortmund und muss dabei sein, wenn das Schwurgericht den gewaltsamen Tod der Musikkritikerin aufklärt. Nach der Verhandlung düst er zurück nach Kuala Lumpur, um zum nächsten Prozesstag wieder einzufliegen – das alles auf Staats-

---

72   OLG Oldenburg 14.5.2020, 1 Ws 190/20, RohR 2020, S. 151.

kosten. Eine komplette Neuauflage des Verfahrens wäre für den Steuerzahler noch teurer gewesen.[73] ◄

6.4 Einsatz der Ersatzschöffen, Ergänzungsschöffen

Für die Auswahl der Ersatzschöffen gilt das **Prinzip der Ortsnähe**. Fällt kurz vor Beginn einer Hauptverhandlung ein Hauptschöffe aus, müssen Ersatzschöffen zeitnah zum Gericht kommen können. Ersatzschöffen für das Landgericht werden vom Wahlausschuss des Amtsgerichts gewählt, in dem das Landgericht seinen Sitz hat (§ 77 Abs. 2 Satz 2 GVG). Ist dessen Bezirk flächenmäßig sehr groß, so dass Ersatzschöffen gleichwohl eine weite Anreise haben, sind die Ersatzschöffen ausschließlich aus der Einwohnerschaft der Sitzgemeinde (und der unmittelbaren Umgebung) des Landgerichts zu wählen. Die Ersatzschöffen für das Amtsgericht sind aus den Einwohnern der Gemeinde am Sitz des Amtsgerichts (oder der nächsten Umgebung) zu wählen (§ 42 Abs. 1 Nr. 2 Satz 2 GVG). Die Verwaltungsvorschriften der Länder treffen ggf. Regelungen, die eine möglichst kurzfristige Anreise der Ersatzschöffen gewährleisten.

Der Ersatzschöffe ist kein Schöffe zweiter Klasse, sondern wird nur nach einem anderen Modus herangezogen (§ 49 GVG). Er hat grundsätzlich die gleichen Rechte und Pflichten wie der Hauptschöffe. Der Ersatzschöffe, der am ersten Sitzungstag für einen verhinderten Hauptschöffen zum Einsatz kommt, muss bis zum Ende der Hauptverhandlung – also auch an den Fortsetzungsterminen – teilnehmen.

Die **Bezeichnungen** „Hilfsschöffe" und „Hilfsschöffenliste" wurden 2021 durch „Ersatzschöffe" und „Ersatzschöffenliste" im GVG ersetzt, entsprechend die Bezeichnung „Jugendhilfsschöffe" durch „Jugendersatzschöffe" in § 35 JGG.[74] In der Begründung zu den Änderungen im GVG heißt es: „Die Bezeichnung ‚Hilfsschöffe' ist veraltet; sie entspricht nicht mehr dem heutigen Sprachgebrauch. (…) Zudem kann der Wortbestandteil ‚Hilfs' als abwertend empfunden werden, was der Bedeutung des Schöffenamts für den Strafprozess insgesamt und der in § 30 GVG bestimmten Aufgabe des Schöffen, in der Hauptverhandlung das Richteramt in vollem Umfang und mit gleichem Stimmrecht wie der Berufsrichter auszuüben, abträglich ist. Zudem kommt in der vorgeschlagenen Bezeichnung ‚Ersatzschöffe' seine eigentliche Funktion besser zum Ausdruck: Der Ersatzschöffe ersetzt den verhinderten Schöffen."[75] Allerdings hat der Gesetzgeber in der Begründung nicht berücksichtigt, dass der Ersatzschöffe auch in anderen Fällen zum Einsatz kommt. Ob *Ersatz*schöffe sprachlich weniger diskriminierend ist als *Hilfs*schöffe, ist sehr fraglich.

---

[73] *Kathrin Melliwa*, Für Mordprozess um die Welt gereist, Westfälische Rundschau vom 13.12.2012.
[74] Gesetz zur Fortentwicklung der Strafprozessordnung und zur Änderung weiterer Vorschriften, vom 25.6.2021, BGBl I 2021, S. 2099.
[75] BT-Drs. 19/27654, S. 118 (GVG), S. 131 (JGG).

6.4.1 Modus der Heranziehung

Für die gesamte Amtsperiode werden die Ersatzschöffen für alle Spruchkörper eines Gerichts in eine **Ersatzschöffenliste** mit fester **Reihenfolge** gelost (§ 45 Abs. 2 Satz 4 GVG). Für das gesamte Amts- bzw. Landgericht gibt es jeweils eine Ersatz- und eine Jugendersatzschöffenliste. Die Heranziehung von Ersatzschöffen wird von der Schöffengeschäftsstelle veranlasst, wenn die richterliche Anordnung bzw. Feststellung eingeht, aus der sich die Notwendigkeit der Heranziehung ergibt. Zum Einsatz kommt jeweils der Ersatzschöffe, der zu diesem Zeitpunkt an erster Stelle der Ersatzschöffenliste steht. Die Geschäftsstelle hat sorgfältig Datum und genaue Uhrzeit des Eingangs der Nachricht von der Verhinderung des Hauptschöffen zu vermerken (§ 49 Abs. 3 GVG).[76] Nach dem Einsatz rückt der Ersatzschöffe an das Ende der Liste und wird erst dann wieder herangezogen, wenn er an die erste Stelle der Liste vorgerückt ist. Der an erster Stelle stehende Ersatzschöffe rückt ebenfalls an das Ende der Liste, wenn er an einem Einsatz verhindert oder nicht erreichbar war. Die Ersatzschöffenliste befindet sich somit in ständiger Rotation.

Die vorsorgliche Ladung von „Reserve"-Schöffen zu Sitzungstagen für den Fall, dass in einem Spruchkörper ein Hauptschöffe ausfallen könnte, ist unzulässig, da der Reserveschöffe bereits zu einem früheren Zeitpunkt an erster Stelle der Liste steht.[77] Wenn er zum Einsatz käme, wäre er nicht der gesetzliche Richter.

Die **Jugendersatzschöffenliste** besteht aus je einer Teilliste für Frauen und Männer (§ 35 Abs. 5 JGG). Ein Jugendschöffe, der ersetzt werden muss, wird aus der Teilliste Männer, eine Jugendschöffin aus der Teilliste Frauen ersetzt, so dass immer eine Frau und ein Mann auf der Schöffenbank der Jugendgerichte vertreten sind.

6.4.2 Anlass der Heranziehung

Die Häufigkeit des Einsatzes der Ersatzschöffen ist nicht vorhersehbar. Es kann vorkommen, dass im Einzelfall Ersatzschöffen öfter eingesetzt werden als Hauptschöffen oder dass sie während der Amtszeit überhaupt nicht zum Einsatz kommen.

Ersatzschöffen werden herangezogen, wenn

- ein verhinderter Hauptschöffe vertreten werden muss,
- für einen Spruchkörper eine außerordentliche Sitzung anberaumt wird,
- im Laufe des Jahres ein neuer Spruchkörper eingerichtet wird oder
- Ergänzungsschöffen benötigt werden.

(a) Ersatzschöffen sind nicht Vertreter der Hauptschöffen, „sondern treten an die Stelle wegfallender Schöffen",[78] wenn diese

- verhindert sind oder wegen Unzumutbarkeit von der Teilnahme entbunden wurden (§ 54 Abs. 1 GVG),

---

[76] BGH 14.10.2015, 5 StR 273/15, RohR 2016, S. 22.
[77] BGH 19.7.1977, 5 StR 278–279/77, GA 1978, S. 120 mit Anm. *Katholnigg*; JR 1978, S. 210 mit Anm. *Meyer*.
[78] BGH 2.6.1981, 5 StR 175/81, BGHSt 30, S. 149, 150.

- von Gesetzes wegen (§§ 22, 23 StPO) oder wegen Besorgnis der Befangenheit (§§ 24, 31 StPO) von einem Verfahren vor dessen Beginn ausgeschlossen wurden.

(b) Werden **außerordentliche Sitzungen** anberaumt, die *zusätzlich* zu den ordentlichen Sitzungen abgehalten werden (z. B. bei liegen gebliebenen Verfahren aufgrund einer Erkrankung des Vorsitzenden), werden die Schöffen aus der Ersatzschöffenliste herangezogen (§ 47 GVG).[79]

(c) Wird im Laufe des Geschäftsjahres ein (ständiger) **neuer Spruchkörper** gebildet (§§ 46, 77 GVG), weil der Geschäftsanfall bei dem Gericht größer ist als erwartet, werden die für den neuen Spruchkörper benötigten Schöffen aus der Ersatzschöffenliste ausgelost. Die Ersatzschöffen werden dann zu Hauptschöffen und wechseln in die Hauptschöffenliste.

(d) Wird für einen begrenzten Zeitraum ein (nicht ständiger) **Hilfsspruchkörper** bzw. eine **Hilfsstrafkammer** zur Entlastung eines ordentlichen Spruchkörpers gebildet, werden grundsätzlich deren Hauptschöffen herangezogen, wenn an den ordentlichen Sitzungstagen des entlastenden Spruchkörpers verhandelt wird. Werden die Hauptschöffen für die gleichzeitig terminierte Sitzung des Hauptspruchkörpers benötigt oder weicht der Hilfsspruchkörper auf andere Sitzungstage aus, liegt eine außerordentliche Sitzung vor, für die Ersatzschöffen zum Einsatz kommen.[80]

6.4.3 Ergänzungsschöffen

Ergänzungsschöffen werden in sog. **Umfangsverfahren**, d. h. Hauptverhandlungen von längerer Dauer, vorsorglich aus der Ersatzschöffenliste von Beginn an herangezogen (§§ 48 Abs. 1, 192 Abs. 2, 3 GVG). Sie sitzen in der „zweiten Reihe", da sie noch nicht formell dem Gericht angehören. Wenn ein Hauptschöffe wegen Krankheit, Besorgnis der Befangenheit oder aus sonstigen Gründen aus dem Spruchkörper ausscheidet, rücken sie in die „erste Reihe". Ohne einen Ergänzungsschöffen würde der Prozess „platzen". Ist die Verhinderung des Hauptschöffen schon vor Beginn der Hauptverhandlung bekannt und sind die Ergänzungsschöffen bereits bestellt, tritt der erste Ergänzungsschöffe – nicht der an erster Stelle der Liste stehende Ersatzschöffe – für den Hauptschöffen ein (§ 48 Abs. 2 GVG), so dass ein weiterer Ergänzungsschöffe aus der Ersatzschöffenliste hinzugezogen werden muss. Werden mehrere Ergänzungsschöffen hinzugezogen, bestimmt sich die Reihenfolge ihres Eintretens für einen Hauptschöffen nach der Reihenfolge auf der Ersatzschöffenliste. Solange Ergänzungsschöffen zu einem Verfahren herangezogen sind, gelten sie für weitere Verfahren als verhindert.

Alle Mitwirkungsrechte erhält der Ergänzungsschöffe erst, wenn er für den verhinderten Hauptschöffen als Mitglied des Gerichts nachrückt. Er darf aber während der Beweisaufnahme Fragen an Angeklagte, Zeugen und Sachverständige richten, weil er für den Fall seines Vorrückens alles über den bisherigen Prozessverlauf

---

[79] BGH 7.6.2005, 2 StR 21/05, RohR 2005, S. 135.
[80] *Herbert Mayer*, in: Kissel/Mayer, Gerichtsverfassungsgesetz, 10. Aufl., 2021, § 46 Rn. 6 ff.

wissen muss. An der Beratung darf er nicht teilnehmen, weil er (noch) nicht zu den zur Urteilsfindung berufenen Personen gehört (§ 193 Abs. 1 GVG).

Wenn Schöffen nach zahlreichen Sitzungstagen in einem Umfangsverfahren erkranken und für längere Zeit – ggf. dauerhaft – ausfallen, müssen sie damit rechnen, dass der Vorsitzende sich eine ausreichende Tatsachengrundlage über die Erkrankung und Dauer der Verhandlungsunfähigkeit verschafft. Er muss entscheiden, ob die Genesung des Schöffen abgewartet und die Hauptverhandlung innerhalb der gesetzlichen Unterbrechungsfrist mit ihm fortgesetzt werden kann. Fällt der Schöffe für eine unabsehbare Zeit aus, muss er die Voraussetzungen einer Verhinderung aufgrund „unabwendbarer" Umstände (§ 54 Abs. 1 Satz 2 Alt. 1 GVG) feststellen. Bei seiner Abwägung, ob und zu welchem Zeitpunkt ein Ergänzungsschöffe eintritt, muss er widerstreitende Interessen berücksichtigen. Das Prinzip des gesetzlichen Richters gebietet die Unterbrechung der Hauptverhandlung, um die fristgemäße Genesung des Schöffen abzuwarten; die Beschleunigungs- und Konzentrationsmaxime kann aber erforderlich machen, die Verhinderung baldmöglichst festzustellen und die Verhandlung ohne Zeitverzug fortzusetzen. Verstöße können die Besetzungsrüge begründen. So hat der BGH die Entscheidung des Vorsitzenden für nachvollziehbar und nicht grob fehlerhaft gehalten, weil er im Fall einer krankheitsbedingt verhinderten Schöffin, deren Genesung bis zum letzten Tag der Unterbrechungsfrist von 21 Tagen nicht absehbar war, die Hauptverhandlung mit einem Ergänzungsschöffen fortgeführt hat. Die erneute Ladung und Anreise der Zeugen – darunter mehrere Auslandszeugen, die so schnell nicht wieder nach Deutschland gekommen wären – hätten eine deutliche Verzögerung, ggf. das Scheitern des Prozesses bedeutet.[81] Der BGH hat der Beschleunigung des Prozesses durch zügige Feststellung der Verhinderung eines erkrankten Hauptschöffen und Fortsetzung der Hauptverhandlung mit einem Ergänzungsschöffen auch dann Vorrang eingeräumt, wenn sich Angeklagte bereits länger in Untersuchungshaft befinden.[82]

6.4.4 Wechsel in die Hauptschöffenliste

Grundsätzlich behält der Schöffe seine Funktion während der gesamten Amtsperiode bei und kann weder zwischen Amtsgericht und Landgericht noch zwischen Jugendschöffe und Schöffe in allgemeinen Strafsachen wechseln. Ein Hauptschöffe kann während der Amtsperiode nicht Ersatzschöffe werden. Umgekehrt ist dies möglich, wenn ein Hauptschöffe von der Schöffenliste gestrichen wird, z. B. weil er verstorben ist oder seinen Wohnsitz im Landgerichtsbezirk aufgegeben hat. Wie im Fall der Verhinderung tritt derjenige Ersatzschöffe an seine Stelle, der zum Zeitpunkt seines Ausscheidens an erster Stelle der Ersatzschöffenliste steht. Der Ersatzschöffe wechselt auf die Liste der Hauptschöffen und wird von der Ersatzschöffenliste gestrichen. Zunächst nimmt er für das laufende Jahr die Termine

---

[81] BGH 5.9.2018, 2 StR 421/17, RohR 2019, S. 27.
[82] BGH 2.2.2021, 5 StR 400/20, RohR 2021, S. 67; BGH 7.3.2023, 3 StR 397/22, LAIKOS Journal Online 2023, S. 74.

des ausgeschiedenen Hauptschöffen wahr und wird dann jährlich auf die ordentlichen Sitzungstage des Gerichts ausgelost. Bei Terminüberschneidungen des zum Hauptschöffen gewordenen Ersatzschöffen haben bereits erfolgte Heranziehungen als Ersatzschöffe Vorrang (§ 52 Abs. 5 GVG).

6.4.5 Ergänzungswahl

Im Laufe der Amtsperiode kann die Ersatzschöffenliste zahlenmäßig geringer werden. Sinkt die Zahl der Ersatzschöffen auf der Liste unter die Hälfte der zu Beginn der Amtsperiode vorhandenen Ersatzschöffen, wird eine Ergänzungswahl zur Ersatzschöffenliste erforderlich (§ 52 Abs. 6 GVG). Im letzten halben Jahr der Amtsperiode kann davon abgesehen werden. Für die Wahl ist der Schöffenwahlausschuss zuständig, der die Schöffenwahl vorgenommen hat. Die Mitglieder des Wahlausschusses bleiben deshalb während der gesamten Amtsperiode im Amt.

7. Aufbau und Organisation der Strafgerichtsbarkeit

Der **Instanzenzug** in der Strafgerichtsbarkeit besteht aus den Amtsgerichten, Landgerichten, Oberlandesgerichten und dem Bundesgerichtshof. Schöffen sind nur in den Verfahren vor den Amts- und Landgerichten beteiligt. Diese Gerichte werden auch **Tatsachengerichte** genannt. Jedes Strafverfahren beginnt bei einem Gericht, das in einer Beweisaufnahme feststellt, welche Tatsachen bewiesen werden können, aus denen auf eine strafbare Handlung geschlossen werden kann. Grundsätzlich kann man gegen die Urteile dieser Gerichte ein Rechtsmittel einlegen, mit dem das Urteil durch ein höheres Gericht überprüft wird. Gegen die Urteile des Amtsgerichts ist die **Berufung** als zweite Tatsacheninstanz zulässig. Wird ein Urteil mit der Berufung angefochten, wird die Beweisaufnahme – ganz oder in beschränktem Umfang – wiederholt, d. h. Zeugen vernommen, Urkunden verlesen oder Sachverständige gehört.

Urteile des Landgerichts können mit der **Revision** angefochten werden. Die Revision ist eine reine Rechtsinstanz; es wird nur geprüft, ob Verfahren und Urteil des vorherigen Gerichts rechtlich einwandfrei waren. Die Tatsachen in dem Urteil durch das vorherige Gericht sind für das Revisionsgericht bindend (z. B. ob der Zeuge die Wahrheit gesagt hat oder die Urkunde echt ist). Geprüft wird aber, ob bei der Feststellung der Tatsachen rechtliche Fehler begangen wurden (z. B. zu wenig aufgeklärt wurde, logische Fehler bei der Bewertung der Tatsachen begangen wurden, ein Zeugnisverweigerungsrecht nicht beachtet wurde). In den Revisionsgerichten gibt es keine Schöffen, da die Urteile allein unter rechtlichen – nicht tatsächlichen – Gesichtspunkten überprüft werden, wozu die Schöffen in aller Regel nicht in der Lage sind.

Abbildung 2 Instanzenzug und Besetzung des Gerichts

Einsatz der Schöffen und Jugendschöffen in der Strafgerichtsbarkeit

Landgericht	Große Strafkammer	Kleine Strafkammer	Kleine Jugendkammer	Große Jugendkammer
Erste Instanz Berufungsinstanz	2 oder 3 Berufsrichter 2 Schöffen	1 oder 2 Berufsrichter 2 Schöffen	1 Berufsrichter 2 Jugendschöffen	2 oder 3 Berufsrichter 2 Jugendschöffen
	Erste Instanz	Berufungsinstanz		Erste Instanz und Berufungsinstanz
Amtsgericht	Strafrichter / Schöffengericht	Erweitertes Schöffengericht	Jugendrichter	Jugendschöffengericht
Erste Instanz	Strafrichter	Schöffengericht: 1 Berufsrichter 2 Schöffen	Erweitertes Schöffengericht: 2 Berufsrichter 2 Schöffen	Jugendrichter	1 Berufsrichter 2 Jugendschöffen

7.1 Beginn des Verfahrens beim Amtsgericht

Das Amtsgericht ist ausschließlich in erster Instanz als Tatsachengericht tätig. Dort gibt es zwei verschiedene Arten von Spruchkörpern: den Strafrichter und den Jugendrichter als Einzelrichter, das Schöffen- und das Jugendschöffengericht. Nicht bei allen Amtsgerichten sind Schöffengerichte eingerichtet. Für mehrere Amtsgerichtsbezirke kann ein gemeinsames Schöffengericht bestehen.

7.1.1 Allgemeine Strafverfahren

Der **Strafrichter** ist für Strafverfahren gegen Erwachsene zuständig, bei denen der Staatsanwalt aufgrund seiner Anklage eine Freiheitsstrafe bis zu zwei Jahren erwartet (§ 25 GVG). Über 90 % der amtsgerichtlichen Strafverfahren werden hier verhandelt. Für die mittlere bis schwere Kriminalität ist das **Schöffengericht** (1 Berufsrichter, 2 Schöffen) zuständig (§§ 28 ff. GVG); bei umfangreicheren Verfahren kann ein weiterer Berufsrichter hinzugezogen werden (**erweitertes Schöffengericht**). Das Schöffengericht kann bis zu vier Jahren Freiheitsstrafe verhängen.

Die Berufung gegen die Urteile des Amtsgerichts verhandelt die **Kleine Strafkammer** des Landgerichts (§ 74 Abs. 3 GVG), besetzt mit einem Berufsrichter und zwei Schöffen. Hat das erweiterte Schöffengericht das Urteil gefällt, wird auch in der Berufung ein zweiter Berufsrichter hinzugezogen. Die Urteile der Kleinen Strafkammer können noch mit der Revision zum Oberlandesgericht angefochten werden.

7.1.2 Jugendstrafsachen

Für Straftaten Jugendlicher (14–17 Jahre) und Heranwachsender (18–20 Jahre) ist der **Jugendrichter** zuständig, der bis zu einem Jahr Jugendstrafe verhängen kann (§ 39 JGG). Das **Jugendschöffengericht** (1 Berufsrichter, 2 Jugendschöffen) ist zuständig für alle Verfehlungen, die nicht ausdrücklich zur Zuständigkeit eines anderen Jugendgerichts gehören (§ 40 JGG). Die Strafgewalt beträgt im Höchstmaß fünf Jahre Jugendstrafe. Stellt sich heraus, dass es sich um ein Verbrechen handelt, für das nach allgemeinem Strafrecht eine Höchststrafe von mehr als zehn Jahren Freiheitsstrafe angedroht ist, ist das Höchstmaß auch beim Jugendschöffengericht zehn Jahre Jugendstrafe. Soweit Freiheitsstrafe nach Erwachsenenstrafrecht verhängt wird (gegen einen Heranwachsenden oder mitangeklagten Erwachsenen), gilt die allgemeine Strafgewalt des Amtsgerichts von vier Jahren.

Die Berufungen gegen Urteile des Jugendrichters werden von der **Kleinen Jugendkammer** (1 Berufsrichter, 2 Jugendschöffen), Berufungen gegen Urteile des Jugendschöffengerichts von der **Großen Jugendkammer** (2 oder 3 Berufsrichter, 2 Jugendschöffen) verhandelt (§ 41 Abs. 2 JGG). Die Kammer beschließt mit der Eröffnung des Hauptverfahrens, ob sie in der Besetzung 2:2 oder 3:2 verhandelt. Die Urteile des Jugendrichters und des Jugendschöffengerichts können anstelle der Berufung sofort mit der Revision zum Oberlandesgericht angefochten werden. Der beim Amtsgericht verurteilte Jugendliche muss sich bei der Einlegung eines Rechtsmittels zwischen der Berufung und der Revision entscheiden (sog. **Wahlrechtsmittel**).

7.1.3 Jugendschutzverfahren

Für Straftaten Erwachsener, bei denen Kinder oder Jugendliche geschädigt wurden, sowie für Verstöße Erwachsener gegen Jugendschutzbestimmungen sind die Jugendgerichte als **Jugend*schutz*gerichte** zuständig (§ 26 GVG). Der Staatsanwalt soll Anklage beim Jugendschutzgericht erheben, um schutzwürdige Interessen von Kindern oder Jugendlichen, die als Zeugen benötigt werden, besser wahren zu können oder aus sonstigen Gründen eine Verhandlung vor diesem Gericht zweckmäßig erscheint.

7.2 Beginn des Verfahrens beim Landgericht
7.2.1 Große Strafkammer

Die Große Strafkammer des Landgerichts ist in allgemeinen Strafsachen erstinstanzlich für schwere und schwerste Kriminalität und Verfahren von besonderer Bedeutung zuständig (§§ 74 Abs. 1, 24 Abs. 1 Nr. 3 GVG). Sie kann auf zeitige Freiheitsstrafe bis zu 15 Jahren oder lebenslange Freiheitsstrafe erkennen, zusätzlich die Unterbringung in einem psychiatrischen Krankenhaus oder Sicherungsverwahrung anordnen. Für einzelne Kammern gibt es Spezialzuständigkeiten (Wirtschaftsstraf-, Staatsschutzkammer, Schwurgericht). Die Kammern sind in der Hauptverhandlung mit zwei Berufsrichtern und zwei Schöffen, in umfangreicheren Strafverfahren mit drei Berufsrichtern und zwei Schöffen besetzt. Das für besonders schwere Straftaten[83] zuständige Schwurgericht tagt immer in der Besetzung 3:2.

7.2.2 Große Jugendkammer

Die Große Jugendkammer verhandelt in erster Instanz Verfahren gegen Jugendliche und Heranwachsende (§ 41 Abs. 1 JGG),

---

[83] Vgl. Aufzählung in § 74 Abs. 2 GVG.

- die im Erwachsenenstrafrecht zur Zuständigkeit des Schwurgerichts gehören;
- die ihr vom Jugendschöffengericht wegen des besonderen Umfanges vorgelegt werden;
- in denen Erwachsene mitangeklagt sind, für deren Straftaten die Große Strafkammer zuständig wäre;
- bei denen die Staatsanwaltschaft wegen der besonderen Schutzbedürftigkeit von Verletzten der Straftat, die als Zeugen in Betracht kommen, Anklage bei der Jugendkammer erhebt;
- in denen die vorbehaltene Sicherungsverwahrung (§ 7 Abs. 2 JGG) und eine höhere Strafe als fünf Jahre Jugendstrafe oder die Unterbringung in einem psychiatrischen Krankenhaus zu erwarten ist.

Wenn es sich bei der angeklagten Tat um ein Verbrechen handelt, für das nach dem allgemeinen Strafrecht eine Höchststrafe von mehr als zehn Jahren Freiheitsstrafe angedroht ist, beträgt das Höchstmaß der Jugendstrafe zehn Jahre. Bei Heranwachsenden beträgt die Höchststrafe bei Mord 15 Jahre, wenn zehn Jahre wegen der besonderen Schwere der Schuld nicht ausreichen (§ 105 Abs. 3 JGG). Sind Schwurgerichtssachen angeklagt, tagt die Jugendkammer immer in der Besetzung 3:2 (§ 33b Abs. 2 Nr. 1 JGG). Die Jugendkammer ist auch als **Jugend*schutz*kammer** in erster Instanz zuständig (§ 74b GVG).

Alle erstinstanzlichen Urteile des Landgerichts können nur mit der Revision zum BGH überprüft werden.

7.3 Beginn des Verfahrens beim Oberlandesgericht

Auch das Oberlandesgericht (in Berlin: Kammergericht) kann in erster Instanz tätig werden, nämlich in besonderen Staatsschutzsachen (terroristische Vereinigung, Hoch- und Landesverrat, § 120 GVG). Diese Fälle schwerster politischer Kriminalität werden ohne Schöffenbeteiligung verhandelt (z. B. das sog. NSU-Verfahren vor dem OLG München). Der Senat ist in der Hauptverhandlung mit fünf Berufsrichtern besetzt. Gegen die Urteile des Oberlandesgerichts ist die Revision zum BGH zulässig.

7.4 Der Bundesgerichtshof

Der Bundesgerichtshof (BGH) als oberstes Gericht in Strafsachen entscheidet über Revisionen gegen erstinstanzliche Urteile der Landgerichte und Oberlandesgerichte (§ 135 Abs. 1 GVG) und hat die Aufgabe, grundsätzliche Rechtsfragen zu klären, die Rechtseinheit zu sichern und das Recht fortzubilden.

II. Rechtsstellung der Schöffen
1. Funktion und Aufgaben der Schöffen

Es ist ein Mythos der Justiz, dass Rechtsprechung allein aus der Anwendung von Gesetzen besteht, deren Methode ausschließlich den Juristen vorbehalten ist. Die vom Gericht zu bewältigende Aufgabe besteht hingegen aus mehreren Komplexen:

- Feststellung des Sachverhaltes der angeklagten Tat und der Persönlichkeit des Angeklagten durch die Beweisaufnahme (Beweiserhebung, Beweiswürdigung);
- Anwendung des geltenden Rechts auf diesen Sachverhalt, ob eine bestimmte Strafnorm hierdurch verletzt wurde (sog. Subsumtion);
- Feststellung des Maßes der individuellen Schuld als Grundlage für die Zumessung der Strafe;
- Prognose, welche Auswirkungen die Strafe auf das künftige Verhalten des Verurteilten haben wird.

(a) Ohne eine sorgfältige **Tatsachenfeststellung** ist eine fehlerfreie **Subsumtion**, welche Strafvorschrift ggf. verletzt wurde, nicht möglich. In den Gerichten, in denen Schöffen an den Verfahren beteiligt sind, steht die Feststellung des Sachverhaltes im Vordergrund. Mindestens 80 % aller auftretenden Fragen in der Hauptverhandlung sind rein tatsächlicher, weniger rechtlicher Natur. Diese sind mit von Lebenserfahrung und Menschenkenntnis geprägter praktischer Vernunft zu ermitteln und zu bewerten. Wie wichtig eine sorgfältige Tatsachenfeststellung ist, zeigen Untersuchungen, wonach die weit überwiegende Zahl von Fehlurteilen darauf beruht, dass die dem Urteil zugrunde liegenden Tatsachen nicht richtig festgestellt oder falsch bewertet wurden, sei es aufgrund unvollkommen durchgeführter Beweisaufnahme, zu früher Festlegung auf einen Täter im Ermittlungsverfahren oder wegen des öffentlichen Druckes, unbedingt einen Täter präsentieren zu müssen. Der BGH-Richter *Ralf Eschelbach* schätzt, dass ca. jedes vierte Strafurteil in Deutschland ein Fehlurteil ist.[84] Bei all diesen Verfahren waren zwei Schöffen beteiligt, gegen deren Stimme die Verurteilung nicht hätte zustande kommen können. Die Verantwortung für eine solche Fehlquote trifft demnach auch die Schöffen.

Die Schöffen in den Großen Strafkammern müssen berücksichtigen, dass gegen die Urteile, an denen sie mitgewirkt haben, nur die Revision zum BGH zulässig ist. Dieser prüft das Urteil nur auf Rechtsfehler; die (rechtlich einwandfrei festgestellten) Tatsachen des Urteils sind für ihn bindend. Die Glaubhaftigkeit einer Zeugenaussage, die Plausibilität eines Gutachtens, die Lückenlosigkeit einer Indizienkette werden nicht überprüft, wenn nicht gravierende Verstöße gegen die Logik oder Verfahrensfehler erkennbar sind. Umso wichtiger ist es, die Meinungsbildung durch Fragen an Zeugen und Angeklagte bzw. Wissensfragen an Sachverständige zu untermauern. Es ist ständig zu prüfen, ob die Tatsachen zweifelsfrei festgestellt sind und einen Rückschluss auf strafbares Verhalten zulassen. Lücken in der Beweisführung dürfen nicht durch formelhafte Wendungen oder nicht gesicherte „Erfahrungssätze" geschlossen werden.

---

84 Zitiert in: *Barbara Dunkel/Stefanie Kemme*, Fehlurteile in Deutschland: eine Bilanz der empirischen Forschung seit fünf Jahrzehnten, Neue Kriminalpolitik 2016, S. 138, 139; vgl. *Toni Böhme*, Das strafgerichtliche Fehlurteil – Systemimmanenz oder vermeidbares Unrecht?, 2018.

▶ **BEISPIEL**

In der ersten „Ku'damm-Raser"-Entscheidung, mit der das LG Berlin zwei Raser wegen Mordes verurteilt hat, hat das Schwurgericht bei der Prüfung des Vorsatzes hinsichtlich des Fahrers und der Beifahrerin zwei widersprüchliche Einschätzungen vorgenommen. Der Fahrer soll mit einer eigenen Verletzung bei einem Unfall nicht gerechnet haben, weil er sich in seinem Auto unverletzlich „wie in einer Burg" gefühlt habe. In Bezug auf die neben ihm (in derselben „Burg") sitzende Beifahrerin soll er aber gleichzeitig billigend in Kauf genommen haben, dass diese bei einem Unfall schwer verletzt oder sogar getötet wird. Das sind – so der BGH – zwei nicht miteinander vereinbare Einschätzungen, die das Gericht dem Angeklagten unterstellt hat.[85] Auch Schöffen können eine solche Unlogik erkennen, wenn dies in der Beratung so erörtert wird. ◀

(b) Hinsichtlich auftretender **Rechtsfragen** muss der Berufsrichter die Schöffen durch die einzelnen Stationen einer Entscheidung führen, so dass diese auch von dem nicht juristisch Vorgebildeten beantwortet werden können. Unter welchen Voraussetzungen ein Zeugnisverweigerungsrecht besteht oder ein „besonders schwerer" bzw. „minder schwerer" Fall einer Straftat vorliegt, muss so erläutert werden, dass sich der Schöffe in diesem Einzelfall eine Meinung bilden und eine sachgerechte Entscheidung treffen kann. Schöffen müssen selbstverständlich bereit sein, einen rechtlichen Hinweis der Berufsrichter zu akzeptieren. Auch wenn der Schöffe eine gesetzliche Regelung nicht teilt und sie für ungerecht hält (z. B. die Strafbarkeit des Schwarzfahrens), ist er ihr gleichwohl unterworfen. Der Schöffe muss in dem Bewusstsein an einem Strafverfahren teilnehmen, dass der Berufsrichter die Methode kennt, die ein rechtsstaatliches Verfahren garantiert und zu einem richtigen und gerechten Urteil führt. Diese Methode ist aber nicht die Gerechtigkeit selbst. Dazu bedarf es zusätzlicher Kompetenzen wie Einfühlungsvermögen, Beachtung der Individualität, Empathie, die auch der Schöffe mitbringt.

(c) Von einem Schöffen wird erwartet, dass er sich zu allen Fragen, die in der Hauptverhandlung zur Entscheidung stehen, genauso wie der Berufsrichter eine **eigene Meinung** bildet. Schöffen müssen den Mut haben, ihren Standpunkt zu vertreten, ohne rechthaberisch zu sein; sie müssen sich aber auch von Argumenten der Mitrichter überzeugen lassen, ohne opportunistisch zu sein. Ein Zurückziehen auf die Position „Der Berufsrichter wird schon wissen, was richtig ist – schließlich hat er das Recht ja studiert" ist dem Schöffen verwehrt. Die Frage, ob man einem Zeugen oder Angeklagten glauben kann oder nicht oder ob eine harte oder milde Strafe angemessen ist, ist im konkreten Einzelfall zu entscheiden. Zu Recht hat bereits *Gustav Radbruch* gesagt: „Im Strafrecht kommt auf ein Gramm Rechtskenntnis ein ganzer Zentner Menschenkenntnis." Der französische Philosoph, Mathematiker und Physiker *Blaise Pascal* (1623–1662) hat dies auf die Formel gebracht: „Das Herz hat Vernunftgründe, die die bloße Vernunft nicht kennt." Gnade und Vertrauen

---

85 Vgl. BGH 1.3.2018, 4 StR 399/17, NJW 2018, S. 1621.

können z. B. solche Gründe sein. Und wiederum *Gustav Radbruch* hat erkannt: „Ein guter Strafrichter wird man nicht durch die Ausbildung, sondern zum guten Strafrichter wird man geboren. Das gütige verstehende Herz und die feste Hand kann keine Ausbildung ihm ersetzen."

2. Allgemeine Rechtsstellung der Schöffen

Gesetzliche Regelungen zum Schöffenamt enthalten vor allem das Gerichtsverfassungsgesetz (GVG), das Deutsche Richtergesetz (DRiG), die Strafprozessordnung (StPO) und das Jugendgerichtsgesetz (JGG). Als ergänzende Verwaltungsvorschriften regeln die Richtlinien für das Strafverfahren und das Bußgeldverfahren (RiStBV) den Informationszugang für Schöffen sowie die Unterstützung durch die Berufsrichter.

Das „Grundgesetz" für Schöffen sind § 30 GVG (für die Schöffen beim Amtsgericht) und § 77 GVG (für die Schöffen beim Landgericht).

§ 30 Abs. 1 GVG
Insoweit das Gesetz nicht Ausnahmen bestimmt, üben die Schöffen während der Hauptverhandlung das Richteramt in vollem Umfang und mit gleichem Stimmrecht wie die Richter beim Amtsgericht aus und nehmen auch an den im Laufe einer Hauptverhandlung zu erlassenden Entscheidungen teil, die in keiner Beziehung zu der Urteilsfällung stehen und die auch ohne mündliche Verhandlung erlassen werden können.

§ 77 Abs. 1 GVG
Für die Schöffen der Strafkammern gelten entsprechend die Vorschriften über die Schöffen des Schöffengerichts mit folgender Maßgabe: (…)

Im Wesentlichen sagen diese Vorschriften:
- Schöffen sind in der Hauptverhandlung gleichberechtigte Richter.
- Schöffen nehmen an allen Entscheidungen im Laufe der Hauptverhandlung teil, auch solchen, die nicht das Urteil, sondern das übrige Verfahren betreffen.
- Wenn ausnahmsweise die Schöffen an einer Entscheidung nicht teilnehmen dürfen, muss dies ausdrücklich in einem Gesetz geregelt sein.

Da Schöffen die gesetzlichen Regelungen, nach denen sie von einer Entscheidung ausgeschlossen sind, nicht kennen, können sie bei Zweifeln den Vorsitzenden bitten, ihnen die entsprechende gesetzliche Regelung zu zeigen („Wo steht das?"). Aufgrund ihrer gleichberechtigten Mitwirkung tragen sie die Verantwortung für die Entscheidung des Gerichts in vollem Umfang mit.

2.1. Gleichstellung mit dem Berufsrichter
2.1.1 Richterliche Unabhängigkeit

Die Schöffen genießen die richterliche Unabhängigkeit in gleicher Weise wie die Berufsrichter (§ 45 Abs. 1 Satz 1 DRiG). Vor Ablauf der Amtszeit können sie gegen ihren Willen nur durch die Entscheidung eines Gerichts abberufen werden. Die Streichung von der Schöffenliste darf nur durch einen von der Geschäftsverteilung des Gerichts dazu bestimmten Richter beim Amtsgericht bzw. eine Strafkammer des Landgerichts vorgenommen werden (§§ 52 Abs. 3, 77 Abs. 1 GVG). Soll der Schöffe wegen gröblicher Verletzung seiner Pflichten des Amtes enthoben werden, ist dazu eine Entscheidung des Strafsenates beim Oberlandesgericht erforderlich (§ 51 GVG). Ein Schöffe kann nicht an ein anderes Gericht oder in einen anderen Spruchkörper versetzt werden, wenn er mit den Berufsrichtern nicht zusammenarbeiten kann – oder sie nicht mit ihm. Der Vorsitzende hat keine Möglichkeit, den Schöffen bei einem Einsatz zu übergehen oder auszuschließen. Das Gericht darf auch den Schöffen nicht auffordern, sein Amt niederzulegen. Maßgebend hierfür ist das in Art. 101 Abs. 1 Satz 2 GG festgeschriebene Prinzip des gesetzlichen Richters, dem niemand entzogen werden darf.

Die Unabhängigkeit umfasst die **Freiheit von Weisungen** und sonstiger Einflussnahme. Niemand kann dem Schöffen vorschreiben, wie er abzustimmen hat. Zur Unabhängigkeit gehört vor allem die **innere Unabhängigkeit**. Schöffen werden nicht (wie die Berufsrichter) beurteilt und befördert, sind auch (in der Justiz) keinen informellen Einflüssen ausgesetzt. Sie können ohne jede Rücksicht auf Erwartungshaltungen, Lob oder Tadel ihrer Auffassung Ausdruck verleihen, ohne dass sie Nachteile zu befürchten hätten. Schöffen sind die wirklich freien und unabhängigen Richter und damit Garanten für die Unabhängigkeit der Rechtsprechung. Ihre Unabhängigkeit kommt auch darin zum Ausdruck, dass die Justiz keinen Einfluss auf ihre Wahl hat. Über die Wahl entscheiden im Wesentlichen die kommunalen Vertrauenspersonen. Es kann also niemand wegen seiner Auffassungen, die er in den Beratungen des Gerichts vertreten hat, von einer Wiederwahl ausgeschlossen werden.

Der Schöffe ist an Gesetz und Recht gebunden, bei der **Auslegung von rechtlichen Begriffen** in seiner Wertung aber frei. Dabei kann die bisherige Rechtsprechung, die der Berufsrichter erläutert, ein Anhaltspunkt für die eigene Entscheidung sein. Ob sie auf den vorliegenden Fall zutrifft, muss der Schöffe für sich entscheiden. Juristen neigen manchmal dazu, bestimmten Verhaltensweisen eine stereotype Rechtsfolge zuzuweisen; auf der Strecke bleiben dann die Umstände des Einzelfalles, die konkreten Motive des Täters, die besondere Situation des Opfers. Die Tätigkeit des Richters ist Entscheidung im Einzelfall; keine Tat ist der anderen völlig gleich. Deshalb können auch die Rechtsfolgen unterschiedlich sein. Die von der Rechtsprechung durch Auslegung des Gesetzes getroffenen Wertungen muss man nicht teilen. Früher war z. B. nach herrschender Meinung ein minder schwerer Fall der Vergewaltigung u. a. dann anzunehmen, wenn die Frau zu der Tat „Anlass gegeben" hatte (wenn sie etwa mit einem fremden Mann in die Wohnung ging oder nachts als Anhalterin in dessen Auto gestiegen war). Gegen diese Auffassung hätte sich auch damals schon ein Schöffe auf den Standpunkt stellen können, dass – egal zu welchem Zeitpunkt die Frau sich entschließt, mit dem Geschlechtsverkehr nicht mehr einverstanden zu sein – ein „Nein" bedeutet, dass jede weitere Handlung zu unterlassen ist, selbst wenn ihr Verhalten zuvor auf ein Einverständnis schließen lassen konnte.

2.1.2 Gleiches Stimmrecht

Schöffen nehmen mit gleicher Stimme an der Hauptverhandlung teil wie die Berufsrichter (§ 30 GVG). „Gleiches Stimmrecht" für die Schöffen bedeutet nicht nur, dass ihre Stimmen genauso zählen wie die der Berufsrichter. Durch die Mehrheit, die für eine Verurteilung erforderlich ist, wird ihr Einfluss auch dort gesichert, wo sie zahlenmäßig in der Minderheit sind. Für eine Verurteilung des Angeklagten und für Art und Höhe der Strafe ist eine **Zwei-Drittel-Mehrheit** erforderlich, d. h. dass sich zwei Drittel der Mitglieder des Gerichts auf das „Schuldig" und auf die Strafe einigen müssen. In den Gerichten, die mit einem Berufsrichter und zwei Schöffen besetzt sind (Schöffengericht beim Amtsgericht, Kleine Strafkammer beim Landgericht), haben die Schöffen in allen Fragen die erforderliche Mehrheit. In den Gerichten, die mit zwei oder drei Berufsrichtern und zwei Schöffen besetzt sind (erweitertes Schöffengericht beim Amtsgericht, Kleine Strafkammer in der erweiterten Besetzung, Große Strafkammer beim Landgericht), haben die Schöffen eine **Sperrminorität**, so dass gegen ihre beiden Stimmen niemand verurteilt werden kann. Da auch die Verständigung im Strafverfahren die Schuld und die Strafe betrifft, müssen zwei Drittel der Mitglieder des Gerichts mit einem solchen Verfahren einverstanden sein.

Dass Schöffen bei der Abstimmung die gleiche Stimme haben wie die Berufsrichter, bedeutet insbesondere beim Schöffengericht und der Kleinen Strafkammer, dass sie den Berufsrichter **überstimmen** können. Das hat der Berufsrichter nicht nur hinzunehmen; er hat die schriftlichen Urteilsgründe so abzufassen, wie sie beraten und von der Mehrheit des Spruchkörpers beschlossen wurden.

▶ BEISPIEL

Die Kleine Strafkammer des Landgerichts hatte (offenbar mit den beiden Schöffen gegen den Berufsrichter) den Angeklagten freigesprochen. Die Revision der Staatsanwaltschaft veranlasste das OLG Oldenburg zu folgender Anmerkung: „Ein überstimmter Berufsrichter hat in den Urteilsgründen die Mehrheitsmeinung des Spruchkörpers nicht nur im Ergebnis mitzuteilen, sondern auch in angemessener Gewichtung darzustellen. Relativierender und distanzierender Anmerkungen hat er sich strikt zu enthalten. Die Überzeugungsbildung der Laienrichter ist vom Berufsrichter uneingeschränkt zu respektieren. Er darf ihnen nicht durch die Formulierung der Urteilsgründe gewissermaßen ‚in den Rücken fallen'. Keinesfalls wäre es angängig, durch eine bestimmte Fassung der Urteilsgründe einer Urteilsaufhebung im Revisionsrechtszug den Weg bereiten zu wollen."[86] ◀

---

[86] OLG Oldenburg 21.2.2005, Ss 29/05, RohR 2005, S. 83.

2.2 Haftung, Spruchrichterprivileg

Schöffen genießen aufgrund der richterlichen Unabhängigkeit ebenso wie die Berufsrichter haftungsrechtlich das sog. Spruchrichterprivileg beim „Urteil in einer Rechtssache" (§ 839 Abs. 2 BGB i. V. m. Art. 34 GG).[87] Das bedeutet, dass ein Richter wegen einer im Rahmen seiner rechtsprechenden Tätigkeit begangenen Handlung für den entstandenen Schaden nur dann haftet, wenn die Verletzung der Amtspflicht in einer Straftat besteht, z. B. einer Rechtsbeugung oder Bestechlichkeit. Das Haftungsprivileg erstreckt sich nicht nur auf das Urteil, sondern auch auf Entscheidungen und Maßnahmen im Zusammenhang mit dem Urteil,[88] z. B. Fehler bei der Beweisaufnahme oder falsche Einschätzung der Fluchtgefahr beim Erlass eines Haftbefehls. Wegen eines bloßen Fehlers bei der Rechtsprechung kann ein Gericht nur von einem anderen Gericht korrigiert werden. Für den finanziellen Schaden eines zu Unrecht Verfolgten im Strafverfahren haftet der Fiskus des jeweiligen Landes.

Das Haftungsprivileg gilt nicht, wenn der Schöffe die Ausübung seines Amtes verzögert (zu spät oder nicht zum Verhandlungstermin erscheint) oder gänzlich verweigert. Deshalb ist die Auferlegung des Ordnungsgeldes und der verursachten Kosten in diesen Fällen zulässig.

3. Entscheidungen während der Hauptverhandlung

Grundsätzlich nehmen Schöffen an allen Entscheidungen teil, soweit das Gesetz nicht ausnahmsweise bestimmt, dass die Entscheidung oder Maßnahme nur vom Vorsitzenden oder von den Berufsrichtern zu treffen ist.

3.1 Entscheidungen unter Mitwirkung der Schöffen

Schöffen wirken an den Entscheidungen über **Verfahrensfragen** mit, die den Ablauf und die Steuerung der Verhandlung betreffen. Diese werden mit der **einfachen Mehrheit** der Mitglieder des Gerichts entschieden. Wesentliches Merkmal, dass auch die Schöffen an der Entscheidung einer Verfahrensfrage beteiligt sind, ist die Formulierung im Gesetz „entscheidet das Gericht". Bei **Stimmengleichheit**, die wegen des Verbots der Stimmenthaltung nur bei Gerichten in der Besetzung 2:2 auftreten kann, entscheidet in Verfahrensfragen die Stimme des Vorsitzenden.

Wesentliche Verfahrensfragen, über die Schöffen mitentscheiden:

- Verhängung eines Ordnungsgeldes gegen einen nicht erschienenen oder ungehorsamen Zeugen sowie der Beugehaft zur Erzwingung einer Aussage (§ 70 StPO);
- Anordnung einer längeren Unterbrechung der Hauptverhandlung, insbesondere eine Vertagung mit der Folge, dass das Verfahren neu begonnen werden muss (§ 228 Abs. 1 StPO);

---

[87] *Hans-Jürgen Papier/Faroud Shirvani*, in: Habersack (Hrsg.), Münchener Kommentar zum Bürgerlichen Gesetzbuch, Bd. 7, 9. Aufl., 2024, § 839 Rn. 394.
[88] *Hans-Jürgen Papier/Faroud Shirvani*, in: Habersack (Hrsg.), Münchener Kommentar zum Bürgerlichen Gesetzbuch, Bd. 7, 9. Aufl., 2024, § 839 Rn. 395.

- Erlass eines Vorführungs- oder Haftbefehls gegen den nicht erschienenen Angeklagten (§ 230 Abs. 2 StPO); wird das Ausbleiben erst nach der Sitzung geprüft, entscheidet der Vorsitzende;
- Anordnung der Verhandlung ohne den Angeklagten, wenn dieser sich unerlaubt entfernt (§ 231 StPO) oder seine Verhandlungsunfähigkeit (§ 231a StPO) herbeigeführt hat;
- Ablehnung eines Beweisantrages (§§ 244 Abs. 6, 245 StPO);
- Ausschluss der Öffentlichkeit (§§ 171a, 172 GVG).

3.2 Ausnahmen von der Mitwirkung der Schöffen

Schöffen nehmen an einer Entscheidung über Verfahrensfragen nicht teil, wenn diese ausdrücklich vom **Gesetz** dem Vorsitzenden oder den Berufsrichtern vorbehalten ist oder wenn es sich um eine Maßnahme der **Sitzungsleitung** handelt:

- Über einen zulässigen Ablehnungsantrag gegen einen Richter wegen Besorgnis der Befangenheit entscheidet beim Amtsgericht ein anderer Richter des Gerichts, beim Landgericht die Strafkammer ohne den Abgelehnten und ohne die Schöffen (§ 27 StPO). Über die Ablehnung von Schöffen oder des Protokollführers entscheiden beim Amtsgericht der Vorsitzende, bei der Strafkammer die berufsrichterlichen Mitglieder (§ 31 StPO). Die Verwerfung eines *unzulässigen* Ablehnungsantrages beschließt das gesamte Gericht unter Mitwirkung der Schöffen (§ 26a StPO).
- Der Vorsitzende kann einem Zeugen gestatten, seinen Wohnort nicht anzugeben (§ 68 Abs. 2 StPO).
- Die Bestellung eines Pflichtverteidigers nimmt der Vorsitzende vor; muss dieser sich erst einarbeiten, beschließt über eine etwaige Aussetzung der Verhandlung das Gericht (§ 228 Abs. 1 StPO).
- Über die Gewährung von Akteneinsicht des Verteidigers entscheidet der Vorsitzende (§ 147 StPO).
- Terminierungen nimmt der Vorsitzende vor (§ 213 StPO).
- Der Vorsitzende ordnet die Beschaffung weiterer Beweismittel an, wenn er einen Beweisantrag für zulässig erachtet (§ 221 StPO), wohingegen die Ablehnung des Beweisantrages eines Gerichtsbeschlusses bedarf (§ 244 StPO).
- Kürzere Unterbrechungen (Sitzungspausen) ordnet der Vorsitzende an; über Aussetzung oder Unterbrechung der Hauptverhandlung entscheidet das Gericht (§ 228 StPO).
- Der Vorsitzende trifft die Maßnahmen, die verhindern, dass sich der Angeklagte aus der Hauptverhandlung entfernt (§ 231 StPO).
- Die Vernehmung von Zeugen unter 18 Jahren wird allein vom Vorsitzenden durchgeführt (§ 241a Abs. 1 StPO), um psychische Belastungen zu vermeiden. Die Schöffen können vom Vorsitzenden verlangen, dass er nach seiner Vernehmung bestimmte Fragen an den jungen Zeugen richtet (Abs. 2). Die direkte Befragung kann zugelassen werden, wenn kein Nachteil für das Wohl des Kindes bzw. Jugendlichen zu befürchten ist.

- Zeugen und Sachverständige dürfen sich nur mit Genehmigung des Vorsitzenden von der Gerichtsstelle entfernen (§ 248 StPO).
- Erhebt der Staatsanwalt eine Nachtragsanklage, ordnet der Vorsitzende eine Unterbrechung der Verhandlung an, wenn er dies für erforderlich hält (§ 266 Abs. 3 StPO).
- Die Sorge für die Ordnung in der Sitzung hat der Vorsitzende. Für Ordnungsmaßnahmen gegen nicht am Verfahren Beteiligte (Zuhörer, Presse) ist der Vorsitzende allein zuständig; Maßnahmen gegen Prozessbeteiligte (Zeugen, Angeklagte) beschließt das gesamte Gericht (§§ 177, 178 GVG).

3.3 Entscheidungen über Maßnahmen des Vorsitzenden

Grundsätzlich obliegt dem Vorsitzenden die Leitung der Verhandlung (§ 238 StPO). In einigen Fällen, die die sog. **Sachleitung** betreffen, steht dem Gericht eine besondere Kontrollmöglichkeit über die Verhandlungsführung des Vorsitzenden zu. Bei solchen Entscheidungen können alle Prozessbeteiligten beantragen, dass das gesamte Gericht eine Entscheidung trifft. Auch die Schöffen können beantragen, dass das Gericht über eine bestimmte Entscheidung des Vorsitzenden beraten und entscheiden soll. Das Gericht kann nur über die *Recht*mäßigkeit der Maßnahme oder Anordnung des Vorsitzenden entscheiden, nicht über deren *Zweck*mäßigkeit. Es entscheidet nach Anhörung der Prozessbeteiligten durch Beschluss.

Folgende Fälle der Sachleitungsbefugnis nennt die StPO, in denen zunächst der Vorsitzende, auf Antrag oder Widerspruch eines Beteiligten das gesamte Gericht entscheidet (§ 238 Abs. 2 StPO):

- Zeugen werden nur vereidigt, wenn das Gericht dies wegen der ausschlaggebenden Bedeutung der Aussage oder zur Herbeiführung einer wahren Aussage nach seinem Ermessen für notwendig hält (§ 59 StPO);
- Zeugen kann gestattet werden, Angaben zur Identität nicht zu offenbaren, wenn Leib oder Leben gefährdet sind (§ 68 Abs. 3 StPO);
- Beistand des Ehegatten, Lebenspartners, gesetzlichen Vertreters des Angeklagten (§ 149 StPO);
- Absehen von der Verlesung von Schriftstücken (§ 249 Abs. 2 StPO);
- Anordnung der Protokollierung von Aussagen oder Vorgängen (§ 273 StPO);
- Zurückweisung von Fragen (§ 242 StPO).

4. Verantwortung, ethisches Verhalten, Fortbildung

Die Gleichstellung mit den Berufsrichtern bedeutet, dass Schöffen die gleiche Verantwortung für das Urteil tragen. Diese Verantwortung kann auf niemanden abgewälzt werden. Ob das Urteil gerecht ist, ein Unschuldiger verurteilt oder ein Schuldiger zu Unrecht freigesprochen wird, haben Schöffen wie Berufsrichter in gleicher Weise zu verantworten. Der Eingriff in Leben und Rechte anderer Menschen erfordert Mut zur eigenen Meinung und das Bewusstsein über die (möglichen) Folgen der Entscheidung. Das Ausschöpfen aller Informationen für die Entscheidung, die unvoreingenommene Bewertung aller Beweismittel aufgrund eigener Überzeugung sind Pflicht und Selbstverständlichkeit. Schöffen dürfen bei ihrer Entscheidung nur sachliche Argumente berücksichtigen und haben ohne Ansehen der Person, des Status oder sozialer Zugehörigkeit, ohne emotionale Betroffenheit oder Beeinflussung durch eine veröffentlichte Meinung zu entscheiden.

Ethisches Verhalten der Schöffen beruht auf zwei tragenden Säulen: dem Richterbild des Grundgesetzes und der Verantwortung bei der Ausübung staatlicher Gewalt im staatsbürgerlichen Ehrenamt.[89] Das richterliche Ehrenamt ist mit der Macht ausgestattet, in die Rechte anderer Menschen gestaltend einzugreifen. Daraus folgen Grundsätze, die das Verhalten der Schöffen prägen, das Bewusstsein über die Verantwortung des Amtes schärfen und dazu befähigen, Verhalten und Entscheidungen selbstkritisch zu reflektieren. Diese Anforderungen gelten für alle ehrenamtlichen Richter, gleichgültig ob sie als Vertreter der Allgemeinheit (des Volkes), einer bestimmten Gruppe oder wegen ihrer besonderen Sachkunde gewählt bzw. berufen werden. Ethisches Verhalten ist eine permanente Aufgabe, die sich in dem Bestreben nach einer fairen und gerechten Entscheidung im Einzelfall äußert. Die Bereitschaft, unterschiedliche Verhaltensweisen, Ansprüche und Rechtspositionen gegeneinander abzuwägen, bezieht die gesamte Persönlichkeit ein und endet nicht mit dem Verlassen des Gerichts.

Schöffen leisten einen Beitrag zu einem zügigen Verfahren. Sie vermeiden alles, was zu einer Verzögerung des Verfahrens beiträgt; deshalb teilen sie die Gründe einer etwaigen Verhinderung oder Unzumutbarkeit der Teilnahme, eines gesetzlichen Ausschlusses oder einer Besorgnis der Befangenheit rechtzeitig dem Vorsitzenden mit. Die Pflicht zur Teilnahme umfasst die aktive Beteiligung an Verhandlung und Beratung mit den berufsrichterlichen Mitgliedern des Kollegiums. Als Repräsentanten des Rechtsstaates fördern sie durch persönliche Integrität und angemessenes Verhalten innerhalb und außerhalb ihres Amtes das Vertrauen in die Rechtsprechung. Das Eintreten für die freiheitliche demokratische Grundordnung und den Rechtsstaat sind selbstverständliche Voraussetzungen für die Ausübung des richterlichen Ehrenamtes.

2014 wurde Deutschland von GRECO (Group of States against Corruption), einer Gruppe von 49 „Staaten gegen Korruption", die nach den Grundsätzen des Europarates den Standard der Mitgliedstaaten bei der Prävention und Bekämpfung von Korruption regelmäßig überprüft, einer Evaluierung unterzogen. GRECO befasste sich mit dem Standard der Vermeidung von Korruption bei Abgeordneten, Richtern und Staatsanwälten. Auch die ehrenamtlichen Richter standen dabei im Fokus. In großer Weitsicht stellte das Evaluierungsteam eine Verbindung zwischen der Gefahr korruptiven Verhaltens und dem Wissen über das Amt, dessen Rechte

---

89 Bundesverband ehrenamtlicher Richterinnen und Richter (Hrsg.), Ethische Grundsätze der ehrenamtlichen Richterinnen und Richter, vom 30.9.2017, basierend auf dem Diskussionsentwurf von *Ulla Sens/Hasso Lieber*, Ethische Grundsätze der ehrenamtlichen Richterinnen und Richter, RohR 2016, S. 4.

und Pflichten her.⁹⁰ Es registrierte mit Sorge, dass ehrenamtliche Richter nicht systematisch eine Grundausbildung oder einleitende Informationen zu ihrer Rolle und dem von ihnen erwarteten Verhalten erhalten. Gezielte Fortbildungsmaßnahmen und vertrauliche Beratungsangebote seien auch für ehrenamtliche Richter unerlässlich. Der Bericht kommt zu dem Ergebnis, dass Einführungsveranstaltungen und andere bewusstseinsschärfenden Maßnahmen noch zu wünschen übrig lassen und dass es von größter Bedeutung ist, dass auch ehrenamtliche Richter, die im deutschen Gerichtssystem eine wichtige Rolle spielen, von adäquaten Fortbildungsveranstaltungen profitieren können.

Nach den Verwaltungsvorschriften einiger Länder sollen ehrenamtliche Richter beim jeweiligen Gericht einführende Unterweisungen erhalten, zum Teil auch mit Besichtigung einer Vollzugsanstalt bzw. (für Jugendschöffen) einer Jugendstrafanstalt oder Jugendarrestanstalt.⁹¹ Die Teilnahme ist freiwillig. Da es sich um von der Justiz veranlasste Fortbildungen handelt, sind in den jeweiligen Haushaltsplänen auch Haushaltsmittel dafür veranschlagt, so dass die Schöffen für diese Zeit – entsprechend der Heranziehung zu Sitzungen – entschädigt werden (§ 15 Abs. 3 Nr. 1 JVEG). Die Fortbildungsveranstaltungen werden jedoch nicht systematisch angeboten, variieren von Gericht zu Gericht hinsichtlich des Inhalts und der Qualität und werden zudem weder evaluiert noch kontrolliert.

5. Strafbarkeit der Schöffen

Die Gleichstellung mit den Berufsrichtern bedeutet auch, dass die Schöffen den gleichen strafrechtlichen Anforderungen unterworfen sind. § 11 Nr. 3 StGB stellt die ehrenamtlichen Richter den Berufsrichtern gleich. Ein Schöffe, der bei seiner Entscheidung zugunsten oder zum Nachteil einer Partei das Recht beugt, wird wegen **Rechtsbeugung** mit Freiheitsstrafe von einem Jahr bis zu fünf Jahren bestraft (§ 339 StGB). Rechtsbeugung heißt, dass der Richter das geltende Recht „zugunsten oder zum Nachteil einer Partei" bewusst falsch anwendet. In der Praxis hat dieser Fall aus mehreren Gründen für Schöffen wie für Berufsrichter kaum praktische Relevanz. Verurteilungen wegen Rechtsbeugung sind an einer Hand abzuzählen. Da der Schöffe das Recht nicht kennen muss, wird ihm eine bewusste Verletzung kaum nachzuweisen sein. Er müsste zumindest einen anderen Richter des Kollegialgerichts davon überzeugen mitzumachen. Allerdings ist schon der Versuch (da es sich um ein Verbrechen handelt) strafbar. Ein Fall, der in der Praxis gar nicht so selten sein dürfte (ohne dass es gesicherte wissenschaftliche Kenntnisse

---

90 GRECO (Hrsg.), Korruptionsprävention in Bezug auf Abgeordnete, Richter und Staatsanwälte, Vierte Evaluationsrunde, Evaluierungsbericht Deutschland, vom 10.10.2014, Textziffern 148, 190, 191, 252.
91 Beispiele: *Brandenburg:* Unterweisung der ehrenamtlichen Richter, Allgemeine Verfügung des Ministers der Justiz vom 15.12.2011, JMBl 2012, S. 2; *Niedersachsen:* Einführungs- und Halbzeitveranstaltungen für ehrenamtliche Richterinnen und Richter in der Strafrechtspflege, AV d. MJ vom 15.6.2018; *Nordrhein-Westfalen:* Unterweisung der Schöffen, RV d. JM in der Fassung vom 14.7.2004; *Rheinland-Pfalz:* Unterweisung der in der Strafrechtspflege tätigen Schöffinnen und Schöffen, Rundschreiben des Ministeriums der Justiz vom 17.8.2004, JBl. 2004, S. 217; *Thüringen:* Leitlinie zur Durchführung von Einführungs- und Fortbildungsveranstaltungen für ehrenamtliche Richter in der Thüringer Justiz, Thüringer Ministerium für Migration, Justiz und Verbraucherschutz, vom 22.4.2021, JMBl. 2021, S. 38.

darüber gibt), ist die Verurteilung oder zumindest Einstellung nach § 153a StPO trotz erheblicher Zweifel an der Täterschaft, weil das Gericht der Auffassung ist, der Angeklagte habe „so oder so" eine Strafe verdient. Insbesondere seit der gesetzlichen Anerkennung der Verständigung im Strafverfahren ist diese „Notbremse" zur Vermeidung eines Freispruchs durchaus verbreitet.

Lässt sich der Schöffe einen Vorteil für sich oder einen Dritten als Gegenleistung versprechen, fordert er einen solchen oder nimmt er ihn an zum Ausgleich, dass er pflichtwidrig Einfluss auf die Gestaltung des Urteils nimmt, kann er wegen **Bestechlichkeit** zu einer Freiheitsstrafe von bis zu zehn Jahren verurteilt werden (§ 332 StGB). Bietet er darüber hinaus an, den zweiten Schöffen zu bestechen, damit (auch) dieser für einen Freispruch stimmt, liegt in der Bereitschaft, den Mitschöffen zu einem fehlerhaften Freispruch anzustiften, eine Straftat nach §§ 30 Abs. 2, 339 StGB (Anstiftung zu einem Verbrechen der Rechtsbeugung).[92]

▶ BEISPIEL

In dem zitierten Urteil des BGH bot ein Schöffe dem wegen Korruptionsvorwürfen angeklagten Bauunternehmer an, bei Zahlung von 20.000,00 € für einen Freispruch zu stimmen. Gleichzeitig bot er an, den „von Hartz-IV lebenden" zweiten Schöffen dazu zu bewegen, ebenfalls für einen Betrag von 20.000,00 € für einen Freispruch zu stimmen. Der Bauunternehmer ging zum Schein darauf ein und informierte die Polizei. Die inszenierte Geldübergabe verlief ergebnislos, da der Schöffe misstrauisch geworden war. Der Schöffe wurde 2015 zu einer Freiheitsstrafe von drei Jahren verurteilt. Der BGH hob das Urteil des Landgerichts Hamburg auf. 2022 fand der neue Prozess statt, in dem der frühere Schöffe wegen schwerer Bestechlichkeit zu zwei Jahren Freiheitsstrafe auf Bewährung verurteilt wurde.[93] ◀

Auch wenn der Schöffe einen Vorteil annimmt, fordert oder sich versprechen lässt, ohne dass damit eine pflichtwidrige Handlung verbunden ist, kann er wegen **Vorteilsannahme** (§ 331 StGB) mit bis zu fünf Jahren Freiheitsstrafe oder Geldstrafe belegt werden. Der Strafrahmen für Richter – auch ehrenamtliche – ist höher als bei Beamten oder sonstigen Amtsträgern. Der Gesetzgeber hat damit der hohen Verantwortung des Amtes Rechnung getragen.

Wer weiß, dass der Angeklagte nicht schuldig ist oder aus einem sonstigen Grund nicht strafrechtlich verfolgt werden kann und trotzdem auf eine strafrechtliche Verfolgung hinwirkt, kann sich wegen **Verfolgung Unschuldiger** (§ 344 StGB) strafbar machen. Ein praktisches Beispiel bei einem Schöffen gibt es dazu in der Rechtsprechung bislang nicht.

Auch die **Verletzung des Dienstgeheimnisses** steht unter Strafe (§ 353b StGB), im Höchstmaß Freiheitsstrafe bis zu fünf Jahren. Eine solche Straftat liegt in der

---

[92] BGH 23.11.2015, 5 StR 352/15, RohR 2016, S. 23.
[93] *Friederike Gräff*, Bestechlicher Schöffe – „Eine gute Gelegenheit", taz vom 13.12.2022.

Regel vor, wenn ein Beteiligter Tatsachen offenbart, die der Geheimhaltung unterliegen und deshalb in nichtöffentlicher Sitzung verhandelt werden. Auch durch Anordnung des Vorsitzenden kann die Geheimhaltung veranlasst werden.

In Rechtsprechung und Literatur ist umstritten, ob die Verletzung des **Beratungsgeheimnisses** eine Straftat im Sinne des § 353b StGB ist. Das OLG Köln hat in einem Fall eine Strafbarkeit deshalb verneint, weil es an einer Gefährdung wichtiger öffentlicher Interessen als Folge der Vorgehensweise des Schöffen gefehlt habe.[94] Generell eine Strafbarkeit verneint hat das OLG Düsseldorf, das das richterliche Beratungsgeheimnis für eine von der Amtsverschwiegenheit im Sinne des § 353b StGB unabhängige richterliche Pflicht hält, die (lediglich) der Dokumentation der Einheit des Richterkollegiums nach außen und damit der Wahrung von Ansehen und Autorität des Richterspruchs diene.[95]

III. Pflichten der Schöffen

1. Teilnahme an der Hauptverhandlung

Die Teilnahme der „richtigen" Schöffen an der Hauptverhandlung hat den Rang eines Verfassungsgrundsatzes (Prinzip des gesetzlichen Richters). Deshalb haben Schöffen die vorrangige Pflicht, der Ladung des Gerichts Folge zu leisten und an der Hauptverhandlung teilzunehmen. Eine Hauptverhandlung kann aus mehreren Sitzungstagen bestehen, an denen die Schöffen ohne Unterbrechung – von der ersten bis zur letzten Sekunde – teilnehmen müssen. Das Prinzip des gesetzlichen Richters hat die praktische Konsequenz, dass die Befreiung von einem Termin genauen Regeln unterworfen ist. Ein Schöffe kann sich nicht ohne Weiteres von einer Sitzung, zu der er geladen ist, abmelden und sich vertreten lassen. Es bedarf einer Entscheidung des Vorsitzenden, die sich an den gesetzlichen Vorgaben der Befreiung zu orientieren hat. Der Verdacht der Manipulation würde die Revision gegen das Urteil wegen falscher Besetzung des Gerichts begründen.

1.1 Pünktliche, körperliche und mentale Anwesenheit

Die Schöffen sind verpflichtet, pünktlich zum Sitzungsbeginn zu erscheinen, d. h. in aller Regel eine Viertelstunde vor Beginn der Hauptverhandlung. Im an den Gerichtssaal angeschlossenen Beratungszimmer erhalten sie von den Berufsrichtern einführende Informationen über den Prozessstoff. Erscheint ein Schöffe ohne genügende Entschuldigung nicht oder nicht pünktlich zur Hauptverhandlung, kann ein **Ordnungsgeld** verhängt werden (§ 56 Abs. 1 GVG). Dies hat zwingend zur Folge, dass auch die durch die Säumnis entstandenen Verfahrenskosten zu tragen sind.

Der Grundsatz der Mündlichkeit und Unmittelbarkeit der Hauptverhandlung ist die Grundlage für die Urteilsfindung. Daher müssen Schöffen ebenso wie Berufsrichter geistig anwesend und aufmerksam sein.

---

94 OLG Köln 11.1.2005, 8 Ss 460/04, RohR 2005, S. 82.
95 OLG Düsseldorf 5.9.1980, 1 Ws 419/80, NStZ 1981, S. 25.

Die Tagespresse berichtet regelmäßig über eingenickte oder **schlafende Schöffen**. Meist wird aber nur das Faktum erwähnt, dass der Schöffe ausgeschlossen wurde und der Prozess gescheitert ist. Über die prozessualen Folgen hinaus gibt das Geschehen in vielen Fällen Anlass, über mögliche Ursachen des Verhaltens eines Schöffen und ggf. ihre Vermeidung nachzudenken. Hat der Schöffe seine Pflichten – aus mangelnder Kenntnis oder fehlendem Interesse – nicht mit dem gebührenden Ernst wahrgenommen? Oder war er übermüdet, weil er von der vorangehenden Nachtschicht nicht freigestellt wurde – insoweit also „Fremdverursachung" vorliegt? Aus einigen Fällen der letzten Jahre ist zu schließen, dass nicht nur individuelles Versagen, sondern auch systemische Gründe ursächlich für fehlerhaftes Verhalten sein können, z. B. Defizite bei der Auswahl der Schöffen oder mangelnder Schutz bzw. dessen Durchsetzung im Umfeld der Schöffen.[96] Auch während der Hauptverhandlung können Umstände eintreten, die die Aufmerksamkeit des Schöffen beeinträchtigen können, z. B. eine lange Verlesung der Anklage, der der Schöffe schlafbedingt nicht folgen konnte.[97]

War ein Schöffe aufgrund von Müdigkeit über einen nicht unerheblichen Zeitraum nicht in der Lage, wesentlichen Teilen der Hauptverhandlung zu folgen, müssen diese Teile wiederholt werden. Jedes Mitglied des Gerichts muss über das gleiche Wissen aus der Beweisaufnahme verfügen. Geschieht dies nicht, war das Gericht während des Schlafes nicht ordnungsgemäß besetzt, da in diesem Zeitraum ein Mitglied fehlte. Auf Antrag von Verteidigung oder Staatsanwaltschaft kann der Schöffe wegen Besorgnis der Befangenheit ausgeschlossen werden. Schlaf oder Nickerchen müssen jedoch durch bestimmte Anzeichen nachgewiesen werden; eine bloß vorübergehende Beeinträchtigung der Aufmerksamkeit durch Ermüdungserscheinungen reicht nicht aus.[98]

1.2 Befreiung von einzelnen Sitzungstagen

Im Gegensatz zur (dauerhaften) Streichung von der Schöffenliste (§ 52 GVG) kann die vorübergehende Verhinderung eine Entbindung von der Dienstleistung an bestimmten Sitzungstagen begründen (§ 54 GVG). Der Schöffe kann auf Antrag von der Pflicht zur Teilnahme an einer Sitzung befreit werden, wenn er sich auf einen der drei im Gesetz aufgeführten Gründe berufen kann: Verhinderung durch „unabwendbare Umstände", Unzumutbarkeit und Nichterreichbarkeit. Die Gründe sind durch Tatsachen zu belegen. Die an die Entbindung des Schöffen anzulegenden Maßstäbe sind streng, da das Prinzip des gesetzlichen Richters die fehlerhafte Besetzung der Richterbank verbietet.[99] Beim Amtsgericht ist eine Entbindung vom Sitzungsdienst in der Regel problemloser möglich als bei einem landgerichtlichen Verfahren, bei dem die Verteidigung zur Begründung einer späteren Revision

---

[96] Übersicht bei *Hasso Lieber*, Schlafende Schöffen – Zwischen Befangenheit und falscher Besetzung, LAIKOS Journal Online 2023, S. 21.
[97] BGH 14.10.2020, 1 StR 616/19, RohR 2021, S. 110.
[98] BGH 19.6.2018, 5 StR 643/17, RohR 2018, S. 141.
[99] BGH 4.2.2015, 2 StR 76/14, RohR 2015, S. 62; BGH 5.8.2021, 2 StR 307/20, RohR 2021, S. 149.

auf formale Fehler besonders achtet, wie die korrekte Besetzung der Richterbank mit Schöffen (einschließlich der Auslosungsprotokolle) sowie die berechtigte und aktenkundige Entbindung eines Hauptschöffen und die Heranziehung des Ersatzschöffen entsprechend der Reihenfolge auf der Ersatzschöffenliste.

1.2.1 Verhinderung wegen unabwendbarer Umstände

Ein Schöffe wird als verhindert angesehen, wenn er durch **unabwendbare Umstände** körperlich gehindert ist, bei Gericht zu erscheinen. Zu den Hinderungsgründen zählen insbesondere gesundheitliche Gründe, die einer Teilnahme an der Sitzung entgegenstehen, z. B. Bettlägerigkeit durch Krankheit. Kann der Schöffe krankheitsbedingt einer Ladung nicht nachkommen, sollte er dies der Schöffengeschäftsstelle mitteilen. Nicht jede Erkrankung, die den Schöffen arbeitsunfähig macht, begründet die Befreiung von einem Termin. Die ärztlich bescheinigte Arbeitsunfähigkeit ist zur Vorlage beim Arbeitgeber bestimmt und sagt nichts darüber aus, ob ein Erscheinen bei Gericht nicht möglich ist (z. B. bei einer verstauchten Hand). Ob der Schöffe die Umstände schuldhaft verursacht hat (z. B. durch einen Verkehrsunfall), ist unerheblich.

Weitere Gründe (die in der Praxis schon vorgekommen sind) können eine Freiheitsentziehung, eine nicht verschiebbare öffentliche Verpflichtung (als Zeuge am Unfallort), unvermeidliche Verkehrsprobleme (Panne, Stau) oder der Einsatz bei der Freiwilligen Feuerwehr oder dem Katastrophenschutz darstellen.

Für den **Nachweis** der Erkrankung genügt ein tagesaktuelles ärztliches Attest über die **Verhandlungsunfähigkeit**. Die Diagnose muss nicht angegeben werden, solange nicht konkrete Umstände darauf hindeuten, dass der Schöffe sich aus unerlaubten Gründen der Dienstleistung entzieht; eine amtsärztliche Untersuchung ist nicht erforderlich.[100] Der Schöffe kann bei krankheitsbedingter Verhinderung (z. B. einer ansteckenden Bronchitis drei Tage vor Beginn einer zehntägigen Hauptverhandlung) auch auf telefonischen Antrag von der Dienstleistung entbunden werden.[101]

Befindet sich ein Schöffe bereits in einem Umfangsverfahren, wird er für eine neu beginnende Hauptverhandlung als verhindert angesehen. Wird ein ordentlicher Sitzungstag verlegt, ist für die Befreiung des Hauptschöffen nur eine Verhinderung am tatsächlichen Sitzungstag (auf den verlegt wurde) maßgeblich, nicht eine an dem (ursprünglichen) ordentlichen Sitzungstag.[102]

1.2.2 Unzumutbarkeit des Sitzungsdienstes

Bei der Befreiung von einem Sitzungstag aus Gründen der Unzumutbarkeit hat der Vorsitzende einen größeren Entscheidungsspielraum als bei der Verhinderung. Hier muss zwischen der Bedeutung des Schöffenamtes und den Nachteilen, die der

---

[100] BGH 2.2.2021, 5 StR 400/20, RohR 2021, S. 67.
[101] BGH 10.11.2021, 2 StR 299/19, RohR 2022, S. 28.
[102] BGH 22.11.2013, 3 StR 162/13, RohR 2014, S. 100 mit Anm. *Lieber*.

Schöffe durch die Teilnahme an dem konkreten Termin hinzunehmen hat, sowie der Bedeutung und dem Umfang des Strafverfahrens abgewogen werden.

(a) Berufliche Gründe sollen nach der Auffassung des BGH nur ausnahmsweise die Verhinderung rechtfertigen, weil sich der Schöffe in der Wahrnehmung seiner beruflichen Aufgaben häufig vertreten lassen oder die Arbeit auf einen sitzungsfreien Tag verlegt werden könne, bei „verhältnismäßig kurzfristigen" Verhinderungen dem Anliegen des Schöffen auch mit einer Unterbrechung der Hauptverhandlung (§ 229 StPO) angemessen Rechnung getragen werden kann. Über die Anerkennung einer beruflichen Verhinderung hat der Vorsitzende unter Berücksichtigung der Belange des Schöffen, des Verfahrensstands und der voraussichtlichen Dauer des Verfahrens nach pflichtgemäßem Ermessen zu entscheiden.[103] Dabei können auch Gründe des Arbeitgebers und des Betriebes berücksichtigt werden. Der Maßstab ist aber deutlich strenger, wenn der Antrag in einem laufenden Verfahren gestellt wird.

Diese (strenge) Auffassung ist oft pauschal auf Sachverhalte übertragen worden, in denen sich der Schöffe in einer für ihn schwierigen Situation befand. Herbe Kritik hat die Entscheidung des 5. Senats des BGH zur Rechtswidrigkeit der Befreiung eines Schöffen gefunden. Diese war darauf gestützt, dass der Arbeitgeber dem Schöffen mit Kündigung (in der Probezeit!) gedroht hatte, wenn er durch die Teilnahme an der Hauptverhandlung an 11 von 19 Arbeitstagen eines Monats ausfalle.[104] Der Senat hat dem Vorsitzenden der Strafkammer vorgeworfen, die Sachlage nicht ausreichend geprüft zu haben. Zwar befinde sich der Schöffe in einem Probearbeitsverhältnis; gerade das schließe aber wohl aus, dass dieser an seiner Arbeitsstelle nicht vertreten werden konnte. Dem Arbeitgeber hätte der Vorsitzende vorhalten müssen, dass dessen Drohung möglicherweise den Tatbestand der Nötigung erfülle.

Der BGH behandelt die Entbindung aus beruflichen Gründen nach den gleichen Maßstäben wie die wegen Urlaubs und überprüft sie nicht auf ihre Richtigkeit, sondern allein daraufhin, ob sie sich als unvertretbar und damit als objektiv willkürlich erweist.[105]

▶ BEISPIEL

Der Schöffe wurde von einer Hauptverhandlung mit mehreren Sitzungstagen entbunden. Er sei zu einer Krisenstabsübung durch das Institut der Feuerwehr einberufen und als Leiter des städtischen Ordnungsamtes und ständiges Mitglied des Krisenstabes der Stadt zur Teilnahme an regelmäßigen Übungen verpflichtet. Die Übung dauere drei Tage, sei kostspielig und wichtig und werde nur alle zwei bis drei Jahre angeboten. Der Vorsitzende hat den Schöffen für

---

103 BGH 14.12.2016, 2 StR 342/15, RohR 2017, S. 64; NStZ 2017, S. 491 mit Anm. *Arnoldi*.
104 BGH 31.1.1978, 5 StR 534/77, BGHSt 27, S. 344.
105 BGH 2.5.2018, 2 StR 317/17, RohR 2018, S. 102; weitere Beispiele zu berufsbedingter Verhinderung: *Herbert Mayer*, in: Kissel/Mayer, Gerichtsverfassungsgesetz, 10. Aufl., 2021, § 54 Rn. 6 ff.

die Hauptverhandlung entbunden und einen Hilfsschöffen [jetzt Ersatzschöffen] geladen. Das Oberlandesgericht bestätigte die Entscheidung des Vorsitzenden, die am Willkürmaßstab zu messen war. Ein Erscheinen konnte dem Schöffen aus beruflichen Gründen nicht zugemutet werden. Er hatte eine höchstpersönliche und nicht aufschiebbare dienstliche Verpflichtung zu erfüllen.[106] ◄

(b) **Private Gründe** müssen ein deutliches Gewicht haben, um eine Befreiung zu rechtfertigen. Dem Schöffen ist zumutbar, eine Nebenbeschäftigung zugunsten des Sitzungsdienstes zurückzustellen oder andere – im Vergleich zum Schöffenamt – nicht dringliche Vorhaben zu versäumen (Betriebsausflug, Familienfeier usw.). Unzumutbar ist die Teilnahme an einer längeren Hauptverhandlung, wenn die Versorgung eines Kleinkindes gefährdet wäre (weil ein Babysitter nicht zur Verfügung steht)[107] oder bei einem unaufschiebbaren Krankenhausaufenthalt der Ehefrau.

Der **Erholungsurlaub** führt regelmäßig zur Unzumutbarkeit der Dienstleistung,[108] insbesondere wenn er nur zu bestimmten Zeiten wie in den Betriebs- oder Schulferien genommen werden kann. Er soll dem Arbeitnehmer ermöglichen, sich von der Ausübung der Arbeit zu erholen und über einen Zeitraum für Entspannung und Freizeit zu verfügen. Deshalb ist der Urlaub grundsätzlich zusammenhängend zu gewähren. Auch nicht (mehr) im Arbeitsprozess stehende Schöffen haben ein berechtigtes Interesse daran, längere Zeit urlaubsbedingt ortsabwesend zu sein. Bei der Entbindung eines Schöffen aufgrund von Urlaub liegt Willkür in aller Regel fern. Rückfragen und Nachforschungen können nur ausnahmsweise geboten sein, etwa wenn der Schöffe wegen längeren Urlaubs im Geschäftsjahr bereits von der Dienstleistung befreit worden war oder wenn ein Anhaltspunkt dafür besteht, dass der Schöffe sich der Teilnahme an der Hauptverhandlung zu entziehen versucht.[109] Auch ein länger geplanter „Kurztrip" mit Ortsabwesenheit kann Erholungszwecken dienen und die Unzumutbarkeit der Dienstleistung begründen.[110]

▶ BEISPIEL

Eine Schöffin an einem kleinen Amtsgericht buchte als berufstätige alleinerziehende Mutter im November, bevor sie die Termine des kommenden Jahres erhielt, den Urlaub für sich und ihre beiden Kinder in den nächsten Sommerferien. Die Schulferien waren zeitgleich mit den Betriebsferien. In diesen Urlaub fiel ein Termin zur Hauptverhandlung. Der Schöffin ist der Verzicht auf den Urlaub nicht zuzumuten, obwohl im konkreten Fall die Vorsitzende die Befreiung von der Sitzung zunächst verweigerte und die Schöffin aufgefordert hat, den Urlaub zu stornieren. ◄

---

106 OLG Hamm 17.3.2020, 2 Ws 36/20, RohR 2020, S. 150.
107 BGH 22.6.1982, 1 StR 249/81, NStZ 1982, S. 476; weitere Beispiele zu privater Verhinderung: *Herbert Mayer*, in: Kissel/Mayer, Gerichtsverfassungsgesetz, 10. Aufl., 2021, § 54 Rn. 9 f.
108 BGH 5.8.2015, 5 StR 276/15, RohR 2015, S. 137 mit Anm. *Lieber*; NStZ 2015, S. 714 mit Anm. *Arnoldi*.
109 BGH 8.5.2018, 5 StR 108/18, RohR 2018, S. 102.
110 KG 27.4.2020, 4 Ws 29/20, RohR 2020, S. 148.

Da dem Hauptschöffen die voraussichtlichen Sitzungstage für das Geschäftsjahr mitgeteilt wurden, kann er sich im Voraus für die Zeit des Urlaubs befreien lassen. Der Urlaub sollte möglichst erst nach der Entbindung von in den Urlaub fallenden Sitzungstagen gebucht werden. Wurde bereits vor Benachrichtigung über die ausgelosten Termine ein Urlaub gebucht, ist eine Entbindung in der Regel unproblematisch und sollte umgehend der Schöffengeschäftsstelle mitgeteilt werden; ggf. ist eine Reise- oder Buchungsbestätigung vorzulegen.

Wenn der Grund der Unzumutbarkeit erst **im Laufe der Hauptverhandlung** eintritt, können Probleme auftreten. Häufig kann der Vorsitzende solche Konflikte durch eine geschickte Terminierung vermeiden.

▶ BEISPIEL

Die Schöffin hatte im Januar einen Jahresurlaub nach Ägypten gebucht und dies dem Gericht mitgeteilt. Von März bis 10. Mai war eine Hauptverhandlung anberaumt, die sich unvorhersehbar bis in den Herbst hinziehen sollte. Am 18. Mai war eine Sitzung, dann war für den 7. und 28. Juni terminiert. Der Urlaub war vom 2. bis 16. Juni gebucht. Der Antrag der Schöffin, für die Dauer des Urlaubs vom Sitzungsdienst befreit zu werden, wurde vom Vorsitzenden abgelehnt. Dabei hätte die Kollision vermieden werden können, wenn der Vorsitzende zwischen den Terminen nicht jeweils die 21-Tage-Frist voll ausgeschöpft, sondern – da der Urlaub rechtzeitig bekannt war – mit Rücksicht auf die Schöffin kurz vor und nach dem Urlaub jeweils einen Termin angesetzt hätte. ◀

1.2.3 Verfahren der Entbindung

Für die Befreiung von einem Termin ist ein **Antrag des Schöffen** erforderlich. Dabei sollten alle Umstände des Falles geschildert werden, um eine sachgerechte Entscheidung zu ermöglichen. Die Entschuldigung, wegen „anderer Termine im öffentlichen Bereich unmöglich an der Sitzung teilnehmen" zu können, genügt für sich allein nicht, ihn an bestimmten Sitzungstagen von der Dienstleistung zu entbinden.[111] Der Schöffe kann sich auch auf Umstände berufen, die seinen Arbeitgeber bzw. die Organisation des Betriebes betreffen. Der Arbeitgeber ist jedoch nicht befugt, einen Befreiungsantrag zu stellen.

Zuständig für die Befreiung ist der Richter beim Amtsgericht (§ 54 Abs. 2 GVG) bzw. der Vorsitzende der Strafkammer (§ 77 Abs. 3 Satz 3 GVG). Das ist nicht automatisch der Vorsitzende des Gerichts, dem der Schöffe zugewiesen ist, sondern der Amtsrichter bzw. Vorsitzende der Strafkammer, der von der Geschäftsverteilung des Präsidiums dazu bestimmt wurde. Das Präsidium kann aber im Rahmen der Geschäftsverteilung dem jeweiligen Vorsitzenden des Spruchkörpers die Zuständigkeit übertragen. Letztlich entscheidet der Richter über den Antrag. Wenn ein Schöffe bei wechselnden Spruchkörpern eingesetzt ist, sollte er sich sachkundig machen, an wen er sich im Fall der Entbindung von einzelnen Sitzungstagen wen-

---

111 OLG Hamburg 14.11.1977, 2 Ss 319/76, MDR 1978, S. 244.

den muss. Ein Anspruch auf Entbindung besteht nicht. Das Gericht kann einen **Nachweis** vom Schöffen fordern, um die Gründe für die Entbindung glaubhaft zu machen.

Die **zulässige Befreiung** eines Schöffen von der Dienstleistung darf **nicht widerrufen** werden. Die Besetzung des Spruchkörpers mit dem Ersatzschöffen ist nunmehr der gesetzliche Richter und hat Bestand. Eine **unzulässige Befreiung** des Schöffen darf hingegen widerrufen werden, weil der Widerruf nicht zu einer vorschriftswidrigen Besetzung des Gerichts führt, sondern die rechtmäßige Besetzung gerade wieder herstellt.

▶ BEISPIEL

Zulässige Befreiung: Der Hauptschöffe K. wurde zur Hauptverhandlung am 5. September geladen. Er bat um seine Befreiung wegen urlaubsbedingter Ortsabwesenheit. Der Vorsitzende hat ihn von der Sitzung entbunden und den Hilfsschöffen [jetzt: Ersatzschöffen] W. herangezogen. Mit Schreiben vom 25. August teilte K. mit, dass der geplante Urlaub nicht stattfinde und er an der Sitzung teilnehmen könne. Nunmehr wurde K. erneut geladen und W. abgeladen. Die vom Angeklagten erhobene Besetzungsrüge hatte vor dem BGH Erfolg, weil eine erteilte Befreiung nicht widerrufen werden darf.[112] ◀

▶ BEISPIEL

Unzulässige Befreiung: Der Hilfsschöffe [jetzt: Ersatzschöffe] Z. war auf seinen Antrag vom Vertreter des Vorsitzenden von der Dienstleistung entbunden worden, weil er in seiner Funktion als Stadtverordneter an einem Besuch auf dem Patenschiff der Stadt teilnehmen wollte. Der Vorsitzende hob nach seiner Rückkehr die Entscheidung des Stellvertreters mit der Begründung auf, dieser sei für die Entscheidung über die Verhinderung nicht zuständig gewesen, weil gegen ihn noch ein Selbstablehnungsverfahren anhängig gewesen sei, und die Gründe des Schöffen nicht ausreichend seien, seine Entbindung zu rechtfertigen. Z. wurde erneut zum Termin geladen. Durch den Widerruf der Befreiung hat der Vorsitzende nach Auffassung des BGH verhindert, dass der Angeklagte seinem gesetzlichen Richter entzogen wurde.[113] ◀

1.2.4 Erreichbarkeit, Nichterreichbarkeit

Grundsätzlich müssen Schöffen erreichbar sein und das Gericht über einen Wohnungswechsel informieren; ansonsten verletzen sie ihre **Obliegenheitspflichten**. Es sollte auch die telefonische Erreichbarkeit an der Arbeitsstelle sichergestellt werden (z. B. für kurzfristige Abladungen). Ist ein Schöffe nicht erreichbar, wird er behandelt, als sei er verhindert (§ 54 Abs. 2 GVG), z. B. wenn er nicht geladen oder benachrichtigt werden kann oder Briefe unzustellbar sind.

---

112 BGH 2.6.1981, 5 StR 175/81, BGHSt 30, S. 149; ebenso BGH 1.11.1983, 5 StR 708/83, StV 1983, S. 497.
113 BGH 3.3.1982, 2 StR 32/82, BGHSt 31, S. 3.

Der **Hauptschöffe**, der zur Sitzung geladen wurde, aber nicht erscheint, gilt – unbeschadet der Tatsache, dass ein Ordnungsgeld gegen ihn verhängt werden kann – als nicht erreichbar, wenn er nicht in vertretbarer Zeit zum Gericht geholt werden kann. Wird er vor der Sitzung noch telefonisch erreicht, kann aber (gleichgültig, ob sein Nichterscheinen verschuldet oder unverschuldet war) in vertretbarer Zeit nicht erscheinen, gilt er weiterhin als nicht erreichbar, so dass ein Ersatzschöffe herangezogen wird.

Für **Ersatzschöffen** besteht grundsätzlich keine Pflicht (Obliegenheit), sich ständig zur Verfügung zu halten oder sich bei einer mehrtägigen Ortsabwesenheit (Kurzurlaub) vorsorglich bei ihrem Gericht abzumelden.[114]

Ist ein Ersatzschöffe in vertretbarer Zeit nicht erreichbar, wird der nächste Ersatzschöffe angerufen. Zur Feststellung der Nichterreichbarkeit muss der Vorsitzende alle ortsüblichen Mittel ausschöpfen, um den Ersatzschöffen zur Sitzung zu laden. Ein Ersatzschöffe, der zu Hause nicht erreicht werden kann, muss evtl. über den Arbeitsplatz geladen werden. Unerreichbar ist der Ersatzschöffe auch dann, wenn er zwar erreicht wird, sein Erscheinen aber so lange dauern würde, dass dadurch eine Vertagung oder erhebliche Verzögerung des Beginns der Verhandlung erforderlich wäre.

Die Entscheidung des LG München, dass ein Ersatzschöffe verpflichtet sei, sich auf jeden Fall bei seinem Gericht abzumelden, wenn er für einige Tage von seiner ladungsfähigen Anschrift abwesend ist, findet im Gesetz keine Stütze. In diesem Fall muss berücksichtigt werden, dass der Ersatzschöffe sehr kurz vor der Hauptverhandlung schriftlich geladen wurde.[115] Bei telefonischer Ladung wäre seine Ortsabwesenheit aufgefallen; er wäre gemäß § 54 Abs. 2 Satz 1 GVG als „nicht erreichbar" – also verhindert – behandelt und der nächste Ersatzschöffe geladen worden. Ein ganzer Rattenschwanz von Verfahren bis hin zum Petitionsausschuss wäre – neben der Peinlichkeit für das Gericht, die eigene organisatorische Schwäche mit einem Ordnungsgeld zu kaschieren – Gericht wie Schöffen erspart geblieben.

Die **Schöffengeschäftsstelle** ist erste organisatorische Anlaufstelle für die Schöffen. Teilweise verfügen die Geschäftsstellen über eigene E-Mail-Adressen, die die Kommunikation erleichtern, so dass die zusätzliche Übersendung von Mitteilungen auf dem Postweg überflüssig ist. Die Kontaktdaten sind der Benachrichtigung über die Wahl oder den Ladungsschreiben zu entnehmen. Die Schöffengeschäftsstellen sind unterschiedlich organisiert, auch was die Vorabinformation über Abwesenheitszeiten der Ersatzschöffen am Jahresbeginn angeht. Einige wollen sich nicht mit geplanten und ggf. wieder wegfallenden Terminen der Ersatzschöffen belasten. Nimmt die Schöffengeschäftsstelle Urlaubstermine von Ersatzschöffen entgegen, muss sie sich vergewissern, ob die mitgeteilte Verhinderung (noch) besteht. Wenn Schöffengeschäftsstellen die Ersatzschöffen bitten, langfristig geplante

---

114 Ausdrücklich festgestellt vom LG Berlin 22.3 2013, 528 Qs 138/12, RohR 2013, S. 68.
115 LG München 8.4.2010 (Datum der Ausfertigung), 22 Ns 235 Js 210639/07, unveröffentlicht.

Abwesenheitszeiten mitzuteilen, empfiehlt es sich, dieser Bitte nachzukommen, damit während eines Urlaubs keine kurzfristige Ladung per Post (ohne Empfangsbestätigung) eingeht.

▶ **BEISPIEL**

Die Ersatzschöffin D. wurde nicht geladen, obwohl sie zum Zeitpunkt des Einsatzfalles an erster Stelle der Ersatzschöffenliste stand. Sie hatte bereits zu einem früheren Zeitpunkt ohne Bezug auf eine konkrete Ladung die Geschäftsstelle über Zeiten ihrer Verhinderung informiert, so dass die Geschäftsstelle von ihrer Verhinderung ausging. Es wurde keine richterliche Entscheidung über die Heranziehung oder Verhinderung der Schöffin D. getroffen. Es wäre denkbar gewesen, dass die früher mitgeteilte Verhinderung zwischenzeitlich entfallen war oder der vorgebrachte Verhinderungsgrund aus Sicht des Vorsitzenden nicht als durchgreifend angesehen worden wäre. Die vom Verteidiger in der Hauptverhandlung erhobene Besetzungsrüge war erfolgreich.[116] ◀

1.3 Ausschluss von einzelnen Verfahren

Schöffen können aus zwei großen Gruppen von Gründen vom Verfahren ausgeschlossen werden:

- aus bestimmten gesetzlichen Gründen (§§ 22, 23 StPO) oder
- im Einzelfall wegen der Besorgnis einer Befangenheit, wenn aus bestimmten Tatsachen geschlossen werden kann, dass der Schöffe dem Angeklagten nicht neutral und unvoreingenommen entgegentritt (§§ 24, 31 StPO).

1.3.1 Gesetzlicher Ausschluss

(**a**) Nach § 22 StPO ist ein Schöffe vom Verfahren ausgeschlossen, wenn er

- selbst durch die Straftat, die er abzuurteilen hätte, verletzt ist (Nr. 1). Er muss durch die Tat *unmittelbar* betroffen sein; eine mittelbare Beeinträchtigung reicht nicht aus. Eine mittelbare Beeinträchtigung liegt z. B. vor, wenn der Angeklagte beschuldigt wird, gefälschte Markenartikel hergestellt und in Verkehr gebracht zu haben, und der Schöffe auch auf einen solchen falschen Artikel hereingefallen ist, ihn aber im Handel gekauft und nicht von dem Angeklagten erworben hat. Er gehört dann nicht zu den Verletzten dieses Verfahrens, sondern allgemein zu dem getäuschten Verbraucherkreis. Anders liegt der Fall, wenn der Schöffe den Artikel im Internet direkt von dem Angeklagten bezogen hätte, z. B. eine gefälschte Eintrittskarte für ein Großereignis;
- Ehegatte, Lebenspartner, Vormund oder Betreuer des Beschuldigten oder des Verletzten ist oder war (Nr. 2). Der Ausschlussgrund bleibt auch bestehen, wenn die nach deutschem Recht gültig geschlossene Ehe oder das Vormund- bzw. Betreuerverhältnis nicht mehr besteht;

---

116 LG Arnsberg 26.4.2023, II-2 KLs-412 Js 717/22–4/23, LAIKOS Journal Online 2023, S. 78.

- mit dem Beschuldigten bzw. Verletzten in gerader Linie verwandt (aufsteigende Linie: Eltern, Großeltern usw.; absteigende Linie: Kinder, Enkel usw.) oder verschwägert (Schwiegereltern) sowie in der Seitenlinie bis zum dritten Grad verwandt (Nichte, Neffe, Großnichte usw.) oder bis zum zweiten Grad verschwägert (Schwager, Schwägerin) ist (Nr. 3). Das Verwandtschafts- oder Verschwägerungsverhältnis richtet sich nach §§ 1589, 1590 BGB. Verschwägert ist man mit den Geschwistern des Ehepartners. Die Ehegatten der Geschwister des Ehepartners sind sog. Schwipp-Schwäger, die als Beschuldigte oder Verletzte den Schöffen nicht von vornherein vom Verfahren ausschließen. Es kann aber eine Besorgnis der Befangenheit gegeben sein;
- in der Sache, in der er als Richter tätig werden soll, bereits als Zeuge oder Sachverständiger vernommen worden ist (Nr. 5). Dabei sind diese Voraussetzungen weit auszulegen, damit jeder Anschein einer Parteilichkeit vermieden wird.

(b) Ein gesetzlicher Ausschluss liegt nach § 23 Abs. 1 StPO vor, wenn der Schöffe in einer früheren Instanz als Schöffe an einer Verhandlung *in dieser Sache* teilgenommen hat. Zweck dieses Ausschlussgrundes ist allein, dass niemand in zwei Instanzen über *dieselbe Sache* richten soll und damit sich selbst und das in erster Instanz gesprochene Urteil kontrollieren würde.[117]

▶ BEISPIEL

Am Ende der Amtsperiode hat eine Schöffin an einem Verfahren beim Amtsgericht teilgenommen. Für die folgende Amtsperiode wurde sie zum Landgericht gewählt. Wie der Zufall es wollte, wurde sie der Kleinen Strafkammer und dem Termin zugelost, in dem über die Berufung des Angeklagten gegen das amtsgerichtliche Urteil, an dem sie mitgewirkt hatte, verhandelt wurde. ◀

Kein Ausschließungsgrund nach § 23 Abs. 1 GVG liegt vor, wenn der Schöffe gegen den Angeklagten bereits früher *in einer anderen Sache* verhandelt hat. Ebenso wenig ist ein Schöffe ausgeschlossen, der in der gleichen Sache bereits an einer Hauptverhandlung gegen den Angeklagten teilgenommen hat, ohne dass es zu einem Urteil gekommen ist (z. B. weil die Sitzung wegen eines nicht erschienenen Zeugen vertagt wurde). Wird er bei Neuterminierung der Sache zufällig wieder auf die Hauptverhandlung gegen diesen Angeklagten ausgelost, liegt darin kein Grund für eine Befangenheit aus gesetzlichen Gründen.

1.3.2 Besorgnis der Befangenheit

Die Möglichkeit der Richterablehnung wegen Besorgnis der Befangenheit ist Ausdruck des fairen Verfahrens, auch wenn die Verteidigung den Antrag aus anderen Motiven gestellt haben mag, z. B. zur Provozierung eines Revisionsgrundes. Ein Schöffe kann wegen der Besorgnis der Befangenheit abgelehnt werden, wenn ein Grund vorliegt, der geeignet ist, Misstrauen gegen seine Unparteilichkeit zu recht-

---

117 Ausführlich: *Hasso Lieber*, Befangenheit von Schöffen durch Vorbefassung?, LAIKOS Journal Online, 2023, S. 67.

fertigen (§ 24 Abs. 2 StPO i. V. m. § 31 Abs. 1 StPO). Da die *Besorgnis* der Befangenheit ausreicht, muss keine tatsächliche Befangenheit vorliegen. Wird gegen einen Schöffen ein **Befangenheitsantrag** gestellt, muss er sich zu den vorgeworfenen Tatsachen dienstlich (schriftlich) äußern.

Schöffen können sich nicht selbst ablehnen. Grundsätzlich ist von der Unparteilichkeit des Schöffen auszugehen. Sie können aber Tatsachen offenbaren, die geeignet sind, diese Befangenheit aus der Sicht des Angeklagten zu begründen.

Die Prüfung darüber hat der nach der Geschäftsverteilung zuständige Berufsrichter oder Spruchkörper vorzunehmen (§ 30 StPO). Hat ein Schöffe Bedenken, dass ein Umstand geeignet ist, Zweifel an seiner Objektivität zu begründen, hat er dies dem Vorsitzenden unverzüglich mitzuteilen. Ob ein solcher Umstand vorliegen kann, hat der Schöffe nach eigenem, pflichtgemäßem Ermessen zu entscheiden.

Die **Beurteilung** einer Besorgnis einer Befangenheit wird danach vorgenommen, ob der Ablehnungsberechtigte (Angeklagter, Staatsanwalt) von seinem Standpunkt aus bei verständiger Überlegung Grund zu der Annahme hat, dass die innere Haltung des Schöffen die erforderliche Neutralität, Distanz und Unparteilichkeit zu einem Verfahrensbeteiligten störend beeinflussen kann. Aber nicht jede abwegige Mutmaßung des Angeklagten führt zur Annahme einer Befangenheit. Zu der Anzeige von Befangenheitsgründen ist den anderen Verfahrensbeteiligten rechtliches Gehör zu geben.

Ob ein *zulässiger* Befangenheitsantrag gegen einen Schöffen begründet ist, entscheiden die Berufsrichter ohne Mitwirkung der Schöffen (§ 27 StPO). An der **Verwerfung** eines *unzulässigen* Ablehnungsantrages wirken auch die Schöffen mit (§ 26a StPO). Unzulässig ist ein Antrag, der verspätet gestellt wurde (Abs. 1 Nr. 1), keinen Grund zur Ablehnung oder kein Mittel zur Glaubhaftmachung angibt (Nr. 2) oder durch den Antrag das Verfahren verschleppt oder verfahrensfremde Zwecke (politische Demonstration, Verunglimpfung des Gerichts) verfolgt werden sollen (Nr. 3). Eine Verwerfung des Antrages nach Nr. 3 muss einstimmig erfolgen.

Der **Beschluss**, mit dem die Befangenheit festgestellt wird, ist nicht anfechtbar. Wird der Antrag abgelehnt, kann er nur zusammen mit der Revision gerügt werden (§ 28 StPO). Bevor über den Antrag entschieden wird, muss das Gericht alle unaufschiebbaren Amtshandlungen erledigen (§ 29 StPO). Der Befangenheitsantrag muss bis zum Beginn der Vernehmung des ersten Angeklagten zu seinen persönlichen Verhältnissen gestellt werden, in der Berufungsverhandlung bis zum Beginn des Vortrags des Berichterstatters (§ 25 StPO).

Zu den Gründen, die das Misstrauen begründen können, hat die Rechtsprechung eine Reihe von **Fallgruppen** herausgearbeitet.

(a) Aus **Äußerungen** des Schöffen können Rückschlüsse auf eine Befangenheit gezogen werden. Die Bekundungen müssen deutlich machen, dass er in der Beurteilung der Schuld- oder Straffrage nicht mehr unparteiisch ist. Eine Befangenheit muss auch angenommen werden, wenn der Schöffe einen Zeugen in der

Sitzungspause befragt, obwohl dessen Vernehmung noch nicht abgeschlossen ist. Auch heftiges Kopfnicken des Schöffen als Zustimmung zum Schlussvortrag des Staatsanwaltes hat zu einem Antrag auf Ausschluss wegen Besorgnis der Befangenheit geführt. Ungewöhnlich scharfe Worte, die Bemerkung bei durchaus offener Beweislage, nun habe der Zeuge „endlich" die Wahrheit gesagt, oder die Aufforderung, der Angeklagte möge zu seiner Tat stehen und kein Feigling sein, haben für eine Befangenheit gesprochen.

Oftmals geäußerte Befürchtungen, ein Schöffe, der sein **Fragerecht** in Anspruch nehme, setze sich der Gefahr eines Befangenheitsantrages aus, sind grundlos, wenn sich der Schöffe an die Regeln der Befragung hält. Selbstverständlich darf in der Frage nicht zum Ausdruck kommen, dass der Schöffe sich vorschnell auf einen Sachverhalt festgelegt hat.

Einmalige **Unmutsäußerungen**, z. B. der Angeklagte möge „sein dummes Geschwätz" unterlassen, nachdem er mehrfach gestört hatte, lassen keine Zweifel an der Objektivität aufkommen. Den Unmutsäußerungen von Mitgliedern des Gerichts als Reaktion auf das Verhalten von Angeklagten oder anderer Verfahrensbeteiligter sind jedoch Grenzen gesetzt. Wenn diese im Einzelfall überschritten werden, können sie auch bei einem vernünftigen Angeklagten eine Voreingenommenheit befürchten.

▶ BEISPIEL

Am ersten Hauptverhandlungstag ließ sich der Angeklagte zur Sache ein. Während der Verlesung seiner schriftlichen Erklärung fragte der Schöffe den Angeklagten, ob er tatsächlich den „Quatsch" glaube, den er „hier erzähle". Aufgrund des Vorfalls ging am selben Abend beim Landgericht ein Fax mit der Ablehnung des Schöffen wegen der Besorgnis der Befangenheit ein. Der Schöffe gab eine dienstliche Erklärung ab, in der er sich für seine möglicherweise als beleidigend verstandene Bemerkung entschuldigte. Er stehe dem Angeklagten nach wie vor unvoreingenommen gegenüber. Dessen Auftreten vor Gericht habe er allerdings als provozierend empfunden. Auf eine Passage der Einlassung sei ihm die zitierte Frage „herausgerutscht". Er habe in diesem Augenblick einfach wissen wollen, ob der Angeklagte mit seinen Äußerungen ernst genommen werden wolle oder ob es sich dabei „für alle erkennbar um provozierenden Unsinn handele". Die Strafkammer wies das Ablehnungsgesuch zurück. Nach dem Beschluss des BGH zu Unrecht: „Das in dem Antrag dargelegte Misstrauen in die Unparteilichkeit des Schöffen war gerechtfertigt."[118] ◀

(b) Das **Verhalten** der Schöffen innerhalb oder außerhalb der Hauptverhandlung kann die Besorgnis einer Befangenheit begründen. Sie sollten alles vermeiden, was ihre Aufmerksamkeit während der Hauptverhandlung beeinträchtigt. Die Benutzung mobiler digitaler Geräte (Smartphone, Notebook usw.) könnte problematisch

---

118   BGH 6.3.2018, 3 StR 559/17, NJW 2018, S. 2578.

sein und sollte mit dem Vorsitzenden abgesprochen werden. Eine ca. halbstündige Handynutzung während der Beweisaufnahme hat zum Ausschluss eines Schöffen geführt, weil sein Verhalten den Eindruck der Gleichgültigkeit gegenüber der Beweisaufnahme erwecken könne.[119] Auch Berufsrichter sind schon von diesem „Bannstrahl" getroffen worden, weil sie mit der Bedienung eines Handys ihre privaten Belange (SMS zur Kinderbetreuung) während der Verhandlung über die Dienstpflichten gestellt hätten.[120] Auch Zuneigung oder Sympathiebekundungen können eine Befangenheit begründen.

▶ BEISPIEL 1

Eine Schöffin sorgte für große Aufregung am Landgericht Bochum: Sie hatte dem Angeklagten des Prozesses, an dem sie teilnahm, morgens in der Kantine eine Art Liebesbrief überreicht. Darin hatte sie dem mutmaßlichen Steuerbetrüger, dem die Anklage einen Schaden von 1,7 Mio. € vorwarf, in einem zweiseitigen persönlichen Brief ihre tiefe Sympathie offenbart. In dem Brief hieß es sinngemäß: „Lieber Herr K., ich habe in den vergangenen Monaten festgestellt, dass Sie ein ganz toller Mensch sind. Sie sind irgendwie in diese Sache hineingeschliddert, Sie können ja nichts dafür. Ich bewundere Ihren Lebenslauf, Sie sind ein Mann, der viel geleistet hat." Der Verteidiger stellte einen Befangenheitsantrag.[121] Ob allerdings der Verteidiger gut beraten war, seine Kenntnisse von dem Brief für einen Befangenheitsantrag zu nutzen, steht auf einem anderen Blatt. ◀

▶ BEISPIEL 2

Die Angeklagten lehnten einen Schöffen wegen Besorgnis der Befangenheit ab, weil dieser vor Beginn des 26. Verhandlungstages – dem 6.12. – den Sitzungssaal durch das Beratungszimmer betrat, auf den regelmäßig von den Vertretern der Staatsanwaltschaft benutzten Sitzungstisch zwei „Schokoladen-Nikoläuse" legte und sodann den Sitzungssaal wieder verließ. Zu dieser Zeit war noch kein Vertreter der Staatsanwaltschaft anwesend. Das Gericht sah die Besorgnis der Befangenheit als begründet an.[122] ◀

Ein ähnlicher Fall – Verteilung von Schokoladen-Marienkäfern – führte nicht zur Besorgnis der Befangenheit, da die Schöffin in ihrer dienstlichen Äußerung nachvollziehbar zum Ausdruck brachte, dass sie der Seite des Angeklagten, insbesondere dem Verteidiger, nicht weniger gewogen ist als der Staatsanwaltschaft. Das Landgericht Oldenburg hält grundsätzlich die Verteilung von Süßigkeiten an Verfahrensbeteiligte für „unangemessen".[123]

---

119 LG Koblenz 28.9.2015, 2090 Js 29752/10–12 KLs, RohR 2015, S. 140.
120 BGH 17.6.2015, 2 StR 228/14, RohR 2015, S. 101.
121 *Heike Haarhoff*, Schöffin verliebt sich in Angeklagten: Große Gefühle im Gerichtssaal, taz vom 12.11.2007.
122 LG Koblenz 19.12.2012, 2090 Js 29752/10–12 KLs, RohR 2013, S. 24.
123 LG Oldenburg 24.4.2023, 12 Ns 380 Js 80809/21 (299/22), LAIKOS Journal Online 2023, S. 78.

(c) Das **Erscheinungsbild** des Schöffen kann zur Besorgnis der Befangenheit führen. Kleidervorschriften für Schöffen gibt es nicht. **Kleidung** und Accessoires sollten angemessen und neutral sein, vor allem keine Rückschlüsse auf die Einstellung des Schöffen zulassen. Das Landgericht Berlin hat einen Schöffen ausgeschlossen, der in einer Hauptverhandlung gegen ausländische Angeklagte in einem Sweatshirt mit der Aufschrift „Pit Bull Germany" erschien.[124] Die Werbung des Bekleidungsunternehmens erweckte den Eindruck, dass dieses ein Warensortiment für die rechtsradikale Szene anbietet.

Hinsichtlich des **Tragens eines Kopftuches** aus religiösen Gründen gibt es unterschiedliche Rechtsprechung. Das Landgericht Dortmund hat eine Befangenheit angenommen, weil die Schöffin auf die Frage nach der Begründung für das Kopftuch angegeben hat, dass sie einer religiösen Richtung angehöre, die davon ausgeht, dass Frauen grundsätzlich weniger glaubwürdig seien als Männer.[125] Das Kammergericht hat den Ausschluss einer Schöffin mit Hidschab-Kopftuch abgelehnt, allerdings nicht unter dem Aspekt der Befangenheit, sondern weil von dem Kopftuch nicht auf die Ungeeignetheit zum Schöffenamt geschlossen werden konnte, die zur Streichung von der Schöffenliste geführt hätte.[126] In zwei weiteren Entscheidungen werden die Unsicherheiten mit den rechtlichen Bedingungen des Schöffenamtes ebenfalls deutlich. In der Weigerung einer Schöffin, das Kopftuch abzulegen, sah das Amtsgericht Hamburg-St. Georg einen Grund zur Streichung von der Schöffenliste aus „sonstigen" Gründen; dagegen sah das Amtsgericht Fürth zunächst keinen Grund zur Streichung von der Schöffenliste, sondern verpflichtete die Schöffin, jeweils ihre Entbindung von den Sitzungstagen zu beantragen.[127] In der Entscheidung des Amtsgerichts Fürth wird erwähnt, dass zu Zeiten des Kopftuchverbotes an türkischen Universitäten das Tragen einer Perücke eine Möglichkeit der Umgehung darstellte und dies auch in Deutschland diskutiert werde.

Einige Länder haben Gesetze zur **Wahrung der Neutralität** der Justiz erlassen, die den Amtsträgern untersagen, in den Verhandlungen und bei sonstigen hoheitlichen Handlungen politische, weltanschauliche und religiöse Symbole (einschließlich der so motivierten Kleidung) zu tragen. Im Justizneutralitätsgesetz Nordrhein-Westfalen sind die ehrenamtlichen Richter ausdrücklich einbezogen (§ 2 Abs. 1),[128] ebenso im Bayerischen Richter- und Staatsanwaltsgesetz (Art. 11 Abs. 2, Art. 15 Satz 3)[129]. Das Niedersächsische Justizgesetz enthält nur eine allgemeine Bestimmung, dass bei der Wahrnehmung richterlicher Aufgaben keine sichtbaren Symbole oder Kleidungsstücke getragen werden dürfen, die eine religiöse, weltanschau-

---

124 LG Berlin 26.11.2001, (501) 68 Js 693/00 KLs (24/01), StV 2002, S. 132.
125 LG Dortmund 12.2.2007, 14 Gen. StrK 12/06, RohR 2007, S. 73; a. A. zur Unparteilichkeit LG Bielefeld 16.3.2006, 3221b E H 68, RohR 2007, S. 148 mit Anm. *Lieber*.
126 KG 9.10.2012, (3) 121 Ss 166/12 (120/12), RohR 2013, S. 21.
127 AG Fürth 7.12.2018, 441 AR 31/18, RohR 2019, S. 109; AG Hamburg-St. Georg 28.12.2018, ID 847, RohR 2019, S. 110; Besprechung: *Hasso Lieber*, Schöffinnen mit Kopftuch, RohR 2019, S. 97.
128 Gesetz zur Stärkung religiöser, weltanschaulicher und politischer Neutralität der Justiz des Landes Nordrhein-Westfalen, vom 9.3.2021, GV. NRW. S. 290.
129 Zuletzt geändert durch § 2 des Gesetzes vom 7.7.2023, GVBl. S. 318.

liche oder politische Überzeugung zum Ausdruck bringen (§ 31a).[130] Baden-Württemberg hat die ehrenamtlichen Richter ausdrücklich ausgenommen (§ 21 Abs. 3 Satz 2).[131]

(d) Die Tätigkeit des Schöffen ist auf die Hauptverhandlung, d. h. auf den Gerichtssaal beschränkt. **Eigene Ermittlungen** außerhalb des Gerichts können den Schöffen befangen machen. Erkundigt er sich z. B. bei den Nachbarn über den Angeklagten, wird dies einen (erfolgreichen) Antrag auf Ausschluss wegen der Besorgnis der Befangenheit nach sich ziehen. Wenn ein Schöffe vor der Verhandlung eingehend die **Berichterstattung** in der örtlichen Presse gelesen hat oder allgemeine Fragen im Internet recherchiert (Was ist THC? Was ist Ecstasy?), lässt dies in der Regel keine Zweifel an der Unbefangenheit aufkommen.

(e) Aus den **persönlichen Verhältnissen** des Schöffen (Herkunft, Familienstand, Geschlecht, Religion, Weltanschauung, Mitgliedschaft in einer Partei) kann im Allgemeinen nicht auf eine Voreingenommenheit geschlossen werden, wenn kein weiterer konkreter Anhaltspunkt gegeben ist. Wenn Schöffe und Angeklagter den gleichen Beruf ausüben, ergibt sich daraus nicht notwendigerweise eine Besorgnis der Befangenheit. Das gilt selbst dann, wenn der Tatvorwurf mit der beruflichen Stellung von Angeklagtem und Schöffen in Verbindung steht. Schöffen dürfen aber keine Zweifel an der rechtlichen Gesinnung und der Rechtstreue aufkommen lassen.

▶ BEISPIEL

Der Schöffe, ein Inkassounternehmer, schrieb ca. einen Monat vor der Hauptverhandlung an einen Schuldner: „Herr (…)! Auch dieses Schreiben wird Ihnen irgendwie am A … vorbeigehen. Vorab: Sie brauchen sich nicht wieder ‚hilfesuchend' an Ihren ‚Spannmann' [der Verteidiger in diesem Strafverfahren] in Aachen zu wenden. Was zu regeln gilt, werden wir in Belgien ‚unter Männern klären'. Kooperation oder Konfrontation; Sie haben die ‚Wahl der Waffen'." Der Angeklagte machte geltend, in diesem Schreiben komme eine feindselige Einstellung des Schöffen gegen seinen Verteidiger zum Ausdruck, der herabsetzend als „Spannmann" bezeichnet werde. Der Schöffe neige zum Rechtsbruch und zu rabiaten Drohungen. Er werde ihm nicht unbefangen gegenüberstehen und sein Amt nicht rechtstreu ausüben. In seiner dienstlichen Stellungnahme rückte der Schöffe nicht von seinem Verhalten ab, sondern erklärte nur lapidar, zwischen Beruf und Richteramt trennen zu können. Die Strafkammer hat das Befangenheitsgesuch als unbegründet zurückgewiesen, da eine Verbindung der beiden Verfahren nicht bestehe; eine rechtsfeindliche Gesinnung konnte sie nicht erkennen. Ganz anders der BGH: „Ein Schöffe, der sich offen zur Selbstjustiz und zur Durchsetzung von (angeblichen) Forderungen mittels rechtswidriger

---

130 Zuletzt geändert durch Art. 1 des Gesetzes vom 8.2.2024, Nds. GVBl. 2024, Nr. 8.
131 Gesetz zur Ausführung des Gerichtsverfassungsgesetzes und von Verfahrensgesetzen der ordentlichen Gerichtsbarkeit, zuletzt geändert durch Art. 7 des Gesetzes vom 30.4.2024, GBl. 2024, Nr. 29.

Drohungen oder Gewalt bekennt, begründet regelmäßig Zweifel an seiner Rechtstreue."[132] ◄

(**f**) Wenn der Schöffe **in Diensten des Verletzten** steht, kann dies aus der Sicht eines Angeklagten ein Grund zum Zweifel an der Objektivität des Schöffen sein.

(**g**) Die **Zugehörigkeit zu einem Gremium** oder einer Institution ist in der Regel kein Befangenheitsgrund. Dies kann jedoch der Fall sein, wenn der Schöffe wegen dieser Zugehörigkeit besondere Kenntnisse über den Angeklagten oder den Tatvorwurf hat oder mit seiner Meinung zu der Sache öffentlich hervorgetreten ist.

(**h**) Bei einer **engen Lebensbeziehung** (Ehe, Verlöbnis, Partnerschaft) der Schöffen untereinander muss im Einzelfall genau geprüft werden, wie unabhängig diese mit der Situation umgehen können. Zwar enthält § 22 StPO, der u. a. die Ausschließung eines mit dem Beschuldigten oder Verletzten verheirateten oder (näher) verwandten Richters von der Ausübung des Richteramtes regelt, keinen Ausschließungstatbestand für den Fall der Ehe bzw. Verwandtschaft des Richters mit einem anderen mitwirkenden Richter oder Staatsanwalt. Jedoch ist anerkannt, dass in einem solchen Fall ggf. die Besorgnis der Befangenheit eines Richters vorliegen kann. Bei Berufsrichtern kann diese Konstellation durch die gerichtsinterne Geschäftsverteilung vermieden werden. Bei Schöffen kann dies nur durch den Schöffenwahlausschuss vermieden werden, der Ehepartner in unterschiedliche Gerichte (Amts- und Landgericht, Schöffe in allgemeinen und Jugendstrafsachen) wählt. Kommt es zum gleichzeitigen Einsatz eines Schöffenehepaars in einem aus drei Richtern bestehenden Spruchkörper, ist aus der Sicht eines vernünftig abwägenden Angeklagten zumindest Anlass zu der Besorgnis gegeben, dass sie sich ggf. von wechselseitigen Rücksichtnahmen leiten lassen könnten.[133]

(**i**) **Privates Wissen** oder **Beziehungen zu dem Angeklagten** können den Schöffen befangen machen. Ein Lehrer, der über einen Schüler seiner Schule urteilen muss, kann befangen sein, wenn er in der Gefahr steht, Umstände bei seiner Urteilsbildung zu verwerten, die das übrige Gericht nicht kennt.

▶ BEISPIEL

In einem Verfahren, in dem es um ein Tötungsdelikt ging, hatte die Schöffin, eine Kinder- und Jugendpsychologin, den Bruder des Tatopfers einige Jahre zuvor behandelt. Nach der in diesem Verfahren verhandelten Tat stand sie mit der Mutter des Tatopfers in Kontakt und sprach ihr dabei ihr Beileid aus. Dies führte zum Ausschluss der Schöffin wegen Besorgnis der Befangenheit.[134] ◄

Verteidiger überprüfen häufig die Schöffen, ob eine Beziehung zu einem Beteiligten oder auch eine öffentliche Äußerung vorliegt, die geeignet ist, einen gesetzli-

---

132 BGH 28.4.2010, 2 StR 595/09, RohR 2010, S. 108.
133 OLG Jena 15.8.2016, 1 Ws 305/16, juris (Unterbliebene Anzeige der Mitwirkung miteinander verheirateter Richter an einer Entscheidung der großen Strafvollstreckungskammer, unter Führung verschiedener Nachnamen).
134 LG Augsburg 24.1.2012, Jug KLs 401 Js 107041/02, RohR 2013, S. 24.

chen Ausschlussgrund oder eine Besorgnis der Befangenheit geltend zu machen. Dazu der Hinweis einer Rechtsanwältin im Rechtsportal Juris: „Es schadet zur Meidung der Mitwirkung von Schöffen ‚mit Familienanschluss' nicht, wenn man sich als Verteidiger nach Mitteilung der Gerichtsbesetzung die Mühe macht, die Namen der Schöffen in eine Suchmaschine oder in die Suchfunktion eines sozialen Netzwerks einzugeben. Ebenso wie bei der Suche nach dem Schuldner können derartige Ermittlungen, die nur einen geringen Aufwand darstellen, von Erfolg gekrönt sein, etwa wenn es darum geht zu hinterfragen, ob Kontakte zu Prozessbeteiligten (Opfer, Zeugen) bestehen. Im Prozess können die so gewonnenen Erkenntnisse zur Begründung eines Antrages wegen Besorgnis der Befangenheit verwendet werden. Ebenso wie der Richter ist auch der Schöffe zur Abgabe einer Erklärung verpflichtet."[135]

2. Weitere Obliegenheitspflichten

2.1 Eid und Gelöbnis

Die Schöffen sind vor ihrer ersten Dienstleistung in öffentlicher Sitzung des Gerichts durch den Vorsitzenden zu vereidigen (§ 45 Abs. 3 bis 5 DRiG). Damit bekräftigen sie ihre Bindung an Gesetz und Recht, insbesondere an die Verfassung, ggf. auch die Landesverfassung. Die Vereidigung gilt für die Dauer der Amtszeit, bei erneuter Wahl auch für die sich direkt anschließende Amtsperiode. Dem Eid steht das Gelöbnis gleich. Wenn der Schöffe als Mitglied einer Religions- oder Bekenntnisgemeinschaft eine Beteuerungsformel dieser Gemeinschaft verwenden will, kann er diese dem Eid oder dem Gelöbnis anfügen. In der Regel erhalten Schöffen die Eidesformel schriftlich zum Ablesen.

Ein nicht durch Eid, Gelöbnis und Beteuerung verpflichteter Schöffe wird wie ein abwesender Schöffe behandelt. Das erkennende Gericht ist vorschriftswidrig besetzt, wenn in der Hauptverhandlung und an dem Urteil ein Schöffe mitwirkt, der nicht vor Beginn der ersten Dienstleistung verpflichtet worden ist. Die Revision kann mit der Rüge einer falschen Besetzung begründet werden, wenn der Schöffe erst im Laufe der ersten Hauptverhandlung vereidigt wird, ohne dass die bis dahin vorgenommenen Handlungen nachgeholt worden sind. Ein Schöffe, der die Eidesleistung verweigert, verletzt eine Obliegenheit, weil er nicht wirksam an der Hauptverhandlung teilnehmen kann.

2.2 Mitwirkung an Entscheidung und Abstimmung

Der Schöffe hat die Pflicht, an allen richterlichen Entscheidungen mitzuwirken, zu denen er vom Gesetz berufen ist. Er hat sich zu allen Fragen, die zur Entscheidung anstehen, eine Meinung zu bilden und seine Stimme abzugeben. Sich der Stimme zu enthalten, ist dem Schöffen – wie dem Berufsrichter auch – untersagt. Die Pflicht, an den Abstimmungen teilzunehmen, gehört zu den Obliegenheiten des Schöffen. Während der Hauptverhandlung sind sachliche und prozessuale Ent-

---

135 *Kerstin Rueber*, jurisPR-StrafR 23/2012, Anm. 2.

scheidungen zu treffen: Über Beweisanträge muss entschieden werden, Ordnungsmaßnahmen sind zu verhängen, die beantragte Einstellung des Verfahrens ist zu bescheiden; das Gericht muss auch über die Rechtmäßigkeit der Anordnungen des Vorsitzenden entscheiden. Schlussendlich sind die mit dem Urteil verbundenen Entscheidungen zu treffen. Der Schöffe muss an diesen Entscheidungen auch mitwirken, wenn er bei einer vorhergehenden Abstimmung anderer Auffassung gewesen und überstimmt worden ist (§ 195 GVG).

Schöffen dürfen den Dienst auch aus **Gewissensgründen** nicht verweigern. Beim sog. Mannheimer Schöffenstreik hatten zehn Schöffen die Zusammenarbeit mit einem Vorsitzenden verweigert, der in einem Urteil einen NPD-Vorsitzenden und Holocaust-Leugner als charakterstarken Menschen bezeichnet hatte. Die Schöffen wurden wegen der Weigerung mit einem Ordnungsgeld von 1.000,00 DM belegt. Das OLG Karlsruhe hat die Weigerung einer Schöffin, die Beschwerde gegen das Ordnungsgeld erhoben hatte, weder als gerechtfertigt noch entschuldigt erachtet. Wegen der schwierigen Situation, in der sich die Schöffin aufgrund der massiven öffentlichen Proteste gegen den Vorsitzenden befunden habe, und weil die Frage der Verweigerung aus Gewissensgründen in Rechtsprechung und Literatur eher marginal erörtert worden sei, hat das Oberlandesgericht unter Anwendung der Grundsätze des § 153 StPO (Geringfügigkeit) von der Festsetzung des Ordnungsgeldes abgesehen, der Schöffin aber die durch die Säumnis entstandenen Kosten auferlegt.[136]

3. Pflicht zu Verschwiegenheit und Zurückhaltung

Die Schöffen unterliegen der Pflicht zur Verschwiegenheit, soweit diese gesetzlich geboten ist, sowie der Pflicht zur Zurückhaltung. Zwar gelten für die Schöffen nicht unmittelbar die Regeln des richterlichen Disziplinarrechts; aber sowohl zur Vermeidung einer Besorgnis der Befangenheit als auch aus Respekt vor den Beteiligten des Verfahrens haben sich die Schöffen vor dem Urteil jeder Kommentierung des Verfahrens zu enthalten.

3.1 Beratungsgeheimnis, Pflicht zur Geheimhaltung

Über den Hergang der Beratung und Abstimmung besteht die Pflicht zu schweigen (§ 45 Abs. 1 DRiG), ausgenommen wenn die Feststellung des Abstimmungsergebnisses für die Nachprüfung von Gesetzwidrigkeiten in der Berufung oder der Revision erforderlich ist. Ebenso besteht die Pflicht zur Wahrung des Beratungsgeheimnisses nicht, wenn die Folgen einer gesetzwidrigen Beratung beseitigt werden sollen. Ist z. B. das Erfordernis der Zwei-Drittel-Mehrheit nicht beachtet worden, ist der Schöffe an die Schweigepflicht nicht gebunden. Auch Gründe des übergesetzlichen Notstandes können zur Verletzung der Schweigepflicht berechtigen.[137]

---

[136] OLG Karlsruhe 23.10.1995, 3 Ws 120/95, NJW 1996, S. 606; Besprechung: *Hans Lisken*, Zur Gewissensfreiheit des Schöffen, NJW 1997, S. 34.
[137] *J. Schmidt-Räntsch*, Deutsches Richtergesetz, 6. Aufl., 2009, § 43 Rn. 15.

▶ **BEISPIEL**

In einem Verfahren wegen Raubes wurde eine Zwischenberatung der Kammer durchgeführt. Dabei hat der Schöffe mit seiner Auffassung zur Notwendigkeit einer weiteren Beweisaufnahme, in der geklärt werden sollte, ob der geschädigte Juwelier an der angeklagten Tat beteiligt war, keine Mehrheit gefunden. Daraufhin hat er in einem anonymen Brief an den Verteidiger Anregungen zur Durchführung weiterer Ermittlungen gegeben, die sich mit seiner Argumentation in der Zwischenberatung deckten. Die Staatsanwaltschaft hat den Schöffen wegen der Verletzung eines Dienstgeheimnisses (§ 353b StGB) angeklagt. Das Amtsgericht hat ihn freigesprochen, das Landgericht die Berufung der Staatsanwaltschaft verworfen. Die Revision der Staatsanwaltschaft hatte vor dem OLG Köln ebenfalls keinen Erfolg. Eine Verurteilung schied in diesem Fall aus, weil es an einer Gefährdung wichtiger öffentlicher Interessen als Folge der Vorgehensweise des Schöffen fehlte.[138] ◀

Bei den Belehrungen der Schöffen sollte nicht überzogen werden. „Die Oberbadische" berichtete, dass der Vorsitzende des Schöffengerichts im AG Lörrach die neuen Schöffen bei einer Einführungsveranstaltung „eindringlich" auf ihre Verschwiegenheitspflicht hingewiesen habe. Was in der Urteilsberatung gesprochen werde, dürfe nicht einmal dem Ehepartner anvertraut werden. Wer dies nicht beachte, könne sich strafbar machen.[139] Dieser Hinweis entspricht nicht der ständigen Rechtsprechung. Das OLG Düsseldorf nimmt das richterliche Beratungsgeheimnis ganz aus dem Anwendungsbereich des § 353b StGB (Verletzung des Dienstgeheimnisses und einer besonderen Geheimhaltungspflicht) heraus.[140] Das Beratungsgeheimnis sei eine von der Amtsverschwiegenheit unabhängige richterliche Pflicht, die der Dokumentation der Einheit des Richterkollegiums nach außen und damit der Wahrung von Ansehen und Autorität des Richterspruchs diene. Da es sich um Kenntnisse des Gerichts über sein eigenes Verhalten handele, fehle es auch an dem Merkmal, dass das Geheimnis dem Gericht „anvertraut" sei.

Das Beratungsgeheimnis soll sowohl den Richter schützen, der vorschnell eine Meinung äußert, später aber davon abweicht, als auch denjenigen, der in der Abstimmung unterlegen ist. Dass bei einer Abstimmung kontrovers diskutiert und abgestimmt wurde, ohne dass der Einzelne zu identifizieren ist, kann durchaus nach außen kommuniziert werden. Oder geht jemand ernsthaft davon aus, dass es in einem Kollegialgericht keine Meinungsverschiedenheiten geben würde? Auf keinen Fall ist das Beratungsgeheimnis dazu da, echtes Fehlverhalten zu verdecken. Berichte in Schöffenseminaren, dass in 2:2 besetzten Gerichten der Vorsitzende sie bei Stimmengleichheit über die Schuld des Angeklagten belehrt habe, dass seine Stimme entscheide, lassen eher den Verdacht aufkommen, das Beratungsgeheimnis diene gelegentlich dazu, zweifelhafte Abstimmungen zu kaschieren. Oder wie der

---

138 OLG Köln 11.1.2005, 8 Ss 460/04, RohR 2005, S. 82.
139 *Gottfried Driesch*, Schöffen haben die gleichen Rechte wie Richter, Die Oberbadische vom 13.11.2013.
140 OLG Düsseldorf 5.9.1980, 1 Ws 419/80, NStZ 1981, S. 25.

weiland Vorsitzende Richter am BGH *Thomas Fischer* schrieb: „Denn Paragraf 43 Richtergesetz ist ja nicht dazu da, vorsätzlichen Rechtsbruch zu schützen oder durch Unaufklärbarkeit zu privilegieren."[141]

Ist die Öffentlichkeit wegen Gefährdung der Staatssicherheit oder wegen der Gefährdung von Persönlichkeitsrechten, Betriebs- oder Privatgeheimnissen ausgeschlossen, kann das Gericht die anwesenden Personen zur **Geheimhaltung** von Tatsachen, die zu ihrer Kenntnis gelangen, verpflichten (§ 174 Abs. 3 GVG). Der Beschluss ist in das Sitzungsprotokoll aufzunehmen.

3.2 Umgang mit den (sozialen) Medien

(a) Während eines laufenden Prozesses ist für die Schöffen der Kontakt zu den Medien absolut tabu. Bei Anfragen der Medien zum Prozess ist der Pressesprecher des Gerichts zuständig, nicht die Berufs- oder ehrenamtlichen Richter. Schöffen müssen damit rechnen, mit anderen Maßstäben gemessen zu werden als Berufsrichter. Ansonsten riskieren sie den weiteren Fortgang der Hauptverhandlung durch Ablehnung wegen einer Besorgnis der Befangenheit. Auch Kommentare zu einem laufenden Verfahren oder Äußerungen in den sozialen Medien sollten unterbleiben.

▶ **BEISPIEL 1**

In der Hauptverhandlung um den auf dem Berliner Alexanderplatz von Jugendlichen totgetretenen Jonny K. litten die Zeugen, die bei der Polizei noch umfangreich ausgesagt hatten, unter plötzlichem Gedächtnisverlust. Ein 23-jähriger Augenzeuge und zwei seiner Freunde beantworteten fast alle Fragen des Gerichts mit den Worten: „Ich weiß es nicht, ich kann mich nicht erinnern." Der Vorsitzende äußerte Unverständnis: „Es fällt schwer, das zu glauben. Wissen Sie überhaupt, worum es in dem Prozess geht?" Daraufhin platzte einem Schöffen der Kragen. „Sind Sie zu feige, eine Aussage zu machen, oder wollen Sie das Gericht verarschen?", herrschte er einen der Zeugen an. Die Verteidigung beantragte, den Schöffen als befangen auszuschließen. Letztlich wurde er ausgeschlossen, weil am nächsten Tag ein Artikel in der Boulevardpresse erschien, in dem er zitiert wurde, er habe nur gesagt, was er gedacht habe; so würde er als Jugendpfleger mit den jungen Leuten eben reden. Im Übrigen wollten die Verteidiger ohnehin den Prozess nur kaputt machen, wie man an einem Befangenheitsantrag der Verteidiger gegen die Rechtsanwälte der Nebenklage ja gemerkt habe.[142] ◀

Schöffen müssen in der Hauptverhandlung auf Fragen kritischer Natur nicht verzichten. Der Schöffe im Beispiel 1 wäre möglicherweise wegen seiner „forschen Attacke" im Saal nicht ausgeschlossen worden. Die Äußerungen gegenüber der Presse

---

141 *Thomas Fischer*, Alles geheim!, ZEIT online vom 21.2.2017.
142 *Julia Jüttner*, Tödliche Prügelei am Alexanderplatz: Der verhängnisvolle Schöffe, Spiegel online vom 3.6.2013.

machten ihn aber unhaltbar. Journalisten berichten nicht nur über Tatsachen – sie produzieren auch gerne auch welche.

▶ **BEISPIEL 2**

Ein beredtes Beispiel lieferte die BILD-Zeitung vom 30.5.2011 am Ende des Verfahrens gegen *Jörg Kachelmann*. Sie widmete dem Thema „So würden Schöffen entscheiden" eine ganze Seite und ließ amtierende Schöffen zu Wort kommen, ob sie zu Verurteilung oder Freispruch neigen würden. Die meisten Schöffen haben richtigerweise darauf hingewiesen, dass man keine Beurteilung abgeben könne, wenn man an dem Verfahren selbst nicht teilgenommen habe. Einige hatten aber durchaus feste Meinungen, aus denen man auf eine Neigung zu Voreingenommenheit schließen konnte. Daraus hätte sich in Verfahren, an denen die Schöffen später beteiligt wären, ein Befangenheitsantrag ableiten lassen können.[143] ◀

▶ **BEISPIEL 3**

Der Schöffe eines Vergewaltigungsprozesses hatte sich in seinem Facebook-Profil kritisch über einen Migranten in Zusammenhang mit einem Sexualdelikt geäußert. Der Verteidiger hatte den Schöffen daraufhin wegen Besorgnis der Befangenheit abgelehnt. In seiner dienstlichen Stellungnahme gab der Schöffe an, er habe „Angst vor einer Überfremdung meiner Heimat Deutschland, eben auch wegen des nicht kontrollierten Zugangs von fremden Personen". Die Kammer hat dem Ablehnungsantrag stattgegeben.[144] ◀

▶ **BEISPIEL 4**

Zum Prozessauftakt des wegen schwerer Vergewaltigungen und sexuellem Missbrauch von Kindern Angeklagten Christian B. stellte die Verteidigung einen Befangenheitsantrag gegen die Schöffin. Diese soll 2019 in den sozialen Medien einen Aufruf zur Tötung des ehemaligen brasilianischen Präsidenten *Jair Bolsonaro* verbreitet haben. Das Landgericht Braunschweig gab dem Befangenheitsantrag statt. Sie begründete ihre Entscheidung mit „Zweifeln an der rechtlichen Gesinnung und der Rechtstreue der Schöffin". An ihre Stelle trat eine Ergänzungsschöffin.[145] ◀

(**b**) Schöffen können auch **Gegenstand der Berichterstattung** in den Medien sein. Während der Dauer der Hauptverhandlung müssen sie ihre Rolle als Richter verinnerlichen. Sie gehören zu den Personen, denen das öffentliche Interesse gilt und die entsprechend beobachtet werden. Das BVerwG hat z. B. einen Auskunftsanspruch über die an einem Verfahren beteiligten Schöffen grundsätzlich bejaht. Übersenden Gerichte auf Anforderung Urteile an Journalisten, dürfen die Namen

---

[143] *Hasso Lieber*, Die letzte Runde der Geschmacklosigkeiten im „Kachelmann"-Prozess oder: Wie halten es Schöffen mit den Medien?, RohR 2011, S. 51.
[144] *Wulf Kannegiesser*, Prozess platzt wegen Facebook-Kommentaren von Laienrichter, RP online vom 3.6.2017.
[145] Gericht tauscht Schöffin in Prozess gegen Maddie-Verdächtigen aus, FOCUS online vom 20.2.2024.

der Schöffen nicht geschwärzt werden.[146] Schöffen sind insoweit temporäre Personen der Zeitgeschichte. Die Medien können jedoch nicht personenbezogene Informationen verlangen, die keine Bedeutung im Zusammenhang mit dem Thema der Recherche und der geplanten Berichterstattung haben.

Das Prinzip der Öffentlichkeit des Verfahrens besteht auch darin, Gerichtsverfahren öffentlich zugänglich zu machen. Ton- und Fernseh-Rundfunkaufnahmen sowie Ton- und Filmaufnahmen während der Hauptverhandlung sind von Gesetzes wegen nicht erlaubt (§ 169 GVG). Der Vorsitzende kann aber z. B. bei aufsehenerregenden Strafprozessen vor Beginn oder nach der Hauptverhandlung – etwa im Hinblick auf den Persönlichkeitsschutz der Schöffen – Aufnahmen zur Berichterstattung nicht völlig verhindern. Es entspricht dem im Rechtsstaats- und Demokratieprinzip enthaltenen Auftrag zur Sicherung der Möglichkeit der Wahrnehmung und ggf. Kontrolle von Gerichtsverfahren durch die Öffentlichkeit, die Medien darüber berichten zu lassen und dem Fernsehen audiovisuelle Aufnahmen zu ermöglichen. Grundsätzlich wird erwartet, „dass sich der Schöffe den mit seiner Funktion verbundenen Erwartungen auch bei Mitwirkung an von der Öffentlichkeit beachteten Verfahren gewachsen" zeigt, selbst wenn Medien darüber Bilder verbreiten.[147] Einer unangemessenen Beeinträchtigung kann durch eine Beschränkung der Aufzeichnungen auf Gesamtansichten unter Verzicht auf Großaufnahmen von Einzelgesichtern abgewehrt werden.[148]

3.3 Kontakt zu Prozessbeteiligten

Schöffen haben im Umgang mit den anderen Beteiligten des Verfahrens darauf zu achten, dass ihr Verhalten nicht zur Besorgnis der Befangenheit Anlass gibt. In einigen Gerichten gibt es keine Beratungszimmer oder sie werden erst kurz vor der Hauptverhandlung geöffnet. Die Schöffen müssen daher auf dem Flur vor dem Gerichtssaal warten, auf dem sich auch die Angeklagten, deren Angehörige oder die Zeugen aufhalten. Das führt dazu, dass sie Unterhaltungen der Beteiligten mithören können oder sogar direkt angesprochen werden. Hier gilt: Distanz halten, keine Gespräche mit Unbekannten! Spätestens wenn die Beteiligten im Saal bemerken, dass sie mit einem Mitglied des Gerichts gesprochen haben, kommt der Befangenheitsantrag – wenn nicht die Ansprache schon zum taktischen Konzept der Verteidigung gehörte. Auch in Verhandlungspausen (Gerichtskantine) sollte nicht mit Verfahrensbeteiligten gesprochen werden. Selbst scherzhafte Bemerkungen könnten missverstanden werden.

Persönliche oder dienstliche Beziehungen zu anderen Prozessbeteiligten als den Angeklagten oder einen Zeugen begründen nicht unbedingt die Besorgnis einer Befangenheit. Eine enge private Beziehung zum Staatsanwalt, Verteidiger oder Nebenklagevertreter kann aber die Neutralität störend beeinflussen. Wenn ein Schöffe

---

[146] BVerwG 1.10.2014, 6 C 35.13, RohR 2015, S. 30.
[147] BVerfG 19.12.2007, 1 BvR 620/07, RohR 2008, S. 62.
[148] OLG Hamburg 12.9.2018, 1 Ws 71/18, RohR 2018, S. 143.

den Verteidiger aus einem anderen (etwa zivilrechtlichen) Verfahren kennt, ist er in aller Regel auch dann nicht befangen, wenn der Anwalt in diesem Verfahren einen Prozessgegner des Schöffen vertritt oder vertreten hat. Anders liegt der Fall der Schöffin, die in einem Schreiben mitgeteilt hat, „gravierende negative Erfahrungen" mit der Sozietät der Verteidigerin in einem Scheidungsverfahren gemacht zu haben. Die Schöffin wurde daraufhin vom Angeklagten wegen Besorgnis der Befangenheit abgelehnt.[149]

▶ BEISPIEL 1

Nach Schluss der Verhandlung saß der Schöffe in einem Café in der Nähe des Gerichts, das auch von dem Angeklagten besucht wurde. Scherzhaft – wie der Schöffe später behauptete – rief er dem Angeklagten zu: „Na, dann richten Sie sich schon mal auf zehn Jahre ein." Abgesehen von der Geschmacklosigkeit der Bemerkung ist für Scherze im Umgang mit Verfahrensbeteiligten in und außerhalb der Verhandlung kein Raum. Müßig zu betonen, dass dem Befangenheitsantrag des Angeklagten Erfolg beschieden war. ◀

▶ BEISPIEL 2

In der Mittagspause traf ein Schöffe einen ihm bekannten Rechtsanwalt, der mit der Verhandlung nichts zu tun hatte, in der Kantine und erzählte diesem munter von seinem Fall aus dem Drogenmilieu. Dabei fiel der Satz: „Dass der Angeklagte dealt, sieht man ihm schon auf 100 Meter Entfernung an." Am Ende der Mittagspause lag schon der Befangenheitsantrag gegen den Schöffen auf dem Tisch des Vorsitzenden. ◀

▶ BEISPIEL 3

Im Organspende-Prozess gegen einen Chirurgen kommt der Schöffe in einer Sitzungspause im Fahrstuhl mit dem Angeklagten ins Gespräch, dass er sich bei einem Sturz an der Hand verletzt hatte. Später lässt sich der Schöffe von ihm einen Spezialisten für Handchirurgie empfehlen, bei dem er sich auch behandeln lässt. Der Schöffe wird auf Antrag der Staatsanwaltschaft wegen Besorgnis der Befangenheit ausgeschlossen. Nach der Abberufung beschwert sich der Schöffe bei der Staatsanwaltschaft, er habe den Vorsitzenden unmittelbar nach der Begegnung über das Gespräch informiert und gefragt, ob er sich den Namen des Handchirurgen geben lassen dürfe. Dieser habe ihm zweimal gesagt, dass er darin kein Problem sehe. In der Zwischenzeit hatte eine Justizmitarbeiterin den Vorsitzenden über ein Gespräch in der Mittagspause informiert. Dieser habe dann dem Schöffen untersagt, den Angeklagten wegen des Spezialisten zu kontaktieren. „Da war es aber zu spät", so der Schöffe. Für seine Stellungnahme zur möglichen Befangenheit habe der Richter ihn gebeten, nicht zu erwähnen, dass

---

[149] BGH 2.4.2020, 1 StR 90/20, RohR 2020, S. 113.

er kein Problem gesehen habe, den Namen des Handchirurgen zu erfragen. „Und ich Dussel mache das auch noch", ärgert sich der Schöffe zu spät.[150] ◄

4. Pflicht zu Neutralität und Unparteilichkeit

Schöffen sind wie die Berufsrichter zu Neutralität und Unparteilichkeit verpflichtet. Besteht Anlass zu der Sorge, dass ein Schöffe gegenüber einem Angeklagten (oder einem Zeugen) nicht unvoreingenommen und unparteiisch eingestellt ist, kann er wegen der Besorgnis der **Befangenheit** abgelehnt und vom weiteren Verfahren ausgeschlossen werden. Die Unparteilichkeit gilt sowohl im Hinblick auf die Person des konkreten Angeklagten, demgegenüber der Schöffe sich nicht von Sympathien, Antipathien oder Vorurteilen leiten lassen darf, als auch gegenüber Status oder Zugehörigkeit des Angeklagten oder Zeugen. Ein Schöffe, der der Meinung ist, dass es für Türken selbstverständlich sei, vor Gericht nicht die Wahrheit zu sagen, der in einem Farbigen den potenziellen Dealer sieht oder der die Auffassung vertritt, dass Polizisten immer glaubwürdiger sind als zivile Zeugen, hat auf der Richterbank nichts verloren. Auch aus der gesellschaftlichen Stellung eines Zeugen oder Angeklagten können keine Rückschlüsse auf dessen Glaubhaftigkeit oder Täterschaft gezogen werden. Kriminalität ist kein Privileg der Unterschicht: Die Weiße-Kragen-Täter haben keinen Anspruch auf Bewunderung einer „cleveren" Ausnutzung von Gesetzeslücken; die Prostituierte ist kein Objekt moralischer Entrüstung. Von solchen Vorurteilen muss sich der Schöffe freimachen.

5. Bindung an Gesetz und Recht

Auch wenn die Schöffen nicht juristisch vorgebildet sind, sind sie in gleicher Weise wie die Berufsrichter an Recht und Gesetz gebunden. Wann juristische Tatbestandsmerkmale eindeutig definiert sind und keinen Raum für eine persönliche Wertung lassen, in welchen Fällen unbestimmte Rechtsbegriffe, Generalklauseln und offene Tatbestände erhebliche Interpretations- und Wertungsspielräume eröffnen, müssen die Berufsrichter den Schöffen erläutern.

► **BEISPIEL 1**

Ein Schöffe vertritt die Auffassung, die vorgeschlagene Freiheitsstrafe von zwei Jahren sei zu milde und schlägt eine Freiheitsstrafe von drei Jahren vor, die zum Ausgleich zur Bewährung ausgesetzt werden könne. In diesem Fall hat der Vorsitzende den Schöffen auf § 56 Abs. 2 StGB hinzuweisen, wonach Freiheitsstrafen von mehr als zwei Jahren nicht mehr zur Bewährung ausgesetzt werden können. Beharrt der Schöffe auf seiner Meinung, verletzt er seine Pflichten. ◄

► **BEISPIEL 2**

Das Gericht berät über die Strafzumessung bei einer gefährlichen Körperverletzung, die von mehreren Tätern gemeinsam begangen wurde (§ 224 Abs. 1 Nr. 4 StGB). Bei einem der Angeklagten ist ein Schöffe der Auffassung, die Mindest-

---

150 Befangenheit von Schöffen, RohR 2014, S. 93, 94.

strafe von sechs Monaten sei aufgrund des geringen Tatbeitrages zu hoch; er könnte sich sogar eine Geldstrafe vorstellen. Der Schöffe ist aufzuklären, dass seine Auffassung mit dem Gesetz nur vereinbar ist, wenn der Tatbeitrag als „minder schwerer Fall" bewertet wird. Dann beträgt die Mindeststrafe drei Monate und kann in eine Geldstrafe umgewandelt werden, wenn nicht die Freiheitsstrafe unerlässlich ist (§ 47 Abs. 2 StGB). ◀

6. Pflichtverletzungen und Folgen

Zu den mit einem Ordnungsgeld bedrohten Pflichtverletzungen gehören zunächst das Ausbleiben und das nicht rechtzeitige Erscheinen zur Sitzung ohne genügende Entschuldigung; darüber hinaus wird ein Ordnungsgeld verhängt, wenn sich der Schöffe in anderer Weise seinen Obliegenheiten entzieht (§ 56 Abs. 1 GVG). Eine gröbliche Verletzung der Amtspflicht kann zur Amtsenthebung führen (§ 51 GVG).

6.1 Unentschuldigtes Ausbleiben, Verspätung

Der Schöffe verletzt seine Amtspflicht, wenn er einer Sitzung, zu der er ordnungsgemäß geladen wurde, ganz fernbleibt, ohne dass er einen Antrag auf Befreiung gestellt hat und von der Sitzung entbunden wurde. Bei Vorliegen der Voraussetzungen ist ein Ordnungsgeld zu verhängen (§ 56 Abs. 1 GVG).[151] Ebenso wird mit einem Ordnungsgeld sanktioniert, wenn der Schöffe sich ohne genügende Entschuldigung nicht rechtzeitig zu der Sitzung einfindet. Der Schöffe muss aber alles Zumutbare getan haben, um pünktlich zu erscheinen. Die Rechtsprechung hält in der Regel eine Wartezeit des Gerichts von 15 Minuten für zumutbar.[152] Wenn der Schöffe nicht rechtzeitig zur Hauptverhandlung erscheinen kann, weil er z. B im Stau steht oder eine Autopanne hat, sollte er die Schöffengeschäftsstelle umgehend telefonisch benachrichtigen.

Bei der Beurteilung der Voraussetzungen und der Höhe des Ordnungsgeldes hat der Vorsitzende einen **Ermessensspielraum**. Er ist nicht verpflichtet, bei geringem Verschulden oder einer unerheblichen Verspätung ein Ordnungsgeld festzusetzen.[153]

6.2 Verletzung von Obliegenheitspflichten

Ein Ordnungsgeld kann auch gegen einen Schöffen verhängt werden, der sich seinen Obliegenheiten *in anderer Weise* entzieht (§ 56 Abs. 1 GVG). Was eine solche Obliegenheit des Schöffen ist, definiert das Gesetz nicht näher. Es besteht Einigkeit in Literatur und Rechtsprechung, dass darunter die prozessualen Mitwir-

---

[151] Nach *Dirk Gittermann*, in: Löwe-Rosenberg, Die Strafprozeßordnung und das Gerichtsverfassungsgesetz, 27. Aufl., Bd. 11, 2023, § 56 GVG Rn. 6 „zwingend"; *Thomas Schuster*, in: Knauer (Hrsg.), Münchener Kommentar zur Strafprozeßordnung, Bd. 3/2, 2018, § 56 GVG Rn. 7.
[152] OLG Dresden 30.7.2021, 3 Ws 27/21, 3 OLG 22 Ss 246/21, RohR 2022, S. 34.
[153] *Dirk Gittermann*, in: Löwe-Rosenberg, Die Strafprozeßordnung und das Gerichtsverfassungsgesetz, 27. Aufl., Bd. 11, 2023, § 56 GVG Rn. 3; *Herbert Mayer*, in: Kissel/Mayer, Gerichtsverfassungsgesetz, 10. Aufl., 2021, § 56 Rn. 9.

kungspflichten der Schöffen zu verstehen sind, die gewährleisten, dass die Hauptverhandlung in ordnungsgemäßer Besetzung durchgeführt werden kann.[154] Damit sind solche Verhaltensweisen gemeint, mit denen sich der Schöffe seiner Dienstleistung entzieht.

Das ist dann der Fall, wenn er

- generell den Schöffendienst verweigert oder die Teilnahme an einer Hauptverhandlung im Einzelfall (z. B. aus Gewissensgründen) ablehnt;
- seinen Wohnungswechsel nicht anzeigt und für das Gericht nicht erreichbar ist;
- bei rechtzeitigem Erscheinen die Beteiligung an der Sitzung und der Abstimmung verweigert;
- den Amtseid verweigert und daher nicht wirksam an der Hauptverhandlung teilnehmen kann.

▶ BEISPIEL

Ein Schöffe hat seine Verhinderung nicht frühzeitig angezeigt; seine verspätete Anzeige durch Übersendung einer Arbeitsunfähigkeitsbescheinigung war kein ausreichender Nachweis, so dass der Vorsitzende die Unfähigkeit seiner Teilnahme an der Hauptverhandlung nicht beurteilen konnte. Seiner Pflicht ist der Schöffe nur auf beharrliche Aufforderung und unzureichend nachgekommen. Nach mehreren Versuchen, mit dem Schöffen und dessen Ärztin zu telefonieren, hob der Vorsitzende den Termin auf. Die behandelnde Ärztin teilte telefonisch mit, der Schöffe sei mit einer leichten Erkältung primär präventiv aufgrund der Corona-Pandemie krankgeschrieben worden. Aus ihrer Sicht sei der Schöffe in der Lage gewesen, an einem kurzen Gerichtstermin teilzunehmen. Da der Schöffe mehrfach seine Pflichten verletzt habe, wurde ein Ordnungsgeld verhängt.[155] ◀

In der Regel sind Störung der Sitzung, unangemessene Kleidung oder spätes Anzeigen einer Verhinderung keine Verletzungen einer Obliegenheitspflicht, die zu einem Ordnungsgeld führen können. Hier kommt es auf den Einzelfall an. Keine Verletzung der Obliegenheit des Schöffen ist der Bruch des Beratungsgeheimnisses[156] oder die Verletzung des Neutralitäts- und Zurückhaltungsgebots, auch wenn mit seinem Verhalten eine Ablehnung wegen Besorgnis der Befangenheit[157] provoziert wird. Eine extensive Anwendung des § 56 Abs. 1 GVG begegnet rechtsstaatlichen Bedenken; sie muss auf die Fälle der Säumnis und der Verletzung konkreter prozessualer Mitwirkungspflichten beschränkt werden.[158] Das Verlangen der Schöffen nach einer Zwischenberatung ist auch dann keine Verletzung einer Obliegenheitspflicht, wenn sie mit einer Weigerung der weiteren Anwesenheit in der Hauptverhandlung verbunden wird.

---

154 OLG Frankfurt/M. 29.5.1990, 2 Ws 114/90, NJW 1990, S. 3285.
155 KG, 31.7.2020, 3 Ws 157/20, 161 AR 114/20, RohR 2021, S. 29.
156 KG 3.11.1986, 4 Ws 244/86, JR 1987, S. 302.
157 KG 8.4.1999, 4 Ws 35/99, RohR 1999, S. 83.
158 OLG Frankfurt/M. 29.5.1990, 2 Ws 114/90, NJW 1990, S. 3285.

▶ **BEISPIEL**

Nachdem zwei Schöffen beim AG Münster die weitere Mitwirkung verweigern wollten, wenn ihnen nicht grundlegende Fragen zum Verständnis einer chaotisch verlaufenen Beweisaufnahme beantwortet würden, verhängte der Vorsitzende ein Ordnungsgeld (damals die Höchstgrenze von 1.000,00 DM) gegen beide Schöffen, das allerdings durch das LG Münster auf die Beschwerde hin unter Hinweis auf das Recht der Schöffen, eine Zwischenberatung zu verlangen, aufgehoben wurde.[159] ◀

6.3 Ordnungsgeld, Verfahrenskosten

Die Verhängung eines Ordnungsgeldes gegen Schöffen hat in erster Linie einen **Erzwingungscharakter**, der zur Erfüllung seiner zukünftigen Pflichten anhalten und den gesetzlichen Richter gewährleisten soll. Das Ordnungsgeld soll nicht die Pflichtverletzung ahnden, obwohl natürlich die Schwere der Pflichtverletzung und die nachträgliche genügende Entschuldigung Auswirkungen auf die Höhe des Ordnungsgeldes haben.[160]

Mehrere Pflichtverletzungen werden mehrfach geahndet, auch in derselben Sache oder wegen des wiederholten gleichartigen Verstoßes. Bei wiederholtem oder besonders grobem Fehlverhalten kommt darüber hinaus eine Amtsenthebung in Betracht (§ 51 GVG).

Zuständig für die Verhängung des Ordnungsgeldes ist der vom Präsidium des Amtsgerichts bestimmte Richter (in aller Regel der jeweilige Vorsitzende des Schöffengerichts), der nach Anhörung der Staatsanwaltschaft (§ 56 Abs. 2 Satz 1 GVG) entscheidet; beim Landgericht ist dies qua Gesetz der jeweilige Vorsitzende der Strafkammer (§ 77 Abs. 3 Satz 3 GVG). Der Schöffe hat Anspruch auf rechtliches Gehör (§ 56 Abs. 2 Satz 3 GVG).

Die **Höhe des Ordnungsgeldes** beträgt mindestens 5,00 € und höchstens 1.000,00 € (Art. 6 Abs. 1 EGStGB). Mit einem Ordnungsgeldbeschluss ist zwingend die **Auferlegung der Kosten** verbunden, die durch das Ausbleiben des Schöffen angefallen sind.[161] Dazu gehören

- Kosten der Verfahrensbeteiligten, z. B. Anreise zum Termin, Verdienstausfall aufgrund der Verzögerung;
- Kosten für erneute Ladungen, Mehrleistungen an Zeugen für Verdienstausfall, Reisekosten und Zeitversäumnis;
- zusätzliche Vergütungen an Sachverständige;

---

159 LG Münster 7.10.1992, 7 Qs 13/92 XII, RohR 1992, S. 59 mit Anm. *Lieber*.
160 *Herbert Mayer*, in: Kissel/Mayer, Gerichtsverfassungsgesetz, 10. Aufl., 2021, § 56 Rn. 15; *Dirk Gittermann*, in: Löwe-Rosenberg, Die Strafprozeßordnung und das Gerichtsverfassungsgesetz, 27. Aufl., Bd. 11, 2023, § 56 GVG Rn. 6.
161 *Thomas Schuster*, in: Knauer (Hrsg.), Münchener Kommentar zur Strafprozeßordnung, Bd. 3/2, 2018, § 56 GVG Rn. 8.

- Honorar des Verteidigers für diesen Verhandlungstag;
- Kosten für die Heranziehung von Ersatzschöffen[162].

Diese Kosten können deutlich höher ausfallen als das auferlegte Ordnungsgeld.

6.4 Nachträgliche Entschuldigung und Beschwerde

(**a**) Ist der Ordnungsgeldbeschluss in Abwesenheit des Schöffen ergangen, kann er sich nachträglich beim Vorsitzenden entschuldigen. Genügt die Entschuldigung, kann die Entscheidung ganz oder teilweise zurückgenommen werden.

Die Entschuldigung ist an keine **Frist** gebunden; allerdings werden der Zeitablauf und der Grund einer eventuellen verspäteten Entschuldigung bei der Beurteilung ihrer Stichhaltigkeit berücksichtigt.[163] Wenn dem Schöffen erst sechs Wochen später einfällt, dass er auf dem Weg zum Gericht einen Unfall hatte, wird ihn das kaum glaubhaft entschuldigen können. Entschuldigungen wie „Ich habe verschlafen" oder „Ich habe mir den falschen Termin notiert" sind ungeeignet und führen sicherlich nicht zur Aufhebung eines bereits verhängten Ordnungsgeldes. Bei der Entschuldigung wegen Verspätung oder Versäumung eines Termins empfiehlt sich sofortige Entschuldigung und absolute Aufrichtigkeit. Ist ein Schöffe stets ordnungsgemäß erschienen und handelt es sich um einen einmaligen „Fauxpas", kann der zuständige Richter von dem Ermessen in etwas weiterem Umfang Gebrauch machen.

(**b**) Gründe, die einen Schöffen hinreichend entschuldigen, sind die unabwendbaren Umstände nach § 54 GVG (Verhinderung, Unzumutbarkeit des Erscheinens), die so kurzfristig auftreten, dass sie erst nachträglich angebracht werden können (z. B. plötzliche Krankheit, Unfall, Stau, Autopanne). In diesen Fällen gilt der Schöffe unproblematisch nachträglich als entschuldigt, wenn er ansonsten alles Zumutbare getan hat, um zum festgesetzten Termin an der Verhandlung teilnehmen zu können. Ergibt die nachträgliche Entschuldigung eines Schöffen, dass ihn in jeder Hinsicht an seinem Nichterscheinen zu einem Hauptverhandlungstermin kein Verschulden trifft, ist die **Aufhebung** der Ordnungsmaßnahme entgegen dem Wortlaut des § 56 Abs. 2 Satz 2 GVG („kann ... zurückgenommen werden") zwingend.[164]

(**c**) Der Vorsitzende kann den Ordnungsgeldbeschluss aufgrund der nachträglichen Entschuldigung **abändern**. Die formalen Voraussetzungen (Verspätung, Nichterscheinen, mangelnde Entschuldigung) für ein Ordnungsgeld müssen stets vorliegen. Wird das Ordnungsgeld aufrechterhalten, hat dies zwingend zur Folge, dass der Schöffe auch die durch die Säumnis verursachten Kosten des Verfahrens tragen muss.

---

162 *Herbert Mayer*, in: Kissel/Mayer, Gerichtsverfassungsgesetz, 10. Aufl., 2021, § 56 Rn. 10.
163 OLG Düsseldorf 22.10.1991, 1 Ws 980/91, NJW 1992, S. 1712.
164 OLG Koblenz 5.7.1993, 1 Ws 362/93, MDR 1993, S. 1229.

Bezeichnet der Schöffe sein nachträgliches Vorbringen als „Beschwerde", ist dieses zunächst als Antrag auf Aufhebung des Ordnungsgeldbeschlusses zu verstehen, über den der Richter zu entscheiden hat, der das Ordnungsmittel verhängt hat. Erst gegen diese selbstständige Entscheidung ist das Rechtsmittel der Beschwerde gegeben.[165]

(d) Wird auf die nachträgliche Entschuldigung des Schöffen der Ordnungsgeldbeschluss nicht aufgehoben, kann er **Beschwerde** einlegen (§ 56 Abs. 2 Satz 3 GVG). Die Beschwerde kann ausnahmsweise sofort gegen den ursprünglichen Ordnungsgeldbeschluss ohne nachträgliche Entschuldigung eingelegt werden, wenn der Schöffe gegen den Ordnungsgeldbeschluss nur aus Rechtsgründen vorgeht (z. B. mit der Behauptung, es hätte der unzuständige Richter entschieden).

Die Beschwerde ist – schriftlich oder zu Protokoll der Geschäftsstelle – bei dem Gericht einzulegen, das die Entscheidung getroffen hat. Die Entscheidung kann ganz oder teilweise angegriffen werden, z. B. wenn der Schöffe lediglich das Ordnungsgeld für zu hoch hält. Hält der Vorsitzende, der die Entscheidung getroffen hat, die Beschwerde für begründet, kann er ihr abhelfen, d. h. seine Entscheidung – auch teilweise – ändern.

Tut er das nicht, legt er die Beschwerde dem nächsthöheren Gericht zur Entscheidung vor. Das Beschwerdegericht darf die Entscheidung auch zum Nachteil des Schöffen abändern; das sog. **Verschlechterungsverbot** gilt hier nicht. Sollte eine Erhöhung des Ordnungsgeldes ausnahmsweise einmal in Betracht kommen, hat das Beschwerdegericht dem Schöffen über diese Absicht rechtliches Gehör zu gewähren, damit er seine Beschwerde ggf. vor einer nachteiligen Entscheidung zurücknehmen kann.

Ist die Säumnis des Schöffen zwar schuldhaft, das Verschulden aber geringfügig, kann das Ordnungsgeld reduziert oder in entsprechender Anwendung von § 153 StPO (Einstellung des Verfahrens wegen Geringfügigkeit) von der Festsetzung des Ordnungsgeldes insgesamt abgesehen werden, nicht aber von der Auferlegung der verursachten Kosten.[166]

6.5 Amtsenthebung

6.5.1 Fehlende Verfassungstreue

Ein Schöffe ist seines Amtes zu entheben, wenn er seine Amtspflichten gröblich verletzt hat (§ 51 Abs. 1 GVG). Zu den unverzichtbaren Amtspflichten eines Schöffen gehört u. a. seine Treuepflicht gegenüber dem Staat und dessen verfassungsrechtlicher Ordnung. Diese gebietet, den Staat und seine geltende verfassungsrechtliche Ordnung zu bejahen, sie als schützenswert anzuerkennen, in diesem Sinne

---

[165] OLG Düsseldorf 22.7.2015, III-2 Ws 305/15, RohR 2015, S. 138.
[166] KG 5.4.2000, 4 Ws 30/00, juris; *Herbert Mayer*, in: Kissel/Mayer, Gerichtsverfassungsgesetz, 10. Aufl., 2021, § 56 Rn. 9.

sich zu ihm zu bekennen und aktiv dafür einzutreten.[167] In der amtlichen Begründung des Gesetzes heißt es, dass Schöffen einer besonderen **Verfassungstreue** unterliegen. Sie fungieren gleichberechtigt mit den hauptamtlichen Richtern als Organe staatlicher Aufgabenerfüllung. „Daher ist es ausgeschlossen, dass der Staat zur Ausübung von Staatsgewalt Bewerberinnen und Bewerber zulässt und dass er in (Ehren-)Ämtern, die mit der Ausübung staatlicher Gewalt verbunden sind, Bürgerinnen und Bürger belässt, die die freiheitliche demokratische, rechts- und sozialstaatliche Ordnung ablehnen oder bekämpfen."[168] Ein Schöffe, der die freiheitliche demokratische, rechts- und sozialstaatliche Ordnung ablehnt, ist daher seines Amtes zu entheben.

In der parlamentarischen Beratung befindet sich ein Gesetzentwurf, der im Deutschen Richtergesetz nunmehr klarstellen soll, dass als ehrenamtlicher Richter nicht berufen werden darf, „wer keine Gewähr dafür bietet, dass er jederzeit für die freiheitliche demokratische Grundordnung im Sinne des Grundgesetzes eintritt". Damit wird – ausdrücklich – ein zwingender Ausschlussgrund vom Amt für Bewerber bei Zweifeln am Bestehen der Verfassungstreue geschaffen.[169]

Das Erfordernis der Verfassungstreue fehlt bei einem sog. **Reichsbürger**, so dass die Voraussetzung einer Amtsenthebung erfüllt ist.[170] Für einen Schöffen, der der Argumentation dieser Bewegung und der ihr angehörenden Organisationen folgt, gilt nichts anderes, zumal wenn er ein zentrales Element der freiheitlich-demokratischen Ordnung, nämlich die Existenz der Bundesrepublik Deutschland als Staat sowie das Bestehen demokratisch legitimierter Gerichte ablehnt. Dabei kommt es nicht darauf an, ob er auch „formal" Angehöriger einer der Reichsbürgerbewegung zugehörigen Gruppierung ist oder sich ausschließlich deren Ideologie zu eigen macht.[171]

Zur gröblichen Verletzung der Amtspflicht eines Schöffen gehört auch die **Mitgliedschaft in der National Demokratischen Partei Deutschlands** (NPD), so dass er des Amtes enthoben wurde.[172] Die Partei wurde zwar nicht nach Art. 21 Abs. 2 GG verboten, aber das Bundesverfassungsgericht hat die Verfassungsfeindlichkeit festgestellt.[173] Im Fall eines ehrenamtlichen Richters in der Arbeitsgerichtsbarkeit hat es bestätigt, dass ehrenamtliche Richter auch in ihrem außerdienstlichen Verhalten einer Pflicht zur Verfassungstreue unterliegen.[174] Als Mitglied einer Neonazi-Rockband hatte er mit den Liedtexten den Staat, seine verfassungsmäßigen Organe und die geltende Verfassungsordnung angegriffen und diffamiert.

---

167 OLG Dresden 13.9.2017, 2 (S) AR 32/17, 2 (S) AR 32/17 (2), RohR 2018, S. 66.
168 BT-Drs. 17/3356 vom 21.10.2010, S. 16; *Ursula Sens*, Erweiterung der Sanktionen bei Pflichtverletzungen der Schöffinnen und Schöffen, RohR 2011, S. 28.
169 BT-Drs. 20/8761 vom 11.10.2023; vgl. *Hasso Lieber*, Verfassungstreue ehrenamtlicher Richter, LAIKOS Journal Online 2023, S. 71.
170 OLG Dresden 8.12.2014, 2 (S) AR 37/14, RohR 2015, S. 64.
171 OLG Hamm 14.6.2017, 1 Ws 258/17, RohR 2017, S. 146.
172 OLG Hamm 12.3.2019, 1 Ws 111/19, RohR 2020, S. 111.
173 BVerfG 17.1.2017, 2 BvB 1/13, NJW 2017, S. 611.
174 BVerfG 6.5.2008, 2 BvR 337/08, RohR 2008, S. 61.

6.5.2 Gröbliche Verletzung der Amtspflichten

Auch **Verstöße gegen Obliegenheitspflichten** können eine gröbliche Verletzung der Amtspflichten darstellen. Ein Schöffe ist seines Amtes zu entheben, wenn er ein Verhalten zeigt, welches ihn aus objektiver Sicht für die Ausübung des Schöffenamtes ungeeignet macht. Ob eine Pflichtverletzung von besonderer Erheblichkeit vorliegt, ist unter Gesamtwürdigung aller Umstände des Einzelfalles zu beurteilen. Auch wiederholte leichtere Verstöße können das Ausmaß der gröblichen Verletzung der Amtspflichten erreichen.[175] Dazu gehört auch wiederholtes unentschuldigtes Fernbleiben von der Sitzung.[176]

Aus einem **Fehlverhalten**, das nur in einem Einzelfall die Besorgnis der Befangenheit begründet, kann sich ausnahmsweise eine gröbliche Pflichtverletzung im Sinne des § 51 Abs. 1 GVG ergeben. Dies setzt aber voraus, dass aufgrund konkreter Tatsachen zu befürchten ist, der Schöffe werde das beanstandete Verhalten auch in Zukunft in weiteren Fällen wiederholen. Dass ein Schöffe durch „nachhaltig distanzloses Verhalten gegenüber einer Verteidigerin" seine erfolgreiche Ablehnung wegen der Besorgnis der Befangenheit und damit die Aussetzung der Hauptverhandlung verursacht hat, reicht als Grund zur Amtsenthebung nicht aus. Dies folgt aus dem Verhältnismäßigkeitsgrundsatz, dem in Verfahren nach § 51 Abs. 1 GVG im Hinblick auf die Bedeutung des Grundsatzes des gesetzlichen Richters in besonderem Maße Rechnung zu tragen ist. Singuläres Fehlverhalten reiche nicht für eine Amtsenthebung.[177]

Ein Jugendschöffe wurde wegen einer gröblichen Verletzung seiner Amtspflichten, die zugleich einen Straftatbestand erfüllt, seines Amtes enthoben, da er **kinder- und jugendpornografische Inhalte** verbreitet hat.[178] Damit habe er gezeigt, dass er den Rechten von Kindern und Jugendlichen nicht die gebührende Bedeutung beimisst und sich so als ungeeignet für das Amt eines Jugendschöffen erwiesen.

Auch die Verbreitung von **Hassbotschaften** in den sozialen Medien gegen Pädophile, Straftäter und Ausländer, die Forderung nach Todesstrafe und maßlos übersteigerten Strafen sowie die Propagierung von Selbstjustiz kann mit der Tätigkeit einer Recht und Gesetz verpflichteten Schöffin nicht in Einklang zu bringen sein.[179]

Ebenso können **Charaktereigenschaften** wie übermäßige, unbegründete Angst vor befürchteten Folgen einer Entscheidung die Eignung zum Schöffenamt in Frage stellen. Besteht etwa Grund zu der Annahme, eine Schöffin werde in einem Verfahren wegen Gewalt- oder organisierter Kriminalität nicht unparteiisch, sondern aus Sorge um sich und ihre Familie auf jeden Fall ohne Berücksichtigung des Ergebnisses der Beweisaufnahme zugunsten der Angeklagten entscheiden, steht

---

175 *Herbert Mayer*, in: Kissel/Mayer, Gerichtsverfassungsgesetz, 10. Aufl., 2021, § 51 Rn. 2.
176 OLG Hamm 14.5.2015, 1 Ws 147/15, juris.
177 OLG Köln 26.7.2017, 2 Ws 421/17, RohR 2017, S. 146.
178 OLG Nürnberg 2.11.2021, Ws 952/21, RohR 2022, S. 30.
179 KG 25.5.2016, 3 ARs 5/16, RohR 2016, S. 145.

ein solches Verhalten nicht in Einklang mit den Pflichten einer ehrenamtlichen Richterin und ist, da es den Kernbereich der richterlichen Tätigkeit berührt, eine gröbliche Pflichtverletzung. Dann ist die Amtsenthebung das einzige geeignete, erforderliche und angemessene Mittel, um darauf zu reagieren.

▶ BEISPIEL

In dem zugrunde liegenden Fall hatte sich eine Ergänzungsschöffin im Schwurgericht für befangen erklärt, weil sie wegen ihrer Tätigkeit um das Leben ihrer Familie fürchtete und deshalb, falls sie von dem Fall nicht entbunden würde, in jedem Fall für einen Freispruch des Angeklagten stimmen würde. Diese Schlussfolgerung hatte sie nicht aus einer konkreten Morddrohung der kriminellen Szene gezogen, sondern nach der Lektüre von allgemein gehaltenen Presseberichten zu dem anstehenden Strafprozess.[180] ◀

6.5.3 Verfahren der Amtsenthebung

Da die Amtsenthebung einen schweren Eingriff in die Rechtsstellung der Schöffen darstellt, ist das Verfahren in einer eigenen Vorschrift (§ 51 GVG) geregelt und wird nicht im Wege der bloßen Streichung von der Schöffenliste (§ 52 GVG) vollzogen. Eine vollständige Gleichstellung in der richterlichen Unabhängigkeit ist damit jedoch nicht gewährleistet. Das liegt daran, dass weder gegen die Amtsenthebung noch die vorläufige Enthebung ein Rechtsmittel des betroffenen Schöffen möglich ist.[181] Allerdings sind die Oberlandesgerichte in ihrer Rechtsprechung bei einer Amtsenthebung sehr zurückhaltend.

Die ehrenamtlichen Richter sind bei der Entscheidung über die Amtsenthebung in den erkennenden Spruchkörpern nicht vertreten. Zur Wahrung der Unabhängigkeit der ehrenamtlichen Richter hat der Bundesverband ehrenamtlicher Richterinnen und Richter im Gesetzgebungsverfahren zu § 51 GVG gefordert, dass in dem Senat, der über die Amtsenthebung befindet, auch Schöffen vertreten sind. Dies entspricht dem Standard in den Richterdienstgerichten für die Berufsrichter, in denen neben anderen (richterlichen) Mitgliedern des Dienstgerichts immer auch ein Richter der betroffenen Gerichtsbarkeit vertreten sein muss. Da die Amtsenthebung von dem betroffenen Schöffen nicht angefochten werden kann und auch dann Wirkung behält, wenn sich später herausstellt, dass eine gröbliche Amtspflichtverletzung nicht vorgelegen hat, gehört eine Vertretung der ehrenamtlichen Richter im erkennenden Senat zum Mindeststandard der richterlichen Unabhängigkeit nach Art. 97 GG, der insoweit auch für ehrenamtliche Richter Geltung hat. Dem ist der Gesetzgeber allerdings nicht gefolgt.

---

180 OLG Celle 23.9.2014, 2 ARs 13/14, RohR 2015, S. 63.
181 Vgl. dazu die Rede des Abg. *Jens Petermann* im Deutschen Bundestag, BT-PlPr. 17/78 vom 2.12.2010, S. 8690C.

IV. Befreiung und Ausschluss vom Schöffenamt

1. Streichung von Amts wegen

Ein Schöffe ist von der Schöffenliste zu streichen, wenn nachträglich Gründe eintreten oder bekannt werden, nach denen er nicht hätte gewählt werden dürfen (§ 52 GVG). Das sind zum einen die Gründe, wonach ein Schöffe unfähig zur Übernahme des Amtes ist und nicht gewählt werden *durfte* (§§ 31 Satz 2, 32 GVG), zum anderen diejenigen, bei denen eine Ungeeignetheit vorliegt, eine Berufung in das Schöffenamt also nicht erfolgen *sollte* (§§ 33, 34 GVG). Das gilt sowohl für den Fall, dass der Schöffe unter Verletzung dieser Voraussetzungen gewählt wurde, als auch für den Fall, dass diese Voraussetzungen später wegfallen.

Einige Ausschlussgründe führen zur sofortigen Streichung des Schöffen von der Liste, während in anderen Fällen der Schöffe erst nach dem Ende der laufenden Sitzung von der Liste gestrichen wird. Der Schöffe, der von der Liste gestrichen wurde, kann in der laufenden Amtsperiode nicht mehr eingesetzt werden, auch wenn die Gründe für die Streichung später entfallen. Für den aus der Liste gestrichenen Schöffen tritt der Ersatzschöffe ein, der zu diesem Zeitpunkt an erster Stelle in der Ersatzschöffenliste steht.

Kein Grund für eine Streichung von der Schöffenliste ist die **Auflösung eines Spruchkörpers**. Das gilt selbst dann, wenn die Schöffen zu einer auswärtigen Kammer des Landgerichts durch den Schöffenwahlausschuss am Sitz des Amtsgerichts gewählt wurden, bei dem die Kammer besteht. Die auswärtige Kammer ist kein selbstständiges Gericht, sondern Spruchkörper des Landgerichts. Ebenso wie deren Berufsrichter wechseln auch die Schöffen an den Sitz des Landgerichts.

1.1 Unfähigkeit zum Amt

Zur sofortigen Streichung eines Schöffen von der Schöffenliste führen alle Gründe, nach denen der Schöffe unfähig ist, das Amt auszuüben (§ 52 Abs. 1 Nr. 1 GVG). Stellt sich der Fehler während eines Verfahrens, an dem der Schöffe teilnimmt, heraus, muss das Verfahren – wenn nicht ein Ergänzungsschöffe nachrücken kann – neu beginnen, da das Gericht mit diesem Schöffen nicht ordnungsgemäß besetzt war (Grundsatz des gesetzlichen Richters).

Vom Schöffenamt sofort ausgeschlossen sind Personen,

- die nicht die deutsche Staatsangehörigkeit besitzen oder diese nach ihrer Wahl verlieren (§ 31 Satz 2 GVG). Unschädlich ist es, wenn ein Deutscher eine weitere Staatsangehörigkeit besitzt;
- die infolge einer gerichtlichen Entscheidung die Fähigkeit zur Bekleidung öffentlicher Ämter nicht besitzen oder die wegen einer vorsätzlichen Tat zu einer Freiheitsstrafe von mehr als sechs Monaten verurteilt wurden (§ 32 Nr. 1 GVG). Das gilt auch bei einer Aussetzung der Freiheitsstrafe zur Bewährung;
- gegen die ein Ermittlungsverfahren eröffnet wurde wegen einer Tat, die den Verlust der Fähigkeit zur Bekleidung öffentlicher Ämter zur Folge haben kann (§ 32 Nr. 2 GVG). Das ist bei jedem Vorwurf eines Verbrechens der Fall (§ 45

Abs. 1 StGB) sowie bei Verfahren wegen Delikten, bei denen das Gesetz die Möglichkeit des Verlustes der Amtsfähigkeit ausdrücklich vorsieht (§ 45 Abs. 2 StGB);
- die gegen die Grundsätze der Menschlichkeit oder der Rechtsstaatlichkeit verstoßen haben oder wegen einer Tätigkeit als hauptamtlicher oder inoffizieller Mitarbeiter des Staatssicherheitsdienstes der DDR nicht geeignet sind (§ 44a DRiG).

1.2 Ungeeignetheit zum Amt

(a) §§ 33, 34 GVG bestimmen, welche Personen nicht zu Schöffen berufen werden „sollen". Werden Verstöße gegen diese Voraussetzungen bekannt oder treten diese Bedingungen später ein, ist der betreffende Schöffe ebenfalls von der Schöffenliste zu streichen (§ 52 Abs. 1 Nr. 2 GVG). Ist der Schöffe in einer Hauptverhandlung eingesetzt, wenn der Umstand bekannt wird oder eintritt, kann mit der Streichung bis zum Ende dieser Hauptverhandlung gewartet werden. Wenn z. B. ein Schöffe während eines Verfahrens in einen Ort außerhalb seines Gerichtsbezirks umzieht, kann er auch erst zum Ende dieses Verfahrens von der Liste gestrichen werden, wenn ansonsten eine längere Hauptverhandlung „platzen" würde. Der Schöffe ist zum nächsten geeigneten Zeitpunkt von der Schöffenliste zu streichen.

(b) Die wichtigsten **persönlichen Gründe** nach § 33 GVG:
- Ein Schöffe, der bei Beginn der Amtsperiode das 25. Lebensjahr noch nicht vollendet hatte, ist auch dann zu streichen, wenn er bei Bekanntwerden des Fehlers inzwischen das erforderliche Alter erreicht hat. Das Gleiche gilt, wenn der Schöffe vor Amtsantritt das 70. Lebensjahr vollendet hatte. Eine Revision wird aber wahrscheinlich erfolglos bleiben, da der BGH diese Regelung als reine Ordnungsvorschrift ansieht.
- Verlegt der Schöffe seinen Wohnsitz aus der Gemeinde, in der er gewählt wurde, in eine neue Wohngemeinde, die in einem anderen Landgerichtsbezirk liegt, ist er von der Liste zu streichen. Behält der Schöffe einen Zweitwohnsitz in der alten Gemeinde bei, wird er nicht von der Liste gestrichen, wenn er sich überwiegend an seinem zweiten Wohnsitz aufhält (z. B. Studenten oder Selbstständige). Er verliert sein Schöffenamt auch, wenn die Gemeinde, in der er wohnt, aus dem Landgerichtsbezirk ausgegliedert wird.
- Der Vermögensverfall eines Schöffen schließt ihn vom Amt aus. Der Hauptfall des Vermögensverfalls ist die Insolvenz, sowohl als Regel- als auch Privatinsolvenz. Der Grund entfällt, wenn das Regelinsolvenzverfahren abgeschlossen bzw. die Privatinsolvenz mit der Restschuldbefreiung beendet ist.

Wenn der Schöffe aus **gesundheitlichen Gründen** nicht (mehr) zum Schöffenamt geeignet ist (§ 33 Nr. 4 GVG), ist er von der Schöffenliste zu streichen. Zwar ist dieser Grund nicht in den absoluten Unfähigkeitsgründen der §§ 31, 32 GVG aufgeführt; jedoch bedarf es keiner näheren Begründung, dass ein Schöffe nicht an einem Verfahren und der Aburteilung anderer Menschen weiter teilnehmen kann, wenn er wegen körperlicher oder geistiger Mängel nicht zur Ausübung des Amtes geeignet ist. So legte eine Schöffin nach dem 12. Verhandlungstag vor dem LG Leipzig eine ärztliche Bescheinigung über ihre fortschreitende beidseitige Schwerhörigkeit vor; sie könne dem gesprochenen Wort nicht mehr folgen. Die Hauptverhandlung musste daher neu beginnen.[182]

Zum sofortigen Ausschluss des Schöffen führt auch, wenn sich herausstellt, dass er die **deutsche Sprache** nicht ausreichend beherrscht (§ 33 Nr. 5 GVG).[183] Aufgrund des Grundsatzes der Mündlichkeit und Unmittelbarkeit müssen die erkennenden Richter Prozessabläufe akustisch und optisch wahrnehmen und verstehen und sich unmittelbar mit den übrigen Verfahrensbeteiligten in der Gerichtssprache Deutsch (§ 184 Abs. 1 GVG) verständigen können. Der Schöffe muss in der Lage sein, seinen eigenen Standpunkt aktiv in die Urteilsberatung einzubringen und zu verdeutlichen. Die Sprachkenntnisse des Schöffen müssen über die alltägliche Konversation oder die Lektüre eines Textes des täglichen Lebens hinausgehen; die juristische Fachsprache muss er nicht beherrschen.[184] Er kann seine richterlichen Aufgaben nicht mithilfe eines Dolmetschers wahrnehmen, zumal der Dolmetscher nicht zu den Personen gehört, die an einer Beratung teilnehmen dürfen (§ 193 Abs. 1 GVG).[185]

(c) Aus **beruflichen Gründen** (§ 34 GVG) kann der Schöffe gestrichen werden, wenn er

- zum **politischen Beamten** ernannt wird. Wer politischer Beamter ist, regeln Bund und Länder in den Beamtengesetzen (z. B. Staatssekretäre, Polizeipräsidenten, Leiter der Verfassungsschutzbehörden, Abteilungsleiter in den Bundesministerien).
- zum **Berufsrichter, Beamten** der Staatsanwaltschaft, Notar oder Rechtsanwalt, gerichtlichen Vollstreckungsbeamten, Polizei*vollzugs*beamten (nicht Polizei*verwaltungs*beamten), Bediensteten des Strafvollzuges, hauptamtlichen Bewährungs- oder Gerichtshelfer ernannt oder berufen wird.

Das gleiche gilt, wenn der Schöffe bei seiner Wahl einen dieser Berufe bereits ausgeübt hat und diese Tatsache erst später bekannt wird. Gestrichen wird der Schöffe auch dann, wenn er zum Zeitpunkt der Wahl diesen Beruf ausübte, aber nicht mehr bei Bekanntwerden dieser Tatsache. Für die Streichung ist auf den Zeitpunkt der Wahl abzustellen, weil er nicht hätte zum Schöffen gewählt werden dürfen.

Verletzungen der beruflichen Ausschlussgründe des § 34 GVG werden in Literatur und Rechtsprechung für gravierender gehalten als Verstöße gegen die persönlichen Voraussetzungen des § 33 GVG. Der Ausschluss dieser Personengruppen ist

---

[182] VerfGH Sachsen 2.11.2021, Vf. 119-IV-21 (e. A.), RohR 2022, S. 27.
[183] BGH 26.1.2011, 2 StR 338/10, NStZ-RR 2011, S. 349; *Anna Fischhaber/Christian Rost*, Schöffe mit Sprachproblem, Süddeutsche Zeitung vom 15.3.2012.
[184] Entwurf eines Gesetzes zur Änderung des § 33 des Gerichtsverfassungsgesetzes, Beschlussempfehlung und Bericht des Rechtsausschusses, BT-Drs. 17/2350 vom 30.6.2010, S. 4.
[185] LG Bochum 12.8.2005, 3221 Haupt 172, RohR 2005, S. 137.

Ausdruck des **Gewaltenteilungsprinzips**. Wer einer Berufsgruppe angehört, die exekutive Aufgaben wahrnimmt, soll nicht an der Rechtsprechung teilnehmen. Personen, die hauptberuflich Organe der Rechtspflege sind oder sonst Strafverfolgung bzw. -vollstreckung von Berufs wegen betreiben, sollen nicht auf der Bank der Richter sitzen, die das Volk repräsentieren.

Solange der Schöffe wegen der Gründe nach §§ 33, 34 GVG nicht von der Schöffenliste gestrichen ist, sind alle Urteile, an denen er mitgewirkt hat, wirksam und können nicht mit der Besetzungsrüge angegriffen werden. Eine Ausnahme gilt nur dann, wenn der Schöffe willkürlich nicht gestrichen wurde, obwohl seine Mitwirkung gerügt wurde.

2. Streichung auf Antrag
2.1 Zahl von geleisteten Sitzungstagen

Schöffen können die Streichung von der Schöffenliste beantragen, wenn sie während eines Geschäftsjahres an mehr als 24 Sitzungstagen an Sitzungen teilgenommen haben (§ 52 Abs. 2 Nr. 2 GVG). Es zählen dabei die Wochentage, an denen sie zum Einsatz kamen. Der Antrag kann sowohl dann gestellt werden, wenn ein Schöffe in *einem* umfangreichen Verfahren mitgewirkt hat, das an mindestens 24 Tagen stattgefunden hat, als auch dann, wenn er in *mehreren* Verfahren insgesamt mindestens 24 Tage tätig war. Gezählt wird jeder Verhandlungstag, auch wenn die Sitzung nur wenige Minuten gedauert hat (z. B. weil die Sache vertagt werden musste). Bei Hauptschöffen wird die Streichung nur für Sitzungen wirksam, die später als zwei Wochen nach dem Eingang des Antrages auf Streichung beginnen. Eine Streichung kurz vor einer Hauptverhandlung könnte als Manipulation der Besetzung angesehen werden. Ein Ersatzschöffe muss alle Sitzungen noch zu Ende führen, zu denen er vor Einreichung des Antrages bereits geladen war. Die Streichung wird erst nach Abschluss dieser Hauptverhandlungen wirksam.

In einem bayerischen Verfahren entstand eine Diskussion darüber, ob der Schöffe den Befreiungsantrag stellen könne, wenn sich ein Umfangsverfahren über zwei Kalenderjahre erstreckte und insgesamt mehr als 24 Tage gedauert hatte. Grundsätzlich ist das Geschäftsjahr identisch mit dem Kalenderjahr. Da die Hauptschöffen jährlich neu ausgelost werden, der Schöffe an dem im Vorjahr begonnenen Umfangsverfahren weiter teilnehmen muss, ist § 52 GVG so zu lesen, dass das gesamte Verfahren zu dem Geschäftsjahr zählt, in dem es begonnen hat. Ein Antrag auf Streichung von der Schöffenliste wird nicht dadurch unzulässig, weil sich die Verhandlung über zwei Kalenderjahre erstreckt. Die 24-Tage-Regelung soll den Schöffen vor übermäßiger Belastung schützen. Dann kann es keinen Unterschied machen, ob die Sitzungstage eines Umfangsverfahrens in einem Jahr anfallen oder ob innerhalb dieses Verfahrens ein Jahreswechsel stattfindet. Jedenfalls fehlt es für eine unterschiedliche Behandlung eines Umfangsverfahrens innerhalb eines Kalenderjahres und dem, in dessen Verlauf ein Jahreswechsel fällt, an einem sachlichen Grund.

2.2 Umzug innerhalb des Landgerichtsbezirks

Verlegt der Schöffe seinen Wohnsitz innerhalb des Landgerichtsbezirks in den Bezirk eines anderen Amtsgerichts, ist er auf seinen Antrag von der Schöffenliste zu streichen. Die Antragsbefugnis gilt nur für Schöffen beim Amtsgericht, da ein Schöffe beim Landgericht seinen zuständigen Gerichtsbezirk nicht verlässt. Im Unterschied zur Verlegung des Wohnsitzes in einen anderen Landgerichtsbezirk wird er bei bloßem Wechsel des Amtsgerichtsbezirkes nicht automatisch gestrichen.

2.3 Nachträglich eingetretene Ablehnungsgründe

Zu Beginn der Amtszeit kann der Schöffe aus den in § 35 GVG aufgezählten Gründen die Übernahme des Amtes ablehnen. Wenn diese Gründe erst im Laufe der Amtszeit eintreten, besteht für den Schöffen die Möglichkeit, die weitere Ausübung des Amtes abzulehnen. Er wird dann von der Schöffenliste gestrichen.

Das Amt kann aus folgenden Gründen abgelehnt werden:
- Der Schöffe wird Mitglied einer Gesetzgebungskörperschaft (§ 35 Nr. 1 GVG).
- Er erwirbt die Zugehörigkeit zu Heilberufen (§ 35 Nr. 3 und 4 GVG).
- Es entsteht eine dauernde Fürsorge für Familienangehörige (§ 35 Nr. 5 GVG).
- Die wirtschaftliche Lebensgrundlage wird massiv beeinträchtigt (§ 35 Nr. 7 GVG).

Streichungsgründe nach § 35 GVG sind **innerhalb von einer Woche**, nachdem der Schöffe von dem Eintritt des Grundes Kenntnis erhalten hat, geltend zu machen (§ 53 Abs. 1 GVG). Die Wochenfrist ist eine Ausschlussfrist, d. h. nach ihrem Ablauf kann sich der Schöffe auf diese Gründe nicht mehr berufen. Insbesondere ein plötzlich auftretender Pflegefall in der Familie oder wirtschaftliche Gefährdungen müssen deshalb schnell daraufhin überprüft werden, ob sie für den Schöffen einen Grund darstellen, sich vom Schöffenamt entbinden zu lassen.

2.4 Antragsberechtigung

Nur der Schöffe selbst ist berechtigt, den Antrag auf Streichung zu stellen. Der Antrag eines Arbeitgebers, den Schöffen wegen eines oben aufgeführten oder sonstigen (betrieblichen) Grundes von der Schöffenliste zu streichen, ist unzulässig. Das hatte ein norddeutsches Landgericht übersehen, als es einen Schöffen auf Wunsch seines Arbeitgebers, der um Streichung seines Beschäftigten von der Schöffenliste gebeten hatte, von der Liste herunternahm.[186] Eine auf Antrag erfolgte Streichung kann nicht durch Rücknahme des Antrages rückgängig gemacht werden.

2.5 Zuständigkeit für die Entscheidung

Über die Streichungen nach § 52 Abs. 1 und 2 GVG entscheidet bei Schöffen am Amtsgericht der nach § 45 Abs. 3 GVG (Auslosung) zuständige Richter beim Amtsgericht (§ 53 Abs. 2 GVG); über die Streichung eines Schöffen am Landgericht ent-

---

186 Vgl. RohR 2009, S. 13.

scheidet eine durch die Geschäftsverteilung des Gerichts bestimmte Strafkammer (§ 77 Abs. 3 Satz 2 GVG). Die Staatsanwaltschaft ist vorher anzuhören.

Nach dem Antrag auf Streichung (§ 52 Abs. 2 GVG) wird der Schöffe nicht automatisch von der Liste gestrichen. Der zuständige Richter muss ausdrücklich über die Streichung entscheiden. Nach der Streichung müssen Hauptschöffen noch alle Termine wahrnehmen, die innerhalb der nächsten zwei Wochen beginnen – von der Streichung (nicht der Antragstellung) an gerechnet. Ersatzschöffen müssen die Termine wahrnehmen, zu denen sie am Tag der Streichung von der Liste bereits geladen worden sind. Haupt- wie Ersatzschöffen müssen an laufenden Hauptverhandlungen, an denen sie am Tag der Streichung teilnehmen, bis zum Urteil mitwirken.

Teil B Grundlagen des Strafrechts

I. Kriminalität und Strafe

1. Ursachen kriminellen Verhaltens

Fast alle Menschen begehen früher oder später (vorwiegend im Jugendalter, aber auch als sog. Alterskriminalität), seltener oder häufiger strafrechtlich relevante Handlungen. Die Kriminologie bezeichnet dies als **Ubiquität** (lat., Allgegenwart) von Kriminalität. Normverstöße finden sich in allen sozialen Schichten, Milieus und Altersgruppen. Ebenso macht fast jeder Mensch die Erfahrung, Opfer einer Straftat zu werden. Beide Erfahrungen, die des Täters wie die des Opfers, bleiben in rund neun von zehn Fällen unentdeckt (Dunkelfeld) oder, wenn sie entdeckt werden, ohne formelle Folgen wie Strafanzeige oder gar Verurteilung.

Dabei entspricht es sowohl der Erkenntnisse der Forschung als auch der praktischen Erfahrung der Autoren als Schöffin, Strafrichter und Verteidiger, dass – bei allen Erfolgen, die gegen Wirtschaftskriminalität in den letzten Jahren und Jahrzehnten erreicht sein mögen – die Justiz sich mit der Verfolgung strafrechtlich relevanten Verhaltens von Tätern der gesellschaftlichen Unterschichten immer noch leichter tut als mit der Verfolgung von Intelligenztaten aus der gesellschaftlichen Oberschicht (**Selektion**).

Die Kriminalität gibt es nicht, da die Bandbreite krimineller Handlungen zu groß ist. Ladendiebstahl und Schwarzfahren sind andere Erscheinungsformen als Betäubungsmittelmissbrauch, politische Delikte andere als Eigentums- oder Gewaltdelikte. Sie können miteinander in Beziehung stehen (der Drogenabhängige finanziert seinen Konsum durch Diebstähle), haben aber keine logische Abfolge (wer als Jugendlicher im Kaufhaus stiehlt, muss damit nicht gleich eine kriminelle Karriere beginnen). In vielen Fällen beginnt strafbares Verhalten in der Jugend und bricht – häufig ohne Entdeckung und Sanktion – nach einem Reifeprozess ab; manchmal wird ein bis dahin unauffälliger Mensch erst im fortgeschrittenen Alter straffällig. Es gibt keine Zwangsläufigkeit krimineller Entwicklung.

Der **Einfluss von Strafen** auf die Veränderung von Handlungsmustern der Menschen ist in Wissenschaft und Praxis höchst umstritten. Kriminologische Untersuchungen haben bestätigt, dass schärfere Strafen keinen positiven Einfluss auf die Bewährung von Straftätern haben. Im Gegenteil: je schärfer die Strafen, desto höher die Rückfallquoten. Wenn wir trotzdem auf Strafen nicht verzichten, tun wir dies vor allem aus präventiven (vorbeugenden) Gründen. Da aber die „Nürnberger niemanden hängen, sie hätten ihn denn",[1] liegt die Prävention weniger in der Höhe der Strafandrohung als in dem Risiko der Entdeckung der Tat. Auch die härteste Strafandrohung ist wirkungslos, wenn der Täter nicht erwischt wird. Häufig gestellte Forderungen nach Verschärfungen des Strafrechts mit Blick auf rechts- und

---

1 Geflügeltes Wort auf die Nürnberger, denen der verurteilte Raubritter *Eppelein von Gailingen* vor seiner Hinrichtung entkommen sein soll.

sicherheitspolitische Entwicklungen in den USA („zero tolerance", „three-strikes law"[2]) oder Großbritannien („tough on crime") vernachlässigen, dass gerade in den Ländern, die hart gegen Verbrechen durchgreifen, die Kriminalitätsbelastung am höchsten ist. So haben die USA sowohl in Relation zur Größe der Bevölkerung als auch absolut auf der Welt die höchste Zahl an Strafgefangenen.

Einen interessanten Gedanken hat *Heinrich Popitz* in seiner Monografie „Über die Präventivwirkung des Nichtwissens" geäußert. Danach beruht die abschreckende Wirkung einer Strafe auch darauf, dass *nicht* alle Straftaten entdeckt und sanktioniert werden. Eine inflationäre Strafverfolgung würde der Strafe den außergewöhnlichen Charakter nehmen:

„Wenn auch der Nachbar zur Rechten und zur Linken bestraft wird, verliert die Strafe ihr moralisches Gewicht. Etwas, das beinahe jedem reihum passiert, gilt nicht mehr als diskriminierend. Auch die Strafe kann sich verbrauchen. Wenn die Norm nicht mehr oder zu selten sanktioniert wird, verliert sie ihre Zähne, – muß sie dauernd zubeißen, werden die Zähne stumpf. Selbst der praktische Nachteil, den die Strafe bringt, schwächt sich in dem Grade ab, in dem er allgemein wird. Aber nicht nur die Sanktion verliert ihr Gewicht, wenn der Nachbar zur Rechten und zur Linken bestraft wird. Es wird damit auch offenbar – und zwar in denkbar eindeutiger Weise –, daß auch der Nachbar die Norm nicht einhält. Diese Demonstration des Ausmaßes der Nichtgeltung der Norm wird sich aber ebenso wie der Gewichtsverlust der Sanktion auf die Konformitätsbereitschaft auswirken. Werden allzu viele an den Pranger gestellt, verliert nicht nur der Pranger seine Schrecken, sondern auch der Normbruch seinen Ausnahmecharakter und damit den Charakter einer Tat, in der etwas ‚gebrochen', zerbrochen wird."[3]

Eine umfassende Theorie für die Entstehung von Kriminalität gibt es bislang nicht. Es gibt verschiedene Ansätze, die in Studien empirisch untersucht wurden:

(a) Der Arzt *Cesare Lombroso* (1835 – 1909) entwickelte die **Lehre vom „geborenen Verbrecher"**, der von Geburt an zum Verbrechen prädestiniert sei. Anhand von körperlichen Auffälligkeiten (Form von Nase und Ohren, Abstand der Augen usw.) wollte er einen Verbrechertyp erkennen können. Heute wird nur noch vereinzelt die Auffassung vom „Kriminalitäts-Gen" vertreten, meist aus politischen Gründen zur Diskriminierung bestimmter Bevölkerungsgruppen. Weder körperliche noch geistige oder psychische Veranlagungen sind per se Ursache für Kriminalität.

(b) Häufig beruht Kriminalität auf misslungener **Sozialisation** (Prozess des Hineinwachsens in die Gesellschaft) bereits in früher Kindheit. Das Versagen der Sozialisationsinstanzen (Schule, Familie) oder fehlende Bezugspersonen können

---

2 „Drei-Verstöße-Gesetz": im US-amerikanischen Sprachgebrauch ein Gesetz, nach dem bei der dritten Verurteilung wegen einer Straftat automatisch eine besonders schwere Strafe (ggf. lebenslang) ausgesprochen wird. Eine vergleichbare Vorschrift gab es in Deutschland mit § 20a StGB, der mit dem Gesetz gegen gefährliche Gewohnheitsverbrecher vom 1.1.1934 in Kraft trat und erst mit der Großen Strafrechtsreform von 1969 abgeschafft wurde.
3 *Heinrich Popitz*, Über die Präventivwirkung des Nichtwissens, Nachdruck der Ausg. 1968, 2003, S. 19.

zu Erziehungsdefiziten führen, weil gesellschaftlich erwünschte Verhaltensweisen (z. B. Rechtsbewusstsein) nicht vermittelt wurden. Äußere soziale Bedingungen wie Armut oder Arbeitslosigkeit der Eltern *können* zu Fehlverhalten der Kinder führen. Jugendliche, die auf alles verzichten müssen, bekommen den für jeden erlernbaren Triebverzicht nicht vermittelt. Je stärker die gesellschaftliche Anerkennung des „Seins" vom „Haben" (z. B. Markenbekleidung) abhängt, umso eher kann es bei einkommensschwachen und ausgegrenzten Personen zu Eigentumskriminalität kommen.

(c) Die **Lerntheorien** erklären sozialabweichendes Verhalten als Lernverhalten. Kriminelles Verhalten wird durch schlechte Vorbilder erlernt. Dazu gehören Verhaltensweisen des sozialen Umfeldes, z. B. der Eltern (was zu dem zweifelhaften Urteil führt: „Das liegt in der Familie" oder „Der Apfel fällt nicht weit vom Stamm"), ebenso gesellschaftliche Leitbilder, z. B. die Überbetonung von Statussymbolen, eine aggressive Werbung („Bedienen Sie sich") sowie mediale Darstellungen von Gewalt. Auch Verhaltensweisen von Eliten mit Leitbildfunktion vermitteln Lerneffekte. Erfahrungen sammeln Jugendliche insbesondere in der Gruppe der Gleichaltrigen, in ihrer Clique (Peer group). Der Schritt zur Kriminalität wird gemeinsam leichter gegangen. Andererseits vermitteln Gruppen auch Stabilität gegenüber kriminalitätsverursachenden (kriminogenen) Einflüssen von außen, wenn der Gruppengeist dagegen resistent ist.

(d) Gewaltkriminalität wird neben der Lerntheorie auch mit der **Frustrations-Aggressions-Theorie** erklärt. Dabei wird Gewaltkriminalität auf persönliche Ohnmacht und Frustrationen zurückgeführt. Vor allem bildungsferne oder charakterlich instabile Jugendliche, die Konflikte nicht mit Worten austragen können, greifen aufgrund von Sprachlosigkeit oder Druck der Arbeits- und Lebenswelt häufig zu körperlicher Gewalt.

(e) Die **Anomietheorien** (Drucktheorien) folgern Kriminalität aus der Diskrepanz zwischen den kulturellen (vorrangig ökonomischen) Zielen und den mangelnden Zugangschancen bestimmter sozialer Schichten zu den dazu notwendigen Mitteln. Die aus der Sozialstruktur resultierende Ungleichverteilung kann sozialen Druck erzeugen und zu fehlender Beachtung sozialer Regeln und Anomie (Gesetzlosigkeit) führen. Insbesondere Angehörige der sozialen Unterschicht verfügen über weniger Ressourcen, um diese Ziele (Wohlstand, finanziellen Erfolg) auf legalem Weg zu erreichen. Diese Kluft zwischen Arm und Reich kann zwar ein Grund für Eigentumskriminalität sein; es wäre aber falsch, daraus einen kausalen Zusammenhang zwischen Mittel- oder Arbeitslosigkeit und Kriminalität abzuleiten.

(f) Grundgedanke der **Etikettierungstheorie** (Labeling approach) ist, dass Kriminalität erst durch die Definitionsmacht des Staates und der Strafverfolgungsbehörden geschaffen wird. Ausgangspunkt bei dieser Theorie ist die strafrechtliche Reaktion, die auf kriminelles Verhalten folgt und den Täter als Kriminellen abstempelt. Die Rollenzuweisung kann er annehmen, was möglicherweise zu erneuten Straftaten führt. Die Wirkung von Stigmatisierungen bekommen entlassene Strafgefangene zu spüren, die schwer Fuß fassen können. Bei der Etikettierungstheorie können Reaktionen von Staat und Gesellschaft ursächlich für Kriminalität sein, wie z. B der unterschiedliche Umgang mit Drogen. Wer Heroin nimmt, kann bereits eine Straftat begehen. Der Genuss von Alkohol hingegen ist für sich genommen nicht strafbewehrt; als Anknüpfungspunkt für Straftaten dient er nur, wenn er mit bestimmten anderen Verhaltensweisen zusammentrifft (Teilnahme am Straßenverkehr) oder Straftaten unter enthemmendem Alkoholeinfluss begangen werden.

2. Die Strafbarkeit von Verhaltensweisen

2.1 Materielles Strafrecht

Welche Handlungen strafbar sind, regelt das **materielle Strafrecht** im Strafgesetzbuch (StGB) und den strafrechtlichen Nebengesetzen. Das StGB besteht aus zwei großen Teilen. Der Allgemeine Teil stellt Regeln auf, die für alle Strafvorschriften gelten, z. B. Versuch einer Straftat, Eintritt der Verjährung, Rechtfertigungsgründe für eine mit Strafe bedrohte Handlung. Der Besondere Teil des StGB ist nach Delikttypen und geschützten Rechtsgütern gegliedert und beschreibt einzelne Straftaten (Elemente einer verbotenen Handlung), wie etwa Diebstahl (einem anderen eine fremde bewegliche Sache widerrechtlich wegnehmen), Betrug (sich oder einem Dritten durch Täuschung einen rechtswidrigen Vermögensvorteil verschaffen), Vergewaltigung (gegen den erkennbaren Willen sexuelle Handlungen an einer Person vornehmen), Körperverletzung (eine andere Person körperlich misshandeln oder an der Gesundheit schädigen). Die Straftatbestände sind so aufgebaut, dass sie zuerst die Voraussetzungen einer Straftat und dann die Rechtsfolgen aufführen.

Außerhalb des StGB gibt es strafrechtliche **Nebengesetze**, die die Beachtung von Regeln bestimmter Rechtsgebiete mit strafrechtlichen Sanktionen durchsetzen wollen. Es stellen unter Strafe

- das Betäubungsmittelgesetz (BtMG) den unerlaubten Verkehr mit suchterregenden Stoffen,
- das Straßenverkehrsgesetz (StVG) das Fahren ohne Fahrerlaubnis,
- die Abgabenordnung (AO) die Steuerhinterziehung,
- die Insolvenzordnung (InsO) die Insolvenzverschleppung und den Insolvenzbetrug,
- das Gesetz gegen den unlauteren Wettbewerb (UWG) den Verrat von Geschäfts- bzw. Betriebsgeheimnissen,
- das Urheberrechtsgesetz (UrhG) die unerlaubte Verwertung urheberrechtlich geschützter Werke,
- das Waffengesetz (WaffG) den Besitz verbotener Waffen usw.

2.2 Formelles Strafrecht

Das **formelle Strafrecht** beschreibt die Regeln, nach denen ein rechtsstaatliches und faires Strafverfahren durchgeführt wird. Grundlegende Rechte (**Justizgrund-**

rechte) der von Verfahren Betroffenen finden sich im Grundgesetz (GG), in der EU-Grundrechtecharta (GRCh) sowie der Europäischen Menschenrechtskonvention (EMRK).

Das Gerichtsverfassungsgesetz (GVG) bestimmt die **Gerichtsorganisation** (Aufbau, Zuständigkeit und Besetzung der Strafgerichte, Wahl und Einsatz der Schöffen, Verteilung der Geschäfte auf die Berufsrichter usw.). Es ist nicht nur formales Organisationsrecht, sondern umreißt auch den verfassungsmäßigen Grundsatz des „gesetzlichen Richters" (Art. 101 Abs. 1 Satz 2 GG).

Die Strafprozessordnung (StPO) bestimmt die Regularien für den **Ablauf des Strafverfahrens** vom Ermittlungsverfahren über die gerichtliche Hauptverhandlung bis zur Vollstreckung der Strafe.

Rechtskräftige Verurteilungen werden für eine bestimmte Dauer im **Bundeszentralregister** erfasst. Welche Taten wie lange registriert, wann sie gelöscht werden und wer Auskunft aus dem Register erhält, regelt das Bundeszentralregistergesetz (BZRG).

Den **Vollzug** der Freiheitsstrafe sowie der Sicherungsverwahrung regeln die Strafvollzugsgesetze des Bundes (StVollzG) und der Länder, den Vollzug der Unterbringung in einem psychiatrischen Krankenhaus die Maßregelvollzugs- oder Psychisch-Kranken-Gesetze (PsychKG) der Länder.

Besondere Regelungen im **Jugendstrafrecht**, die von den allgemeinen Regeln in StGB, StPO und GVG abweichen, finden sich im Jugendgerichtsgesetz (JGG).

2.3 Einteilung der Straftaten

Straftaten werden unterschieden in Vergehen und Verbrechen. **Verbrechen** sind alle strafbaren Handlungen, die im Mindestmaß mit einer Freiheitsstrafe von einem Jahr oder mehr bedroht sind. **Vergehen** sind alle Straftaten, die nicht Verbrechen sind. Übertretungen – wie den heute umgangssprachlich immer noch präsenten Mundraub – gibt es seit der Strafrechtsreform von 1974 nicht mehr. Die Einteilung hat noch weitere Bedeutungen. Der Versuch eines Verbrechens ist immer strafbar (§ 23 StGB), der Versuch eines Vergehens nur dann, wenn das Gesetz dies ausdrücklich vorsieht. Verbrechen sind ein Fall der notwendigen Verteidigung (§ 140 Abs. 1 Nr. 2 StPO), d. h., dass notwendig ein Verteidiger mitwirken muss. Strafschärfungen oder Strafmilderungsgründe ändern an der Klassifizierung des Delikts nichts.

3. Aufgabe, Sinn und Zweck von Strafrecht und Strafe

Zu Strafen in aufsehenerregenden Prozessen haben viele Menschen schnell eine feste Meinung: Sie sind „zu hart", „zu milde" oder „zu lasch". Bei den Verhandlungen ist aber selten jemand dabei gewesen, häufig nicht einmal die Journalisten, die „Volkes Meinung" entsprechend befeuern. Ein Bundeskanzler nutzte das obligatorische Sommerloch, um härteres Vorgehen gegen Sexualstraftäter zu fordern:

„Wegschließen – und zwar für immer."⁴ Abgesehen davon, dass die Bandbreite unseres Sanktionssystems auch diese Möglichkeit für den schlimmsten aller Fälle bereits umfasst, wird die Frage nach dem Sinn und Zweck der Strafe nur selten aufgeworfen. Der Strafprozess und die in ihm verhängte Strafe sind kein mythischer (quasi alttestamentarischer) Vorgang der Sündentilgung, sondern ein – so weit wie möglich – rationaler Erkenntnisprozess über Tat und Schuld eines Menschen und die Reaktion hierauf durch Staat und Gesellschaft. Diese Reaktion ist zweckbestimmt – eine Erkenntnis, die leider in weiten Bereichen von Politik und Medien vernachlässigt wird.

3.1 Begriff der Strafe

Die Strafe ist ein Übel, welches das Gericht dem Angeklagten in der Absicht zufügt, auf eine vom Gesetzgeber missbilligte Handlung zu reagieren. Diese Definition gilt, obwohl es Bereiche gibt, in denen die Abgrenzung Schwierigkeiten bereitet. Die Freiheitsstrafe ist auch dann noch ein Übel, wenn der Landstreicher die Überwinterung im Strafvollzug nicht als solches empfinden sollte. Die Entziehung der Fahrerlaubnis (z. B. wegen Trunkenheit am Steuer) ist keine Strafe, sondern eine Maßregel der Besserung und Sicherung, selbst wenn die Mehrheit aller Verurteilten in dem Verbot, ein Fahrzeug im Straßenverkehr zu führen, das viel größere Übel als in einer auferlegten Geldstrafe sieht.

3.2 Aufgaben des Strafrechts

Das Strafrecht hat die Aufgabe, wichtige (individuelle und kollektive) Rechtsgüter, die für ein friedliches Zusammenleben unentbehrlich sind, besonders zu schützen. Der Schutz wird gewährleistet, indem der Eingriff in diese Rechtsgüter unter Strafe gestellt wird. Das Bundesverfassungsgericht hat dem Strafrecht die Aufgabe zugewiesen, *„die Gesellschaft vor sozialschädlichem Verhalten zu bewahren und die elementaren Werte des Gemeinschaftslebens zu schützen".*⁵

Nicht nur die Frage des *Ob*, sondern auch des *Wie* einer Strafe ist eng mit einer Rechtsgüterabwägung verknüpft. Die Art und Weise der Sanktionen, die Höhe und Strenge der Strafen bei verschiedenen Taten sind immer wieder Gegenstand der rechtspolitischen Diskussion. Wenn Strafe Rechte anderer schützen soll, muss ihr ein bestimmter Sinn innewohnen. Wenn nicht mehr nach dem Sinn und Zweck des Strafrechts gefragt wird, kann es zu Willkür und Barbarei verkommen. Die Strafrechtspraxis des NS-Staates fragte nicht mehr nach dem Sinn des Strafrechts. Für die NS-Richter, insbesondere des „Volksgerichtshofes" (wie für alle willfährigen Richter totalitärer Staaten), war das Strafrecht ein Instrument zu Unterdrückung und Ausmerzung politischer Gegner – bzw. wen man dafür hielt – oder „asozialer Elemente".

---

4 *Martin Klingst*, Wegschließen?, ZEIT online vom 12.7.2001.
5 BVerfG 21.6.1977, 1 BvL 14/76, BVerfGE 45, S. 187, 254.

Die Strafbarkeit einer Handlung wird nach heutigem Verständnis an zwei Bedingungen geknüpft:
- Die Handlung muss ein **geschütztes Rechtsgut** verletzen. Darunter sind wesentliche Bedingungen, Umstände und Möglichkeiten zu verstehen, die der Entfaltung des Individuums dienen (z. B. Leben, Gesundheit, Freiheit, Eigentum). Durch das Strafrecht können auch kollektive Rechtsgüter wie die öffentliche Ordnung (§§ 123 ff. StGB) oder die Umwelt (§§ 324 ff. StGB) geschützt werden. Andere Verstöße gegen geltendes Recht werden nicht mit strafrechtlichen, sondern anderen Sanktionen geahndet, z. B. zivilrechtlicher Schadenersatz, beamtenrechtliches Disziplinarrecht, Ordnungswidrigkeitenrecht.
- Der Eingriff in das Rechtsgut muss so schwerwiegend sein, dass darauf mit der Androhung einer Kriminalstrafe reagiert werden muss. Deshalb herrscht im Strafrecht das **Ultima-Ratio-Prinzip**. Als Grundsatz der Verhältnismäßigkeit wird es als letztes Mittel eingesetzt, den Rechtsfrieden zu erzwingen. Es gilt als das schärfste Steuerungsinstrument des Staates, weil hiermit am härtesten in die Grundrechte eingegriffen wird. Zuvor sind andere (mildere) Mittel einzusetzen, z. B. zivil-, polizei- oder verwaltungsrechtliche Maßnahmen.

▶ BEISPIELE

Das Grundgesetz schützt zwar die Ehe, der Ehebruch ist aber seit 1969 nicht mehr unter Strafe gestellt. Ebenso wurde die Strafbarkeit der Kuppelei, also die Förderung zwischenmenschlicher sexueller Handlungen, aufgehoben. Seit 1973 wird in Deutschland nur noch die Förderung sexueller Handlungen Minderjähriger (§ 180 StGB) sowie die Ausbeutung von Prostituierten (§ 180a StGB) bestraft. Geschütztes Rechtsgut ist nicht mehr die öffentliche Moral, sondern die ungestörte Entwicklung des jungen Menschen bzw. die Freiheit der sexuellen Entscheidung. Auch homosexuelle Handlungen werden heute nicht mehr als strafwürdig angesehen. Bei der Einführung ihrer Strafbarkeit im StGB berief sich der Gesetzgeber seinerzeit auf das Naturgesetz und das Rechtsempfinden der Bürger; eine weitergehende Begründung fehlte. ◀

Diese Beispiele zeigen, wie wichtig es ist, die Strafandrohung an den **Schutz eines Rechtsgutes** zu knüpfen. Allein moralisches Verhalten oder die Veranlagung eines Menschen können nicht Gegenstand des Strafrechts sein. Die bloße sexuelle Betätigung ist als Anknüpfungspunkt für Straftatbestände so gut wie verschwunden. Die Strafbarkeit der Verführung Minderjähriger oder Schutzbefohlener schützt das Rechtsgut der sexuellen Selbstbestimmung. Die Vergewaltigung (sexuelle Nötigung im besonders schweren Fall) ist nicht mehr wegen ihres sexuellen Charakters unter Strafe gestellt, sondern wegen der besonders schwerwiegenden Missachtung der Entscheidungsfreiheit und Verletzung der körperlichen Integrität. Erst eine solche veränderte Sicht auf den Grund der Strafbarkeit veranlasste den Gesetzgeber, die Vergewaltigung auch in der Ehe unter Strafe zu stellen und keinen Rechtfertigungsgrund der „Erfüllung der ehelichen Pflicht" mehr anzuerkennen. Seit dieser

Reform regelt das StGB auch die Vergewaltigung von Männern durch Frauen. Die Gewalt – nicht die bloße sexuelle Betätigung – ist das strafauslösende Merkmal.

Allerdings verschaffen sich Rufe nach Strafbarkeit zunehmend Gehör, die in längst überwunden geglaubte Moralvorstellungen zurückfallen. Unter dem Anglizismus Catcalling werden Nachrufe, Pfiffe, Kussgeräusche, anzügliche Bemerkungen, sogar aufdringliche Blicke gegenüber einer Person verstanden, für die nach Strafbarkeit gerufen wird.[6] Welches Rechtsgut dabei zu schützen ist, wird nicht diskutiert, sondern als Grund angeführt, dass es für ein solches Verhalten „keine Rechtfertigung" gibt. Soweit hierfür als geschütztes Rechtsgut die Menschenwürde (Art. 1 Abs. 1 Satz 1 GG) oder andere Persönlichkeitsrechte in Betracht kommen, sind diese bereits durch den Tatbestand der Beleidigung (§ 185 StGB), ggf. auch der Nötigung (§ 240 StGB) geschützt. Moralvorstellungen oder Benimmregeln haben im Strafrecht nichts verloren und verstoßen gegen das Ultima-Ratio-Prinzip.

3.3 Sinn und Zweck der Strafe

Abbildung 3 Straftheorien

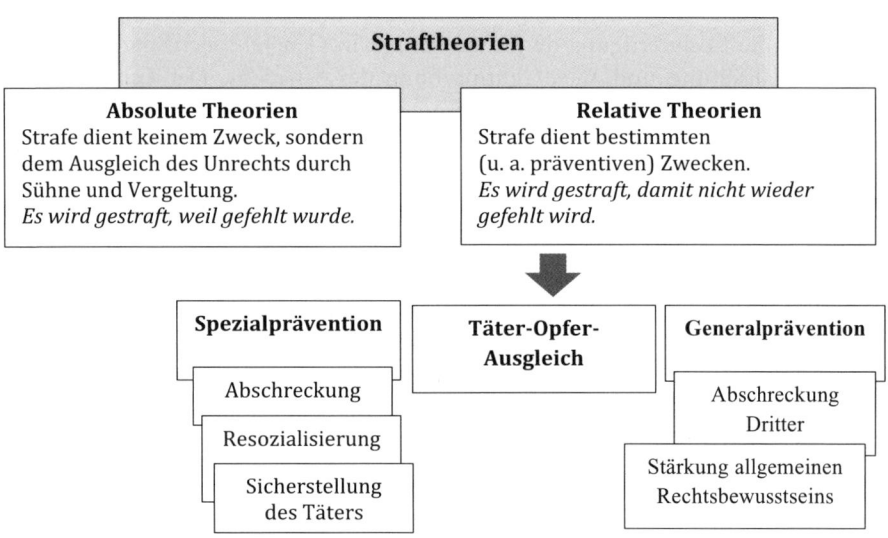

Für die „Zufügung eines Übels" – im Klartext: des Eingriffs in Grundrechte – bedarf es nicht nur einer formalen gesetzlichen, sondern auch einer inhaltlichen Legitimation, die sich aus Ethik und Vernunft ableitet. Inwieweit ist das Einsperren von Menschen als Strafe im demokratischen Rechtsstaat vernünftig zu begründen? Hierzu wurden Straftheorien entwickelt, die versuchen, eine Antwort auf die Rechtfertigung zu geben, warum eine Strafe verhängt werden soll.[7]

---

[6] So *Nicole P.*, Catcalling: Droht für die verbale sexuelle Belästigung eine Strafe?, ANWALT.ORG vom 22.2.2024.
[7] *Winfried Hassemer*, Vom Sinn des Strafens, Aus Politik und Zeitgeschichte 2010, Nr. 7, S. 3.

Im Wesentlichen bemühen sich zwei Gruppen von Theorien um Antworten auf die ethische Rechtfertigung der Strafe:

Die **„absoluten" Theorien** sehen sie allein in der Tatsache, *dass* eine Straftat begangen wurde; diese müsse durch Vergeltung oder Sühne ausgeglichen werden. Diese Auffassungen vom Zweck der Strafe gehen vor allem auf die Philosophen *Kant* und *Hegel* zurück. Der Schuldausgleich durch Vergeltung soll Gerechtigkeit wiederherstellen; als Sühne soll die Strafe den Täter mit der Rechtsordnung versöhnen. Die Idee der Vergeltung stößt in breiten Schichten der Bevölkerung durchaus auf Sympathie. Sie findet sich nicht nur im alttestamentarischen „Auge um Auge" (sog. Talionsprinzip, Gleiches mit Gleichem vergelten), sondern z. B. bei *Kant* wieder, der die Gleichheit von Schuld und Strafe vertrat. Deshalb hielt er bei Mord die Todesstrafe für erforderlich und sah für Diebstahl die gerechte Vergeltung darin, dem Dieb jegliches Eigentum abzuerkennen und ihn zur Finanzierung seiner weiteren Existenzgrundlage, ggf. zur Zwangsarbeit heranzuziehen.[8] Diese Beispiele zeigen, dass sich die bloße Gleichbehandlung von Tatschuld und Strafe mit den Vorstellungen des sozialen Rechtsstaates nicht in Einklang bringen lässt.

Den **„relativen" Theorien** zufolge dient die Strafe der Verhinderung künftiger Straftaten; die Rechtfertigung der Strafe besteht in General- oder Spezialprävention, Resozialisierung und Wiedergutmachung des Schadens. Der Leitsatz dieses Strafzweckes war schon den alten Römern geläufig: *„Kein kluger Mensch straft, weil gefehlt worden ist, sondern damit nicht wieder gefehlt werde."*[9] Die Generalprävention sieht den Zweck der Strafe in der abschreckenden und sozialpädagogischen Wirkung der Strafe. Sie zielt auf das Rechtsbewusstsein der Allgemeinheit, die von der Begehung strafbarer Handlungen abgehalten werden soll. Nach der Theorie der Spezial- oder Individualprävention soll die Strafe den einzelnen Täter positiv beeinflussen und ihn (ggf. im Strafvollzug) resozialisieren, damit er künftig ein straffreies Leben führt. Strafe bedeutet nicht „Gleiches mit Gleichem vergelten", sondern neben die Genugtuung für den Geschädigten und die Abschreckung des potenziellen künftigen Täters die Perspektive der Besserung des gegenwärtigen Täters zu setzen.

Der BGH hat aus den einzelnen Begründungen für den Zweck der Strafe die sog. **Vereinigungstheorie** entwickelt. Diese Theorie bringt die verschiedenen Strafzwecke in ein ausgewogenes Verhältnis und ist auch im StGB angelegt, vor allem in § 46 StGB, der die Kriterien des Maßes der Schuld und damit der Strafzumessung auflistet („der aufgewendete Wille bei der Tat, das Vorleben, das Verhalten nach der Tat, der angerichtete Schaden"). Das Bundesverfassungsgericht hat den Gedanken aufgegriffen, dass die Strafe mehr als nur eine Funktion und je nach der Gestaltung des Falles unterschiedliche Zwecke verfolgt. Schuldausgleich, Prävention, Resozia-

---

8 *Immanuel Kant*, Grundlegung zur Metaphysik der Sitten, 1783.
9 Nemo prudens punit, quia peccatum est, sed ne peccetur (*Seneca*, De Ira 1, 19).

lisierung des Täters, Sühne und Vergeltung für begangenes Unrecht werden als Aspekte einer angemessenen Strafsanktion bezeichnet.[10]

Die **Wirkungen der Strafe** auf den beabsichtigten Strafzweck sind im Einzelfall schwer messbar, viel weniger prognostizierbar. Selbst wenn ein Verurteilter nicht wieder straffällig wird, kann nicht festgestellt werden, ob die verhängte Strafe oder die Tatsache, dass er erwischt wurde, zu diesem Ergebnis geführt hat. Deshalb sind im Laufe der Zeit eine Reihe von Korrekturmöglichkeiten in das Strafensystem eingebaut worden, z. B. die Strafaussetzung zur Bewährung oder die vorzeitige Entlassung nach der Hälfte oder zwei Dritteln der verbüßten Strafe.

Die **Abschreckung** bildet in der Vorstellung von Wissenschaft und Praxis seit *Beccaria* vor ca. 200 Jahren eine selbstverständliche Grundlage des Strafrechts moderner Gesellschaften. Die Wirkung einer abstrakten Strafandrohung auf potenzielle Täter darf bezweifelt werden, weil im Zeitpunkt der Tatbegehung nur wenige Straftäter eine spätere Bestrafung in ihre Überlegung einbeziehen. Vielleicht hat der Intelligenztäter sein Risiko vor der Tat bedacht und als gering eingeschätzt. Trieb-, Konflikt- oder Affekttäter denken bei der Tat überhaupt nicht an eine mögliche Strafe. Der Hangtäter hält sich für zu schlau, um erwischt zu werden. Dass von einer höheren Strafe auch eine höhere Abschreckung ausgeht, ist reine Illusion.

Eine Messgröße des Erfolgs von Strafe könnte die **Rückfallstatistik** sein, wenn der Maßstab einer „erfolgreichen" Strafe ist, dass der Verurteilte nicht erneut straffällig wurde. Diese Statistik belegt aber nur, *dass* ein Verurteilter rückfällig geworden ist oder nicht; sie belegt nicht, *warum* die jeweilige Entwicklung eingetreten ist. Erhebungen von Forschern der Universitäten Göttingen und Freiburg für die Zeiträume 2004 – 2007 – 2013 – 2016 weisen für einzelne **Deliktgruppen** deutlich abweichende Rückfallquoten aus.[11] Bei Straßenverkehrs-[12] und Tötungsdelikten ist die Rückfallquote mit 16 % **nach drei Jahren** am niedrigsten. Auch sexueller Missbrauch (22 %), Vergewaltigung, sexuelle Nötigung (28 %) und Betrug (30 %) weisen unterdurchschnittliche Quoten aus. Überdurchschnittlich sind die Rückfälle bei einfacher Körperverletzung (37 %), BtMG-Delikten (39 %), gefährlicher und schwerer Körperverletzung (40 %), einfachem Diebstahl (41 %), schwerem Diebstahl (48 %) sowie Raub (52 %). Für den **gesamten Zeitraum** weisen die Untersuchungen bei allen Delikten einen Zuwachs des Rückfalls nach sechs Jahren um 9 %, nach neun Jahren um plus 4 % und nach zwölf Jahren um noch einmal 2 % aus. Summa summarum errechnet sich nach 12 Jahren in diesen Tätergruppen eine Rückfallquote von rund 50 %. Legt man bei der Berechnung des Rückfalls die **Sanktionsart** zugrunde, weisen die vollstreckten Freiheitsentziehungen höhere Rückfallquoten auf. Jugendstrafe ohne Bewährung (+64 %) und Jugendarrest (+62 %) haben doppelt so hohe Rückfallquoten wie die Geldstrafe (nach allgemei-

---

10 BVerfG 21.6.1977, 1 BvL 14/76, BVerfGE 45, S. 187, 253.
11 *Jörg-Martin Jehle* et al., Legalbewährung nach strafrechtlichen Sanktionen, Bundesministerium der Justiz und für Verbraucherschutz (Hrsg.), 2020 (Version Febr. 2021), S. 17 ff.
12 Ohne Einbeziehung von Fahren ohne Fahrerlaubnis, Rückfallquote 35 %.

nem Strafrecht) mit 31 %. Vergleicht man die Rückfälle nach den hierfür verhängten Sanktionen, so stellen die Forscher fest, dass nach Verbüßung einer Jugend- oder Freiheitsstrafe 27 % bzw. 21 % erneut in den Vollzug zurückkehren, während zuvor zu einer Geldstrafe Verurteilte nur zu 2 % wegen der Rückfalltat eine Freiheitsstrafe verbüßen müssen.

Gleiche Tendenzen über Art und Ursachen einer Rückfalltat lassen sich aus Zahlen ablesen, die in Österreich und der Schweiz festgestellt wurden: 25 bis 30 % der erwachsenen Straftäter werden innerhalb von drei Jahren erneut verurteilt. Männer haben höhere Rückfallraten als Frauen, jüngere höhere als ältere Personen, Verurteilte mit Vorstrafen höhere als Nichtvorbestrafte. Die Rückfallraten Strafentlassener sind höher als bei zu ambulanten Sanktionen Verurteilten. Bei den Straftatengruppen haben die schweren Formen des Diebstahls und die räuberischen Handlungen die höchsten Rückfallraten. Gleichwohl bleibt auch nach langjährigen Beobachtungen festzuhalten, dass die Mehrzahl aller strafrechtlich Belangten nicht erneut mit dem Strafgesetz in Konflikt gerät.

4. Feststellung einer Straftat

Die folgenden Ausführungen sollen Vorgehensweise, Denken, Argumentieren und Entscheiden der Juristen verdeutlichen. Anhand des Entscheidungsmusters kann man an entscheidenden Stellen mit ergänzenden oder alternativen Argumenten eingreifen. Sie sollen den Schöffen das aktive Mitwirken ermöglichen, damit sie wirklich gleichberechtigt an der Urteilsfindung teilnehmen können. Das juristische Denken folgt einer gewissen Systematik, die man auch ohne Jura-Studium verstehen kann.

Zum Verständnis sind drei Begriffe zu unterscheiden: Tat, Handlung und Straftat. „**Tat**" (im strafprozessualen Sinn) ist immer ein vollständiger Lebenssachverhalt. Den Begriff benötigen wir etwa bei der Bestimmung des Verbotes, dass niemand wegen „derselben Tat" zweimal verurteilt werden kann (Art. 103 GG), ob also ein bestimmter Lebenssachverhalt bereits früher Gegenstand einer Anklage oder eines Urteils gewesen ist. Eine „**Handlung**" stellt einen abtrennbaren Teil aus einem solchen Lebenssachverhalt dar und beinhaltet jedes vom menschlichen Willen beherrschte oder beherrschbare sozial erhebliche Verhalten (Tun oder Unterlassen). Stolpert jemand und reißt dabei einen Marktstand um, wodurch erheblicher Sachschaden entsteht, ist das Stolpern keine Handlung, weil es nicht beherrschbar war. Beide Begriffe beziehen sich also auf Tatsachen. Die Bezeichnung als „**Straftat**" beinhaltet eine rechtliche Würdigung, dass der Tatbestand einer Strafnorm erfüllt wurde. Die in dem jeweiligen Strafgesetz genannten Merkmale müssen bewiesen werden. Wie bei einem Puzzle müssen alle Merkmale zueinander passen.

Die Prüfung, ob eine „Tat" eine „Straftat" ist, folgt einem bestimmten Schema. Drei Elemente einer Straftat müssen erfüllt sein:

- objektiver und subjektiver Tatbestand
- Rechtswidrigkeit
- Schuld.

Kann das Gericht eines dieser Merkmale nicht feststellen, ist der Angeklagte freizusprechen.

Das scheinbar komplizierte System wird verständlich, wenn diese drei Stufen beachtet werden. Zunächst wird aufgrund der Beweisaufnahme geprüft, ob für die im Gesetz beschriebenen objektiven Merkmale der jeweiligen Straftat hinreichende Tatsachen festgestellt werden können (objektiver Tatbestand). Diese Merkmale muss der Angeklagte kennen (wissen) und wollen, d. h. er muss im Hinblick auf diese Merkmale vorsätzlich gehandelt haben. Soweit eine im Gesetz beschriebene Handlung auch bei fahrlässiger Begehung strafbar ist, muss der Angeklagte eine ihm obliegende Sorgfaltspflicht und die dagegen verstoßende Pflichtwidrigkeit des Handelns kennen und billigen. Aus der im Gesetz beschriebenen und in der Beweisaufnahme festgestellten vorsätzlichen und pflichtwidrigen Tat folgt ihre Rechtswidrigkeit. Diese kann widerlegt werden, wenn der Täter (gesetzlich geregelte) Gründe hatte, die sein Tun im Einzelfall rechtfertigen (Rechtfertigungsgründe). Der Täter muss auch schuldhaft handeln. Tatbestand und Rechtswidrigkeit sind Indizien für die Schuld, die durch Schuldausschließungs- und Entschuldigungsgründe widerlegt werden kann.

▶ **BEISPIEL**

- Wer einen anderen durch einen Faustschlag körperlich verletzt [objektiver Tatbestand],
- dessen Verletzung will bzw. billigend in Kauf nimmt [subjektiver Tatbestand],
- für die Verletzung keinen Rechtfertigungsgrund (z. B. Notwehr) hat [Rechtswidrigkeit]
- und sich über das Verbotene seines Tuns im Klaren ist [Schuld],
- wird wegen vorsätzlicher Körperverletzung, § 223 StGB [verwirklichter Straftatbestand]
- mit Geld- oder Freiheitsstrafe bestraft [Rechtsfolge].

4.1 Phasen einer Straftat

Eine Tat durchläuft rein tatsächlich mehrere Handlungsschritte, bevor sie – zu unterschiedlichen Zeitpunkten – zur Straftat wird:

- **Planung**sphase: Diese ist grundsätzlich straflos, ausgenommen bei einer „Verabredung zum Verbrechen" (§ 30 Abs. 2 StGB), bei der der Gesetzgeber schon die Planung der Tat wegen ihrer Gefährlichkeit unter Strafe stellt.
- **Vorbereitung**sstadium: Der Täter ergreift die zur Tatausführung erforderlichen Maßnahmen. Das Verhalten innerhalb dieses Stadiums ist grundsätzlich noch nicht mit Strafe bedroht. Ausnahme: Wenn das StGB das Verhalten bereits als selbstständige Straftat ausweist, z. B. staatsgefährdende Delikte (§§ 83, 89a

StGB), schwere Wirtschaftsstraftaten wie die Vorbereitung der Geldfälschung (§ 149 StGB) oder des Computerbetruges (§ 263a Abs. 3 StGB).
- **Versuch**sstadium: Der Täter setzt nach seiner Vorstellung über die Tatausführung unmittelbar zur Verwirklichung an (§ 22 StGB). Der Versuch eines Verbrechens ist immer strafbar, der Versuch eines Vergehens nur, wenn er ausdrücklich im Gesetz unter Strafe gestellt ist.
- **Vollendung**sstadium: Der Täter hat alles Erforderliche unternommen, um den Tatbestand zu verwirklichen.
- **Beendigung**sstadium: Der vom Gesetz beschriebene „Erfolg" der Tat ist eingetreten.

▶ BEISPIEL
- T beschließt, seine am Monatsende dürftigen Mittel durch Ladendiebstähle auszugleichen (Planung).
- Er näht Taschen in das Innenfutter des Mantels, in denen er die Ware verstecken will (Vorbereitung).
- T nimmt im SB-Markt eine Flasche Wein und sieht sich um, ob er beobachtet wird (Versuch).
- Er steckt die Flasche in eine der Innentaschen (Vollendung).
- T passiert die Kasse und verlässt den Laden (Beendigung).

Warum ist der Diebstahl schon mit dem Einstecken in die Tasche und nicht erst beim Verlassen des Geschäfts oder beim Passieren der Kasse vollendet? Diebstahl heißt, jemandem etwas „wegnehmen" und sich selbst „zueignen" (§ 242 StGB). „Weggenommen" ist die Flasche, wenn der Ladeninhaber den Gewahrsam, die tatsächliche Herrschaft über die Sache verloren hat und der Dieb eigenen Gewahrsam, die alleinige Herrschaft über die Sache übernommen hat. Diesen Zeitpunkt definiert die Rechtsprechung auf das Einstecken in die Innentasche, weil der Ladeninhaber jetzt keinen Zugriff mehr auf die Flasche hat, denn zu einer Durchsuchung der Person des T ist er nicht berechtigt. Auch wenn sich T – und damit die Weinflasche – noch im Laden befindet, ist die Innentasche des Mantels nach juristischer Terminologie eine „Gewahrsamsexklave" – eine Herrschaft innerhalb eines Herrschaftsbereichs. Damit hat T sich bereits im Laden die Flasche *zuge*eignet, den Diebstahl also *voll*endet und sich des (vollendeten, nicht nur versuchten) Diebstahls schuldig gemacht, auch wenn er aufgehalten würde und die herbeigerufene Polizei die Sache sicherstellen kann.

Hinter dieser Interpretation von Wegnahme und Zueignung steckt eine rechtspolitische Absicht der Rechtsprechung: Würde das Einstecken noch dem Versuchsstadium zugeordnet, könnte der Dieb strafbefreiend von diesem Versuch zurücktreten, z. B. wenn er sich beobachtet gefühlt hätte. Zwar tritt die Strafbefreiung beim Rücktritt nur ein, wenn er freiwillig geschieht, was nicht der Fall ist, wenn man sich „ertappt" fühlt. Dem Angeklagten müsste in einer späteren Hauptverhandlung aber nachgewiesen werden, dass er nicht aus Einsicht in das Verbotene des Tuns, sondern aus Kalkül („Man hat mich erwischt. Schnell alles zurück") das Diebesgut wieder zurückstellt. Was sich vorwiegend im Inneren eines Menschen abspielt, ist aber nur sehr schwer zu beweisen.

Betrachten wir die einzelnen Elemente einer Straftat genauer:

4.2 Objektiver Tatbestand

Alle im Gesetz aufgeführten objektiven Merkmale müssen in der konkreten Tat des Angeklagten zu finden sein. Dieser sog. objektive Tatbestand beschreibt, wer *Täter* der strafbaren Handlung sein kann, welches konkrete *Handeln oder Unterlassen* mit Strafe bedroht ist, gegen welches *Tatobjekt* sich die Tat richtet und welche *sonstigen Modalitäten* erfüllt sein müssen. Die objektiven Merkmale eines Tatbestands können rein **beschreibend** sein (Mann, Schriftstück, Betrieb, Waffe, Tötung usw.); sie können aber auch **wertend** sein, nach Interpretation und Einschätzung verlangen (verwerflich, gefährlich, heimtückisch usw.). Das Gericht muss solche **ausfüllungsbedürftigen** Merkmale anhand der Umstände des Einzelfalles in dem jeweiligen Verfahren bewerten.

4.2.1 Täter

Im deutschen Strafrecht kann nur eine **natürliche Person** „Täter" sein. Ein Unternehmen kann keine strafbare Handlung begehen; für dieses handeln seine Organe, die wiederum aus natürlichen Personen bestehen (Vorstand, Geschäftsführer usw.).[13] Welche Person Täter einer Straftat sein kann, ergibt sich aus der jeweiligen Strafnorm. Heißt es im Gesetzestext „*Wer* dieses oder jenes tut [...] wird bestraft", so kommt jeder Strafmündige als Täter in Betracht. Bei einigen Straftaten kommen nur bestimmte Personen als Täter in Frage. Den Exhibitionismus kann nur ein Mann begehen (§ 183 StGB: „Ein *Mann*, der eine andere Person durch eine exhibitionistische Handlung belästigt, ..."). Die Amtsdelikte der Vorteilsannahme oder Bestechlichkeit (§§ 331 ff. StGB) können nur von einem *Amtsträger* oder für den öffentlichen Dienst *besonders Verpflichteten* begangen werden, die Bestechlichkeit und Bestechung im geschäftlichen Verkehr (§ 299 StGB) nur von einem Angestellten oder Beauftragten eines Unternehmens, die Bestechlichkeit im Gesundheitswesen (§ 299a StGB) nur von dem Angehörigen eines Heilberufs. Die Rechtsbeugung (§ 339 StGB) erfordert als Täter einen Berufs- oder ehrenamtlichen Richter oder einen anderen Amtsträger bei der Entscheidung einer Rechtssache (z. B. den Staatsanwalt).

4.2.2 Täterschaft und Teilnahme

Eine strafbare Handlung kann allein oder mit anderen begangen werden. Jeder, der den Erfolg einer Tat als eigenen will, also die **Tatherrschaft** hat, ist Täter. Gradmesser für die Tatherrschaft ist das eigene Interesse an der Tat (z. B. am Anteil der „Beute"), der objektive Einfluss auf den Tathergang und der Wille zur

---

[13] Die Sanktionierung von Pflichtverletzungen einer juristischen Person sind dem Ordnungswidrigkeitenrecht zugewiesen (§ 30 OWiG).

Herrschaft über die Tat. Wer die Tat eines anderen veranlassen (anstiften) oder unterstützen (helfen) will, ohne sie selbst zu begehen und als eigene Tat zu wollen, ist Teilnehmer einer Straftat.

Als **Täter** wird bestraft
- der Alleintäter, der die Straftat selbst begeht (§ 25 Abs. 1 StGB);
- der mittelbare Täter, der selbst nicht in Erscheinung tritt, sondern die (selbst gewollte) Tat durch einen Dritten begehen lässt (§ 25 Abs. 1 StGB), z. B. ein (strafunmündiges) Kind auf Diebestour schickt und von diesem die Beute erhält;[14]
- der Mittäter, der Tat und Erfolg gleichermaßen will (§ 25 Abs. 2 StGB), z. B. wer einen Tatbeitrag leistet (den Plan ausheckt, das Tatauto fährt, den Fluchtweg sichert) und einen angemessenen Teil der Beute bekommt.

Grundsätzlich sind Mittäter und mittelbarer Täter wie der Täter zu bestrafen. Persönliche Merkmale, die eine Strafe schärfen, mildern oder ausschließen, wirken sich hingegen nur auf die Person aus, bei der sie vorliegen.

▶ BEISPIEL
Planen mehrere Täter einen Raubüberfall und verabreden, keine Waffen mitzunehmen, wird nur derjenige wegen schweren Raubes (§ 250 StGB) bestraft, der abredewidrig doch eine Waffe bei sich führt. Die anderen werden nur wegen einfachen Raubes (§ 249 StGB) bestraft. Verabreden jedoch alle, dass einer der Täter „für den Fall der Fälle" eine Waffe mitführen soll, ist das strafschärfende Merkmal „Mitführen einer Waffe" allen zuzurechnen, so dass alle wegen schweren Raubes verurteilt würden. ◀

Als **Teilnehmer** einer Straftat wird bestraft
- der Anstifter, der vorsätzlich einen anderen zur Begehung einer Straftat bestimmt (§ 26 StGB). „Bestimmen" heißt, dass der Anstifter so auf den Täter einwirken muss, dass dieser Einfluss mitursächlich für den Entschluss des Haupttäters sein muss, die Tat überhaupt zu begehen. Ein Aufruf an einen anonymen, nicht näher bestimmbaren Personenkreis reicht für die Anstiftung nicht aus;
- der Gehilfe, der die strafbare Handlung vorsätzlich mit Rat und Tat fördert (Beihilfe, § 27 StGB).

Voraussetzung für die Strafbarkeit von Anstiftung und Beihilfe ist, dass die (anschließende) Haupttat vorsätzlich und rechtswidrig begangen wird (zu einer fahrlässigen Tat kann schon denklogisch weder angestiftet noch Beihilfe geleistet werden). Nicht erforderlich für die Strafbarkeit des Teilnehmers ist, dass die Haupttat schuldhaft begangen wird. Selbst schuldunfähige Personen (Kinder, psychisch Kranke, Volltrunkene) können zu einer Straftat angestiftet werden. Die Schuld ist ein *persönliches* Merkmal nur des jeweiligen Täters. Handelt dieser schuldlos, wirkt sich das nicht bei dem Anstifter bzw. Gehilfen aus.

---

14 Vgl. hierzu *Ursula Sens*, A. Lehmann: Mittelbare Täterschaft durch Versetzen in einen Motivirrtum [Rezension], LAIKOS Journal Online 2024, S. 51.

Anstifter und Gehilfe werden bestraft wie der Täter, wobei die Strafe des Gehilfen nach den Grundsätzen des § 49 Abs. 1 StGB gemildert werden *kann*. Anstiftung und Beihilfe bleiben auch strafbar, wenn die Haupttat nur versucht wurde, selbst wenn der Täter strafbefreiend zurückgetreten ist. Für den *Versuch der Beihilfe oder Anstiftung* gelten die gleichen Regeln wie für die Haupttat. Der Versuch ist nur strafbar, wenn dies im Gesetz ausdrücklich vorgesehen ist. Das ist bei der versuchten Beihilfe nicht der Fall. Die versuchte Anstiftung ist nur strafbar, wenn die Tat, zu der angestiftet wurde, ein Verbrechen ist (§ 30 Abs. 1 StGB).

4.2.3 Tathandlung, Erfolg und Tatmodalitäten

Die verbotene **Tathandlung** (oder das gebotene Unterlassen) ist im Gesetz abstrakt beschrieben. Einige Strafvorschriften verlangen einen besonderen Erfolg, der durch bestimmte Ursachen hervorgerufen wurde. Voraussetzung einer *schweren Körperverletzung* (§ 226 StGB) ist etwa, dass der Geschädigte durch die körperliche Misshandlung oder Gesundheitsschädigung über die „einfache" Verletzung hinaus schwerwiegende Folgen erleidet, z. B. Sehvermögen oder Gehör verliert, dauernd entstellt oder gelähmt ist. Andere Straftatbestände führen Modalitäten auf, die den Strafrahmen herauf- oder herabsetzen können (z. B. das Mitführen einer Waffe bei einem Raub oder einer Vergewaltigung oder die gewerbsmäßige Begehung der Straftat).

Die Tat richtet sich in der Regel gegen ein bestimmtes **Tatobjekt**. Dabei kann es sich um Gegenstände (z. B. eine bewegliche Sache beim Diebstahl), einen beliebigen („einen anderen") oder bestimmten Menschen (z. B. einen „Vollstreckungsbeamten", gegen den Widerstand geleistet wird, § 113 StGB), die Umwelt oder auch ein Unternehmen handeln.

▶ BEISPIEL

Gefährliches Werkzeug: Um eine „gefährliche" Körperverletzung (§ 224 StGB) handelt es sich, wenn der Täter die Körperverletzung mittels einer „Waffe" oder eines anderen „gefährlichen Werkzeugs" begeht. Waffe ist jeder Gegenstand, der im Waffengesetz als solche aufgeführt ist. Welches Werkzeug (Gegenstand) als gefährlich anzusehen ist, muss im Einzelfall bewertet werden. Das Küchenmesser ist bei bestimmungsmäßiger Benutzung kein gefährliches Werkzeug, wird aber dazu, wenn es gegen den Körper eines Menschen gerichtet wird. Bei einem Tritt gegen den Körper kann der „beschuhte Fuß" ein gefährliches Werkzeug sein; dabei ist ein Turnschuh in der Regel anders zu bewerten als ein Sicherheitsschuh mit Stahlkappe. ◀

Eine strafbare „Handlung" kann ggf. durch **Unterlassen** verwirklicht werden (§ 13 StGB). Die Mutter, die ihrem Baby nichts mehr zu essen gibt, so dass es verhungert, tötet ihr Kind durch Unterlassen der Nahrungszufuhr. Das Unterlassen einer Handlung ist strafbar, wenn es ausdrücklich unter Strafe gestellt ist (sog. echtes Unterlassungsdelikt, z. B. unterlassene Hilfeleistung, § 323c StGB) oder der „Täter" eine Handlung nicht vornimmt, die den Eintritt des strafrechtlichen Erfolges verhindert hätte (sog. unechtes Unterlassungsdelikt), obwohl er aufgrund einer sog. **Garantenstellung** dazu verpflichtet war. Die Rechtsprechung unterscheidet zwei große Gruppen von Personen, die als „Garanten" zum Handeln verpflichtet sind und sich durch Unterlassen strafbar machen können:

- Personen, die **Schutzpflichten** für nahestehende Personen haben, z. B. aus Gesetz (Sorgepflicht der Eltern gegenüber den Kindern, §§ 1618a, 1626 BGB), familiärer Verbundenheit (Geschwister in häuslicher Gemeinschaft), enger Lebensgemeinschaft (z. B. eingetragene Lebenspartnerschaft), Gefahrengemeinschaft (Teilnehmer einer Expedition) sowie durch Übernahme von Obhutspflichten (vertraglicher Babysitter) oder als Amtsträger (Polizeibeamte);
- Personen, die **Sicherungspflichten** aus der Verantwortlichkeit für bestimmte Gefahrenquellen haben, etwa wegen eines vorangegangenen gefährlichen Tuns (z. B. Rückruf von Produkten mit giftigen Stoffen[15]), der Herrschaft über gefährliche Sachen (z. B. baufälliges Haus) oder freiwilliger Übernahme von Sicherungspflichten (Schneeräumen).

Aus der Garanten*stellung* folgt die **Garanten*pflicht*** zum Handeln. Das Gericht hat zu entscheiden, ob die Erfüllung der Pflicht möglich und zumutbar ist (keine Pflicht des Nichtschwimmers, die ertrinkende Ehefrau zu retten) oder zu prüfen, ob die Pflicht durch ein Verhalten des Geschädigten entfallen ist (ein Expeditionsteilnehmer verlässt die Gruppe und beendet die Gefahrengemeinschaft). Garantenpflichten aus Gesetz können grundsätzlich nicht entfallen, da die gesetzlichen Folgen nicht zur Disposition der Beteiligten stehen.

4.2.4 Kausalität

Der Erfolg der Straftat muss durch das Handeln (oder Unterlassen) des Täters **verursacht** worden sein (Kausalität). Die Faustformel für die Beurteilung lautet: *Ursächlich ist eine Handlung dann, wenn man sie nicht wegdenken kann, ohne dass der strafrechtliche Erfolg der Handlung wegfällt*. Umgekehrt darf bei einem Unterlassungsdelikt die unterlassene Handlung nicht *hinzu*gedacht werden, ohne dass der Erfolg entfällt.

▶ BEISPIELE

a. C gibt ihrem Säugling tagelang keine Nahrung. Das Baby verhungert. Denkt man sich hinzu, dass die Mutter dem Kind Nahrung gibt, entfällt der Tod des Kindes.

b. A hat den B umgebracht. Die Kette der Ursachen (Kausalität) hierfür kann unendlich gestaltet werden. Ursächlich ist schon, dass A von seinem Vater gezeugt wurde. Denkt man sich diese Tatsache weg, kann A den B mangels Existenz nicht töten. Es liegt auf der Hand, dass der Vater nicht für die Tat des A verantwortlich

---

15 BGH 6.7.1990, 2 StR 549/89, BGHSt 37, S. 106 (Lederspray).

gemacht werden kann, weil ihm jede Möglichkeit der Beeinflussung des Geschehens fehlt.[16] ◄

Um Ereignisse auszuschließen, die nach der obigen Formel den Erfolg zwar entfallen lassen, aber so fern liegen, dass eine strafrechtliche Verantwortlichkeit daraus nicht erwachsen kann, hat die Rechtsprechung das Kriterium der **Zurechenbarkeit** entwickelt. Nicht zugerechnet werden kann einem „Täter" das Ergebnis einer Straftat, wenn dieses durch einen völlig untypischen, nicht vorhersehbaren Verlauf eintritt, auch bei pflichtgemäßem Verhalten eingetreten wäre oder durch das Eingreifen eines Dritten hervorgerufen wird, der einen neuen Handlungsablauf begründet.

4.2.5 Versuch

Kommt es nicht zur Vollendung der Tat, d. h. tritt der verbotene Erfolg einer Handlung nicht ein, kann aber ggf. wegen Versuchs bestraft werden. Ein strafbarer Versuch liegt vor, wenn es zur Vollendung der Tat nicht kommt, aber mit der Ausführung der Tat begonnen wurde. Die Tat beginnt, wenn der Täter aus der bloßen Vorbereitung der Tat in die unmittelbare Umsetzung eintritt („Jetzt geht's los"). Will jemand einen Einbruch begehen und besorgt sich das erforderliche Werkzeug, bereitet er die (künftige) Tat vor. Nimmt er von der Ausführung des Einbruchs Abstand, liegt kein strafrechtlich relevantes Verhalten vor. Unbeachtlich ist, aus welchen Gründen es nicht zur Verwirklichung des Tatbestandes gekommen ist. Die Strafbarkeit des Versuchs findet ihre Begründung darin, kriminelles Unrecht unabhängig vom Erfolgseintritt zu ahnden. Deshalb ist bereits der **untaugliche Versuch** strafbar.

Ein besonders untauglicher Versuch ist der **Versuch aus grobem Unverstand** (§ 23 Abs. 3 StGB), wenn der Täter eine strafbare Handlung begehen will, die Mittel aber nicht zum Erfolg führen können, z. B. wenn er seinem vermeintlichen Opfer Natronpulver in den Kaffee schüttet, weil er dieses für ein gefährliches Gift hält, mit dem er den anderen töten will. Der grobe Unverstand muss jedem Menschen einsichtig sein, nicht nur einem Experten, der die Ungeeignetheit des Mittels erkennt. Das Gericht kann entweder von Strafe absehen oder die Strafe nach seinem Ermessen mildern (§ 49 Abs. 2 StGB).

Von dem untauglichen Versuch ist das sog. **Wahndelikt** zu unterscheiden. Ein solches liegt vor, wenn der Täter irrig annimmt, sein Verhalten falle unter eine Strafnorm. Der Unterschied zwischen untauglichem Versuch und Wahndelikt ist leicht zu verstehen. Beim untauglichen Versuch begeht der Täter eine im Prinzip strafbare Handlung, die er aber mit Mitteln ausführt, die zur Erreichung des (gewollten) strafbaren Erfolgs völlig ungeeignet sind. Beim Wahndelikt stellt sich der Täter vor, sein Verhalten sei strafbar, obwohl die Handlung bereits vom Tatbestand

---

16 Vgl. LG Limburg 7.6.2018, 5 KLs-3 Js 11612/16, RohR 2019, S. 20 (Überdehnung der Verantwortung von JVA-Mitarbeitern für von einem Freigänger verursachten tödlichen Unfall).

her oder aus Rechtsgründen nicht von Strafe bedroht ist. Deshalb kann der „Täter" auch nicht bestraft werden.

▶ BEISPIELE

Untauglicher Versuch: A will den B erschießen, schießt aber in der Dunkelheit auf einen Baum, den er irrtümlich für B hält. Der Versuch konnte nicht gelingen; der bloße kriminelle Wille zu töten, rechtfertigt die Strafe.

Wahndelikt: Der 16-jährige A übt den Geschlechtsverkehr mit seiner frühreifen 13-jährigen Schwester in der Annahme aus, er mache sich dabei wegen „Beischlafs unter Verwandten" (§ 173 StGB) strafbar. Er weiß nicht, dass Geschwister nicht wegen Inzests bestraft werden, wenn sie zur Zeit der Tat noch nicht 18 Jahre alt sind (§ 173 Abs. 3 StGB). ◀

4.3 Subjektiver Tatbestand

„Unwissenheit schützt vor Strafe nicht", sagt der Volksmund. Dieser Satz gilt im Strafrecht nicht unbedingt. Für eine Strafbarkeit ist nicht nur erforderlich, dass der Täter objektiv gegen ein Strafgesetz verstößt, sondern die Straftat auch subjektiv will, d. h. vorsätzlich handelt; in bestimmten Fällen ist auch die Außerachtlassung einer dem Täter bekannten Sorgfaltspflicht als fahrlässiges Handeln strafbar (§ 15 StGB).

4.3.1 Vorsatz

Vorsatz ist das Wissen darüber, dass ein bestimmtes Handeln strafbar ist, und der Wille, alle Merkmale dieser verbotenen Handlung auch zu verwirklichen. Der Vorsatz kann in drei Stufen (Intensitäten) auftreten, die von der Rechtsprechung entwickelt wurden. Die intensivste Form des Vorsatzes ist die **Absicht**. Absichtlich handelt, wem es ausdrücklich darauf ankommt, den unter Strafe stehenden Erfolg herbeizuführen. Kennt der Täter alle Umstände der strafbaren Handlung und will deren Verwirklichung (Wissen und Wollen), handelt er mit **direktem Vorsatz**. Verwendet das Gesetz die Begriffe „wissentlich" (z. B. Missbrauch von Notrufen, § 145 StGB) oder „wider besseres Wissen" (z. B. Vortäuschen einer Straftat, § 145d StGB), ist ein direkter Vorsatz für die Strafbarkeit dieser Tat erforderlich. Wer den Erfolg einer Straftat zwar nicht unbedingt will, ihn aber als möglich voraussieht und seinen Eintritt billigend in Kauf nimmt bzw. sich mit dem ungewünschten Eintritt des Erfolges abfindet, handelt **bedingt vorsätzlich**. Sofern das Gesetz nicht ausdrücklich etwas anderes regelt, reicht der bedingte Vorsatz für die Annahme einer Straftat aus. Eine große Bedeutung hat der bedingte Vorsatz im Rahmen der Körperverletzungs- und Tötungsdelikte. Wer z. B. mit 180 km/h durch eine geschlossene Ortschaft rast, will vielleicht nicht, dass dabei ein Mensch getötet wird, sieht die Möglichkeit eines Unfalls aber voraus und nimmt ihn billigend in Kauf.

4.3.2 Fahrlässigkeit

Eine fahrlässig begangene Tat führt nur dann zu einer Verurteilung, wenn die Strafbarkeit der Fahrlässigkeit ausdrücklich gesetzlich vorgesehen ist. Nach den von der Rechtsprechung entwickelten Kriterien handelt fahrlässig, wer die ihm in bestimmten Situationen (Straßenverkehr, Arbeitsplatz usw.) auferlegte Sorgfaltspflicht außer Acht lässt und deshalb einen strafbaren Erfolg herbeiführt, den er – nach seinen subjektiven Kenntnissen und Fähigkeiten – hätte voraussehen und vermeiden können. Ist sich der Täter seines gefährlichen Verhaltens bewusst, handelt aber trotzdem entgegen seiner Sorgfaltspflicht, weil er darauf hofft, dass schon nichts passieren werde, liegt eine **bewusste** Fahrlässigkeit vor. Fehlt ihm die Kenntnis von der Gefährlichkeit seines Tuns, obwohl er sie hätte erkennen können und müssen, handelt es sich um **unbewusste** Fahrlässigkeit.

▶ BEISPIELE

Bewusste Fahrlässigkeit: Ein Pkw-Fahrer biegt kurz vor einem vorfahrtsberechtigten Fahrzeug in die Straße ein, wobei er darauf vertraut, dass der andere schon bremsen werde, wenn es knapp wird.

Unbewusste Fahrlässigkeit: Eine Mutter hantiert beim Reinigen in der Wohnung mit einer ätzenden Flüssigkeit. Als ihr kleines Kind in die Küche kommt, achtet sie nicht auf die offene Flasche, aus der das Kind unbeobachtet trinkt. ◀

Die Beurteilung der Vorhersehbarkeit und Vermeidbarkeit des strafbaren Erfolgs ist ein Feld, auf dem sich Schöffen mit alltäglicher Lebenserfahrung in besonderer Weise einbringen können. Die Gerichte neigen vielfach dazu, die Vorhersehbarkeit vom Ergebnis her zu beurteilen. Der BGH hat z. B. bei einem Zusammenstoß zweier Radfahrer, bei dem einer aufgrund bereits vorhandener Rückgratversteifung an den Verletzungen gestorben ist, den Tod für den Unfallverursacher als – abstrakt – vorhersehbar und daher eine fahrlässige Tötung (§ 222 StGB) angenommen, obwohl dieser von der körperlichen Disposition des Unfallgegners keine Kenntnis hatte.[17]

4.3.3 Grenzfälle zwischen Vorsatz und Fahrlässigkeit

Es gibt eine Reihe von Fallgestaltungen, bei denen es zweifelhaft sein kann, ob der Täter noch (bewusst) fahrlässig oder schon (bedingt) vorsätzlich gehandelt hat. Der Unterschied kann anhand von zwei Fragen verdeutlicht werden. Hat der Täter gedacht *„Ich sehe die Gefahr. Es wird aber schon nichts passieren und alles gut gehen, auch wenn ich gegen meine Pflicht verstoße"*, liegt bewusste Fahrlässigkeit vor. Sagt sich der Täter hingegen *„Ich müsste zwar sorgfältig handeln und will nicht, dass etwas passiert; aber wenn etwas passiert, ist mir das auch egal"*, liegt bedingter Vorsatz vor.

Die Schwierigkeit liegt auf der Hand. Wie soll das Gericht wissen, was der Täter sich vor oder bei der Tat gedacht hat? Es ist darauf angewiesen, aus den mit

---

17 BGH 9.3.1951, 4 StR 48/51, LM Nr. 1 zu § 222 StGB.

den vorhandenen Beweismitteln objektiv festgestellten Tatsachen auf die subjektive Vorstellung des Täters zu schließen. Dabei kommen verschiedene Indikatoren in Betracht:

- Die **Gefährlichkeit** einer Handlung, insbesondere bei Gewalttaten (Art des verwendeten Tatwerkzeugs, Intensität der Gewalt, Konstitution des Täters bzw. Opfers): Je gefährlicher eine Handlung ist, je weniger der Täter die Auswirkungen der Tat beherrschen kann, je mehr sich die Intensität des Angriffs im Laufe der Handlung steigert, umso mehr nähert sich die Einschätzung einem bedingten Vorsatz.
- **Äußerungen** vor der Tat lassen Rückschlüsse zu, sollten aber nicht überbewertet werden. Der Satz „Ich bring Dich noch mal um", lässt bei einer späteren Auseinandersetzung, bei der der Bedrohte tatsächlich verstirbt, nicht zwingend auf einen Tötungsvorsatz schließen. Äußerungen nach der Tat können Indiz-Charakter haben, insbesondere wenn sie im Widerspruch zum Geschehen stehen. Alkohol- oder Drogeneinfluss können einen Einblick in das (wahre) Innenleben geben, aber auch enthemmend wirken, so dass Dinge geäußert werden, die in nüchternem Zustand nie gesagt würden. Zeigt der Angeklagte in der Hauptverhandlung eine völlige Gleichgültigkeit hinsichtlich seiner Tat, kann daraus auf ein Billigen, also einen bedingten Vorsatz geschlossen werden.
- Wird der Täter durch seine Handlung **selbst gefährdet**, kann dies gegen einen bedingten Vorsatz sprechen. Je höher die Eigengefährdung und die Kenntnis des Täters hiervon sind, desto mehr spricht dafür, dass der Täter darauf vertraute, es werde schon nichts passieren.

In der Praxis können vielfältige Indizien Rückschlüsse auf das vom Täter Gedachte und Gewollte zulassen. Alle Merkmale müssen auf Gegenargumente geprüft und gegeneinander abgewogen werden. Oft greifen Gerichte zur Begründung für das (Nicht-)Vorliegen eines bedingten Vorsatzes auf das Argument der „Gesamtschau aller Merkmale" zurück. Dabei zieht das Gericht nicht aus einzelnen Merkmalen (Alkoholisierung, verbale Aggressivität, Motivlosigkeit, entgegenstehende Interessenlage usw.) Schlussfolgerungen in die eine oder andere Richtung, sondern aus ihrem Zusammenspiel.

4.4 Rechtswidrigkeit und Rechtfertigungsgründe

Das Handeln des Täters muss rechtwidrig sein, d. h. objektiv gegen die Rechtsordnung verstoßen. Hat der Täter den objektiven Tatbestand einer Strafnorm verwirklicht und vorsätzlich (oder fahrlässig) gehandelt, wird in der Regel vermutet, dass seine Handlung auch rechtswidrig war. Diese Vermutung wird widerlegt, wenn der Täter einen Grund hat, der sein Handeln rechtfertigt. Nur bei wenigen Straftatbeständen muss die Rechtswidrigkeit gesondert geprüft werden, wenn die Strafnorm dies vorsieht. **Rechtfertigungsgründe**, die die Rechtswidrigkeit einer an sich verbotenen Handlung entfallen lassen, sind:

4.4.1 Notwehr

Zur „Abwehr eines gegenwärtigen rechtswidrigen Angriffs" (sog. Notwehrlage, § 32 StGB) ist der Angegriffene berechtigt, sich mit Mitteln zur Wehr zu setzen, die selbst objektiv eine Straftat darstellen. Wer einen Räuber mit einem Schlag auf den Kopf abwehrt, begeht objektiv und subjektiv zwar eine Körperverletzung. Diese ist aber gerechtfertigt (also nicht rechtswidrig), weil sich jeder gegen einen Angriff auf sein Eigentum oder auf seine Person wehren darf. Das Recht muss dem Unrecht nicht weichen.

Gerechtfertigt ist nur die erforderliche und gebotene Notwehrhandlung. „Erforderlich" ist die Verteidigungshandlung, die bei größtmöglicher Schonung des Angreifers eine sofortige und endgültige Beendigung des Angriffs erwarten lässt.

Das Notwehrrecht ist ausgeschlossen bei

- einem krassen Missverhältnis zwischen dem angegriffenen Rechtsgut und der Verteidigungshandlung (Klassischer Fall: Der gelähmte Bauer schießt aus dem Rollstuhl einen Jungen vom Baum, der Äpfel stiehlt);
- Angriffen von Schuldunfähigen;
- Angriffen im engen persönlichen Bereich;
- schuldhafter Provokation der Notwehrlage durch den Angegriffenen.

▶ **BEISPIELE**

a. A sitzt in der Kneipe und trinkt ein Bier. B will nach dem Bier von A greifen, worauf dieser ihn spontan zurückstößt. B fällt zu Boden und erleidet eine Prellung, was A billigend in Kauf genommen hatte. A hat eine Körperverletzung begangen, die durch Notwehr gerechtfertigt war. Ein Angriff auf ein Rechtsgut (Eigentum) liegt vor, da B das Bier entwenden wollte. Dieser war rechtswidrig, weil B auf das Bier keinen Anspruch hatte. Der Stoß war geeignet, den Angriff sofort zu beenden, und auch geboten, da er das unter den gegebenen Umständen mildeste Mittel darstellte.

b. A und B provozieren den C mit Beleidigungen. Als dieser wütend zuschlägt, nutzen die beiden die Gelegenheit, um C ordentlich zu verprügeln. A und B können sich nicht auf eine rechtfertigende Notwehr berufen, weil sie den Angriff des C provoziert haben. ◀

Die Notwehr, mit der ein Dritter dem Inhaber des bedrohten Rechtsguts zu Hilfe eilt und einen rechtswidrigen Angriff auf diesen abwendet wird als **Nothilfe** bezeichnet, der Dritte als Nothelfer.

4.4.2 Rechtfertigender Notstand

Besteht für ein Rechtsgut (Leben, Eigentum usw.) eine gegenwärtige Gefahr, darf zur Abwendung dieser Gefahr von sich oder einem anderen eine „Tat" begangen werden (§ 34 StGB). So ist das Zerschlagen einer Fensterscheibe keine rechtswidrige Sachbeschädigung, wenn damit bei ausströmendem Gas in einem Raum eine

Explosion verhindert werden soll. Die Gefahr darf aber nicht auf andere Weise als durch die objektiv strafbare Handlung zu beseitigen sein. Der angerichtete Schaden muss in einem angemessenen Verhältnis zum verteidigten Rechtsgut stehen (worüber die Mitglieder des Gerichts eine Interessenabwägung anstellen müssen).

Der Unterschied zwischen Not*wehr* und Not*stand* besteht darin, dass die Notwehr einen konkreten Angriff, der Notstand lediglich eine *Gefahr* für das Rechtsgut voraussetzt, was den Anwendungsbereich des Notstandes erheblich erweitert.

▶ BEISPIEL

Zwei Tierschützer dringen in einen Schweinezuchtbetrieb ein, um Verstöße gegen die Verordnung zum Schutz landwirtschaftlicher Nutztiere zu dokumentieren. Kenntnis davon erhielten sie von einer anonymen Quelle. Die zuständigen Behörden hatten sich auf erstattete Anzeigen hin geweigert, etwas zu unternehmen. Die während des Besuchs angefertigten Bildaufnahmen wurden dem Ministerium vorgelegt und Strafanzeige erstattet. Amts- und Landgericht sprachen die Tierschützer vom Vorwurf des Hausfriedensbruchs frei; das Oberlandesgericht bestätigte den Freispruch. Der Hausfriedensbruch sei gemäß § 34 StGB gerechtfertigt. Dies gelte aber nur, wenn die Gesetzesverstöße bekannt seien und die Behörden trotzdem nichts unternähmen.[18] ◀

4.4.3 Einwilligung

Die Rechtswidrigkeit einer Handlung kann entfallen, wenn der Inhaber des Rechtsgutes mit dem Eingriff einverstanden ist. Wird z. B. vom Arzt Blut aus der Vene entnommen, stellt dies objektiv und subjektiv eine Körperverletzung dar, in die der Patient jedoch rechtfertigend einwilligt. Nicht jede Einwilligung rechtfertigt; sie kann sittenwidrig sein und deshalb keine Rechtfertigung darstellen. Wenn sich etwa zwei rivalisierende „Fan"-Gruppen von Fußballvereinen zur Schlägerei verabreden und mit den Verletzungen einverstanden sind, setzt die Rechtsordnung einem solchen Einverständnis Grenzen.[19]

4.4.4 Rechtfertigende Pflichtenkollision

Es bestehen zwei Handlungspflichten, aber nur einer kann nachgekommen werden, z. B. der an der Unfallstelle weilende Arzt kann von zwei Verletzten nur einem helfen, der andere verstirbt. Der Arzt handelt hinsichtlich des verstorbenen Verletzten nicht rechtswidrig, da er beide Pflichten nicht gleichzeitig erfüllen kann.

4.4.5 Festnahmerecht

Jeder ist befugt, eine Person vorläufig festzunehmen, wenn diese auf frischer Tat oder unmittelbar danach auf der Flucht angetroffen wird, um die Flucht zu verhindern und die Feststellung der Identität zu sichern (sog. Jedermannsrecht,

---

18 OLG Naumburg 22.2.2018, 2 Rv 157/17, NStZ 2018, S. 472.
19 BGH 20.2.2013, 1 StR 585/12, NStZ 2013, S. 342.

§ 127 StPO). Maßgeblich ist, dass diese Person eine „Tat" begangen hat. Der BGH lässt starke Verdachtsmomente für eine „Tat" ausreichen, weil die Bürger zur Zivilcourage motiviert und nicht durch Unsicherheit, ob eine Tat tatsächlich vorliegt, zurückgehalten werden sollen. Bei der Festnahme ist die Verhältnismäßigkeit zu beachten. Wenn der Tatverdächtige sich wehrt, sind alle Mittel erlaubt – auch leichte Körperverletzungen und Sachbeschädigungen –, die mit der Festnahme zwangsläufig verbunden sind. Eine wilde Verfolgungsjagd ist allerdings nicht erlaubt. Die Straßenverkehrsordnung dient dem Allgemeininteresse und Beeinträchtigungen sind nicht durch § 127 StPO zu rechtfertigen.

4.4.6 Handeln auf Befehl

Ein Soldat handelt nicht schuldhaft, wenn die befohlene Handlung rechtmäßig ist. Der Soldat kann die Ausführung verweigern, wenn die befohlene Handlung unrechtmäßig ist. Dem Befehl zu einem gezielten Abschuss eines Passagierflugzeugs, das Entführer über bewohntem Gebiet zum Absturz bringen wollen, könnte der Soldat gemäß § 11 Abs. 2 Soldatengesetz den Gehorsam verweigern. Danach darf ein Befehl nicht befolgt werden, wenn dadurch eine Straftat begangen würde.

Ein rechtswidriger Befehl zur Begehung eines Vergehens oder Verbrechens entschuldigt einen Soldaten oder Beamten, der nicht erkennt, dass die Ausführung des Befehls eine Straftat darstellt. Dieser Schuldausschließungsgrund ist in § 3 Völkerstrafgesetzbuch und § 5 Wehrstrafgesetz geregelt.

4.4.7 Zivilrechtlicher Notstand

Von einer Sache geht eine Gefahr aus, die entweder durch Zerstörung oder Beschädigung *dieser* (§ 228 BGB) oder einer *anderen* Sache (§ 904 BGB) abgewendet werden kann.

▶ BEISPIEL

A wird von dem wertvollen Rassehund des G, bei dem er zu Besuch ist, angegriffen. A nimmt einen Bierkrug des G und schlägt ihn dem Hund auf den Schädel. Der Hund stirbt, der Krug zerbricht. Objektiv hat A eine Sachbeschädigung an dem Hund (der nach § 90a BGB wie eine Sache behandelt wird) und an dem Krug begangen. Dies war gerechtfertigt, weil von dem Hund eine Gefahr ausging; der Bierkrug hat als „andere Sache" dazu gedient, die Gefahr abzuwehren. A hat sich nicht strafbar gemacht. ◄

4.4.8 Wahrnehmung berechtigter Interessen

Eine Beleidigung oder üble Nachrede ist nicht strafbar, wenn sie zur Wahrnehmung berechtigter Interessen vorgenommen wurde (§ 193 StGB), wenn z. B. ein Kritiker abwertende Äußerungen über die Leistung eines Künstlers veröffentlicht.

4.5 Schuld, Schuldausschließungs- und Entschuldigungsgründe
4.5.1 Schuld

Das deutsche Strafrecht ist *Schuld*strafrecht, d. h. ein Täter kann nur bestraft werden, wenn er schuldhaft handelte. Schuld bedeutet, dass dem Täter sein Verhalten vorgeworfen werden kann. Grundsätzlich basiert das Strafrecht auf der Annahme, dass jeder Mensch (ab einem bestimmten Alter) einen freien Willen hat und zwischen Gut (straffreies Verhalten) und Böse (strafbares Verhalten) unterscheiden kann. **Willensfreiheit** bedeutet, dass eine Person die Wahl zwischen Alternativen hat; sie kann anders handeln bzw. sich anders entscheiden, als sie es tatsächlich tut. Welche Wahl getroffen wird, hängt entscheidend von der Person selbst ab. Wie die Person handelt oder sich entscheidet, unterliegt ihrer Kontrolle. Diese Kontrolle darf nicht durch Zwang ausgeschlossen sein. Wer frei in seiner Entscheidung ist, ist für ein verbotenes Tun verantwortlich und wird dafür sanktioniert. Von der grundsätzlichen Annahme der Willensfreiheit macht das Gesetz Ausnahmen, weil nicht jeder Mensch in jeder Situation frei in seiner Entscheidung ist. Dann kann ihm sein Verhalten nicht vorgeworfen werden; er handelt ohne (oder mit verminderter) Schuld.

Zur Schuld gehört das **Unrechtsbewusstsein**, d. h. das Wissen, dass eine Handlung verboten ist. Dabei reicht die *Möglichkeit* aus, das Verbotene eines Tuns zu kennen. Es muss keine Kenntnis des konkreten Gesetzes bestehen, das das Verbot enthält. Es genügt zu wissen, dass „man" eine bestimmte Handlung „nicht tun darf".

Hat jemand objektiv und subjektiv den Tatbestand eines Strafgesetzes verwirklicht und war dieses Handeln rechtswidrig, ist in aller Regel davon auszugehen, dass der Täter auch schuldhaft gehandelt hat. Tatbestand und Rechtswidrigkeit sind Indizien für die Schuld. Indizien können widerlegt werden. Derjenige, der tatbestandlich und rechtswidrig gehandelt hat, kann trotzdem ohne Schuld sein. Das StGB unterscheidet zwei große Gruppen von Zuständen oder Verhaltensweisen, in denen ein schuldhaftes Handeln widerlegt oder aus gesetzlichen Gründen nicht angenommen wird: Schuldausschließungs- und Entschuldigungsgründe.

4.5.2 Schuldausschließungsgründe

Die Schuld kann ausgeschlossen oder vermindert sein, z. B. aufgrund des Alters. **Kinder** (bis zur Vollendung des 14. Lebensjahres) sind von Gesetzes wegen **strafunmündig**, d. h. sie können strafrechtlich nicht zur Verantwortung gezogen werden. Sie unterliegen den jugendrechtlichen Maßnahmen des SGB VIII (Kinder- und Jugendhilfe). Für sie sind die Träger der öffentlichen Jugendhilfe (z. B. Jugendamt) zuständig. **Jugendliche** (vom 14. bis zur Vollendung des 18. Lebensjahres) sind **bedingt schuldfähig** und unterliegen dem Jugendstrafrecht. Bei **Heranwachsenden** (bis zur Vollendung des 21. Lebensjahres) ist im konkreten Fall vom Gericht zu entscheiden, ob sie nach Jugend- oder allgemeinem Strafrecht abgeurteilt werden. Die Frage der Schuldfähigkeit wird durch diese Unterscheidung nicht berührt.

(a) **Schuld*un*fähig** sind Personen (§ 20 StGB), die bei Begehung der Tat wegen einer krankhaften seelischen Störung, einer tiefgreifenden Bewusstseinsstörung, Intelligenzminderung oder einer schweren anderen seelischen Störung nicht in der Lage sind, das Unrecht der Tat einzusehen (fehlende Einsichtsfähigkeit) oder diese Einsicht haben, aber nicht in der Lage sind, danach zu handeln (fehlende Steuerungsfähigkeit). Umgangssprachlich wird auch von „Unzurechnungsfähigkeit" gesprochen. Ob eine dieser Störungen vorliegt, beurteilt in der Regel ein medizinischer, psychologischer oder psychiatrischer Sachverständiger. Er stellt nur den Zustand des Beschuldigten fest; ob daraus eine Schuldunfähigkeit resultiert, unterliegt der Beurteilung des Gerichts.

(b) Die **verminderte Schuldfähigkeit** (§ 21 StGB) ist eine herabgesetzte Fähigkeit des Täters aus den in § 20 StGB genannten Gründen, das Unrecht seines Tuns einzusehen oder danach zu handeln. Die Strafe kann in diesem Fall gemildert werden.

Da berauschende Mittel – wenn auch nur zeitweise – die Hirntätigkeit beeinträchtigen, kann eine (eingeschränkte) Schuldunfähigkeit durch übermäßigen Alkohol-, Drogen- oder Medikamentenkonsum eintreten. Wenn der Täter aufgrund der Intoxikation „nicht mehr weiß, was er tut", d. h. seine Einsichts- oder Steuerungsfähigkeit verloren hat, handelt er ohne Schuld.

(c) Von potenzieller Schuldunfähigkeit aufgrund **Alkoholkonsums** wird in der Regel ab einem Promillewert von 3,0 ‰ ausgegangen. Hinsichtlich der vorgeworfenen Tat kann (wegen unterschiedlich hoher Hemmschwellen) differenziert werden. Geht es z. B. um ein Tötungsdelikt, ist eine Blutalkoholkonzentration von 3,3 ‰ als Orientierungswert maßgeblich. Ab 2,0 ‰ sollte eine verminderte Schuldfähigkeit geprüft werden. Das sind keine absoluten Werte, nur Anhaltspunkte, bei denen das Gericht die Schuld*un*fähigkeit prüfen muss. Im Einzelfall können alkoholgewohnte und ansonsten abstinente Personen unterschiedlich beurteilt werden.

Nicht jede Schuldunfähigkeit nach Alkoholkonsum führt auch zwingend zur Straffreiheit:

- Wer sich vorsätzlich oder fahrlässig in einen Rausch versetzt, der ihn schuldunfähig macht, und in diesem Zustand eine Straftat begeht, kann wegen **Vollrausches** (§ 323a StGB) bestraft werden. Der klassische Fall ist der, dass jemand aufgrund früherer Erfahrung weiß, dass er unter Alkoholeinfluss zur Aggressivität neigt. Wer sich trotzdem betrinkt und in diesem Zustand einen anderen verletzt, wird auch dann bestraft, wenn er „sinnlos" betrunken war.
- Wer schon vor dem Rausch eine Ursache für die spätere Straftat setzt (sog. **vorverlegte Schuld**), wird wegen des im Rausch begangenen Delikts bestraft, weil sein Verschulden bereits vor dem Alkoholgenuss liegt, z. B. wer den Kfz-Schlüssel in der Tasche hat, sich in der Kneipe betrinkt und dann betrunken seinen Pkw fährt.

4.5.3 Entschuldigungsgründe

Überschreitet der Angegriffene das gebotene Maß einer Notwehrhandlung (sog. **Notwehrexzess**, § 33 StGB), ist das Übermaß der Abwehrhandlung rechtswidrig. Handelt er übermäßig aus „Verwirrung, Furcht oder Schrecken", so ist sein Handeln ohne Schuld und er wird nicht bestraft (§ 33 StGB). Diese Gemütsregungen werden als *asthenische Affekte* (gr. asthenés = schwach, kraftlos, matt) bezeichnet, weil sie sich aus einem Gefühl der Schwäche und Unterlegenheit entwickeln. *Sthenische Affekte* wie Wut, Hass, Zorn oder Kampfeseifer entwickeln sich aus einem Gefühl der Stärke heraus, fallen also nicht unter die Entschuldigungsgründe, wenn sie Auslöser für die Überschreitung der gebotenen Notwehr sind. Die schwierige Aufgabe des Gerichts ist weniger die rechtliche Einordnung als die Beurteilung der Motivation des Abwehrenden.

▶ BEISPIEL

T will die Tankstelle des O überfallen. Er zielt mit einer Pistole auf den O und brüllt, O solle die Kasse leerräumen. O gerät in Todesangst und befolgt die Anweisungen des T. Als T in Richtung Eingangstür schaut, ob keine weiteren Kunden kommen, greift O nach einem Baseballschläger und schlägt auf T ein. Die Pistole fliegt in eine Ecke. Bis hierhin hat O in Notwehr gehandelt. Er ist weiterhin in Todesangst und erkennt nicht, dass T fliehen will. O schlägt erneut zu. T sinkt bewusstlos zu Boden. O überschreitet die gebotene Notwehr, bleibt aber straflos, weil der zweite Schlag auf seiner Angst beruht. Anders wäre der Fall, wenn O noch einmal zugeschlagen hätte, damit T nicht „so einfach davonkommt". Er handelt nicht mehr mit dem Willen sich zu verteidigen, sondern aus Zorn oder Rache wegen des Überfalls. Damit macht er sich der (gefährlichen) Körperverletzung schuldig.[20] ◀

Der **entschuldigende Notstand** (§ 35 StGB) stellt denjenigen straffrei, der zur Abwehr einer gegenwärtigen Gefahr für Leben, Leib und Freiheit von sich oder einer nahestehenden Person eine rechtswidrige Tat begeht.

▶ BEISPIEL

A und B sind die einzigen Überlebenden eines Schiffsunglücks. Sie treiben auf dem offenen Meer, können aber eine Holzplanke ergreifen. Die Planke ist jedoch nicht stabil genug, um beide tragen zu können. Daher stößt A den schwächeren B von der Planke, um sein eigenes Leben zu retten. Das Beispiel ist als „Brett des Karneades", einem griechischen Philosophen im 3./2. Jahrhundert v. Z., in die Geschichte eingegangen. Nach deutschem Recht hätte A ein Tötungsdelikt begangen, bliebe aber wegen eines entschuldigenden Notstandes straffrei. Es handelt sich insoweit um einen Fall der **Unzumutbarkeit normgerechten Verhaltens**. Die Gefahr, an Stelle des anderen oder gemeinsam mit ihm zu ertrinken, war unzumutbar. ◀

---

20 Instruktiv: BGH 27.10.2015, 3 StR 199/15, NStZ 2016, S. 333 (Keine Rechtfertigung oder Entschuldigung bei Tötung eines flüchtenden Räubers).

4.6 Strafausschließungs- und Strafaufhebungsgründe

Selbst wenn die Beweisaufnahme eine tatbestandsmäßige, rechtswidrige und schuldhafte Tat feststellt, gibt es Ausnahmen von der Strafbarkeit. Nicht bestraft wird ein Täter, wenn bestimmte Gründe die Strafe von vornherein ausschließen (Straf*ausschließungs*gründe) oder nachträglich aufheben (Straf*aufhebungs*gründe).

4.6.1 Strafausschließungsgründe

Straffrei aus gesetzlichen Gründen bleibt, wer

- zugunsten eines Angehörigen (§ 11 Nr. 1 StGB) eine Strafvereitelung begeht (§ 258 Abs. 6 StGB);
- bei einem Beischlaf zwischen Verwandten (Inzest) selbst noch nicht 18 Jahre alt ist (§ 173 Abs. 3 StGB);
- als Abgeordneter des Bundestages, der Bundesversammlung oder eines Landtages den Schutz der Indemnität genießt (§ 36 StGB);
- als Beteiligter an einer Straftat einem anderen Beteiligten Hilfe leistet, um ihm die Vorteile der Tat zu sichern (Begünstigung, § 257 Abs. 3 StGB). Ausnahme: Strafbar ist, einen Unbeteiligten zur Begünstigung eines anderen Beteiligten anzustiften;
- mit einer Strafvereitelung zu seinen eigenen Gunsten handelt (§ 258 Abs. 5 StGB).

4.6.2 Strafaufhebungsgründe

Bestimmte Verhaltensweisen oder Zeitabläufe können bei der eigentlich strafbaren Tat zur nachträglichen Straflosigkeit führen.

(a) **Rücktritt vom Versuch**: Die Strafbarkeit wird aufgehoben, wenn der Täter freiwillig (!) die Tat aufgibt, solange sie noch nicht vollendet ist, so dass der strafrechtliche Erfolg nicht eintritt, z. B. wenn der Einbrecher wieder umkehrt, bevor er eine Sache entwendet hat. Ebenso wird straffrei, wer für den Eintritt des Erfolges alles Erforderliche getan hat, diesen aber aktiv verhindert, z. B. wenn der Brandstifter die von ihm gelegte Feuerfalle vor dem Entzünden wieder beseitigt. Der Versuch darf noch nicht entdeckt sein und der Täter muss freiwillig von der Tat ablassen. Auf dem Weg zum beabsichtigten Erfolg bereits begangene andere Straftaten bleiben strafbar. Hat der Einbrecher bereits das Fenster aufgehebelt, durch das er in ein Haus einsteigen will, ist er – wenn er aufgibt – vom Delikt des Diebstahls in besonders schwerem Fall (§ 243 StGB) strafbefreiend zurückgetreten, hat aber eine Sachbeschädigung an dem Fenster vollendet. Wird der Täter vor Vollendung der Tat gestört und ergreift die Flucht, liegt kein Rücktritt vom Versuch vor, da er den Versuch nicht freiwillig aufgibt. Der fehlgeschlagene Versuch ist strafbar.

(b) **Rücknahme des Strafantrages** bei einem Antragsdelikt: Bei einem absoluten Antragsdelikt entfällt mit der Rücknahme des Strafantrages durch den Berechtigten (Geschädigter, Angehöriger usw.) die Strafbarkeit (§ 77d StGB), da der Strafantrag notwendige Voraussetzung für die Strafverfolgung ist. Bei einem relativen Antragsdelikt kann die Staatsanwaltschaft bei fehlendem Strafantrag das besondere öffentliche Interesse bejahen und die Strafverfolgung (weiter) betreiben.

(c) Eintritt der **Verjährung** (§§ 78 ff. StGB): Die Verfolgung von Straftaten kann nach Ablauf einer bestimmten Zeit nach Begehung der Tat verjähren. Lediglich Mord ist von einer Verjährung ausgenommen (§ 78 Abs. 2 StGB). Die Verjährungsfristen richten sich nach der Höhe der Strafe, die eine Norm androht (vgl. § 78 Abs. 3 StGB). Eine Verjährung kann durch verschiedene Ereignisse (Haftbefehl, Durchsuchung, Vernehmung usw.) unterbrochen werden, so dass die Frist erneut beginnt (§ 78c Abs. 1, 3 StGB). Endgültig tritt Verjährung nach Ablauf der doppelten Frist ein, die im Gesetz vorgesehen ist (absolute Verjährung).

4.7 Irrtum

Der Mensch kann sich irren. Der Irrtum kann bei der Beurteilung der Strafbarkeit beachtlich sein. Er kann sich auf einzelne Elemente des Tatbestandes beziehen oder auf das Verbotene einer Handlung an sich.

4.7.1 Irrtum über den Tatbestand

Irrt sich der Täter über Merkmale, die zum gesetzlichen Tatbestand gehören (die die verbotene Handlung beschreiben, **Tatbestandsirrtum**), handelt er ohne Vorsatz (§ 16 Abs. 1 StGB). Nimmt der Täter irrtümlich Umstände an, die eine mildere Straftat darstellen, wird er nach dem milderen Gesetz bestraft (§ 16 Abs. 2 StGB).

Der Täter kann sich über die **Person** oder die **Sache** irren, gegen die sich seine „Tat" richtet (Tatobjekt). Nimmt jemand z. B. im Lokal versehentlich einen fremden Mantel mit, irrt er sich über das Merkmal „fremd" in § 242 StGB. Anders liegt der Fall, wenn A den B töten will, versehentlich aber den C erschießt. Hier ist die Verwechselung unbeachtlich, da A jedenfalls den Vorsatz hat, „einen Menschen" (§ 212 StGB) zu töten. Es wird auch die Meinung vertreten, die Wertung hinsichtlich der beiden Tatobjekte „Mensch" getrennt zu betrachten, dann handelt es sich bezüglich A (der gemeint war, aber nicht getroffen wurde) nur um den Versuch des Tötungsdelikts (Mord oder Totschlag) und bezüglich B um fahrlässige Tötung – beide Delikte in Tateinheit, da sie mit ein und derselben Handlung verwirklicht wurden.

Der Irrtum kann sich auch auf den **Ablauf** der Tat beziehen. Die Abweichung des tatsächlichen Ablaufs von dem gedachten muss so erheblich sein, dass der Täter sie unter keinen Umständen in seine Überlegung einbeziehen konnte. Nur dann entfällt der Vorsatz. Ob das Abweichen des Ablaufs „erheblich" war (vom Täter vorhergesehen werden konnte), können Schöffen beurteilen, indem sie den Fall aus der Perspektive des Täters *vor und bei der Tat* – und nicht vom Ergebnis her – betrachten.

Beruht der Irrtum über ein Merkmal des Tatbestandes auf **Fahrlässigkeit**, kann der Angeklagte ggf. wegen fahrlässiger Begehung dieses Deliktes bestraft werden, wenn die Fahrlässigkeit unter Strafe gestellt ist. Bei der „Wegnahme" des Mantels aus der Garderobe durch Verwechselung erübrigt sich eine Prüfung auf Fahrlässigkeit, weil ein Diebstahl nach dem Gesetz nur vorsätzlich begangen werden kann.

4.7.2 Irrtum über das Verbotene des Tuns

Fehlt dem Täter bei der Begehung einer Tat unvermeidbar die Einsicht, Unrecht zu tun, d. h. irrt er über das Vorhandensein einer Verbotsnorm („*Was ich tue, ist nicht strafbar, weil es dafür kein Strafgesetz gibt*") oder über den Umfang der Norm („*Was ich tue, ist noch nicht im strafbaren Bereich*"), wird er nicht bestraft (sog. **Verbotsirrtum**, § 17 StGB). Einsicht in das Unrecht eines Tuns hat der Täter, wenn er sich bewusst ist, eine Rechtsnorm (nicht unbedingt des Strafrechts) zu verletzen. „Unvermeidbar" ist ein Irrtum über das Unrecht, wenn der Täter pflichtgemäß eine Erkundigung eingeholt, aber keine zuverlässige Auskunft erhalten hat. Selbst Auskünfte eines Experten (z. B. Rechtsanwalt) können einen Irrtum nicht unvermeidbar machen, wenn das Unerlaubte dem Rechtsunkundigen bei mäßiger „Anspannung von Gewissen und Verstand" leicht erkennbar ist.

Gerade bei der Beurteilung der Frage, worüber der Nichtjurist sich irren und inwieweit das Gericht einen Irrtum dem Angeklagten abnehmen kann, können Schöffen einen wertvollen Beitrag leisten. Manchmal ist aus ihrer Sicht besser zu beurteilen, was an Wissen in der Bevölkerung vorausgesetzt werden kann. Viele Kenntnisse hält der Jurist für selbstverständlich, die dem nicht juristisch vorgebildeten Bürger keineswegs geläufig sind. War der Irrtum unvermeidbar, erfolgt Freispruch wegen dieser Tat. War der Irrtum vermeidbar, wird der Angeklagte verurteilt. Sind die Umstände des Irrtums nachvollziehbar, muss das Gericht über eine Milderung der Strafe entscheiden (§ 49 Abs. 1 StGB). Irrt sich der Täter bei Begehung der Tat über Umstände, welche ihn entschuldigen würden, wird er nur bestraft, wenn er den Irrtum vermeiden konnte. Die Strafe ist dann aber nach den Maßstäben des § 49 Abs. 1 zu mildern.

II. Sanktionensystem

Für den Fall der Verurteilung hält das StGB eine Bandbreite von Sanktionen bereit. Das deutsche Strafrecht ist „zweispurig" und enthält Strafen sowie Maßregeln der Besserung und Sicherung. Während die Strafe an die Schuld des Täters knüpft, stellt die Maßregel auf seine Sozialgefährlichkeit ab.

1. Sanktionen ohne Strafcharakter
1.1 Einstellung des Verfahrens

Auch die Einstellung des Verfahrens hat sanktionierenden Charakter (§§ 153 ff. StPO), vor allem die Einstellung nach § 153a StPO gegen Auflagen und Weisungen. Sie setzt das Bestehen eines „hinreichenden" Tatverdachts (wie bei der Erhebung der Anklage) voraus und beinhaltet weder eine Feststellung der Schuld noch der

Begehung der Tat.[21] Die (notwendige) Zustimmung des Angeklagten bedeutet kein Eingeständnis einer Schuld. Ihre Erforderlichkeit ist darin begründet, dass der Angeklagte in der öffentlichen Wahrnehmung weniger rehabilitiert wird als durch einen Freispruch.[22]

Die StPO kennt für die Hauptverhandlung folgende Einstellungen:
- Der Tatvorwurf wäre **geringfügig** und es besteht kein Strafverfolgungsinteresse (§ 153 StPO), z. B. bei Mitverschulden des Opfers, erheblichen Belastungen durch die Tat für den Täter selbst, erfolgter Wiedergutmachung des Schadens.
- Das Strafverfolgungsinteresse kann durch Erfüllung von **Weisungen** und **Auflagen** befriedigt werden (§ 153a StPO), z. B. durch Wiedergutmachung des Schadens, Zahlung eines Geldbetrages an eine gemeinnützige Einrichtung oder die Staatskasse, sonstige gemeinnützige Leistungen, Täter-Opfer-Ausgleich. Das Verfahren wird in der Hauptverhandlung vorläufig, nach Erfüllung der Auflage außerhalb der Hauptverhandlung endgültig eingestellt.
- Straftaten des Angeklagten (in diesem oder anderen Verfahren) haben ein größeres Gewicht und **geringere Taten** werden ausgeklammert (§§ 154, 154a StPO), etwa um das laufende Verfahren zu beschleunigen.
- Das Steuerstrafverfahren bietet in § 398 AO eine weitere Möglichkeit, Straftaten geringen Umfanges bei geringer Schuld des Täters oder Begünstigten einzustellen.

Eine besondere **Einstellung bei Drogendelikten** kennt § 37 Abs. 2 BtMG. Bis zum Ende der Hauptverhandlung kann das Gericht mit Zustimmung der Staatsanwaltschaft das Verfahren vorläufig einstellen, wenn der drogenabhängige Angeklagte nachweist, dass er sich in einer der Rehabilitation dienenden Behandlung befindet oder zusagt, sich einer solchen zu unterziehen, und der Beginn der Behandlung gewährleistet ist. Mit der Einstellung soll Druck auf den Angeklagten ausgeübt werden, damit dieser sich angesichts der drohenden Verurteilung einer Behandlung unterzieht. Die Einstellung ist ausgeschlossen, wenn eine Freiheitsstrafe von mehr als zwei Jahren zu erwarten ist. Der Angeklagte hat zu bestimmten Zeitpunkten nachzuweisen, dass er sich noch in der Behandlung befindet. Das Verfahren wird fortgesetzt, wenn die Behandlung nicht bis zum Abschluss durchgeführt wird oder der Angeklagte erneut eine einschlägige Straftat begeht. Wird das Verfahren innerhalb von zwei Jahren nicht wieder aufgenommen, wird es endgültig eingestellt; der Angeklagte kann dann wegen dieser Tat nicht mehr verfolgt werden. Die Einstellung nach dem BtMG kommt gegen jeden Täter nur einmal in Betracht.

1.2. Verwarnung mit Strafvorbehalt

Die Verwarnung mit Strafvorbehalt (§ 59 StGB) ist keine Strafe; diese bleibt lediglich einer eventuellen späteren Entscheidung vorbehalten. Das Gericht stellt fest, dass der Angeklagte eine Straftat begangen hat, verwarnt ihn und behält eine

---
21 BVerfG 16.1.1991, 1 BvR 1326/90, NJW 1991, S. 1530.
22 BVerfG 29.5.1990, 2 BvR 254/88, 1343/88, NStZ 1990, S. 598.

der Höhe nach bestimmte Geldstrafe bis zu 180 Tagessätzen vor. Die Geldstrafe wird endgültig festgesetzt, wenn der Angeklagte gegen die Auflagen verstößt, die ihm mit der Verwarnung erteilt werden, insbesondere wenn er erneut straffällig wird. Nach Ablauf der Frist von mindestens einem Jahr, höchstens zwei Jahren, in der sich der Angeklagte straffrei zu führen und ggf. weitere Auflagen zu erfüllen hat, stellt das Gericht fest, dass es mit der Verwarnung sein Bewenden hat. Die Geldstrafe muss dann nicht bezahlt werden. Untechnisch ausgedrückt könnte die Verwarnung als „Geldstrafe zur Bewährung" bezeichnet werden, kommt sie doch in ihren Auswirkungen einer Bewährungssanktion nahe, weil der Verurteilte durch Wohlverhalten die Befreiung von der Sanktion erlangen kann.

Voraussetzungen für die Verwarnung sind:

- Es muss sich um eine Straftat handeln, für die eine Geldstrafe von nicht mehr als 180 Tagessätzen schuldangemessen wäre.
- Das Gericht muss die Prognose stellen, dass der Täter auch ohne eine Verurteilung keine Straftat mehr begehen wird.
- Es müssen besondere Umstände in der Tat *und* der Person des Täters festgestellt werden, die den Verzicht auf die Bestrafung nahelegen. Die Praxis dehnt diese Merkmale aus und lässt besondere Umstände in der Tat *oder* der Person ausreichen.

Eine Verwarnung ist ausgeschlossen, wenn eine Bestrafung zur Verteidigung der Rechtsordnung geboten ist.

§ 59 StGB wird (zu) selten angewandt, obwohl er kriminalpolitisch eine große Bedeutung hat. Besonders bei Bagatelltaten oder wenn eine Geldstrafe unangebracht ist (z. B. bei einer Unterhaltspflichtverletzung), sollte die „Verwarnung" häufiger eingesetzt werden. Sie kann mit Auflagen und Weisungen verbunden werden (Wiedergutmachung eines Schadens, Einhalten der Unterhaltsverpflichtung, ambulante Heilbehandlung oder Entziehungskur, sozialer Trainingskurs, Verkehrsunterricht, Geldbuße an eine gemeinnützige Organisation, vgl. § 59a StGB) und bietet sich – taktisch – auch dann an, wenn eine vorläufige Einstellung nach § 153a StPO an der mangelnden Zustimmung der Staatsanwaltschaft scheitert.

Die Verwarnung ist auf keine bestimmten Taten begrenzt; es sind keine Deliktgruppen ausgeschlossen. Theoretisch kommt ihre Anwendung sogar bei Verbrechen in Betracht, wenn aufgrund von mehreren Verschiebungen des Strafrahmens (minder schwerer Fall, Versuch usw.) eine Freiheitsstrafe unter sechs Monaten verhängt werden kann, die in eine Geldstrafe umgewandelt werden soll (§ 47 Abs. 2 StGB).[23] Die Verwarnung wird nicht in ein Führungszeugnis eingetragen (§ 32 Abs. 2 Nr. 1 BZRG).

---

23 *Gerhard Schäfer/Günther M. Sander/Gerhard van Gemmeren*, Praxis der Strafzumessung, 5. Aufl., 2012, Rn. 92.

▶ BEISPIEL

Die bekannteste Entscheidung nach § 59 StGB ist die gegen den ehemaligen Frankfurter Vize-Polizeipräsidenten *Daschner*, der einem Entführer zur Auffindung des Verstecks des entführten Kindes die Zufügung von Schmerzen angedroht hatte. Das LG Frankfurt/M. hat eine strafbare Handlung angenommen, die Motive aber für nachvollziehbar erachtet und lediglich eine Verwarnung erteilt.[24] ◀

1.3. Absehen von Strafe

In den Fällen, in denen der Täter von den Folgen seiner Tat selbst so schwer getroffen ist, dass eine Bestrafung offensichtlich ihren **Zweck verfehlen** würde, hat das Gericht die Möglichkeit, von Strafe abzusehen (§ 60 StGB). Es bleibt dann im Urteil bei der bloßen Feststellung, dass der Angeklagte sich einer bestimmten Straftat schuldig gemacht hat, von der Festsetzung einer Strafe aber abgesehen wird. Voraussetzung ist, dass keine Freiheitsstrafe von mehr als einem Jahr für diese Straftat zu verhängen wäre. Nicht nur unmittelbare Folgen (bei dem vom Angeklagten verschuldeten Unfall kommt dessen eigenes Kind ums Leben; der Brandstifter erleidet selbst schwere Brandverletzungen), auch mittelbare Folgen der Tat können zu einem Absehen von Strafe führen (Kündigung des Arbeitsplatzes wegen der Straftat). Von Strafe abgesehen werden kann auch bei tätiger Reue (§ 153e StPO), Provokation des Täters durch den Geschädigten oder Aufklärungshilfe durch den Angeklagten. Wird eine Beleidigung auf der Stelle mit einer Beleidigung erwidert, kann für beide Täter oder einen von ihnen von Strafe abgesehen werden (§ 199 StGB).

2. Geldstrafe, Ersatzfreiheitsstrafe

Die Geldstrafe (§§ 40 ff. StGB) ist die mit Abstand am häufigsten verhängte Strafe. Sie soll den Wohlhabenden in gleicher Weise treffen wie den Einkommensschwachen. Deshalb wird sie nach dem sog. **Tagessatzsystem** bemessen. Die **Anzahl** der Tagessätze richtet sich nach der Schuld des Täters und beträgt für eine Straftat mindestens fünf, höchstens 360 Tagessätze (§ 40 Abs. 1 Satz 2 StGB). Für mehrere selbstständige Taten kann eine Gesamtgeldstrafe bis zu 720 Tagessätzen verhängt werden (§ 54 Abs. 2 StGB). Die **Höhe** eines Tagessatzes beträgt mindestens 1,00 €, höchstens 30.000,00 € und richtet sich nach den persönlichen und wirtschaftlichen Verhältnissen des Angeklagten (§ 40 Abs. 2 StGB). Das bedeutet in absoluten Zahlen, dass die Mindeststrafe 5,00 € (5 x 1,00 €) beträgt, die höchste Geldstrafe 10,8 Mio. € für eine Tat (360 x 30.000,00 €) bzw. 21,6 Mio. € bei einer Gesamtgeldstrafe (720 x 30.000,00 €).

Grundlage zur Berechnung der Höhe eines Tagessatzes ist das „bereinigte **Nettoeinkommen**". Die Faustformel lautet: *Nettoeinkommen minus Unterhaltspflichten minus besondere Belastungen dividiert durch 30 = Höhe des Tagessatzes.* Diese Formel

---

[24] LG Frankfurt/M. 20.12.2004, 5/27 KLs 7570 Js 203814/03 (4/04), RohR 2005, S. 97.

lässt dem Gericht bei der Berechnung des Nettoeinkommens oder der besonderen Belastungen Ermessensspielräume. Den Umständen des Einzelfalles entsprechend bestimmt das Gericht, welche Faktoren in welcher Höhe als einkommenserhöhend oder einkommensmindernd beurteilt werden. Auch hier hat die Rechtsprechung Anhaltspunkte entwickelt. Der Unterhaltsanspruch der nicht verdienenden Ehefrau wird mit etwa 20 %, der unterhaltsberechtigten Kinder mit je 10 % des Nettoeinkommens in Abzug gebracht. Aufwand für Krankheiten oder besondere **Lebenshaltungskosten** (diätetische Ernährung eines Diabetikers) können mindernd berücksichtigt werden.

Bei der Bereinigung des Nettoeinkommens können auch ständig wiederkehrende Leistungen in Ansatz gebracht werden, allem voran die Aufwendungen für **Wohnungsmiete**. Dann bleibt auch ein eigenes selbstgenutztes Haus unberechnet. Sieht das Gericht davon ab, die Miete zu berücksichtigen, muss aus Gründen der Gleichbehandlung einem Hauseigentümer der Mietwert des selbstgenutzten Hauses dem Einkommen erhöhend zugerechnet werden; im Gegenzug müssen allerdings Erhaltungsaufwand, Schuldzinsen usw. in Abzug gebracht werden.

Regelmäßiges Einkommen aus **Vermögen** (Zinsen, Erträge aus Vermietung und Verpachtung, Dividenden usw.) erhöht das Nettoeinkommen. Auch *potenzielles* Einkommen, das der Verurteilte beziehen könnte, aber bewusst nicht einnimmt, um sich „arm" zu rechnen, kann als Einkommen gewertet werden. Schulden können vom Einkommen abgezogen werden, soweit nicht den Verbindlichkeiten ein Zuwachs an konkretem Vermögen gegenübersteht (z. B. die Hypothekentilgungen decken den Erwerb der Immobilie ab, die Zinsen sind ggf. abzugsfähiger Aufwand). Bereits im Urteil sollte eine angemessene **Ratenzahlung** festgesetzt werden, da die wenigsten Verurteilten die gesamte Strafe auf einmal bezahlen können.

Das Gericht hat bei der Festsetzung des Strafmaßes darauf zu achten, welche Folgen durch die Geldstrafe eintreten können. Dabei ist nicht nur auf den Schuldindikator „Zahl" der Tagessätze, sondern auch (vielleicht sogar vor allem) auf den wirtschaftlichen Indikator „Höhe des Tagessatzes" Sorgfalt aufzuwenden. Schöffen haben gerade in dieser Hinsicht eine besondere Rolle zu erfüllen, weil der Bezug zur wirtschaftlichen Realität wichtig ist – nach oben wie nach unten. Dem Croupier in einer Spielbank habe ich die angegebenen 800,00 DM im Monat nicht geglaubt und die Schätzung seines Einkommens angekündigt. Danach wurde die Angabe auf 3.000,00 DM korrigiert (Anfang der 1980er Jahre). Noch wichtiger ist die präzise Feststellung des Einkommens im unteren Bereich. Nicht alle Berufsrichter haben eine realistische Vorstellung von den geringen Beträgen, die in bestimmten sozialen Bereichen zum Lebensunterhalt ausreichen müssen.

Im Urteil wird bereits anstelle nicht vollstreckbarer Geldstrafe die **Ersatzfreiheitsstrafe** (§ 43 StGB) festgesetzt. Zwei Tagessätze entsprechen einem Tag Freiheitsstrafe. Dabei ist unerheblich, dass der Verurteilte nicht zahlen *will*, sondern ob er nicht zahlen *kann*. Wer finanzielle Mittel hat und nicht zahlen will, wird gepfändet. Nur der Mittellose muss anstelle der Geldstrafe, die er nicht zahlen kann, ersatzweise eine Freiheitsstrafe verbüßen. Dies führt dazu, dass ein (nur) zu Geldstrafe verurteilter Angeklagter eher im Strafvollzug landen kann als derjenige, der zu einer Freiheitsstrafe auf Bewährung verurteilt wurde.

Aus diesem Grund haben alle Länder von ihrer Kompetenz Gebrauch gemacht, uneinbringliche Geldstrafen durch **Ableistung gemeinnütziger Arbeit** zu vollstrecken (Art. 293 EGStGB). Die Art der Arbeit hat sich nach Fähigkeiten, Können und Leistungsvermögen des Verurteilten zu richten. Weder darf sie ihn überfordern, so dass ein Scheitern vorprogrammiert ist, noch darf sie ihn „demütigen". Nach Ableistung gilt die Ersatzfreiheitsstrafe (und damit die ursprünglich verhängte Geldstrafe) als verbüßt. Der Umfang der Arbeit, die einem Tagessatz entspricht, wird durch Landesrecht geregelt. Wie viele Stunden die gemeinnützige Arbeit pro Arbeitstag dauert, ist in den Bundesländern unterschiedlich. Für einen Tagessatz müssen je nach Bundesland zwischen drei und sechs Stunden Arbeit geleistet werden.

3. Freiheitsstrafe

3.1 Dauer

Die Freiheitsstrafe (§§ 38 f. StGB) ist das letzte Mittel des Strafrechts. Die frühere Unterscheidung zwischen Zuchthaus, Gefängnis und Haft (bis in die Zeit der Weimarer Republik hinein auch Festungshaft) ist der einheitlichen Freiheitsstrafe gewichen. Die Freiheitsstrafe ist entweder zeitlich begrenzt oder – für besonders schwere Straftaten wie Mord, schweren Totschlag oder Raub mit Todesfolge – lebenslang.

3.1.1 Kurze Freiheitsstrafen

Freiheitsstrafen unter sechs Monaten sollen in der Regel in eine Geldstrafe umgewandelt werden, auch wenn das Gesetz eine Mindeststrafe von drei Monaten Freiheitsstrafe androht und keine Geldstrafe (§ 47 Abs. 2 StGB). Die Umwandlung kommt nicht in Betracht, wenn besondere Umstände die Freiheitsstrafe zur Einwirkung auf den Täter oder zur Verteidigung der Rechtsordnung unerlässlich machen. Solche Umstände können in der Schwere einer Verletzung, den psychischen Auswirkungen der Tat, der kriminellen Intensität der Tatbegehung, einer hartnäckigen Missachtung der Rechtsordnung (rasche Wiederholungstaten) oder im Vorleben des Täters gesehen werden. Auch Fahrlässigkeitstaten können bei der „Verteidigung der Rechtsordnung" in Betracht kommen, etwa bei wiederholten fahrlässigen Trunkenheitstaten im Straßenverkehr.

Kommen mehrere kurze Freiheitsstrafen in Betracht, ist die Abwägung, ob eine Umwandlung in eine Geldstrafe erfolgt oder die Freiheitsstrafe zur Verteidigung der Rechtsordnung geboten ist, für jede Einzelstrafe gesondert und nicht erst bei der Bildung der Gesamtstrafe zu treffen.

3.1.2 Zeitige Freiheitsstrafe

Das **Mindestmaß** einer Freiheitsstrafe beträgt einen Monat oder das in der bestimmten Strafnorm festgelegte erhöhte Mindestmaß. Das **Höchstmaß** beträgt 15 Jahre oder das in der Norm festgelegte niedrigere Höchstmaß. Die gesamte Bandbreite der Freiheitsstrafe liegt also bei einem Monat bis zu 15 Jahren. Wird bei mehreren selbstständigen Taten in Tatmehrheit eine **Gesamtstrafe** gebildet, darf sie das Höchstmaß für die einzelne Straftat überschreiten, aber nicht das absolute Höchstmaß von 15 Jahren.

3.1.3 Lebenslange Freiheitsstrafe

Die härteste Strafe, die das deutsche Strafrecht kennt, ist die lebenslange Freiheitsstrafe. Bei Mord ist sie obligatorisch; sie kann auch bei anderen Straftaten verhängt werden, z. B. bei Totschlag im besonders schweren Fall (§ 212 Abs. 2 StGB) oder Landesverrat im besonders schweren Fall (§ 94 Abs. 2 StGB).

Aufgrund einer Entscheidung des Bundesverfassungsgerichts zur Verfassungskonformität der lebenslangen Freiheitsstrafe hat der Gesetzgeber eine Regelung (§ 57a StGB) eingeführt, wonach der Verurteilte nach einer Verbüßung von 15 Jahren erstmalig einen Antrag stellen kann, dass der Rest der Strafe zur Bewährung ausgesetzt wird. In einem Rechtsstaat müsse die Hoffnung auf ein Leben in Freiheit erhalten bleiben.[25] Es tritt aber keine „Entlassungsautomatik" ein, auch nicht bei einer guten Sozialprognose. Die zuständige Große Strafvollstreckungskammer trifft eine Entscheidung im Einzelfall. Wird ein Antrag abgelehnt, setzt das Gericht eine Frist (max. zwei Jahre), binnen derer ein neuer Antrag nicht gestellt werden darf. Eine Bewährung nach 15 Jahren Freiheitsstrafe ist ausgeschlossen, wenn das Gericht im Urteil die **besondere Schwere der Schuld** (§ 57a Abs. 1 Nr. 2 StGB) des Verurteilten feststellt. Das Tatgericht soll „in einer zusammenfassenden Würdigung von Tat und Täterpersönlichkeit die Schuld daraufhin bewerten, ob sie [...] besonders schwer ist".[26] Schuldsteigernde Umstände können in der Tatausführung, den Motiven oder dem Verhalten nach der Tat zu sehen sein. Die Entscheidung, welche Umstände dies sind, trifft das Gericht nach seinem Ermessen, bei der die allgemeinen Grundsätze des Verfahrens wie Verhältnismäßigkeit oder Schuldangemessenheit zu beachten sind.

Unter besonderen Umständen ist auch bei der lebenslangen Freiheitsstrafe die Anwendung strafmildernder Umstände nicht ausgeschlossen. Das zeigt die Entscheidung des BGH zum sog. **Haustyrannen-Fall**.[27] Eine über Jahre von ihrem Mann durch zunehmend aggressivere Gewalttätigkeiten (Faustschläge, Treten der am Boden Liegenden mit Springerstiefeln usw.) und Beleidigungen (Hure, Schlampe, F...) immer wieder erheblich verletzte und gedemütigte Frau hatte ihren schlafenden Ehemann mit dessen Revolver im Bett erschossen. Als sie die Tat beging, sah

---

25 BVerfG 21.6.1977, 1 BvL 14/76, BVerfGE 45, S. 187.
26 BGH 22.11.1994, GSSt 2/94, BGHSt 40, S. 360, 370.
27 BGH 25.3.2003, 1 StR 483/02, NStZ 2003, S. 482.

sie keinen anderen Ausweg mehr, um sich und die gemeinsamen Töchter vor weiteren Tätlichkeiten zu schützen. Der BGH stützte die Auffassung des Landgerichts, dass es sich um einen in Heimtücke begangenen Mord handelte, zog aber die Anwendung eines (strafmildernden) entschuldigenden Notstands in Betracht.

3.1.4 Exkurs: Korrektur der Strafe im Vollzug

Die Bemessung der Strafe durch das Gericht beruht zu einem Teil auch auf der Einschätzung, wie sich der Angeklagte (Verurteilte) im Strafvollzug entwickeln wird, wie die Strafe auf ihn wirken wird. Aus der Erkenntnis, dass Prognosen insbesondere dann schwierig sind, „wenn sie die Zukunft betreffen",[28] hat der Gesetzgeber Möglichkeiten zur Steuerung im Laufe des Strafvollzuges geschaffen. Gemäß § 57 Abs. 1 StGB kann der Rest einer Freiheitsstrafe bis zu zwei Jahren nach der Hälfte der Strafzeit zur Bewährung ausgesetzt werden. Bei Freiheitsstrafen von mehr als zwei Jahren ist eine Strafaussetzung nach Verbüßung von zwei Dritteln der Strafzeit möglich oder wenn die Gesamtwürdigung von Tat, Persönlichkeit und Entwicklung des Verurteilten während des Strafvollzugs ergibt, dass besondere Umstände vorliegen. Die Entscheidung trifft „das Gericht", das das Urteil gefällt hat, allerdings ohne Schöffen. Es wäre eine Sache der Rechtspolitik, auch an den Vollstreckungsentscheidungen Schöffen ebenso zu beteiligen wie an der Ausgangsentscheidung.

3.2 Strafaussetzung zur Bewährung

3.2.1 Voraussetzungen

Die Vollstreckung einer Freiheitsstrafe **bis zu zwei Jahren** kann zur Bewährung (§§ 56 ff. StGB) ausgesetzt werden. Das Gericht setzt mit dem Urteil eine Frist von mindestens zwei, höchstens fünf Jahren für die Dauer der Bewährung fest. Während dieser Zeit hat sich der Verurteilte straffrei zu führen und die ihm erteilten Auflagen zu erfüllen und Weisungen zu befolgen. Verstößt er gegen die Auflagen oder Weisungen oder wird er erneut straffällig, kann die Bewährung widerrufen werden; befolgt er sie, wird die Strafe nach Ablauf der Frist erlassen.

Die **Voraussetzungen** für die Strafaussetzung sind je nach Höhe der Strafe unterschiedlich. Freiheitsstrafen *unter sechs Monaten* werden zwingend zur Bewährung ausgesetzt, soweit dem Verurteilten keine ungünstige Kriminalprognose ausgestellt wird. Freiheitsstrafen *von sechs Monaten bis zu einem Jahr* sind zwingend zur Bewährung auszusetzen, wenn erwartet werden kann, dass sich der Täter schon die Verurteilung zur Warnung dienen lässt und künftig keine Straftaten mehr begehen wird (günstige Kriminalprognose, § 56 Abs. 1 StGB) und nicht die Verteidigung der Rechtsordnung eine Vollstreckung gebietet (§ 56 Abs. 3 StGB). Strafen *von mehr als einem Jahr bis zu zwei Jahren* „können" ausgesetzt werden, wenn nach der Gesamtwürdigung von Tat und Persönlichkeit (günstige Sozialprognose) besondere

---

[28] Das Bonmot wird verschiedenen Personen zugeschrieben, von *G. B. Shaw* und *W. Churchill* bis *M. Twain* und *K. Valentin*.

Umstände vorliegen, die die Aussetzung der Strafe rechtfertigen. In der Praxis werden „besondere" Umstände häufig bereits dann angenommen, wenn „mehrere" Gründe für eine Aussetzung vorliegen (Einsicht, Erstverurteilung, stabiles Umfeld usw.).

Für die vom Gericht zu erstellende **Prognose** gibt es keine verlässlichen wissenschaftlichen (psychologischen, psychiatrischen, soziologischen) Methoden. Die Beurteilung im Zeitpunkt der Hauptverhandlung, ob eine erneute Straffälligkeit wahrscheinlich ist, sich die Verhältnisse des Angeklagten stabilisiert haben oder seit der Tat eine Änderung in der Persönlichkeit eingetreten ist, ist zwar auf Tatsachen zu gründen, lässt den Mitgliedern des Gerichts einen großen Spielraum, aufgrund von Lebenserfahrung und Menschenkenntnis das künftige Verhalten des Verurteilten einzuschätzen.

3.2.2 Auflagen und Weisungen

Dem Verurteilten können **Auflagen** erteilt werden (§ 56b StGB),

- den durch die Tat verursachten Schaden wiedergutzumachen. Die Wiedergutmachung hat Priorität; andere Auflagen soll das Gericht nur insoweit erteilen, wie sie einer Wiedergutmachung des Schadens nicht entgegenstehen;
- einen Geldbetrag zugunsten einer gemeinnützigen Einrichtung zu zahlen, wenn dies im Hinblick auf die Tat und die Persönlichkeit des Täters angebracht ist. Vorzugsweise soll eine Einrichtung bedacht werden, die mit der Straftat (Kinderschutzbund bei Taten gegenüber Kindern, Verkehrswacht bei Verkehrsdelikten usw.) oder generell mit Straftaten in Verbindung stehen (z. B. DBH – Fachverband für Soziale Arbeit, Strafrecht und Kriminalpolitik, Weißer Ring, Deutsche Vereinigung für Jugendgerichte und Jugendgerichtshilfen, Deutsche Stiftung für Verbrechensverhütung und Straffälligenhilfe);
- gemeinnützige Leistungen zu erbringen (vor allem Arbeit in sozialen Einrichtungen wie Jugendzentren, Altenpflegeheimen oder in öffentlichen Anlagen);
- einen Geldbetrag zugunsten der Staatskasse zu zahlen.

Die Länder Hamburg und Berlin haben für Geldauflagen, die gemeinnützigen Projekten zugutekommen sollen, einen Pool eingerichtet, an den die Träger von Projekten Anträge auf Finanzierung stellen können. Diese Anträge sind zu begründen, insbesondere inwieweit das Projekt mit der Vermeidung von Kriminalität (Prävention) oder der Resozialisierung von Verurteilten in Zusammenhang steht. Ein solcher Pool hat den Vorteil, dass Mittel konzentriert werden können und sowohl bei der Bewilligung der Finanzierung als auch bei der Evaluierung des Projekts eine Erfolgskontrolle besteht, insbesondere inwieweit die Mittel in die bloßen Verwaltungskosten einer Organisation eingehen. Über die Bewilligung entscheidet ein Justiz-Gremium aus Richtern, Staatsanwälten und der Senatsverwaltung.

Folgende **Weisungen** sollen dem Verurteilten helfen, keine weiteren Straftaten zu begehen (§ 56c StGB):

- Anordnungen bezüglich des Aufenthaltes (keine Wohnung in einem bestimmten Stadtteil zu nehmen), Ausbildung oder Arbeit, Freizeit (Verbot, bestimmte Vergnügungsstätten zu besuchen) oder Ordnung der wirtschaftlichen Verhältnisse (Einhaltung eines Schuldentilgungsplans);
- Meldung zu bestimmten Zeiten bei Gericht oder einer anderen Stelle (Drogenberatung, Jugendamt);
- Verbot, mit Personen zu verkehren, sie zu beschäftigen, auszubilden oder zu beherbergen, die Gelegenheit oder Anreiz bieten können, Straftaten zu begehen;
- Verbot, Gegenstände zu besitzen, die zu Straftaten benutzt werden können (z. B. Waffen);
- Einhaltung der Unterhaltspflichten.

Nur mit **Einverständnis** des Verurteilten darf ihm die Weisung erteilt werden, sich einer Heilbehandlung oder Entziehungskur zu unterziehen oder hierzu in einem geeigneten Heim oder einer Anstalt Aufenthalt zu nehmen (§ 56c Abs. 3 StGB). Die Liste der Auflagen und Weisungen kann durch weitere Maßnahmen ergänzt werden; sie sind im Gesetz nicht abschließend aufgezählt. Auflagen und Weisungen dürfen den Verurteilten nicht übermäßig belasten (Übermaßverbot).

Der Verurteilte kann der Aufsicht eines **Bewährungshelfers** unterstellt werden, der die Erfüllung der Auflagen und Weisungen überwacht und ihm helfend und betreuend zur Seite steht. Dies soll in der Regel geschehen, wenn eine Freiheitsstrafe von mehr als neun Monaten zur Bewährung ausgesetzt wird und der Verurteilte noch nicht 27 Jahre alt ist (§ 56d Abs. 2, 3 StGB).

4. Nebenstrafen, Nebenfolge, Einziehung

4.1 Nebenstrafen

Im StGB ist als einzige Nebenstrafe das **Fahrverbot** vorgesehen, mit dem für die Dauer von einem Monat bis zu sechs Monaten das Führen eines Kraftfahrzeugs untersagt werden kann (§ 44 StGB). Sie kann zusätzlich zur Strafe festgesetzt werden. Bei einer Verurteilung wegen einer Straftat, die nicht im Zusammenhang mit dem Führen eines Kraftfahrzeugs oder unter Verletzung der Pflichten eines Kraftfahrers begangen wurde, kommt die Anordnung insbesondere dann in Betracht, wenn dies zur Einwirkung auf den Täter oder zur Verteidigung der Rechtsordnung erforderlich scheint bzw. der Vermeidung einer Freiheitsstrafe dienen soll. Der Unterschied zwischen einem Fahrverbot und der Entziehung der Fahrerlaubnis besteht darin, dass beim Fahrverbot die tatsächliche Benutzung eines Kraftfahrzeugs auf Zeit untersagt ist, während der Verurteilte bei der Entziehung der Fahrerlaubnis die öffentlich-rechtliche Erlaubnis zum Führen eines Kraftfahrzeugs verliert. Die Fahrerlaubnis muss er – ggf. durch eine Fahrprüfung oder nach einer medizinisch-psychologischen Untersuchung – erneut erwerben. Außerhalb des StGB sehen § 41a Bundesjagdgesetz das Verbot der Jagdausübung und § 20 Tierschutzgesetz ein Verbot des Haltens oder Betreuens sowie des Handels oder sonstigen berufsmäßigen Umgangs mit Tieren als Nebenstrafe vor.

4.2 Nebenfolgen

4.2.1 Verlust von Rechten

Wer wegen eines Verbrechens zu mindestens einem Jahr Freiheitsstrafe verurteilt wurde, verliert als Nebenfolge gemäß § 45 Abs. 1 StGB *automatisch* für fünf Jahre die Fähigkeit, öffentliche Ämter zu bekleiden (z. B. als Abgeordneter, Schiedsperson, Betreuer, Stadtverordneter) oder Rechte aus öffentlichen Wahlen zu erlangen. In anderen Fällen kann das Gericht sowohl das passive als auch das aktive Wahlrecht für die Dauer von zwei bis fünf Jahren aberkennen, wenn das entsprechende Strafgesetz dies vorsieht, z. B. bei Friedens- und Hochverrat, Landesverrat, Wahlbehinderung, Sabotage (§ 45 Abs. 2, 5 StGB).

4.2.2 Einziehung, Vermögensabschöpfung

Nebenfolge einer vorsätzlich begangenen Straftat kann vor allem die Anordnung der **Einziehung** (§§ 73 ff. StGB) von Gegenständen oder Rechten sein, die der Täter im Zusammenhang mit der Straftat benutzt, hergestellt oder erworben hat. Weder die bei der Tat benutzten Werkzeuge noch die Beute, andere Erträge oder durch die Straftat hergestellte Sachen bzw. deren Wert sollen dem Täter verbleiben. Eine wesentliche Erweiterung der Sanktionen ist die Vermögensabschöpfung, die seit 2017 die Einziehung von **Vermögensgegenständen** unabhängig vom Nachweis einer rechtswidrigen Tat (selbstständig) ermöglicht, wenn das Gericht von ihrer illegalen Herkunft überzeugt ist (§ 76a Abs. 4 StGB). Das Gericht kann seine Überzeugung von der illegalen Herkunft des Gegenstandes „insbesondere auf ein grobes Missverhältnis zwischen dem Wert des Gegenstandes und den rechtmäßigen Einkünften des Betroffenen stützen" (§ 437 StPO). Darüber hinaus kann das Gericht die Einziehung von **Wertersatz** anordnen, also einen Geldbetrag, der dem Wert des ursprünglich erlangten und bereits verwerteten Tatertrages entspricht. Hat der Geschädigte einen zivilrechtlichen Anspruch gegen den Täter, wird der Erlös an ihn ausgezahlt (§ 459h StPO). Der Gesetzgeber wollte erreichen, dass sich Straftäter selbst dann ihrer Beute nicht sicher sein können, wenn die Tat strafrechtlich bereits verjährt ist. Dies soll sogar in den Fällen gelten, in denen die Tat bereits vor Inkrafttreten dieser neuen Vorschriften verjährt war.

▶ BEISPIEL

In einem Fall ging es um die illegale Beschäftigung von 933 bulgarischen Arbeitern in einem niedersächsischen Geflügelbetrieb. Das LG Oldenburg sprach die verantwortlichen Angeklagten 2017 wegen Verjährung frei. Bei dem Unternehmen sollten über 10,5 Mio. € (Gewinn aus illegaler Beschäftigung) eingezogen werden. Das Bundesverfassungsgericht hat die Vermögensabschöpfung auch bei verjährten Straftaten und die rückwirkende Anwendung für verfassungskonform erklärt, da es sich nicht um eine Strafe oder Nebenstrafe, sondern eine Maßnahme eigener Art ähnlich der Rückgabe einer nicht rechtmäßig erworbenen Sache handelt.[29] ◄

Hat ein **Dritter** leichtfertig dazu beigetragen, dass eine Sache zur Begehung einer Straftat benutzt wurde oder den Gegenstand in Kenntnis der Tatumstände in verwerflicher Weise erworben (z. B. Geld aus einem verbotenen Glücksspiel, §§ 295, 286 StGB), kann dieser bei ihm eingezogen werden. Gesonderte Möglichkeiten zur Einziehung gibt es bei Straftaten mit Betäubungsmitteln (§ 33 BtMG) und mit Waffen (§ 54 Waffengesetz). Bei Steuerstraftaten können Erzeugnisse, Waren und andere Sachen, auf die sich die Tat bezieht, sowie Beförderungsmittel, die zur Tat benutzt worden sind, eingezogen werden (§ 375 AO). Werden Schriften mit strafbarem Inhalt eingezogen, wird zugleich angeordnet, dass die zur Herstellung der Schriften bestimmten Vorrichtungen unbrauchbar gemacht werden.

5. Maßregeln der Besserung und Sicherung

Maßregeln (§§ 61 ff. StGB) dienen der Besserung des Verurteilten und der Sicherung der Allgemeinheit vor künftigen Straftaten des Täters. Deshalb können Maßregeln neben der Strafe verhängt werden. Soweit sie der Besserung des Verurteilten dienen sollen, sind die Auswirkungen auf seine Lebensführung in die Bemessung der Strafe einzubeziehen. Wird z. B. die Fahrerlaubnis entzogen, muss eine eventuelle Minderung des Einkommens bei der Berechnung der Geldstrafe einkalkuliert werden. Wird eine freiheitsentziehende Maßregel neben einer Freiheitsstrafe angeordnet, wird in der Regel die Maßregel zuerst vollstreckt (z. B. Unterbringung in einer Entziehungsanstalt) und die Zeit auf die Vollstreckung der Freiheitsstrafe angerechnet.

Gegen einen Angeklagten, der mangels Schuldfähigkeit nicht bestraft werden kann, können die Unterbringung in einem psychiatrischen Krankenhaus oder einer Entziehungsanstalt, die Entziehung der Fahrerlaubnis und das Berufsverbot selbstständig angeordnet werden (§ 71 StGB).

5.1 Unterbringung in einem psychiatrischen Krankenhaus

Die Unterbringung in einem psychiatrischen Krankenhaus (§ 63 StGB) wird angeordnet, wenn

- der Täter eine rechtswidrige Tat begangen, d. h. den Tatbestand einer Straftat objektiv und subjektiv verwirklicht hat, ohne dass dafür ein Rechtfertigungsgrund besteht;
- er schuldunfähig (§ 20 StGB) oder vermindert schuldfähig (§ 21 StGB) ist;
- das Gericht die Prognose stellt, dass von dem Angeklagten weiterhin erhebliche Straftaten zu erwarten sind und er für die Allgemeinheit gefährlich ist. Die Prognose ist auf den Zeitpunkt der Hauptverhandlung abzustellen und aufgrund einer eingehenden Gesamtwürdigung des Täters und der Tat zu treffen.

---

[29] BVerfG 10.2.2021, 2 BvL 8/19, NStZ 2021, S. 413.

Die Unterbringung wird regelmäßig vom Gericht überprüft und dauert so lange, wie die Gefährlichkeit des Untergebrachten fortbesteht.

5.2 Unterbringung in einer Entziehungsanstalt

Die Unterbringung in einer Entziehungsanstalt (§ 64 StGB) wird angeordnet, wenn

- der Täter alkohol-, drogen-, medikamenten- oder von anderen berauschenden Mitteln abhängig ist,
- er im Rausch oder aus Anlass des Rausches eine rechtswidrige Tat begangen hat und
- das Gericht zu der Überzeugung gelangt, dass infolge seines Hanges die Gefahr erheblicher weiterer Taten besteht.

Ein **Hang** besteht, wenn der Grad des Konsums berauschender Mittel zumindest den Grad der psychischen Abhängigkeit erreicht hat. Eine körperliche Abhängigkeit ist nicht unbedingt Voraussetzung. Die Höchstdauer der Unterbringung beträgt zwei Jahre. Eine Unterbringung unterbleibt, wenn eine Entziehungskur, z. B. wegen Therapieunwilligkeit, von vornherein aussichtslos erscheint (§ 64 Satz 2 StGB).

5.3 Unterbringung in der Sicherungsverwahrung

Die Sicherungsverwahrung (§ 66 StGB) ist die geschlossene Verwahrung des Verurteilten nach Verbüßung der Strafe, solange er als gefährlich eingestuft wird. Die Anordnung hat zur Voraussetzung:

- Verurteilung zu Freiheitsstrafe von mindestens zwei Jahren wegen einer in § 66 Abs. 1 Nr. 1 StGB aufgezählten vorsätzlichen Straftat;
- zwei frühere Verurteilungen wegen solcher Straftaten zu Freiheitsstrafe von mindestens je einem Jahr;
- Verbüßung vor der neuen Tat von mindestens zwei Jahren Freiheitsstrafe oder einer freiheitsentziehenden Maßregel wegen einer oder mehrerer solcher Taten und
- Hang zu erheblichen Straftaten, durch welche die Opfer seelisch oder körperlich schwer geschädigt werden, und der Angeklagte aufgrund seiner Persönlichkeit zum Zeitpunkt der Verurteilung für die Allgemeinheit als gefährlich einzustufen ist.

Für Angeklagte, die drei der in § 66 Abs. 1 Nr. 1 StGB genannten Straftaten *oder* bestimmte Gewalt- bzw. Rauschtaten begangen haben *oder* wegen solcher Taten früher zu Freiheitsstrafe von mindestens drei Jahren verurteilt worden sind *oder* aktuell zu Freiheitsstrafe von mindestens drei Jahren verurteilt werden, besteht ebenso die Möglichkeit der Sicherungsverwahrung (§ 66 Abs. 2, 3 StGB). Zwischen den Taten dürfen nicht mehr als fünf, bei Sexualstraftaten nicht mehr als 15 Jahre liegen. Die Anordnung ist auch bei Vorliegen der Straftaten nicht zwingend; das Gericht hat einen Ermessensspielraum.

Das Gericht muss bei der Anordnung der Sicherungsverwahrung eine **Prognose** stellen, ob der Angeklagte in Zukunft aufgrund seines Hanges zu erheblichen Straftaten gefährlich für die Allgemeinheit sein wird. Dass er viele kleinere Straftaten begangen hat, reicht zur Begründung der Erheblichkeit nicht aus; „erheblich" wird eine Tat durch das verletzte Rechtsgut (Leben, körperliche Unversehrtheit, persönliche Freiheit, sexuelle Selbstbestimmung) und die Schwere der Verletzung dieses Rechtsgutes. Die Sicherungsverwahrung wird ohne eine bestimmte Frist angeordnet.

Das Gericht kann in dem Urteil die spätere Anordnung der Sicherungsverwahrung **vorbehalten**, u. a. wenn es aufgrund der Beweisaufnahme nicht mit Sicherheit beurteilen kann, ob der Angeklagte gefährlich für die Allgemeinheit ist (§ 66a StGB), aber nicht auszuschließen ist, dass sich die Gefährlichkeit im Laufe des Strafvollzuges herausstellt. Werden nach der Verurteilung wegen bestimmter schwerer Verbrechen oder Vergehen im Strafvollzug Tatsachen bekannt, die auf eine erhebliche Gefährlichkeit des Täters für die Allgemeinheit hinweisen, kann das Gericht aufgrund einer eigenständigen Hauptverhandlung, in der zwei Sachverständige zu hören sind, die Anordnung der Sicherungsverwahrung auch **nachträglich beschließen** (§ 66b StGB), selbst wenn die Sicherungsverwahrung nicht im Urteil vorbehalten war. Die Anordnung erfolgt, wenn neben den Voraussetzungen nach § 66 StGB aufgrund der Gesamtwürdigung von Täter, Tat und Entwicklung im Strafvollzug die hohe Wahrscheinlichkeit besteht, dass der Verurteilte erhebliche Straftaten mit schweren seelischen oder körperlichen Schäden für das (künftige) Opfer begehen wird. Das Verfahren über die Anordnung der vorbehaltenen bzw. der nachträglichen Sicherungsverwahrung findet unter Beteiligung von Schöffen statt (§ 275a StPO). Jeweils nach Ablauf eines Jahres (oder in einer vom Gericht bestimmten kürzeren Frist) prüft die Große Strafvollstreckungskammer, ob die Sicherungsverwahrung zur Bewährung ausgesetzt wird.

5.4 Führungsaufsicht

Die Führungsaufsicht (§§ 68 ff. StGB) soll Tätern mit schlechter Sozialprognose Hilfe während einer Bewährungsstrafe von mindestens sechs Monaten oder bei der Entlassung aus dem Strafvollzug geben. Das Gericht kann Weisungen erteilen, z. B. den Wohnort nicht ohne Erlaubnis zu verlassen, bestimmte Personen nicht zu beherbergen, bestimmte Gegenstände nicht zu besitzen. Dem Verurteilten wird ein Bewährungshelfer der Führungsaufsichtsstelle beigeordnet, der das Verhalten des Verurteilten überwacht.

Führungsaufsicht tritt automatisch ein bei

- der Aussetzung einer Maßregel zur Bewährung (§§ 67b Abs. 2, 67c Abs. 1, 67d Abs. 2 bis 5 StGB),
- einer vollständig vollstreckten Freiheitsstrafe von mindestens zwei Jahren (§ 68f StGB).

Das Gericht kann im Urteil Führungsaufsicht anordnen, wenn dies in dem Gesetz, nach dem der Angeklagte verurteilt wird, vorgesehen ist (z. B. terroristische Vereinigung, sexueller Missbrauch, Vergewaltigung, Zuhälterei, Menschenhandel, Geiselnahme, Diebstahl, Raub, Erpressung, Hehlerei, Betrug, Brandstiftung), das Urteil auf mindestens sechs Monate Freiheitsstrafe lautet und die Gefahr besteht, dass der Verurteilte weitere Straftaten begehen wird. Die Dauer der Führungsaufsicht beträgt zwischen zwei und fünf Jahren; das Gericht kann die Höchstdauer verkürzen oder verlängern (§ 68c StGB).

5.5 Berufsverbot

Ein Berufsverbot (§ 70 StGB) kann angeordnet werden, wenn der Täter

- seine Tat unter Missbrauch seines Berufs (Gewerbes) begangen hat und die Gefahr weiterer gleicher Taten besteht oder Pflichten, die mit dem Beruf (Gewerbe) verbunden sind, grob verletzt hat und
- das Gericht zu der Überzeugung gelangt, dass die Gefahr besteht, dass der Angeklagte bei weiterer Ausübung des Berufs, Berufszweiges, Gewerbes oder Gewerbezweiges erhebliche weitere rechtswidrige gleichartige Taten begehen wird.

Die Dauer des Berufsverbotes beträgt mindestens ein Jahr, höchstens fünf Jahre, kann aber auch „für immer" verhängt werden. Solange das Berufsverbot wirksam ist, darf der Verurteilte in diesem Beruf weder selbst tätig sein noch ihn für andere ausüben oder von einem Dritten für sich ausüben lassen. Straftaten, die ein Berufsverbot rechtfertigen, sind z. B. Waffenschmuggel durch Verteidiger, Beihilfe eines Steuerberaters bei der Steuerhinterziehung, sexuelle Handlung des Lehrers an einer Schülerin, Insolvenzbetrug eines Kaufmanns, Entwenden von Morphium durch einen Arzt.

5.6 Entziehung der Fahrerlaubnis

Die Entziehung der Fahrerlaubnis (§ 69 StGB) wird nach bestimmten Straftaten im oder im Zusammenhang mit dem Straßenverkehr angeordnet, wenn sich der Täter zum Führen eines Kraftfahrzeugs als ungeeignet erwiesen hat (z. B. Trunkenheit im Verkehr, Gefährdung des Straßenverkehrs, aber auch bei Benutzung des Kraftfahrzeugs zum Abtransport der Beute nach Einbrüchen). Für die Wiedererlangung der Fahrerlaubnis wird eine Sperrfrist gesetzt. Die Mindestdauer der Entziehung beträgt sechs Monate bzw. ein Jahr, wenn innerhalb der letzten drei Jahre schon einmal eine Sperre angeordnet wurde. War die Fahrerlaubnis bereits vorläufig entzogen (§ 111a StPO) und ist der Angeklagte weiterhin ungeeignet zum Führen eines Kraftfahrzeugs, müssen in dem Urteil noch mindestens drei Monate Sperrfrist angeordnet werden. Kommt das Gericht zu der Überzeugung, dass eine Frist von drei Monaten nicht mehr angemessen ist, muss es von der Entziehung absehen und den Führerschein aushändigen, wenn dieser eingezogen war. Die zeitige Höchstdauer der Entziehung beträgt fünf Jahre. Darüber hinaus kann die Fahrerlaubnis auch "für immer" entzogen oder auf bestimmte Kfz-Klassen oder Fahrzeuge beschränkt werden.

6. Sanktionen nach dem Jugendstrafrecht
6.1 Erziehungsmaßregeln

Als mildeste formelle Sanktion können Erziehungsmaßregeln (§§ 9 ff. JGG) verhängt werden:

Erteilung von Weisungen (§ 10 JGG): Darunter fallen Ge- und Verbote, die die Lebensführung des Jugendlichen regeln und dadurch seine Erziehung fördern und sichern sollen. Insbesondere kommen Weisungen in Betracht,

- die sich auf den Aufenthaltsort beziehen, bei einer Familie oder in einem Heim zu wohnen oder den Verkehr mit bestimmten Personen bzw. den Besuch von Gast- oder Vergnügungsstätten zu unterlassen;
- eine Ausbildungs- oder Arbeitsstelle anzunehmen oder Arbeitsleistungen zu erbringen;
- sich der Betreuung und Aufsicht einer bestimmten Person (Betreuungshelfer) zu unterstellen;
- an einem sozialen Trainingskurs teilzunehmen;
- einen Ausgleich mit dem Verletzten zu erreichen (Täter-Opfer-Ausgleich);
- an einem Verkehrsunterricht teilzunehmen.

Das Gericht kann dem Jugendlichen – mit Zustimmung des Erziehungsberechtigten und des gesetzlichen Vertreters – auferlegen, sich einer heilerzieherischen Behandlung durch einen Sachverständigen oder einer Entziehungskur zu unterziehen (§ 10 Abs. 2 JGG). Hat der Jugendliche das 16. Lebensjahr vollendet, soll dies *nur mit seinem* Einverständnis geschehen.

Hilfen zur Erziehung (§ 12 JGG):

- Erziehungsbeistandschaft, d. h. die Mitwirkung eines vom Jugendamt bestellten Beraters in Erziehungsfragen;
- Heimerziehung;
- betreutes Wohnen, d. h. der Jugendliche (bzw. Heranwachsende) wird für eine bestimmte Zeit, die meist mit sechs bis zwölf Monaten bemessen wird, einer sozialpädagogisch betreuten Wohngemeinschaft zugewiesen.

6.2 Zuchtmittel

Auf der nächsten Sanktionsstufe kommen Zuchtmittel (§§ 13 ff. JGG) von der einfachen Verwarnung über Auflagen bis zum Jugendarrest in Betracht:

- Durch die **Verwarnung** soll dem Jugendlichen das Unrecht der Tat eindringlich vorgehalten werden (§ 14 JGG).
- Als **Auflage** können Schadenswiedergutmachung, persönliche Entschuldigung beim Verletzten, Arbeitsleistungen oder Zahlung einer Geldbuße (in einem dem Jugendlichen zur Verfügung stehenden Rahmen) an eine gemeinnützige Organisation in Frage kommen (§ 15 JGG).

- **Jugendarrest** wird in einer vom Jugendstrafvollzug gesonderten Arrestanstalt (§ 16 JGG) vollstreckt als
  - **Freizeitarrest** für die wöchentliche Freizeit an ein oder zwei Freizeiten, regelmäßig am Wochenende, von Samstag 8.00 Uhr bis Montag 7.00 Uhr. Arbeitet der Jugendliche am Samstag, beginnt der Vollzug um 15.00 Uhr. Die Entlassung erfolgt früher, wenn aufgrund der Verkehrslage das rechtzeitige Erscheinen in der Schule oder am Arbeitsplatz gefährdet wäre;
  - **Kurzarrest** statt des Freizeitarrestes, wenn der zusammenhängende Vollzug aus Gründen der Erziehung zweckmäßig erscheint und weder die Ausbildung noch die Arbeit des Jugendlichen beeinträchtigt werden (zwei Tage Kurzarrest entsprechen einer Freizeit), oder
  - **Dauerarrest** (mindestens eine Woche, höchstens vier Wochen) wird in vollen Tagen oder Wochen vom Gericht festgesetzt.
- Seit 2013 gibt es den sog. **Warnschussarrest** (§ 16a JGG). Dieser soll neben einer zur Bewährung ausgesetzten oder vorbehaltenen Jugendstrafe verhängt werden, wenn das Gericht zu der Auffassung gelangt, dass dem Jugendlichen durch Konfrontation mit dem Freiheitsentzug seine Verantwortlichkeit verdeutlicht werden oder in besonderer Weise auf ihn eingewirkt werden soll („short sharp shock"). Der Warnschussarrest kann der Jugendstrafe als Freizeit-, Kurz- und Dauerarrest vorgeschaltet werden. In der Praxis ist diese Maßnahme überwiegend auf Skepsis gestoßen, weil Arrest eben keine Jugendstrafe ist.[30]

Von der Verhängung eines **Jugendarrests** wird **abgesehen**, wenn durch die Unterbringung in einem psychiatrischen Krankenhaus oder in einer Entziehungsanstalt eine Ahndung durch den Jugendrichter entbehrlich ist (§ 5 Abs. 3 JGG). Wird **Hilfe zur Erziehung** (§ 12 Nr. 2 JGG i. V. m. § 34 SGB VIII) angeordnet, darf Jugendarrest damit nicht verbunden werden (§ 8 Abs. 1 Satz 2 JGG).

6.3 Jugendstrafe

Jugendstrafe ist der Freiheitsentzug in einer Jugendstrafanstalt. Sie wird verhängt, wenn wegen vom Gericht erkannter **schädlicher Neigungen** Erziehungsmaßregeln oder Zuchtmittel zur Erziehung nicht ausreichen oder wegen der **Schwere der Schuld** eine Strafe erforderlich ist (§ 17 Abs. 2 JGG). Dabei handelt es sich um zwei selbstständige Alternativen. Die Verhängung der Jugendstrafe wegen der Schwere der Schuld setzt nicht voraus, dass bei dem Angeklagten eine Erziehungsbedürftigkeit oder -fähigkeit festgestellt werden kann.[31] Sie beträgt im Minimum sechs Monate, im Höchstmaß fünf Jahre. Ist die abgeurteilte Tat ein Verbrechen, das nach dem allgemeinen Strafrecht mit einer Höchststrafe von mehr als zehn Jahren Freiheitsstrafe bedroht ist, so ist das Höchstmaß zehn Jahre (§ 18 Abs. 1 Satz 2 JGG). Die Dauer der Jugendstrafe ist so zu bemessen, dass eine erzieherische Ein-

---

30 Vgl. *Heribert Ostendorf*, Jugendstrafrecht – Ultima Ratio der Sozialkontrolle junger Menschen, LAIKOS Journal Online 2024, S. 3, 7.
31 BGH 13.9.2023, 5 StR 205/23, NStZ 2024, S. 106.

wirkung möglich ist (z. B. eine Berufsausbildung). Drei Komponenten bestimmen das Maß der Jugendstrafe: die beabsichtigte Erziehung, das Maß der durch die Tat begangenen Schuld und das Prinzip der Verhältnismäßigkeit.

Jugendstrafe bis zu zwei Jahren kann zur **Bewährung** ausgesetzt werden (§ 21 JGG). Voraussetzung hierfür ist die Erwartung, dass der Jugendliche (oder der ihm gleichgestellte Heranwachsende) auch ohne den Vollzug der Jugendstrafe künftig ein straffreies Leben führen wird. Da sich die Entwicklung eines Jugendlichen noch mit einer sehr viel größeren Dynamik vollzieht als bei einem Erwachsenen, darf die Wahrscheinlichkeit künftigen straffreien Lebens nicht zu hoch angesetzt werden. Zweifel daran, ob die Tatsachen, die eine solche Erwartung begründen können, einer Prüfung standhalten, müssen sich zugunsten des Angeklagten auswirken.

Hat das Gericht Zweifel an dem Umfang der schädlichen Neigungen, kann es die Schuld des Jugendlichen im Urteil feststellen, die Entscheidung über die Verhängung der Jugendstrafe jedoch für eine bestimmte Bewährungszeit aussetzen (§ 27 JGG). Bewährt sich der Jugendliche innerhalb der vom Gesetz festgesetzten Frist unter der Aufsicht eines Bewährungshelfers, wird der Schuldspruch getilgt (§ 30 Abs. 2 JGG).

Die Jugendstrafe wird als sog. **Einheitsstrafe** verhängt. Wird ein Jugendlicher wegen mehrerer Taten bestraft, wird eine einzige Strafe festgesetzt und keine Gesamtstrafe gebildet. Auch eine noch nicht vollstreckte frühere Verurteilung wird in diese Strafe einbezogen (§ 31 JGG). Die **Strafrahmen** des allgemeinen Strafrechts gelten im Jugendstrafrecht nicht. Der Rahmen von sechs Monaten und fünf bzw. zehn Jahren Jugendstrafe kann durch besonders schwere oder minder schwere Fälle nach dem allgemeinen Strafrecht weder über- noch unterschritten werden.

Eine Erweiterung erfährt die Jugendstrafe gegen **Heranwachsende**. Bei ihnen gilt generell eine Höchststrafe von zehn Jahren, die in Fällen von Mord bei besonders schwerer Schuld auf bis zu 15 Jahren ausgeweitet wird (§ 105 Abs. 3 JGG).

Teil C Das Strafverfahren

Abbildung 4 Ablauf des Strafverfahrens

Ermittlungsverfahren
Beginn: Ermittlungen von Amts wegen bei Vorliegen des Anfangsverdachts einer Straftat
Ermittlungen zur Feststellung eines hinreichenden Tatverdachts
Beendigung: Einstellung des Verfahrens (ggf. Klageerzwingung des Verletzten),
Antrag auf Erlass eines Strafbefehls oder Erhebung der Anklage

---

Zwischenverfahren
Beginn: Eingang der Anklageschrift beim zuständigen Gericht
Prüfung des hinreichenden Tatverdachts und der Strafbarkeit anhand Aktenlage,
ggf. Anordnung weiterer Beweiserhebungen
Beendigung: Ablehnung oder Eröffnung des Hauptverfahrens

Hauptverfahren
Vorbereitung und Durchführung der **Hauptverhandlung** mit Beweisaufnahme
Beendigung durch Einstellung des Verfahrens oder Urteil, das mit einem Rechtsmittel
angegriffen werden kann bzw. rechtskräftig wird

Strafvollstreckung
Beitreibung der Geldstrafe – Ladung zum Strafantritt – Überwachung der Bewährung
Einziehung des Wertersatzes und beschlagnahmter Gegenstände, Verwertung
Mitteilung an Bundeszentralregister

I. Beteiligte am Strafverfahren

1. Gericht

Den Richtern ist die rechtsprechende Gewalt anvertraut (Art. 92 GG). Sie entscheiden eine Sache mit Letztverbindlichkeit in persönlicher und sachlicher **Unabhängigkeit**. Diese wird ergänzt (und begrenzt) durch die **Bindung an Gesetz und Recht**. Die Unterwerfung unter das Gesetz gilt ohne Einschränkung. Zweckmäßigkeitserwägungen, politische Einstellungen oder Gewissensgründe hat der Richter gegen ein gültiges Gesetz nicht geltend zu machen. Dem Gericht steht jedoch ein **Prüfungsrecht** zu, ob ein Gesetz gültig zustande gekommen ist oder in seinem Inhalt gegen die Verfassung verstößt. Dann kann es eine Vorlage an das Bundesverfassungsgericht beschließen (Art. 100 GG). Nur dieses hat auch das **Verwerfungsrecht** gegen ein gültiges Gesetz. Richter können das Recht durch Auslegung der Norm weiterentwickeln, an veränderte Verhältnisse in Gesellschaft, Wirtschaft und Technik oder gewandeltes Rechtsbewusstsein anpassen und Gesetzeslücken schließen (sog. **Rechtsfortbildung**). Sie dürfen sich dabei jedoch nicht vom geltenden Recht entfernen oder eine Norm durch Interpretation in einen anderen Sinn verkehren.

▶ BEISPIEL 1

Rechtsfortbildung zum Gewaltbegriff: Unter „Gewalt" in § 240 StGB hat die Rechtsprechung ursprünglich nur körperliches Handeln verstanden. Im Laufe der Zeit hat sie daraus auch den **psychischen** Gewaltbegriff abgeleitet. Das dichte Auffahren auf der Autobahn mit Betätigen der Lichthupe, um den Vordermann zum Freigeben der Fahrspur zu zwingen, unterfällt nach inzwischen übereinstimmender Meinung ebenso dem Gewaltbegriff wie die körperliche Gewalt. ◀

▶ BEISPIEL 2

Überdehnung des Gewaltbegriffs: Nach § 113 StGB macht sich strafbar, wer einem Vollstreckungsbeamten „mit Gewalt" Widerstand leistet. Das Landgericht hat bei einem Angeklagten gewaltsamen Widerstand angenommen, der vor der Polizei in seinem Pkw flüchtete und sich eine wilde Verfolgungsjagd geliefert hat. Das Urteil hat der BGH aufgehoben, weil bloße Flucht keine Gewaltanwendung darstelle, auch nicht, wenn andere Verkehrsteilnehmer behindert oder gefährdet wurden.[1] Dafür gebe es andere Strafvorschriften. Eine Flucht „vor" jemandem als Gewalt „gegen" jemanden anzusehen, widerspricht schon dem allgemeinen Sprachgebrauch. Die bei dieser Verhandlung mitwirkenden Schöffen hätten einer solchen offenkundigen Überdehnung des Gewaltbegriffes die Gefolgschaft versagen können. Gegen ihre Stimmen hätte die Strafkammer nicht zur Anwendung des § 113 StGB kommen können, weil es an der erforderlichen Zwei-Drittel-Mehrheit gefehlt hätte. ◀

2. Staatsanwaltschaft

Die Staatsanwaltschaft (§§ 141 ff. GVG) ist die Herrin des Ermittlungsverfahrens. Da sie nicht (wie im anglo-amerikanischen Strafprozess) Partei ist, ist der Staatsanwalt bei seinen Ermittlungen zur strikten **Objektivität** verpflichtet. Er hat auch entlastende Umstände zu ermitteln, ggf. sogar nach der Urteilsverkündung zugunsten des Angeklagten Rechtsmittel einzulegen, wenn er im Gegensatz zu dem verurteilenden Gericht von der Unschuld (oder geringeren Schuld) des Verurteilten überzeugt ist. In der Hauptverhandlung vertritt der Staatsanwalt die Anklage. Das muss nicht der Staatsanwalt sein, der die Anklageschrift verfasst hat; während der Hauptverhandlung kann der Sitzungsvertreter wechseln. Nach der Rechtskraft des Urteils übernimmt die Staatsanwaltschaft die Vollstreckung des Urteils (Beitreibung der Geldstrafe, Ladung zum Haftantritt usw.). Die Staatsanwaltschaft ist also **Ermittlungs-, Anklage- und Vollstreckungsbehörde.**

3. Angeklagter

Im Mittelpunkt des Verfahrens steht der Angeklagte. Er ist **nicht bloßes Objekt** des Verfahrens, sondern mit eigenen Rechten ausgestattet. Zwar dürfen die Belange des Opfers nicht aus dem Blickfeld geraten; Ziel der Strafverfolgung ist aber der

---

1 BGH 15.1.2015, 2 StR 204/14, NStZ 2015, S. 388.

I. Beteiligte am Strafverfahren

Angeklagte, der sich gegen die Anklage in einem fairen Verfahren verteidigen kann. Er hat das Recht auf Achtung der Menschenwürde, was z. B. schon in der höflichen Anrede in der Hauptverhandlung mit „Herr X" oder „Frau Y" zum Ausdruck kommen muss; die Anrede „Angeklagte" bzw. „Angeklagter" ist nicht mehr zeitgemäß. Außerdem: Die einer Straftat beschuldigte Person hat im Laufe der Verfahrensabschnitte verschiedene Bezeichnungen. Mutiert der strafprozessuale Status in der Hauptverhandlung zur Anrede, lässt dies auf eine unterschwellige befangene Einstellung schließen.

Abbildung 5 Bezeichnungen für den Verdächtigen

Tatverdächtiger
Person, gegen die ein Anfangsverdacht einer Straftat besteht

Beschuldigter
Tatverdächtiger, gegen den die Strafverfolgungsbehörde ein Ermittlungsverfahren eingeleitet hat

Angeschuldigter
Beschuldigter, gegen den die öffentliche Anklage erhoben wurde, bis zur Eröffnung des Hauptverfahrens

Angeklagter
Angeschuldigter nach Eröffnung des Hauptverfahrens

Verurteilter
Angeklagter, gegen den rechtskräftig eine Strafe festgesetzt wurde

Während der Hauptverhandlung besteht ein **Anwesenheitsrecht** des Angeklagten (§ 230 StPO), aber auch eine **Anwesenheitspflicht**. Nur in den gesetzlich festgelegten Fällen kann die Hauptverhandlung in zeitweiliger Abwesenheit des Angeklagten fortgeführt werden:

- Versucht der Angeklagte, sich aus der Sitzung zu entfernen, hat der Vorsitzende dies zu verhindern (§ 231 Abs. 1 StPO); ggf. lässt er ihn im Saal bewachen und in Sitzungspausen in Gewahrsam nehmen. Entfernt sich der Angeklagte dennoch, kann die Hauptverhandlung zu Ende geführt werden, wenn er über die Anklage bereits vernommen war und die Anwesenheit vom Gericht nicht für erforderlich erachtet wird (§ 231 Abs. 2 StPO).

- Bei ordnungswidrigem Benehmen des Angeklagten kann er aus dem Sitzungssaal abgeführt werden (§ 231b StPO i. V. m. §177 GVG). Die Entscheidung trifft das Gericht. Es kann ohne ihn verhandeln, wenn seine Anwesenheit entbehrlich ist. Allerdings muss er die Gelegenheit bekommen, sich zur Anklage zu äußern. Er ist wieder zuzulassen, wenn seine Anwesenheit die Verhandlung nicht mehr in schwerwiegender Weise beeinträchtigt.
- Die Abwesenheit eines Angeklagten bei einzelnen Verhandlungsteilen kann gestattet werden, wenn er bei mehreren Angeklagten von Teilen der Verhandlung nicht betroffen ist (§ 231c StPO). Die Erlaubnis erteilt das Gericht.
- Das Gericht kann die Entfernung aus dem Sitzungssaal anordnen, wenn zu befürchten ist, ein Zeuge werde in seiner Anwesenheit nichts oder nicht die Wahrheit sagen (§ 247 Satz 1 StPO).
- Bei Zeugen unter 18 Jahren und Personen, bei denen ein Nachteil für ihre Gesundheit zu befürchten ist, kann das Gericht die Entfernung des Angeklagten für die Dauer der Vernehmung anordnen (§ 247 Satz 2 StPO). Der Zeuge soll vor einer unerträglichen Belastung bei Konfrontation mit dem Angeklagten bewahrt werden.
- Während der Erörterungen über den körperlichen oder geistigen Zustand des Angeklagten kann dieser auf Anordnung des Gerichts aus dem Sitzungssaal entfernt werden (§ 247 Satz 3 StPO).

Diese Ausnahmefälle sind abschließend. Es sind keine anderen Fälle zulässig, in denen ohne den Angeklagten verhandelt werden kann. Ein Verstoß gegen die Anwesenheitspflicht des Angeklagten außerhalb der gesetzlichen Ausnahmen begründet die Revision. Anordnungen „des Gerichts" werden unter Beteiligung der Schöffen getroffen.

4. Verteidiger

Jeder Angeklagte hat das Recht auf Verteidigung durch bis zu drei Verteidiger (§§ 137 ff. StPO). Damit soll Waffengleichheit im Prozess hergestellt werden. Dem zur Verteidigung Unfähigen und/oder von einer hohen Strafe Bedrohten sowie in Fällen der „notwendigen Verteidigung" ist ein **Pflichtverteidiger** zu bestellen.

Notwendig ist die Verteidigung (§ 140 StPO), wenn

- die Sache in erster Instanz vor dem Landgericht oder Oberlandesgericht stattfindet (Abs. 1 Nr. 1),
- dem Angeklagten ein Verbrechen zur Last gelegt wird (Abs. 1 Nr. 2),
- das Verfahren zu einem Berufsverbot führen kann (Abs. 1 Nr. 3) oder
- die Schwierigkeit der Sach- oder Rechtslage die Mitwirkung eines Verteidigers erfordert (Abs. 2).

Im **Jugendstrafrecht** besteht eine notwendige Verteidigung (§ 68 JGG), wenn

- eine Voraussetzung vorliegt, wonach einem Erwachsenen ein Pflichtverteidiger bestellt werden muss,

I. Beteiligte am Strafverfahren

- die Erziehungsberechtigten als Tatbeteiligte von der Vertretung des Kindes ausgeschlossen sind (§ 67 Abs. 4 JGG),
- die Erziehungsberechtigten von der Hauptverhandlung ausgeschlossen sind (§ 51 Abs. 2 JGG),
- der Beschuldigte zur Untersuchung seines Entwicklungsstands untergebracht werden soll (§ 73 JGG).

Der Verteidiger ist den Interessen seines Mandanten verpflichtet, gleichzeitig ein dem Gericht und dem Staatsanwalt gleichgeordnetes **Organ der Rechtspflege**. Er darf alle gesetzlich zulässigen Mittel zur Verteidigung des Angeklagten einsetzen. Ein Recht zur Lüge und Täuschung hat der Verteidiger jedoch nicht. Er hat dafür zu sorgen, dass der Angeklagte ein faires Verfahren bekommt, ist aber nicht auf diese passive Rolle beschränkt. Ihm steht das Recht zu, Lücken in Straf- und Verfahrensrecht oder Fehler des Gerichts zugunsten des Angeklagten zu nutzen; dies zwingt das Gericht zu präziser Arbeit. Der Verteidiger hat die Möglichkeit zur Gestaltung des Prozesses. Er kann Beweisanträge stellen, Akten einsehen, Fragen an Zeugen und Sachverständige richten und in der gesamten Hauptverhandlung anwesend sein (selbst wenn der Angeklagte ausgeschlossen wurde). Auch außerhalb der Hauptverhandlung darf er mit Zeugen Kontakt aufnehmen und ihnen Fragen stellen. Er nimmt diese Rechte immer für den Angeklagten wahr, nicht in eigenem Namen. Weisungen kann der Angeklagte dem Verteidiger nicht erteilen. Grenzen sind der Verteidigung durch die Persönlichkeits- und Verfahrensrechte der anderen Beteiligten gesetzt.

Der Verteidiger ist zum **Schweigen** über das verpflichtet, was er in dieser Eigenschaft erfährt. Legt der Angeklagte ein Geständnis ihm gegenüber ab, darf er dieses gegen den Willen des Angeklagten nicht offenbaren. Er darf zwar weiter den Freispruch des Mandanten anstreben, jedoch nur mit zulässigen Mitteln. Er kann z. B. keinen Zeugen mehr benennen, der die Unschuld des Angeklagten bezeugen soll; dieser würde der Gefahr einer Falschaussage ausgesetzt.

Der Verteidiger kann von dem Verfahren **ausgeschlossen** werden, wenn er selbst mit der Tat in Verbindung steht, den Angeklagten zu Straftaten missbraucht, die Anstaltssicherheit gefährdet oder durch seine Mitwirkung bei Staatsschutzdelikten die Staatssicherheit gefährdet. Als Organ der Rechtspflege kann der Verteidiger nicht wegen Ungebühr aus dem Gerichtssaal entfernt werden (§ 177 GVG). Im Rahmen der Sitzungsleitung des Vorsitzenden ist jedoch die Entziehung des Wortes möglich (§ 238 Abs. 1 StPO). Des Weiteren können Fragen des Verteidigers zurückgewiesen werden (§ 241 Abs. 2 StPO). Die unzulässige Beschränkung der Verteidigung durch das Gericht in einem für die Entscheidung wesentlichen Punkt kann einen absoluten Revisionsgrund darstellen (§ 338 Nr. 8 StPO).

5. Nebenkläger

Dem **Verletzten** stehen Möglichkeiten zur Verfügung, mit denen er seine Rechte verfolgen kann. Staatsanwaltschaft und Gericht haben die Pflicht, den Verletzten auf diese Rechte hinzuweisen (§ 406h StPO). Bei bestimmten Taten (u. a. Sexualdelikte, Taten gegen die persönliche Ehre, Körperverletzung, Taten gegen die persönliche Freiheit sowie Versuch des Mordes und des Totschlages) hat der Verletzte das Recht, sich dem Verfahren mit der Nebenklage anzuschließen (§ 395 StPO). Damit tritt er neben den Staatsanwalt als eigenständiger Kläger mit allen Rechten (§ 397 StPO). Zur Nebenklage befugte Verletzte können sich eines Anwaltes bedienen, der ein Anwesenheitsrecht in der Hauptverhandlung hat. Der Nebenkläger (bzw. sein Rechtsanwalt) kann Richter und Sachverständige wegen der Besorgnis der Befangenheit ablehnen, Fragen an Angeklagte, Zeugen und Sachverständige stellen, Fragen beanstanden, Beweisanträge stellen und Erklärungen abgeben. Nach dem Urteil kann er Rechtsmittel einlegen. Dem Nebenkläger kann nach den Grundsätzen der Prozesskostenhilfe ein Rechtsanwalt beigeordnet werden, wenn er seine Interessen nicht selbst wahrnehmen kann oder ihm dies nicht zuzumuten ist.

Bei bestimmten schweren Delikten aus dem Nebenklagekatalog ist auf Antrag des Nebenklägers ein Beistand (sog. **Opferanwalt**) zu bestellen, für den die gleichen Vorschriften wie für den Vertreter eines Nebenklägers gelten (§ 397a StPO). Liegen die Voraussetzungen der Nebenklage nicht vor, kann ein Anwalt nach den Grundsätzen der Prozesskostenhilfe beigeordnet werden. In der Hauptverhandlung entscheidet über die Zuziehung des Opferanwaltes oder die Gewährung von Prozesskostenhilfe der Vorsitzende.

6. Verletzter

Problematisch kann die Stellung des **Verletzten als Zeuge** in der Hauptverhandlung sein. Zum einen haben der Angeklagte und sein Verteidiger das Recht, die Glaubhaftigkeit der Aussage des Opfers einer Straftat zu überprüfen; andererseits muss auf die besondere psychische Lage – vor allem der Opfer von Gewalttaten – Rücksicht genommen werden. Dem trägt § 406f StPO Rechnung. Bei einer Vernehmung des Verletzten ist die Anwesenheit eines Rechtsanwalts als **Verletztenbeistand** gestattet. Er kann Fragen beanstanden und den Ausschluss der Öffentlichkeit zum Schutz der Privatsphäre des Verletzten beantragen (§ 171b Abs. 3 Satz 1 GVG).

Die Verhinderung eines Beistandes ist aber kein Grund für eine Vertagung oder die Zeugnisverweigerung des Verletzten. Dieser kann sich auch bei seiner Vernehmung als Zeuge einer Vertrauensperson bedienen (§ 406f Abs. 2 StPO). Die Zulassung der Vertrauensperson steht im pflichtgemäßen Ermessen des Vorsitzenden. Sie kann auch als Hilfsperson für das Gericht tätig werden, etwa wenn der Verletzte schwer hörgeschädigt oder geistig behindert ist und die Vertrauensperson die Verständigung zwischen dem Verletzten und dem Gericht herstellt.

Der Verletzte kann durch einen Rechtsanwalt **Akten einsehen**, wenn sie dem Gericht vorliegen oder vorzulegen wären (§ 406e StPO). Der Antrag kann versagt werden, wenn überwiegende schutzwürdige Interessen des Angeklagten oder anderer Personen entgegenstehen, der Untersuchungszweck gefährdet ist oder das Verfahren erheblich verzögert würde. In der Hauptverhandlung kann zum Schutz des Verletzten die **Öffentlichkeit** ausgeschlossen werden (§ 171b GVG); bei ausgeschlossener Öffentlichkeit soll ihm der Zutritt gestattet werden (§ 175 Abs. 2 GVG). Der Ausgang des gerichtlichen Verfahrens ist ihm mitzuteilen, soweit er betroffen ist.

Mit dem **Adhäsionsverfahren** (§§ 403 bis 406c StPO) kann der Verletzte einen aus der Straftat erwachsenen vermögensrechtlichen Anspruch (Schadenersatz, Schmerzensgeld) im Strafprozess geltend machen, ohne dafür einen gesonderten Zivilprozess anstrengen zu müssen. Vorteile hat bei diesem Verfahren nicht nur der Geschädigte, weil kein zweiter Prozess notwendig ist, auch der Angeklagte kann von diesem Verfahren profitieren. Das Gericht kann die wirtschaftliche Gesamtsituation bei der Bemessung der Strafe sofort berücksichtigen. Auf diese Weise kommt der Geschädigte schneller an sein Geld. Allerdings kann das Gericht von einer Entscheidung im Adhäsionsverfahren absehen, wenn es das Verfahren für ungeeignet hält. Deshalb kommt dieses Verfahren in der Praxis (leider) nicht sehr häufig vor.

II. Aufgabe des Strafverfahrens

Aufgabe des Strafrechts ist der **Schutz von Rechtsgütern** einzelner Bürger und der Gesellschaft insgesamt. Nur eine gesicherte Sachverhaltserforschung kann zur Feststellung eines Schuldigen führen. Gelingt dies nicht zur sicheren Überzeugung der erforderlichen Mehrheit der Mitglieder des Gerichts, werden der nicht beweisbar Schuldige wie der erwiesen Unschuldige ohne Differenzierung vom Vorwurf der Straftat freigesprochen. Zugleich hat das Strafrecht eine **freiheitssichernde Funktion**, indem es Voraussetzungen und Grenzen der Strafbarkeit festlegt. Die Rechtsstaatlichkeit des Verfahrens schützt die Beteiligten des Verfahrens vor staatlicher Willkür und Übereifer. Das Strafverfahrensrecht hat die doppelte Natur, dass es zum einen Zwang ermöglicht, indem es den Angeklagten in das Verfahren und ggf. die Bestrafung zwingt; zugleich wird die Macht, die ausgeübt wird, in Form (Mitwirkung, eigene Rechte) und Sanktion (Schuldangemessenheit) begrenzt.

III. Grundsätze mit Verfassungsrang

Das Strafrecht ist Ausdruck des **Gewaltmonopols** des Staates. Es ermöglicht der Justiz als dritter Staatsgewalt durch das Urteil wie dessen Vollzug nachhaltig in Rechte der Bürger einzugreifen. Wie aller staatlichen Gewalt sind auch der Justiz Grenzen gesetzt. Zu deren Beachtung und Durchsetzung beruht das Strafverfahren auf Grundsätzen, die in der Verfassung, in internationalen Verträgen und einfachgesetzlich im Straf- und Strafprozessrecht geregelt sind. Aus dem deutschen Verfassungsrecht gelten die allgemeinen Grundrechte (Art. 1 bis 19 GG), das Rechtsstaatsprinzip (Art. 20 Abs. 3 GG) sowie die speziellen Justizgrundrechte (Art. 101 bis 104 GG) im Strafverfahren. Die Wahrung der elementaren Rechte und Freiheiten wird auch international abgesichert. Die EU-Grundrechtecharta (**GRCh**) und die Europäische Menschenrechtskonvention (**EMRK**) des Europarates regeln weitgehend in Übereinstimmung mit den deutschen Regeln das Recht auf ein faires und gerechtes Verfahren. Die in der Allgemeinen Erklärung der Menschenrechte der Vereinten Nationen 1948 niedergelegten justiziellen Garantien wurden durch den **Internationalen Pakt über bürgerliche und politische Rechte** 1966 in eine völkerrechtlich verbindliche Form gegossen.

1. Allgemeine Grund- und Menschenrechte

(a) Die in Art. 1 bis 19 GG enthaltenen **Grundrechte** haben im Strafverfahren ihre besondere Bedeutung. Allen voran gehört die Beachtung der **Menschenwürde** zu den tragenden Prinzipien des Verfassungsrechts, die alle Bestimmungen des Grundgesetzes durchdringt. Das Grundgesetz sieht die freie Persönlichkeit und ihre Würde als höchsten Rechtswert an. Es verbietet jede Form unmenschlicher und erniedrigender Behandlung. Das Strafverfahren hat bereits per se durch den bloßen Vorwurf an eine Person, eine Straftat begangen zu haben, einen stigmatisierenden Effekt. Dies ist bei Verhandlungsführung und Umgang mit Angeklagten wie Zeugen zu beachten. Allgemein gilt, dass insbesondere der Angeklagte nicht zum bloßen Objekt, zum „Gegenstand" des Verfahrens gemacht werden darf. Er muss jedes gerichtliche Verhalten, das ihn betrifft, beeinflussen können. Formen dieses Mitwirkungsrechts sind das rechtliche Gehör, das Schweigerecht als Folge des Grundsatzes, nicht an der eigenen Verurteilung mitwirken zu müssen, das Recht auf Verteidigung, das Beweisantragsrecht und die Möglichkeit, einen Richter wegen der Besorgnis der Befangenheit ablehnen zu können. Aus dem Verhalten des Angeklagten bei der Wahrnehmung seiner Rechte darf das Gericht keine für ihn nachteiligen Schlüsse ziehen.

(b) Das **Recht auf Leben und körperliche Unversehrtheit** (Art. 2 Abs. 2 GG) entzieht dem Staat grundsätzlich die Verfügung über Leben und Körper des Menschen. Dies gilt nicht nur für die Strafe, sondern auch für die eingesetzten Mittel im Verfahren. Eingriffe in die körperliche Unversehrtheit zur Beweisführung sind nur zulässig, wenn sie gesetzlich vorgesehen sind, von den zuständigen Personen angeordnet und vollzogen sowie unter Wahrung der Verhältnismäßigkeit vorgenommen werden. Das gilt auch für geringfügige Eingriffe, wie z. B. die Blutentnahme zur Bestimmung des Blutalkoholgehaltes, die von einem Arzt vorgenommen werden muss. Die Täuschung über die entnehmende Person z. B. kann die Unverwertbarkeit des Beweisergebnisses zur Folge haben.

(c) Der allgemeine **Gleichheitssatz** (Art. 3 Abs. 1 GG) ergänzt das Justizgrundrecht auf rechtliches Gehör (Art. 103 Abs. 1 GG). Gleichheit ist ein Wesensmerkmal der Gerechtigkeit, das nicht nur bei der prozessualen Behandlung des Angeklagten, sondern auch bei der Festsetzung der Sanktionen Geltung beansprucht. Rechtstatsächliche Untersuchungen weisen nicht nur regionale, sondern auch strukturelle

Unterschiede auf, häufig zulasten ärmerer Bevölkerungsschichten.[2] Auch damit müssen sich Schöffen befassen.

(d) Art. 13 Abs. 1 GG schützt die **Unverletzlichkeit der Wohnung**. Der Verfassungsgeber hat Ausnahmen von diesem Schutz in das Grundgesetz geschrieben (Abs. 3, 4). Zur Abwehr schwerer Straftaten darf in Wohnungen abgehört werden; zur Abwehr einer dringenden Gefahr für die öffentliche Sicherheit, einer gemeinen oder Lebensgefahr dürfen technische Mittel von außerhalb zur Überwachung von Wohnungen eingesetzt werden. Auch Eingriffe in die Wohnung, die durch Ausspähen über das Internet möglich sind (z. B. durch Trojaner), stellen beim Verdacht auf bestimmte Straftaten einen zulässigen Eingriff in die Unverletzlichkeit der Wohnung dar.

(e) Ähnliches gilt für das **Brief-, Post- und Fernmeldegeheimnis**, das Art. 10 GG für unverletzlich erklärt. Unter bestimmten Voraussetzungen, die für das Strafverfahren in der StPO geregelt sind, ist das Geheimnis eingeschränkt; zur Aufklärung von Straftaten können Postsendungen beschlagnahmt und geöffnet oder – bei schweren Straftaten (§ 100a StPO) – das Telefon abgehört sowie die Internet-Kommunikation überwacht werden. Liegen die gesetzlichen Voraussetzungen nicht vor, dürfen die gewonnenen Erkenntnisse im Strafverfahren nicht verwertet werden.

2. Justizgrundrechte

Die im Grundgesetz ausdrücklich geregelten Grundsätze des Strafverfahrens sind Ausdruck des Rechtsstaatsprinzips, das Schutz vor Willkür- und Überraschungsentscheidungen, Manipulation und Täuschung bietet sowie Waffengleichheit mit den staatlichen Organen sichert. Auch ungeschriebene Verfassungsgrundsätze wie das Verhältnismäßigkeitsprinzip wirken sich auf das Verfahren aus.

2.1 Gesetzlicher Richter

Art. 101 Abs. 1 Satz 2 GG bestimmt, dass niemand seinem gesetzlichen Richter entzogen werden darf. Es muss nach abstrakten Regeln im Vorhinein feststehen, welcher Richter für die Aburteilung welcher Straftaten zuständig ist. Durch gesetzliche Regeln (GVG, StPO) wird das sachlich und örtlich **zuständige Gericht** (bei dem die Staatsanwaltschaft die Anklage erheben muss) sowie die Zusammensetzung der Spruchkörper bestimmt. Dessen Richtern wird jährlich vom Präsidium im **Geschäftsverteilungsplan** die Zuständigkeit für die künftigen Verfahren nach abstrakten Kriterien (z. B. dem Anfangsbuchstaben des Nachnamens der Angeklagten) zugewiesen. Auch die Sitzungstage werden festgelegt, wodurch sich später bestimmen lässt, ob Abweichungen von diesen Tagen eine Verlegung der Sitzung oder eine außerordentliche Sitzung darstellen. Danach richtet sich u. a. der Einsatz der richtigen Haupt- oder Ersatzschöffen.

Auch die **Schöffen** sind Teil des gesetzlichen Richters. Hauptschöffen werden am Ende eines Jahres für das kommende Jahr auf die Sitzungstage aller Spruchkörper

---

2 Eingänglich dargestellt von *Ronen Steinke*, Vor dem Gesetz sind nicht alle gleich, 2022.

des Gerichts ausgelost. Damit steht zu Beginn des Jahres für jeden möglichen Verhandlungstag fest, in welcher Zusammensetzung welcher Spruchkörper gegen einen Angeklagten verhandeln wird. Zu den Regeln des gesetzlichen Richters gehört auch die **Vertretung** eines verhinderten Richters, die ebenfalls durch den Geschäftsverteilungsplan festgelegt wird. Schöffen werden durch **Ersatzschöffen** in der Reihenfolge einer feststehenden Liste vertreten. Das Prinzip schützt den Angeklagten vor Manipulation der Zuständigkeit und der Besetzung des Gerichts zur Erreichung eines gewünschten Ergebnisses (weil etwa Richter A sexuelle Straftaten härter bestraft als Richter B). An dem gesetzlichen Richter kann sich nur unter den im Gesetz vorgesehenen Voraussetzungen etwas ändern, was z. B. bei der Befreiung eines Schöffen vom Sitzungsdienst Bedeutung hat.

Das Prinzip des gesetzlichen Richters wird auch für die **Ergänzungsschöffen** durchgehalten. Auch sie müssen nach abstrakten Regeln im Vorhinein bestimmbar sein und werden deshalb aus der Liste der Ersatzschöffen berufen. Im Fall der Terminierung einer Hauptverhandlung, in der der Vorsitzende den Einsatz bestimmt, werden die an erster („bereitester") Stelle stehenden Personen geladen. Die Verteidigung kann ihren korrekten Einsatz überprüfen und ggf. rügen, wenn sie zum Einsatz kommen.

2.2 Abschaffung der Todesstrafe

Nach Art. 102 GG ist die Todesstrafe in Deutschland abgeschafft. Die Bestimmung ist eine konsequente Weiterführung des Lebensschutzes aus Art. 2 GG sowie des (ungeschriebenen) verfassungsrechtlichen Grundsatzes der Verhältnismäßigkeit. Weder hat die Todesstrafe eine präventive (abschreckende) Wirkung, noch lässt sich der Irrtum eines Gerichts korrigieren. Eine Sanktion, die keinen Nutzen hat, steht außerhalb jeden Verhältnisses zu einer (noch so schweren) Straftat.

2.3 Rechtliches Gehör

Vor jeder dem Angeklagten möglicherweise nachteiligen Entscheidung ist ihm die Gelegenheit zu geben, seine Auffassung zu äußern und ggf. Anträge zu stellen. Aus dem Grundsatz des rechtlichen Gehörs (Art. 103 Abs. 1 GG) folgt, dass der gerichtlichen Entscheidung nur solche Tatsachen, Beweisergebnisse und Äußerungen zugrunde gelegt werden dürfen, zu denen der Angeklagte Stellung nehmen konnte. Das Gericht muss die Äußerungen in seine Entscheidung einbeziehen. Der Anspruch auf rechtliches Gehör ist weit auszulegen. Eine Verletzung dieses Grundsatzes kann die Revision gegen das Urteil begründen.

2.4 Keine Strafe ohne Gesetz

(a) Eine Tat kann nur verfolgt und bestraft werden, wenn die Strafbarkeit der Handlung zum Zeitpunkt der Tat durch ein gültiges Gesetz geregelt war (Art. 103 Abs. 2 GG). Ein Strafgesetz kann nicht rückwirkend in Kraft gesetzt werden (**Rückwirkungsverbot**). Jeder muss im Zeitpunkt einer Tat wissen, welches Verhalten so wichtig ist, dass ein Verstoß dagegen mit Kriminalstrafe bedroht ist. Die Gesetzesbindung gilt nicht nur für die Einführung eines Straftatbestandes, sondern auch für eine Verschärfung. Wird ein Strafgesetz nach der Tat im Strafmaß erhöht, wird der Täter nach dem früheren milderen Gesetz abgeurteilt. Wird umgekehrt das Gesetz nach Begehung der Tat gemildert, ist das mildere Gesetz anzuwenden, weil das Rückwirkungsverbot nur bei Regelungen zum *Nachteil* des Betroffenen gilt.

(**b**) Der Grundsatz der Gesetzesbindung schließt eine Strafbarkeit im Wege der Analogie[3] aus (**Analogieverbot**), also durch Auslegung eines Tatbestandes über seinen Wortlaut hinaus auf „ähnliche oder vergleichbare" Sachverhalte. Der Straftatbestand, den das Gesetz formuliert (das gebotene oder verbotene Verhalten), muss für den Adressaten klar und deutlich erkennbar sein (**Bestimmtheitsgebot**). Strafgesetze müssen in Tatbestand und Rechtsfolge das vorgeschriebene oder untersagte Verhalten erkennen lassen. „Gummiparagrafen" sind verfassungswidrig und deshalb nichtig.

(**c**) Das Bundesverfassungsgericht hat von dem Grundsatz „Keine Strafe ohne Gesetz" bei schweren Menschenrechtsverletzungen **Ausnahmen** zugelassen. Danach gilt das Verbot nicht, wenn die inkriminierte Handlung die in der Völkergemeinschaft allgemein anerkannten Grundsätze der Achtung des Rechts auf persönliche Freiheit, Leben und Gesundheit sowie des Schutzes vor grausamer und unmenschlicher Bestrafung gröblich missachtet und offenkundig ein schweres kriminelles Unrecht darstellt. Diese Auffassung spiegelt sich in Art. 7 Abs. 2 EMRK wider, wonach nicht ausgeschlossen ist, „dass jemand wegen einer Handlung oder Unterlassung verurteilt oder bestraft wird, die zur Zeit ihrer Begehung nach den von den zivilisierten Völkern anerkannten allgemeinen Rechtsgrundsätzen strafbar war".

2.5 Verbot der Mehrfachbestrafung

Niemand darf wegen derselben Tat zweimal bestraft werden (Art. 103 Abs. 3 GG), d. h. wegen des Ereignisses, das einer früheren Verurteilung zugrunde lag. Nicht nur die Bestrafung selbst ist untersagt, sondern bereits das Einleiten eines Ermittlungsverfahrens; deshalb handelt es sich eher um ein Mehrfach*verfolgungs*verbot. Das Verbot der Mehrfachbestrafung gilt auch bei Entscheidungen der Gerichte in den EU-Staaten (Art. 50 GRCh), in den Staaten des Schengen-Raumes aber nur, soweit die Strafe vollstreckt ist oder gerade vollstreckt wird. Ein rechtskräftig Freigesprochener kann wegen der früheren Tat nicht mehr belangt werden, wenn nicht die gesetzlichen Gründe des § 362 StPO für ein Wiederaufnahmeverfahren zu seinen Ungunsten vorliegen: Er wurde aufgrund der Falschaussage eines Zeugen freigesprochen, er gesteht später die Tat oder ein Richter hat sich bei dem Urteil einer strafbaren Verletzung seiner Amtspflichten (etwa einer Rechtsbeugung) schuldig gemacht. Die vom Bundestag 2021 beschlossene Regelung zur Wiederaufnahme zuungunsten des Freigesprochenen, wenn aufgrund neuer Tatsachen oder Beweismittel dringende Gründe dafür bestehen, dass er nunmehr wegen

---

3 Entsprechende Anwendung eines Gesetzes auf Sachverhalte, die von dem Gesetz zwar nicht erfasst werden, den gesetzlich geregelten in rechtlicher Hinsicht aber ähnlich sind.

Mordes oder bestimmter Völkerstraftaten verurteilt wird (§ 362 Nr. 5 StPO), hat das Bundesverfassungsgericht wegen Verstoßes gegen Art. 103 Abs. 3 GG und das Rückwirkungsverbot für verfassungswidrig erklärt.[4]

2.6 Folterverbot

Jede Art von seelischer oder körperlicher Misshandlung ist gegenüber Menschen, die sich in staatlichem Gewahrsam befinden, untersagt (Art. 104 Abs. 1 Satz 2 GG). Insbesondere verbieten Grundgesetz wie EMRK (Art. 3) jede Anwendung von Folter. Der EGMR hat den Absolutheitsanspruch des Folterverbots betont, das unabhängig vom Verhalten des Betroffenen und der Motivation der Behörden gelte und keine Rechtfertigung oder Interessenabwägung zulasse, auch nicht im Fall eines staatlichen Notstandes oder einer Entführung, bei der das Leben der entführten Person gefährdet ist.[5] Allerdings muss der Unterschied zwischen polizeilichen Maßnahmen der Gefahrenabwehr (Rettungsschuss) und der gerichtlichen Aufklärung und Ahndung einer Straftat beachtet werden.

2.7 Freiheitsentziehung (Richtervorbehalt)

Vorläufige (Untersuchungshaft, einstweilige Unterbringung) und endgültige Freiheitsentziehungen (durch Urteil) können nur von einem Richter angeordnet werden (Art. 104 Abs. 2 GG). Staatsanwaltschaft und Polizei haben das Recht, einen auf frischer Tat Ertappten oder einen Beschuldigten, gegen den Haftbefehl erlassen werden soll, (vorläufig) festzunehmen. Über die Fortdauer dieser Freiheitsentziehung entscheidet ein Richter spätestens bis zum Ablauf des auf die Festnahme folgenden Tages. Andernfalls ist der Betroffene freizulassen.

2.8 Verhältnismäßigkeit

Mit Verfassungsrang ausgestattet ist der Grundsatz der Verhältnismäßigkeit, wonach der mit einer Maßnahme verbundene Eingriff nicht außer Verhältnis zur Bedeutung der Sache stehen darf. Der Grundsatz gilt nicht nur im Rahmen der prozessualen Mittel, sondern auch bei der Festsetzung der Strafe, z. B. dass eine Geldstrafe entsprechend den wirtschaftlichen Verhältnissen bemessen wird. Verhältnismäßig ist eine Maßnahme, die einen legitimen öffentlichen Zweck verfolgt, **geeignet, erforderlich und angemessen** ist.

IV. Prozessgrundsätze

Einfachgesetzlich regeln StPO, GVG, im Jugendstrafverfahren auch das JGG die Grundsätze des Strafverfahrens. In der Zusammenfassung garantieren sie dem Angeklagten – gleichgültig welchen Delikts er beschuldigt wird – ein faires Verfahren. Ein Strafprozess, der diese grundlegenden Voraussetzungen nicht beachtet, ist in der Gefahr, in Willkür auszuarten. Die Verletzung dieser Prinzipien kann zur Aufhebung der Entscheidung führen.

---

4 BVerfG 31.10.2023, 2 BvR 900/22, NJW 2023, S. 3698.
5 EGMR 1.6.2010, 22978/05 (Gäfgen vs. Deutschland), NJW 2010, S. 3145.

1. Öffentlichkeit

Die Kontrolle der Öffentlichkeit über die Gerichte verhindert eine Strafjustiz hinter verschlossenen Türen. Sie ist jedoch einigen Einschränkungen unterworfen, z. B. sind Ton-, Bild- und Filmaufnahmen während der Hauptverhandlung untersagt. Außerhalb der Hauptverhandlung, wenn das Gericht den Saal betritt und die Verhandlung noch nicht eröffnet hat, gilt dieses gesetzliche Verbot nicht. Seit 2018 sind Tonübertragungen in einen Arbeitsraum zulässig für „Personen, die für Presse, Hörfunk, Fernsehen oder für andere Medien berichten" (§ 169 Abs. 1 Satz 3 GVG). Diese Übertragungen dienen der Erweiterung der räumlichen Kapazitäten und sind insbesondere bei Verfahren von großem medialem Interesse geboten.

Ein **Ausschluss der Öffentlichkeit** während der Hauptverhandlung ist zulässig, wenn das Interesse an der Nichtverbreitung der verhandelten Tatsachen größer ist als das an einer vollständigen Öffentlichkeit des Verfahrens. Dies gilt bei allen Verfahren gegen Jugendliche (§ 48 JGG). In den Verfahren gegen Erwachsene und Heranwachsende kann die **gesamte Öffentlichkeit** für die Dauer der Hauptverhandlung oder Teile davon ausgeschlossen werden, wenn

- über die Unterbringung des Angeklagten in einem psychiatrischen Krankenhaus oder einer Entziehungsanstalt verhandelt wird (§ 171a GVG);
- die Privatsphäre eines Betroffenen zu schützen ist (vor allem bei Sexualdelikten), „soweit nicht das Interesse an der öffentlichen Erörterung dieser Umstände überwiegt" (§ 171b GVG);
- eine Gefahr für die Staatssicherheit, die öffentliche Ordnung oder die Sittlichkeit besteht (§ 172 Nr. 1 GVG);
- Zeugen und andere Personen (z. B. verdeckte Ermittler) gefährdet sind (§ 172 Nr. 1a GVG);
- Privat-, Geschäfts-, Betriebs-, Erfindungs- oder Steuergeheimnisse verhandelt werden (§ 172 Nr. 2, 3 GVG);
- Personen unter 18 Jahren vernommen werden (§ 172 Nr. 4 GVG).

Auch **einzelne Personen** können von der Verhandlung ausgeschlossen werden:

- Der Zutritt zum Gerichtssaal kann nicht erwachsenen und solchen Personen versagt werden, die in einer der Würde des Gerichts nicht entsprechenden Weise erscheinen (§ 175 Abs. 1 GVG). Aber nicht jeder, der den Geschmack des Gerichts hinsichtlich Kleidung oder Haartracht nicht trifft, verletzt die Würde des Gerichts – ein Begriff, der ohnehin nur schwer zu definieren ist.
- Wegen Ungehorsams und Ungebühr können Parteien, Angeklagte, Zeugen und Sachverständige sowie nicht beteiligte Personen (Zuhörer, Presse) ausgeschlossen, ggf. mit Ordnungsgeld oder -haft belegt werden (§§ 177 f. GVG).

Der Ausschluss ist sorgfältig zu bedenken. Die Entscheidung trifft das Gericht einschließlich der Schöffen mit der Stimmenmehrheit. Bei unberechtigtem Ausschluss auch nur eines Zuhörers kann das Urteil wegen Verstoßes gegen den Grundsatz der Öffentlichkeit aufgehoben werden. Die Verkündung des Urteils muss stets öffentlich erfolgen (§ 173 Abs. 1 GVG). Das Gericht kann beschließen, für die Verkündung der Urteils*gründe* (nicht des Urteils*tenors*) die Öffentlichkeit auszuschließen (§ 173 Abs. 2 GVG).

2. Mündlichkeit und Unmittelbarkeit

(a) Für die Öffentlichkeit des Strafprozesses ist die **Mündlichkeit** eine notwendige Voraussetzung. Sie gewährleistet eine unmittelbare Kommunikation zwischen den Verfahrensbeteiligten sowie den Zeugen und Sachverständigen, die von den Zuhörern verfolgt werden kann. Das Mündlichkeitsprinzip soll dem Angeklagten die Verständigung mit den anderen Verfahrensbeteiligten erleichtern. Das Urteil ist aus dem „Inbegriff der Verhandlung" zu schöpfen (§ 261 StPO), d. h. es darf nur auf Umstände gestützt werden, die in der Hauptverhandlung Gegenstand der Erörterung waren. Soweit **Akteninhalt** beweiserheblich ist, muss er verlesen, ggf. im Selbstleseverfahren eingeführt werden. Der Grundsatz verbietet die Beschaffung und Verwertung **privaten Wissens** der Richter über den Fall. Wenn solches von Bedeutung für die Urteilsfindung ist, muss der betreffende Richter als Zeuge aussagen, ist dann allerdings vom Richteramt ausgeschlossen (§ 22 Nr. 5 StPO). Auch die Verwertung **amtlichen Wissens** (etwa aus früheren Verfahren), das außerhalb der Beweisaufnahme erlangt wird, ist unzulässig. Zulässig ist hingegen die Verwertung **eigener Sachkunde**. Das Gericht darf auf ein Sachverständigengutachten verzichten, wenn ein Mitglied über entsprechende eigene besondere Sachkunde verfügt (§ 244 Abs. 4 StPO).

(b) Der **Unmittelbarkeitsgrundsatz** beinhaltet, dass das Gericht sich aufgrund des persönlichen Eindrucks, den es vom Angeklagten und den Beweismitteln gewinnt, sein Urteil bilden soll und seine Erkenntnisse für einen Beweis aus der „**Primärquelle**" nehmen muss. Er verlangt die vollständige und ununterbrochene **Anwesenheit** aller Richter während der Hauptverhandlung. Dazu gehört nicht nur die körperliche Präsenz. Das Gericht ist auch falsch besetzt, wenn ein Mitglied des Gerichts „entschlummert".

3. Anklageprinzip

„Wo kein Kläger, da kein Richter", sagt ein Rechtssprichwort. Auf den heutigen Strafprozess übertragen heißt dies, dass das Gericht nur über Taten und Täter verhandeln kann, die von der Staatsanwaltschaft angeklagt wurden. Kommt die Staatsanwaltschaft nach Abschluss ihrer Ermittlungen zu dem Ergebnis, dass ein **hinreichender Tatverdacht** für eine bestimmte Straftat vorliegt, erhebt sie gemäß § 170 Abs. 1 StPO bei dem zuständigen Gericht (gesetzlicher Richter) die öffentliche Anklage. Das Anklage- oder Akkusationsprinzip (lat., accusare = anklagen) bestimmt und begrenzt den Verfahrensgegenstand für das Gericht in sachlicher (Tat) und persönlicher (Täter) Hinsicht. Die Verhandlung darf sich nur auf die in der Anklage bezeichneten Taten und Personen erstrecken. In der Hauptverhandlung hat dies z. B. Bedeutung, wenn der Angeklagte plötzlich eine „Lebensbeichte" ablegt und weitere Taten zugibt oder ein Zeuge mehr Taten schildert, als in der Anklageschrift aufgeführt sind. Das Gericht kann über diese zusätzlichen Taten erst verhandeln, wenn die Staatsanwaltschaft eine **Nachtragsanklage** erhoben hat. Gleiches gilt, wenn ein Beteiligter im Zusammenhang mit dem laufenden Prozess eine Straftat begeht, etwa eine falsche uneidliche Aussage macht. Das Gericht stellt den Sachverhalt im Protokoll fest und übersendet es der Staatsanwalt zur weiteren Ermittlung und ggf. Anklage (§ 183 GVG).

4. Offizial-, Legalitäts-, Opportunitätsprinzip

Straftaten sind grundsätzlich „**von Amts wegen**" (ex officio) zu verfolgen (§§ 160 Abs. 1, 163 Abs. 1 StPO), unabhängig davon, ob eine Anzeige erstattet wird. Ziel ist die Erforschung der Wahrheit, um auf dieser Grundlage die Entscheidung über Schuld oder Nichtschuld und die daraus zu ziehenden rechtlichen Folgerungen treffen zu können. Die Staatsanwaltschaft hat das sog. **Anklagemonopol**. Daraus folgt die Pflicht, bei einem Anfangsverdacht zu ermitteln und ggf. Anklage zu erheben (Legalitätsprinzip).

Ausnahmen gibt es für **Antragsdelikte** (z. B. Hausfriedensbruch, Beleidigung, Sachbeschädigung), die von Verletzten im Wege der Privatklage (§ 374 StPO) verfolgt werden können, wenn die Staatsanwaltschaft nicht das besondere öffentliche Interesse einer amtlichen Verfolgung bejaht. Voraussetzung für die Privatklage ist, dass zuvor ein Sühneversuch vor einer Schiedsperson erfolglos geblieben ist.

Im Bereich bestimmter politischer Delikte wie Vorbereitung einer schweren staatsgefährdenden Gewalttat (§ 89a StGB), Verunglimpfung des Bundespräsidenten (§§ 90 f. StGB), Preisgabe von Staatsgeheimnissen (§ 97 StGB), Vertrauensbruch im Auswärtigen Dienst (§ 353a StGB) ist eine Strafverfolgung nur nach Ermächtigung der zuständigen politischen Organe zulässig.

In Fällen geringer Schuld des Beschuldigten gestattet das **Opportunitätsprinzip** den Strafverfolgungsbehörden und später dem Gericht, Straftaten gemäß §§ 153 ff. StPO – ggf. unter Auflagen – einzustellen.

Aus dem Legalitätsprinzip folgt die **richterliche Aufklärungspflicht,** alle *be-* und *ent*lastenden Umstände zu ermitteln (§ 244 Abs. 2 StPO). Das Gericht ist auch ohne förmliche Beweisanträge der Verfahrensbeteiligten verpflichtet, alles zur Aufklärung Notwendige zu tun. Ergeben sich in der Hauptverhandlung neue Aspekte, z. B. weil der Angeklagte einen Zeugen für sein Alibi benennt, ist das Gericht zur Untersuchung durch Vernehmung des Zeugen verpflichtet. Selbst ein Geständnis des Angeklagten entbindet das Gericht davon nicht. Es kann (muss) trotzdem die Beweisaufnahme weiterführen – ggf. mit dem Ziel, das Geständnis des Angeklagten zu widerlegen, weil er die Schuld eines anderen übernimmt oder seine eigene herunterspielt. Die vollständige Ermittlung des für das Urteil relevanten Sachverhalts ist Voraussetzung für andere Prozessgrundsätze. So kann der Grundsatz „Im Zweifel für den Angeklagten" erst greifen, wenn das Gericht alle Möglichkeiten ausgeschöpft hat, den Sachverhalt zu klären und Zweifel auszuschließen. Auch das Prinzip der freien Beweiswürdigung setzt voraus, dass das Gericht alle relevanten

Umstände ermittelt hat, die auf Schuld oder Nichtschuld des Angeklagten schließen lassen. Dieser Grundsatz hat Grenzen:

Offenkundige Tatsachen muss das Gericht nicht erforschen (§ 244 Abs. 3 Satz 2 StPO). Dazu zählen

- *allgemein*kundige Tatsachen, von denen verständige Menschen Kenntnis haben oder über die sich jeder aus allgemein zugänglichen Quellen wie Lexika, Fahrplänen, Straßenkarten usw. informieren kann. Von allgemeinkundigen Tatsachen müssen nicht *alle* Menschen Kenntnis haben; es reicht aus, wenn die Offenkundigkeit auf einen bestimmten Personenkreis beschränkt ist;
- *gerichts*kundige Tatsachen, von denen die Richter dienstlich zuverlässig Kenntnis erhalten haben.

Offenkundige Tatsachen werden zwar ohne Beweisaufnahme verwertet, müssen aber erörtert werden. Eine Ausnahme besteht nur dann, wenn die selbstverständlichen Tatsachen keiner weiteren Erörterung bedürfen. Ist eine im Allgemeinen offenkundige Tatsache im Einzelfall nicht offenkundig, weil es sich um einen atypischen Fall handelt, ist der Gegenbeweis zulässig (z. B. die offenkundige Tatsache der Ankunft des Zuges aus dem Fahrplan wird durch die Auskunft über eine Verspätung am Tattag widerlegt).

5. Beschleunigungsgrundsatz

Das Beschleunigungsgebot soll als Ausfluss der Rechtsstaatlichkeit für eine zügige Erledigung des Verfahrens sorgen. Es ergibt sich aus Art. 6 EMRK und der Fürsorgepflicht des Gerichts. Die StPO greift diesen Grundsatz in § 229 Abs. 1 StPO auf. Danach darf eine Hauptverhandlung nicht länger als drei Wochen unterbrochen werden; ansonsten muss sie erneut beginnen (§ 229 Abs. 4 StPO). Dieser Grundsatz hat zwei Ausnahmen: Hat eine Hauptverhandlung an mindestens zehn Tagen stattgefunden, darf sie bis zu einem Monat unterbrochen werden (§ 229 Abs. 2 StPO). Unter der gleichen Voraussetzung ist die Frist der Unterbrechung bis zu sechs Wochen gehemmt, wenn ein Angeklagter oder Richter krankheitsbedingt nicht zur Hauptverhandlung erscheinen kann (§ 229 Abs. 3 StPO). Eine erhebliche Verfahrensverzögerung muss bei der Durchsetzung des staatlichen Strafanspruchs (d. h. im Strafmaß) berücksichtigt werden. Eine Nichtberücksichtigung bei der Festsetzung der Strafdauer ist ein Verstoß gegen das Grundrecht auf Freiheit der Person nach Art. 2 Abs. 2 Satz 2 GG i. V. m. dem Grundsatz der Verhältnismäßigkeit.[6]

6. Selbstbelastungsfreiheit

Kein Beschuldigter muss an seiner eigenen Verurteilung mitwirken. Dieser Grundsatz wird aus Art. 2 Abs. 1, Art. 1 Abs. 1 GG und dem Rechtsstaatsprinzip[7] abgeleitet.

---

[6] BVerfG 25.7.2003, 2 BvR 153/03, NStZ 2004, S. 335.
[7] In der Fachsprache als sog. nemo-tenetur- Grundsatz bezeichnet; nemo tenetur se ipsum accusare = niemand ist gezwungen, sich selbst anzuklagen.

Deshalb hat der **Angeklagte** ein Schweigerecht (§ 243 Abs. 5 Satz 1 StPO). Die Einlassung des Angeklagten zur Sache zählt nicht zu den Beweismitteln, insbesondere ist er kein Zeuge; als Zeuge wäre er zur Wahrheit verpflichtet. Auch für den **Zeugen** gilt dieses Prinzip insoweit, als er die Antwort auf Fragen verweigern darf, mit denen er sich bei wahrheitsgemäßer Beantwortung der Gefahr einer strafrechtlichen Verfolgung aussetzt (§ 55 Abs. 1 StPO).

7. Faires Verfahren

Der Grundsatz des fairen Verfahrens ist in Art. 6 Abs. 1 Satz 1 EMRK ausdrücklich geregelt; dem entspricht in der deutschen Rechtstradition die **prozessuale Fürsorgepflicht** des Gerichts, die einen aus dem Rechtsstaatsprinzip entwickelten Verfahrensgrundsatz darstellt. Eine einheitliche Definition der Fairness gibt es nicht. Sie beinhaltet einzelne Garantien wie kurze Fristen, verständliche Sprache incl. Dolmetscher, Verteidigung, Fragerecht, Benennung von Zeugen, Waffengleichheit, Akteneinsicht, rechtliches Gehör, Begründung von Entscheidungen sowie das Recht auf ein unabhängiges, unparteiisches Gericht. Was „fair" ist, ist darüber hinaus auch aus der Gesamtschau des Verfahrens zu beurteilen. Das Strafverfahren orientiert sich an den Prinzipien von Gerechtigkeit, Vernunft und Mäßigung der strafenden Gewalt des Staates. So werden z. B. Entscheidungen über die Zurückweisung von Fragen an Zeugen oder über einen Beweisantrag unter dem Primat der Fairness gegenüber Angeklagten oder Zeugen getroffen.

Ausprägung des Fairness-Grundsatzes ist etwa die **Hinweispflicht** des Gerichts, den Angeklagten zu informieren, wenn sich seine Auffassung über die rechtliche Bewertung der Tat ändert (§ 265 Abs. 1 StPO; die Beweisaufnahme hat z. B. Anhaltspunkte ergeben, die Körperverletzung sei vorsätzlich, nicht – wie angeklagt – fahrlässig begangen worden). Ändert sich die Auffassung des Gerichts erst nach Ende der Beweisaufnahme in der Beratung, muss das Gericht erneut in die Verhandlung eintreten und dem Angeklagten mit dem Hinweis Gelegenheit geben, sich auch dagegen zu verteidigen. Der Angeklagte könnte die Aussetzung der Hauptverhandlung beantragen, um seine Verteidigung auf die neue Auffassung einzustellen (§ 265 Abs. 3 StPO). Zieht das Gericht die Verhängung von Maßregeln der Besserung und Sicherung in Betracht, die in der Anklageschrift nicht enthalten sind, besteht ebenfalls eine Hinweispflicht (§ 265 Abs. 2 StPO). Der Hinweis muss so gehalten sein, dass sich der Angeklagte dagegen sachgemäß verteidigen kann. Hat der Angeklagte z. B. keinen Verteidiger, muss ihm die neue Vorschrift erläutert werden. Der durchschnittliche Angeklagte wird zwischen Diebstahl und Unterschlagung kaum unterscheiden können. Diese Unterschiede müssen ihm erklärt werden. Ergibt die Beweisaufnahme jedoch neue (strafbare) Lebenssachverhalte, die in der Anklage nicht enthalten sind, muss eine Nachtragsanklage erhoben werden. Das Gericht ist an den Inhalt eines rechtlichen Hinweises nicht gebunden und kann später durchaus zu dem Ergebnis kommen, dass es bei der ursprünglichen Rechtsauffassung bleibt.

8. Unschuldsvermutung

Jeder Angeklagte gilt bis zur Rechtskraft einer Verurteilung als unschuldig (Art. 6 Abs. 2 EMRK). Dieser Grundsatz hat Verfassungsrang. Zwar muss der Angeklagte alle zulässigen Maßnahmen über sich ergehen lassen, die nach der EMRK und dem deutschen Strafverfahrensrecht dem Nachweis der Schuld dienen. Diese Maßnahmen sind jedoch nur in dem Umfang zulässig, wie sie für den Nachweis der Schuld unbedingt erforderlich sind. Das Prinzip soll den Angeklagten vor Nachteilen schützen, die einem Schuldspruch oder einer Strafe gleichkommen (Vorverurteilung). Nur das Ergebnis der Hauptverhandlung versetzt die Richter in die Lage, einen Schuldspruch zu fällen. Allerdings gilt das Prinzip nur im Verhältnis zu den staatlichen Institutionen. Gegen Vorverurteilungen der Presse helfen nur presse- und zivilrechtliche Instrumente, wie z. B. Gegendarstellung oder Anspruch auf Schadenersatz.

9. Freie Beweiswürdigung

Mittel der freien Beweiswürdigung (§ 261 StPO) bei der Ausübung des richterlichen Amtes sind die erforderliche Menschenkenntnis und die Fähigkeit, Aussagen auf ihren Wahrheitsgehalt zu prüfen. Der Richter ist weder an abstrakt formulierte und gesetzlich vorgegebene Beweisregeln noch sonstige Richtlinien gebunden, unter welchen Voraussetzungen er eine Behauptung oder eine Tatsache für bewiesen oder nicht bewiesen zu halten hat. Ebenso wenig gibt es Vorschriften, welcher Beweiswert einem Beweismittel im Gesamtspektrum der Beweislage zukommt. Weder kommt der Zahl der Zeugen, die eine bestimmte Aussage machen, unbedingte Bedeutung zu, noch ist ein vereidigter Zeuge glaubwürdiger als ein unvereidigter. Nur die Regeln der Logik, Naturgesetze, gefestigte naturwissenschaftliche Erkenntnisse (z. B. die Blutalkoholkonzentration bei der Feststellung der Fahruntauglichkeit), gesetzliche Bestimmungen (Beweiskraft eines gerichtlichen Protokolls, § 274 StPO), die Überprüfung durch höhere Instanzen und übergeordnete Verfahrensgrundsätze wie der Satz „Im Zweifel für den Angeklagten" oder Beweisverwertungsverbote setzen der freien Beweiswürdigung Grenzen. Auch auf denkgesetzlich unmögliche Grundlagen darf das Gericht seine Überzeugung nicht stützen.[8]

Die freie Beweiswürdigung erfordert **gedankliche Disziplin** bei der Feststellung der dieser Würdigung zugrunde liegenden Tatsachen. Falsche Tatsachenfeststellungen und/oder verfehlte Beweiswürdigung führen zu Fehlurteilen. Das Urteil ist immer nur genauso schlüssig, wahr oder richtig, wie die das Urteil tragenden Tatsachen wahr oder richtig sind. Schwachstellen in der menschlichen „Programmierung" führen zu Fehlbeurteilungen. So neigen wir dazu, gutaussehende Menschen für glaubhafter zu halten als weniger attraktive („Was schön ist, ist gut", sog. **Halo-Effekt**). Ausgangspunkt können markante Merkmale der zu beurteilenden Person sein, die unsere Aufmerksamkeit („Kleider machen Leute") oder Bewunderung

---

[8] BGH 22.4.2005, 2 StR 310/04, HRRS 2005, Nr. 458 Rn. 20.

(z. B. außergewöhnliche Leistungen), aber auch unsere Empathie (z. B. bei einer Behinderung) hervorrufen.

Ein häufig auftretender Fehler – gerade in der gerichtlichen Praxis – ist der **Rückschaufehler**. Wer den Ausgang eines Geschehens kennt, bejaht die Frage nach dessen Vorhersehbarkeit eher als jemand, dem der Ausgang des Ereignisses unbekannt ist – wie ggf. vorher dem „Täter". Das spielt insbesondere bei der Beurteilung der Vorhersehbarkeit im Rahmen der Fahrlässigkeit eine Rolle. Ein Schöffe sollte sich daher genau fragen, ob er an der Stelle des Angeklagten – mit dem Wissen vor dem Ereignis – die möglichen Folgen vorhergesehen hätte.

In die gleiche Kategorie fällt der **Bestätigungsfehler**. Ein solcher tritt ein, wenn der Schöffe den Tatsachen, die einer bevorzugten Hypothese entsprechen, stärkeres Gewicht beilegt als solchen Tatsachen, die seiner Hypothese widersprechen. Hat er sich etwa die Hypothese bereitgelegt, der Zeuge lüge bereits deshalb, weil er im Lager des Angeklagten stehe, wird er jede Erinnerungslücke, Unsicherheit und Ungenauigkeit für einen weiteren Beweis seiner Hypothese ansehen. Der Schöffe, der sich entscheidet, eine Tatsache für erwiesen (oder nicht) zu halten, muss sich selbst stets die Frage vorlegen, ob er einer inneren Beeinflussung unterliegt oder das Beweisergebnis nur deshalb für schlüssig oder unschlüssig hält, weil dies in sein bestehendes Bild passt.

Das Gericht schöpft seine **Überzeugung** „aus dem Inbegriff der Hauptverhandlung". Eine Überzeugung über den Schuldvorwurf kommt somit erst am Ende der Beweisaufnahme in Betracht. Vorzeitige Meinungsbildung macht befangen. Besonders virulent wird die Gefahr vorzeitiger Festlegung bei Beweisanträgen der Verteidigung. Der Vorsitzende kann – hält er den Beweis für erforderlich – allein die Erhebung anordnen (z. B. den Zeugen laden); die Beisitzer bzw. Schöffen kommen erst ins Spiel, wenn eine Ablehnung des Antrages ins Auge gefasst wird. Entscheidend ist die Frage, ob der Beweis für die Feststellung der Wahrheit *erforderlich* ist. Der Hamburger Strafverteidiger *Strate* weist auf die Gefahr für die Schöffen (im erweiterten Schöffengericht und der Großen Strafkammer) hin, wenn von den Berufsrichtern bei Zwischenberatungen z. B. von Beweisanträgen vorzeitig die Schuldfrage mit einbezogen werde. Für die Laienrichter entwickele sich ein emotional wirksamer Druck, der die Unabhängigkeit der Schlussberatung und Abstimmung über die Schuldfrage gefährde. Wünschten die Schöffen die Anhörung eines Zeugen, den die Berufsrichter für unerheblich halten, müssen die Schöffen die Entscheidung über die Ablehnung des Beweisantrages nach außen mittragen, auch wenn sie nur von der einfachen Mehrheit der Berufsrichter (oder der entscheidenden Stimme des Vorsitzenden) überstimmt worden sein. Es sei zu befürchten, dass die Meinung der Schöffen vom Kollegialgeist des Gerichts vereinnahmt würde, was die Unbefangenheit gegenüber den Schlussvorträgen und die Unabhängigkeit in der Schlussberatung gefährden könne.[9]

---

[9] *Gerhard Strate*, Freie Beweiswürdigung und gebundene Beweiserhebung, HRRS 2003, S. 47, 51.

10. Im Zweifel für den Angeklagten

Der sog. Zweifelssatz (in dubio pro reo) ist ein ungeschriebener, aber tragender Satz des Strafprozesses, der aus dem Grundsatz der freien Beweiswürdigung resultiert. Hat der Richter keine Gewissheit über eine Tatsache, die den Angeklagten belastet, kann er seine Überzeugung nicht auf diese Tatsache stützen. Bei Zweifeln ist immer die dem Angeklagten **günstigere Tatsache** zu unterstellen. Auf bloße Schuld*vermutungen* darf der Richter sein Urteil nicht gründen. Der Grundsatz setzt andererseits „vernünftige" Zweifel voraus; die bloße abstrakte Vermutung, es könne theoretisch auch „alles ganz anders gewesen sein", reicht für einen vernünftigen Zweifel nicht aus. Wie das Gericht diese Zweifel durch Beweise ausräumen kann, muss es im Einzelfall entscheiden.

Der Grundsatz ist auf alle Umstände im Zusammenhang mit Schuld und Strafzumessung anzuwenden. Beruft sich der Angeklagte z. B. auf ein Alibi und kann ihm dieses nicht widerlegt werden, genügt das für einen Freispruch. Bestehen Zweifel an der Schuldfähigkeit, ist von Schuld*un*fähigkeit auszugehen. Auf die Beurteilung von **Verfahrensfragen** ist der Zweifelssatz nicht anzuwenden. Der Angeklagte muss in diesem Fall die für ihn günstigen Tatsachen nachweisen, z. B. wenn er behauptet, das bei der Polizei abgelegte Geständnis dürfe nicht verwertet werden, weil er nicht über sein Schweigerecht belehrt worden sei.

11. Güterabwägung

Aus der Erwägung, dass es keine absoluten Rechte und Freiheiten gibt, resultiert der Gedanke der Güterabwägung. Jedes Recht findet seine Grenze in dem Recht eines anderen. Wo die Grenze verläuft und wann ein Recht einem anderen weichen muss, ist eine Frage der Abwägung beider Positionen gegeneinander. Im Strafrecht kollidiert oft das Eingriffsrecht aus dem Gewaltmonopol des Staates mit Individualrechten der Bürger – ob als Zeuge, Beschuldigter oder auch als Schöffe, der seine Dienstpflicht zu erfüllen hat. Eine wichtige Rolle spielt die **Verhältnismäßigkeit** eines staatlichen Eingriffs in ein Grundrecht. Maßnahme und verfassungsrechtlich geschützte Position müssen gegeneinander abgewogen werden. Manchmal hat der Gesetzgeber bereits eine Abwägung vorgenommen (z. B. Aussageverweigerung oder Selbstbelastungsfreiheit, die den Aufklärungsauftrag des Gerichts einschränken); manchmal muss das Gericht eine solche Abwägung aus den Prinzipien des Strafverfahrens ableiten. In der Abwägung zweier Güter geht stets dasjenige Gut vor, dem das höhere Gewicht zukommt. Eine solche Abwägung hat das erkennende Gericht in jedem Einzelfall anzustellen, wobei es jeweils zu unterschiedlichen Ergebnissen kommen kann. Vom Gesetzgeber getroffene Abwägungen sind zu befolgen (das Recht einer Verlobten zur Aussageverweigerung gilt auch im Fall einer noch so grausamen Mordtat). Hingegen können Schöffen bei Abwägungen, die dem Gericht überlassen sind, auch Auffassungen vertreten, die im Gegensatz zu höchst- und obergerichtlichen Entscheidungen stehen. Das Tatgericht entscheidet immer den Einzelfall.

▶ BEISPIEL

Anlässlich einer Durchsuchung bei einer des Mordes Beschuldigten wird ihr Tagebuch mitgenommen und beschlagnahmt. In der Hauptverhandlung wird die Passage verlesen, in der sie dem Tagebuch den Mord anvertraut hat. Die Verteidigung hat der Verlesung widersprochen. Der Eingriff in die Intimsphäre führe zur Unverwertbarkeit des Beweismittels, es bestehe ein Beweisverwertungsverbot. Die Staatsanwaltschaft entgegnet, dass die Einträge die Gesellschaft in solchem Maß beträfen, dass sie nicht mehr vom unantastbaren Schutzbereich des Persönlichkeitsrechts erfasst würden. Das Strafverfolgungsinteresse sei besonders hoch zu bewerten, wenn Einträge Aussagen über eine bereits begangene Straftat enthielten.[10] Die Strafkammer folgte der Staatsanwaltschaft, verlas die Passagen aus dem Tagebuch und stützte seine Entscheidung darauf. Der Beweiswert der Aufzeichnungen sei besonders hoch, weil die Eintragungen in besonderem Maß glaubhaft seien. ◀

V. Das Strafverfahren bis zur Hauptverhandlung

1. Ermittlungsverfahren

Das Ermittlungsverfahren beginnt damit, dass die Ermittlungsbehörde (Staatsanwaltschaft, Straf- und Bußgeldstelle des Finanzamtes, der Zoll usw.) Kenntnis vom Verdacht auf eine Straftat erhält (**Anfangsverdacht**) und ein förmliches Verfahren unter einem Aktenzeichen einleitet. Um Ermittlungen aufnehmen zu können, bedarf es konkreter Anhaltspunkte (Tatsachen) auf eine Straftat. Häufigster Anlass ist die Anzeige eines (mutmaßlich) Geschädigten. Tatsachen wie das Auffinden einer Leiche oder der Brand eines Hauses können ebenfalls zur Aufnahme der Ermittlungen führen. Gesetzlich vorgeschriebene Mitteilungen können den Verdacht einer Straftat begründen, z. B. die Nachricht einer Bank an die Bundesanstalt für Finanzdienstleistungsaufsicht (BaFin) nach dem Geldwäschegesetz. Die Ermittlungen sind darauf ausgerichtet, einem bestimmten (mutmaßlich strafbaren) Vorgang oder Lebenssachverhalt (Tat) einen bestimmten Menschen (Täter) zuzuordnen. Die Ermittlungsbehörde hat mit den gesetzlich zulässigen Mitteln den Sachverhalt zu erforschen, der einen strafrechtlich relevanten Inhalt hat. Gelingt dies nicht mit der erforderlichen Sicherheit (**hinreichender Tatverdacht**), ist das Verfahren einzustellen.

Anlasslose Ermittlungen unterhalb der Schwelle eines Anfangsverdachts ohne Einschaltung der Staatsanwaltschaft (sog. Vorfeldermittlungen) können durch das Bundeskriminalamt, die Zoll- und Steuerfahndung, das Bundesamt und die Landesbehörden für Verfassungsschutz sowie den Bundesnachrichtendienst durchgeführt werden. Ergeben diese Ermittlungen einen strafrechtlich relevanten Anfangsverdacht, ist der Vorgang zur weiteren Ermittlung an die zuständige Staatsanwaltschaft abzugeben.

---

10 Fall nach BVerfG 14.9.1989, 2 BvR 1062/87, BVerfGE 80, S. 367.

1.1 Ermittlungsmethoden, Beweismittel

Aufgabe der Staatsanwaltschaft ist es, zur Aufklärung einer Straftat so viele Beweise zu finden und zu sichern, dass eine Verurteilung durch das Gericht wahrscheinlich ist. Dazu stehen ihr die gesetzlich vorgesehenen Mittel und Methoden zur Verfügung. Sie kann Auskünfte einholen, Zeugen vernehmen, Daten erheben, Durchsuchungen und Razzien durchführen, Beweismittel beschlagnahmen, körperliche Untersuchungen anordnen usw. Im Rahmen dieser gesetzlichen Befugnisse stehen auch **Zwangsmittel** zur Verfügung. Oft sind diese Beweiserhebungen mit Eingriffen in Grundrechte verbunden (Schutz der Wohnung und der Privatsphäre, des Eigentums, der körperlichen Unversehrtheit, der Freiheit der Person usw.). Deshalb muss bei Beweiserhebungen mit erheblichen Eingriffen in die Grundrechte die Anordnung (vorher) oder Genehmigung (nachträglich) des Ermittlungsrichters eingeholt werden (sog. **Richtervorbehalt**). Über die Ordnungsmäßigkeit der Ermittlungsmethoden entscheidet in der Hauptverhandlung das Gericht. Rechtswidrig erworbene Kenntnisse dürfen ggf. nicht verwertet werden.

Das häufigste Mittel zur Gewinnung von Erkenntnissen ist der **Zeuge** (§§ 48 ff. StPO). Er kann ein bestimmtes Geschehen bekunden, zu Verhältnissen mutmaßlicher Täter und Opfer aussagen oder eine Person identifizieren. Hierfür haben Kriminalistik und Rechtsprechung bestimmte Regeln entwickelt, die zu einem großen Teil auf praktischer Lebenserfahrung beruhen. Die Identifizierung eines mutmaßlichen Täters durch einen (Tat)Zeugen ist z. B. nur verwertbar, wenn sie anhand von mehreren unterschiedlichen Lichtbildern oder Personen vorgenommen wird (Wahllichtbildvorlage bzw. Wahlgegenüberstellung). Die Vorlage nur eines Lichtbildes oder eines Verdächtigen („Ist er das?") kann einen suggestiven Einfluss auf den Zeugen haben („Wenn man mir den schon zeigt, muss ja was dran sein") oder eine falsche Anzeige begünstigen.

Eine immer größere Bedeutung erlangen **wissenschaftliche Methoden** wie medizinische und technische Untersuchungen, die von der Daktyloskopie (Vergleich von Fingerabdrücken) über die DNA-Analyse, die Brandursachenermittlung, Schriftvergleichung bis zu Untersuchungen von Stoffen unter dem Elektronenmikroskop und deren chemischer Analyse reichen. Die technische Beweisführung liefert objektive Ergebnisse, die dann aussagekräftig sind, wenn sie einer bestimmten Person zugeordnet werden können. Zur Einführung dieser Erkenntnisse und Methoden in das Strafverfahren müssen sich Staatsanwaltschaft und Gericht weitgehend der Kenntnisse von **Sachverständigen** bedienen.

Der **Erhebung persönlicher Daten** kommt eine wachsende Bedeutung zu:

- Tatverdächtige können zur Identitätsfeststellung festgehalten (maximal 12 Stunden) und durchsucht werden (§§ 163b, 163c StPO). Auch Unverdächtige dürfen an- und festgehalten werden, wenn dies zur Bedeutung der Tat nicht außer Verhältnis steht.

V. Das Strafverfahren bis zur Hauptverhandlung

- Ein Verdächtiger kann längerfristig polizeilich observiert werden (§ 163f StPO). Die planmäßige Überwachung ist zur Aufklärung aller Straftaten – unter Beachtung der Verhältnismäßigkeit – zulässig.
- Mit der Ausschreibung zur polizeilichen Beobachtung (§ 163e StPO) sollen Bewegungsbilder von dem Verdächtigen erstellt und Querverbindungen zu anderen Personen aufgespürt werden.
- Bei bestimmten schweren Straftaten können an öffentlichen Orten Kontrollstellen eingerichtet werden, an der jeder verpflichtet ist, seine Identität feststellen sowie sich und mitgeführte Sachen durchsuchen zu lassen (§ 111 Abs. 1 StPO).
- Die Rasterfahndung dient der Aufklärung bestimmter schwerer Straftaten (§ 98a StPO) durch maschinellen Abgleich personenbezogener Daten mit denen, die in Dateien anderer Stellen als Polizei oder Staatsanwaltschaft gespeichert sind.
- Bei der Schleppnetzfahndung (§ 163d StPO) werden an Grenzübergängen und bei sonstigen elektronischen Ausweiskontrollen (z. B. Flughäfen), bei Kontrollstellen an öffentlich zugänglichen Orten (§ 111 StPO) oder bei Kennzeichenkontrollen von Fahrzeugen kurzfristige Dateien angelegt und daraufhin untersucht, ob ein gesuchter Straftäter eine bestimmte Stelle passiert hat.

Durch **Überwachung mit technischen Mitteln** können Erkenntnisse insbesondere aus geschlossenen Räumen gewonnen werden, wobei in der Regel ohne Kenntnis der Betroffenen vorgegangen wird.

- Die Telekommunikationsüberwachung (§§ 100a, 100b StPO) umfasst neben dem Abhören von Telefongesprächen auch die Standortbestimmung von Mobiltelefonen und die Überwachung der Internettelefonie (Voice over IP). Die sog. Quellen-TÜ ist zulässig (Eingriff mit technischen Mitteln in vom Betroffenen genutzte informationstechnische Systeme, § 51 BKA-Gesetz), ebenso der Zugriff auf gespeicherte Daten externer Server. Eingeschränkt ist diese Überwachung, soweit der „Kernbereich privater Lebensgestaltung" betroffen ist.
- Die akustische Überwachung von Wohnungen (großer Lauschangriff) ist bei bestimmten besonders schweren Straftaten (§ 100c StPO) zulässig, wenn andere Methoden die Ermittlungen unverhältnismäßig erschweren würden.
- Die akustische Überwachung von öffentlichen Orten, Büro- und Geschäftsräumen (kleiner Lauschangriff) ist bei Straftaten nach § 100a StPO zulässig, wenn die Ermittlungen des Sachverhalts oder des Aufenthalts eines Beschuldigten sonst unverhältnismäßig erschwert würden.

Zu den traditionellen Methoden gehören **Suche und Sicherstellung von Beweisgegenständen und verdächtigen Personen**.

- Gegenstände, die als Beweismittel in Betracht kommen, können beschlagnahmt, d. h. in amtlichen Gewahrsam genommen werden. Einen Eingriff in das Postgeheimnis stellt die Beschlagnahme von Postsendungen dar (§§ 99, 100, 101 StPO). Die Anordnung der Beschlagnahme steht nur dem Richter zu (§ 98 Abs. 1 StPO). Bestimmte Gegenstände sind grundsätzlich von der Beschlagnahme ausgenommen (§ 97 StPO), z. B. schriftliche Mitteilungen zwischen dem Beschuldigten und Personen, die das Zeugnis verweigern dürfen.

- Die Durchsuchung (§§ 102 ff. StPO) ist die Suche nach versteckten Gegenständen oder einem Verdächtigen. Durchsucht werden können Wohnungen und andere Räume (Haussuchung) sowie Personen (Verdächtige, § 102 StPO; Unverdächtige, § 103 StPO) und die ihnen gehörenden Sachen.
- Die Razzia ist eine überraschende Fahndungsaktion der Polizei nach verdächtigen Personen oder Beweismitteln. Sie stützt sich auf die allgemeinen Regelungen der StPO (insbesondere die Identitätsfeststellung nach §§ 163b, 163c StPO).

Rechtsmedizinische Methoden können den nicht natürlichen Tod eines Menschen zum Gegenstand haben oder Eingriffe in den (lebenden) menschlichen Körper.

- Die **Leichenschau** (§ 87 StPO) ist die äußerliche Begutachtung einer Leiche, während bei der Obduktion der Körper geöffnet und die inneren Organe untersucht werden. Bei einer bereits bestatteten Leiche kann deren Ausgrabung (Exhumierung) angeordnet werden. Bei dem Verdacht einer Vergiftung ist ein Chemiker hinzuzuziehen (§ 91 StPO).
- Zulässig sind **Eingriffe** (§§ 81a bis 81h StPO) zum Vergleich körperlicher Merkmale eines oder mehrerer Menschen mit Spuren vom Tatort (Blutuntersuchung, molekulargenetische Untersuchung, DNA-Analyse, Fingerabdrücke usw.). Sie können auch den Zustand des Körpers oder eines Organs beweisen, wie etwa die Bestimmung der Blutalkoholkonzentration.

Zu Zwecken der Ermittlung darf in die Kreise der Straftäter eingedrungen werden. **Verdeckte Ermittler** sind Polizeibeamte, die auf Dauer unter einer falschen Identität ermitteln. **V-Leute** hingegen sind Verbindungspersonen der Ermittlungsbehörden in der kriminellen Szene, die gegen entsprechende Vorteile Informationen liefern.

1.2 Freiheitsentziehende Maßnahmen zur Sicherung des Verfahrens

Zuständig für die Anordnung einer vorläufigen Freiheitsentziehung ist im Ermittlungsverfahren ausschließlich der sog. Ermittlungsrichter als Haftrichter zuständig. Ist ein Beschuldigter dringend verdächtig, eine Tat im Zustand verminderter Schuld- oder Schuld*un*fähigkeit begangen zu haben, und deshalb zu erwarten, dass im Urteil seine Unterbringung in einem psychiatrischen Krankenhaus oder einer Entziehungsanstalt angeordnet wird, kann seine **einstweilige Unterbringung** angeordnet werden, wenn die öffentliche Sicherheit dies erfordert (§ 126a Abs. 1 StPO).

Für die Anordnung der **Untersuchungshaft** müssen drei Voraussetzungen erfüllt sein (§ 112 StPO):

(a) Der Beschuldigte muss einer Straftat **dringend verdächtig** sein, d. h. der Haftrichter muss aufgrund bestimmter Tatsachen zu der Überzeugung kommen, dass mit hoher Wahrscheinlichkeit eine Verurteilung erfolgen wird.

(b) Es muss ein im Gesetz beschriebener **Haftgrund** bestehen:
- **Fluchtgefahr:** Bestimmte Tatsachen rechtfertigen die Annahme, der Angeklagte werde sich dem weiteren Verfahren durch Flucht entziehen (Vorbereitung einer Auslandsreise, Geldtransfer oder eine so hohe Straferwartung, dass sie einen Fluchtanreiz darstellt).
- **Verdunkelungsgefahr:** Bestimmte Tatsachen legen die Annahme nahe, dass der Täter auf Zeugen oder sonstige Beweismittel einwirken wird, um die Verurteilung zu verhindern oder zu erschweren.
- **Tatschwere:** § 112 Abs. 3 StPO führt bestimmte schwere Taten auf (Mord, Totschlag, Bildung einer terroristischen Vereinigung usw.), bei denen der Wortlaut nahelegt, dass bei diesen Taten ein Haftgrund der Flucht- oder Verdunkelungsgefahr nicht vorliegen müsse, sondern der dringende Verdacht der schweren Straftat für die Anordnung der Untersuchungshaft ausreiche. Diese Lesart würde gegen den Grundsatz der Verhältnismäßigkeit verstoßen. Das Bundesverfassungsgericht legt die Vorschrift deshalb verfassungskonform so aus, dass auch beim Verdacht einer schweren Straftat Umstände vorliegen müssen, die die Gefahr begründen, dass Aufklärung und Ahndung der Tat ohne Untersuchungshaft gefährdet wären.[11]
- **Wiederholungsgefahr:** Bei bestimmten schweren Delikten kann die Gefahr, dass der Täter einschlägig straffällig wird, die Untersuchungshaft rechtfertigen (§ 112a Abs. 1 Nr. 2 StPO).

(c) Bei der Anordnung der Untersuchungshaft ist der Grundsatz der **Verhältnismäßigkeit** zu beachten. Eine Untersuchungshaft kommt regelmäßig nicht in Betracht, wenn der Angeklagte eine Geldstrafe oder eine Freiheitsstrafe bis zu sechs Monaten zu erwarten hat (§ 113 StPO).

Für Schöffen ist diese Kenntnis von Bedeutung, weil die Untersuchungshaft unter den genannten Umständen auch zusammen mit dem (noch nicht rechtskräftigen) Urteil angeordnet werden kann.

1.3 Anklageerhebung oder Einstellung des Verfahrens

Ergeben die Ermittlungen keinen hinreichenden Tatverdacht, wird das Verfahren eingestellt (§ 170 Abs. 2 StPO). Dem Verletzten der (mutmaßlichen) Straftat steht in diesem Fall das Recht der Beschwerde an die Staatsanwaltschaft zu, bei deren Misserfolg das **Klageerzwingungsverfahren** (§ 172 StPO). In diesem Verfahren entscheidet das Oberlandesgericht, ob Anklage erhoben, ggf. auch weiter ermittelt werden muss.

Liegt ein **hinreichender Verdacht** vor, dass der Angeklagte verurteilt werden wird, erhebt der Staatsanwalt schriftlich Anklage und übersendet dem zuständigen Gericht mit der Anklageschrift die Verfahrensakten. Dabei hat er einen gewissen Spielraum bei der Einschätzung, bei welchem Gericht er anklagt. Das Gericht ist

---

[11] BVerfG 15.12.1965, 1 BvR 513/65, BVerfGE 19, S. 342, 350.

an die Bewertung des Staatsanwalts jedoch nicht gebunden. Das Gericht höherer Ordnung kann das Verfahren vor dem Gericht niedrigerer Ordnung eröffnen, wenn es seine Zuständigkeit verneint. Das Gericht niedriger Ordnung kann das Verfahren dem Gericht höherer Ordnung zur Übernahme vorlegen. Das kann noch in der Hauptverhandlung geschehen. Kommt z. B. das Schöffengericht des Amtsgerichts zu der Auffassung, dass eine Freiheitsstrafe von mehr als vier Jahren angemessen sein wird, legt es die Sache der Strafkammer des Landgerichts zur Übernahme vor. Die Entscheidung zur Vorlage wird vom „Gericht" getroffen, in der Hauptverhandlung also einschließlich der Schöffen.

2. Zwischenverfahren; Eröffnung des Hauptverfahrens

Mit dem Eingang der Akten und der Anklageschrift beim Gericht beginnt das Zwischenverfahren. Das Gericht (die Berufsrichter) entscheidet nach der Aktenlage, ob das Hauptverfahren eröffnet wird. Das Verfahren dient der Kontrolle, ob ein Angeschuldigter einer öffentlichen Hauptverhandlung ausgesetzt werden soll. Das Gericht prüft den ordnungsgemäßen Inhalt der Anklage (§ 200 StPO), stellt dem Angeschuldigten die Anklageschrift zu und ordnet ggf. weitere Beweiserhebungen an, wenn es den Sachverhalt der Anklage noch für aufklärungsbedürftig hält.

Das Gericht prüft, ob die **Prozessvoraussetzungen** vorliegen. Fehlt eine Voraussetzung (z. B. die örtliche und/oder sachliche Zuständigkeit des Gerichts) oder besteht ein sonstiges Prozesshindernis (Verjährung, Rechtshängigkeit[12] usw.), wird die Eröffnung aus *Rechtsgründen* abgelehnt. Dann wird geprüft, ob die Voraussetzungen einer Strafvorschrift erfüllt sind und die Beweismittel – bei summarischer Betrachtung – eine Verurteilung erwarten lassen. Verneint das Gericht den hinreichenden Tatverdacht, wird die Eröffnung des Hauptverfahrens aus *tatsächlichen* Gründen abgelehnt. Bejaht das Gericht einen hinreichenden Tatverdacht, wird das Hauptverfahren eröffnet und ein Termin zur Hauptverhandlung bestimmt. Das Gericht kann das Hauptverfahren mit Änderungen der Anklage eröffnen, einzelne Taten herausnehmen oder rechtliche Gesichtspunkte ändern, z. B. statt des angeklagten Mordes wegen Totschlags eröffnen, weil das Vorliegen von Mordmerkmalen aus Rechtsgründen verneint wird.

---

12 Rechtshängigkeit besteht, wenn die zu verhandelnde Straftat bereits durch einen Eröffnungsbeschluss bei einem Gericht anhängig ist; der Prozess kann nicht mehr bei einem anderen Gericht anhängig gemacht werden.

VI. Hauptverhandlung

Abbildung 6 Ablauf der Hauptverhandlung

Aufruf der Sache

Feststellung der Anwesenheit der Beteiligten
Zeugen werden belehrt und verlassen den Gerichtssaal

Feststellung der Personalien des Angeklagten

LG 1. Instanz: Mitteilung über Änderung der Besetzung des Gerichts

---

Verlesung des Anklagesatzes / ggf. Aushändigung
Berufung: Verlesung des erstinstanzlichen Urteils

Feststellung von Verständigungsgesprächen

Belehrung des Angeklagten, ggf. Angaben des Angeklagten zur Sache

---

Beweisaufnahme: hier auch Fragerecht der Schöffen
– Vernehmung der Zeugen   – Gutachten der Sachverständigen
– Verlesung von Urkunden   – Richterlicher Augenschein

Verfahrensentscheidungen unter Beteiligung der Schöffen
z. B. gegen sachleitende Entscheidungen des Vorsitzenden, wie etwa Beanstandung von Fragen; Einstellung von einzelnen Tatvorwürfen

---

Beweisanträge (Verteidiger, Staatsanwalt) / **Beweisanregungen durch Schöffen**

Plädoyer des Staatsanwalts / Plädoyer des Verteidigers
Berufung: zuerst Plädoyer des Berufungsführers

Letztes Wort des Angeklagten

Beratung / Abstimmung (2/3-Mehrheit)

Urteilsverkündung / Begründung und Belehrung

---

1. Ablauf und Dauer der Hauptverhandlung

Nach Zulassung zur Hauptverhandlung, trifft der Vorsitzende die Vorbereitungen für ihre Durchführung. Beiakten werden angefordert, der Termin bestimmt, Zeugen, Sachverständige sowie Angeklagte und Verteidiger geladen. Die Staatsanwaltschaft erhält Nachricht vom Termin, evtl. werden weitere Beteiligte wie Jugendgerichts- oder Bewährungshilfe informiert. Bei mehrtägigen Verhandlungen wird ein Plan über die Vernehmung der Zeugen und die weitere Beweisaufnahme aufgestellt. Die Geschäftsstelle benachrichtigt die Schöffen. Findet die Verhandlung erstinstanzlich vor dem Landgericht statt, ist den Beteiligten die Besetzung des Gerichts einschließlich der Schöffen mitzuteilen. Der Verteidiger hat das Recht zu überprüfen, ob die Besetzung ordnungsgemäß ist, z. B. die Auslosung der Schöffen auf die Sitzungstermine korrekt durchgeführt, ein Hauptschöffe zu Unrecht von der Hauptverhandlung befreit und ggf. der richtige Ersatzschöffe geladen wurde.

Die Hauptverhandlung beginnt mit dem **Aufruf der Sache**. Ab diesem Zeitpunkt sind die Schöffen gleichberechtigte Richter. Ist der Angeklagte nicht erschienen, muss über das weitere Procedere entschieden werden. Ohne den Angeklagten kann eine Hauptverhandlung nicht stattfinden. Soll die sofortige Vorführung des nicht erschienenen Angeklagten durch die Polizei angeordnet oder gegen ihn ein Haftbefehl erlassen werden, nehmen die Schöffen an diesen Entscheidungen teil. Da sich die Mitwirkung der Schöffen auf die Hauptverhandlung beschränkt, muss definiert werden, wann sich die Beteiligten jeweils „in der Hauptverhandlung" befinden. Umstritten ist, ob der Zeitraum einer kurzfristigen **Unterbrechung** zur Hauptverhandlung zählt oder nicht. Die eine Meinung sagt rigoros, dass sich das Gericht in jeder Unterbrechung außerhalb der Hauptverhandlung befinde. Deshalb seien Schöffen an keiner Entscheidung zu beteiligen, die in dieser Zeit getroffen würde.[13] Folgt man dieser Auffassung, könnten während des Unterbrechungszeitraumes Vorsitzender bzw. Berufsrichter jede prozessuale Frage ohne die Schöffen entscheiden. Dann könnte der Vorsitzende eines Schöffengerichts mit Zustimmung von Staatsanwalt und Verteidiger in der Sitzungspause ein Verfahren gemäß §§ 153 ff. StPO einstellen, obgleich zuvor in der Hauptverhandlung die Schöffen ihr Einverständnis versagt haben. Solche Pausen werden in der Praxis häufig genutzt, informelle Absprachen zwischen Verteidigung, Staatsanwalt und Berufsrichtern zu treffen.[14] Nach der Rechtsprechung des Bundesverfassungsgerichts zur Verständigung steht inzwischen fest, dass solche Umgehungen der Mitwirkung von Schöffen unzulässig sind.

Eine andere Meinung stellt sich ebenso rigoros auf den Standpunkt, dass die Hauptverhandlung **vom Aufruf** der Sache **bis zur Urteilsverkündung** dauere und alle Entscheidungen dazwischen unter Beteiligung der Schöffen zu treffen seien. Auch tagelange Unterbrechungen würden nichts daran ändern, dass man sich immer noch in der Hauptverhandlung befinde. Das Prinzip des gesetzlichen Richters verlange bei jeder Entscheidung – auch an sitzungsfreien Tagen – die volle Besetzung des Gerichts. Auch Entscheidungen zwischen den Sitzungstagen – wie etwa der Erlass eines Haftbefehls – müssten von allen Mitgliedern des Gerichts

---

13 Vgl. die Übersicht bei *Thomas Schuster*, in: Knauer (Hrsg.), Münchener Kommentar zur Strafprozeßordnung, Bd. 3/2, 2018, § 30 GVG Rn. 12 mit Fn. 23 f.
14 Vgl. die umfassende Studie von *Benedikt Iberl/Jörg Kinzig*, Die Rolle der Schöffen bei Absprachen im Strafprozess, 2023.

getroffen werden, weil auch diese Entscheidungen auf der Würdigung der gewonnenen Tatsachen in der Hauptverhandlung beruhen.[15]

In der Praxis wird man differenzieren müssen. Solange alle Mitglieder **an einem Sitzungstag** anwesend sind, befindet sich das Gericht auch in Sitzungspausen „in der Hauptverhandlung", da alle Mitglieder für eine Entscheidung jederzeit zur Verfügung stehen. Wird zwischen zwei Sitzungstagen eine dringende Entscheidung erforderlich, die keinen Aufschub bis zum nächsten Verhandlungstag duldet, wird man eine Entscheidung auch ohne die Schöffen zulassen müssen. Allerdings geht der BGH entgegen dem eindeutigen Wortlaut des Gesetzes (§ 30 GVG) beim **Erlass eines Haftbefehls** während der Hauptverhandlung so weit, dass darüber „in jedem Fall" allein von den Berufsrichtern entschieden wird.[16] Mit dieser Auffassung hat der BGH den Boden der Rechtsfortbildung verlassen und sich an die Stelle des Gesetzgebers gesetzt.

Von der (kurzfristigen) Unterbrechung zu unterscheiden ist die **Aussetzung** bzw. **Vertagung** der Hauptverhandlung, die auf jeden Fall zu einem Neubeginn der Hauptverhandlung führt, weil sie länger als die zulässige Unterbrechung dauert. Eine Aussetzung ist vom *Gericht* zu beschließen, nicht allein vom Vorsitzenden (§ 228 Abs. 1 StPO). Hierbei ist die Aufmerksamkeit der Schöffen erforderlich. Es ist eine beliebte Taktik manches Vorsitzenden insbesondere der Schöffengerichte, im Laufe der Verhandlung sich als „widerspenstig" erweisende Schöffen dadurch loszuwerden, dass vordergründig eine weitere Beweiserhebung notwendig ist, um die Sitzung für länger als 21 Tage zu unterbrechen. Folglich muss die Hauptverhandlung mit anderen Schöffen erneut beginnen. Einer solchen Vertagung können die Schöffen widersprechen.

Abbildung 7 Beteiligte an der Hauptverhandlung, Besetzung einer Großen (Jugend-)Strafkammer (mit 2 oder 3 Berufsrichtern)

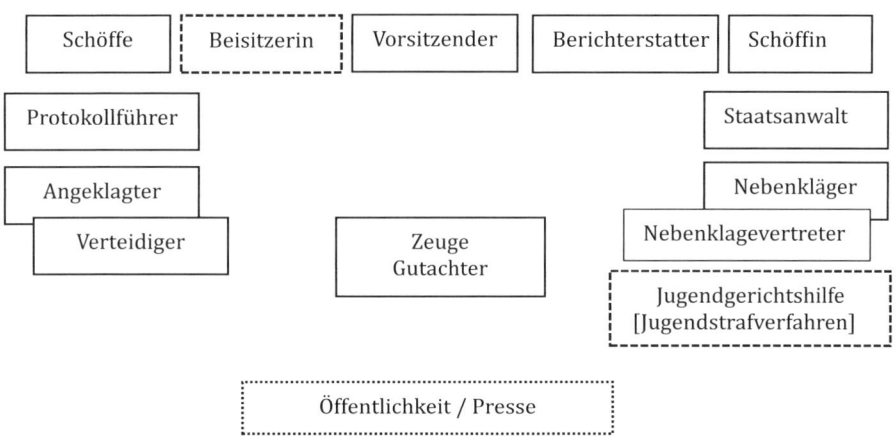

---

15 KG 18.4.2016, 4 Ws 40/16, RohR 2016, S. 144.
16 BGH 11.1.2011, 1 StR 648/10, RohR 2011, S. 99.

2. Informationsquellen der Schöffen

Das Strafverfahren besteht aus dem Sammeln und Bewerten von Informationen über Tatsachen, die den Schluss auf Schuld oder Unschuld des Angeklagten zulassen. Die Qualität der Mitwirkung der Schöffen hängt deshalb in hohem Maße davon ab, inwieweit sie Zugang zu den für das Urteil notwendigen Informationen haben. Dem Urteil dürfen nur die Tatsachen zu Grunde gelegt werden, die in der Hauptverhandlung erörtert wurden (Grundsatz der Mündlichkeit und Unmittelbarkeit). Um der Hauptverhandlung effektiv folgen zu können, bedürfen die Schöffen des Zugangs zu allen Hilfsmitteln, die ihnen das Verstehen dessen, was erörtert wird, erleichtern. Wenn die Schöffen darauf bestehen, ihnen alle für die Entscheidung erforderlichen Informationen zugänglich zu machen, handelt es sich nicht um Geltungsbedürfnis, sondern um den Anspruch, zu einem tat- und schuldangemessenen Urteil beizutragen. Dazu stellen die Gesetze und Verwaltungsvorschriften sowie die Rechtsprechung das notwendige Instrumentarium zur Verfügung.

2.1 Information vor Beginn der Sitzung

Schon aus der Gleichstellung der Schöffen mit den Berufsrichtern folgt, dass sie Zugang zu allen Informationen haben müssen, die für die Urteilsfindung erforderlich sind. In den „Richtlinien für das Strafverfahren und das Bußgeldverfahren" (RiStBV, bundeseinheitliche Verwaltungsvorschriften zum Strafverfahren) sind in **Nr. 126 RiStBV** die Informationsmöglichkeiten, die nach der StPO den Schöffen zustehen, zusammengefasst. Schöffen sollen vom Vorsitzenden vor Beginn der Hauptverhandlung über den Gegenstand der Verhandlung und die Person des Angeklagten sowie die Zeugen informiert werden. Zum einen soll dadurch Gelegenheit gegeben werden, eine eventuelle Befangenheit oder einen Ausschlussgrund anzuzeigen. Zum anderen sollen die Schöffen von Anbeginn dem Prozessverlauf folgen können. Um alle Informationen in der Beweisaufnahme richtig einordnen zu können, benötigen sie eine Einführung in den Prozessstoff. Alle Mitglieder des Schöffengerichts bzw. der Strafkammer sollten sich eine angemessene Zeit vor Beginn der Hauptverhandlung im Beratungszimmer treffen, damit die Schöffen in die Verhandlung eingeführt und mit den Personen des Angeklagten und der Zeugen vertraut gemacht werden können. Es ist ebenso unhöflich wie unökonomisch (wird aber immer wieder praktiziert), wenn die Berufsrichter zehn Minuten nach der angesetzten Zeit erscheinen und dann ohne Information der Schöffen in den Sitzungssaal hasten. Schöffen sollten darauf bestehen, eine erste Information über den anstehenden Fall zu erhalten, auch wenn dadurch eine Zeitverzögerung entsteht.

Nr.126 Abs. 1 RiStBV
Der Vorsitzende soll die mitwirkenden Schöffen vor Beginn der Sitzung über die Unfähigkeitsgründe (§§ 31, 32 GVG) und – unter Hinweis auf die einzelnen Strafsachen, die verhandelt werden – über die Ausschließungsgründe (§§ 22, 23, 31 StPO) belehren sowie auf die Umstände hinweisen, die eine Ablehnung wegen Besorgnis der Befangenheit

rechtfertigen könnten (§ 24 StPO). Ein Hinweis auf das Merkblatt für Schöffen kann genügen.

Rechtssprache und Förmlichkeiten erschließen sich dem juristischen Laien nicht immer unmittelbar. Zwar heißt es in § 184 GVG kurz und präzise: „Die Gerichtssprache ist Deutsch." Gleichwohl sind selbst deutsche Begriffe in Fach- und Umgangssprache oft mit unterschiedlichen Inhalten besetzt. Die Berufsrichter sollen den Schöffen die erforderlichen Erläuterungen geben. Voraussetzung ist dabei, dass die Schöffen fragen, wenn ihnen etwas unklar ist. Sie haben das Privileg, etwas nicht wissen zu müssen, und sind deshalb ein Maßstab für Transparenz und Verständlichkeit des Verfahrens.

Nr. 126 Abs. 2 RiStBV
Die Berufsrichter sollen dazu beitragen, dass die Schöffen die ihnen vom Gesetz zugewiesene Aufgabe erfüllen können. Die Verhandlung ist so zu führen, dass die Schöffen ihr folgen können; Förmlichkeiten und Fachausdrücke, die ihnen nicht verständlich sind, müssen erläutert werden.

2.2 Beratungsbedarf während der Verhandlung

Im Laufe der Hauptverhandlung kann es vorkommen, dass ein Schöffe Schwierigkeiten hat, der Beweisaufnahme zu folgen, anderer Auffassung ist als der Vorsitzende oder sonstige Probleme auftreten. Dann besteht die Möglichkeit, um eine **Unterbrechung** der Verhandlung zu bitten. Ohne auf die Umstände näher einzugehen (das Gericht diskutiert nicht in der Öffentlichkeit), macht der Schöffe sich bemerkbar: „Ich habe Beratungsbedarf." Der BGH hat mehrfach entschieden, dass es die Aufgabe des Vorsitzenden ist, bei der nächsten sich bietenden Möglichkeit dem Begehren des Schöffen nachzukommen. Dabei muss der Schöffe berücksichtigen, dass es zunächst erforderlich sein kann, eine prozessuale Handlung (z. B. eine Zeugenvernehmung) zu Ende zu bringen, bevor die Sitzung für eine **Zwischenberatung** unterbrochen wird.

Das LG Münster hat das Recht auf Beratung wie folgt auf den Punkt gebracht:

1. Eine ausreichende Urteilsgrundlage kann der Schöffe nur gewinnen, wenn der Berufsrichter im Rahmen der Prozessleitung für ein allgemein verständliches Verfahren sorgt.

2. Meldet ein Schöffe Beratungsbedarf an, da er der Hauptverhandlung nicht mehr folgen kann, und besteht Gelegenheit für eine Zwischenberatung, kann sich das Ermessen des Vorsitzenden, wie er für ein verständliches Verfahren zu sorgen hat, in der Weise verdichten, dass er dem Bedarf des Schöffen nur durch eine Zwischenberatung nachkommen kann.[17]

3. Arbeitsmittel der Schöffen

Es ist die pure Selbstverständlichkeit, aber Vorkommnisse in der Praxis erfordern den Hinweis: Während der Beweisaufnahme sollten sich die Schöffen **Aufzeich-**

---

[17] LG Münster 7.10.1992, 7 Qs 13/92 XII, RohR 1992, S. 59 mit Anm. *Lieber*; NJW 1993, S. 1088.

nungen über Zeugenaussagen, Sachverständigengutachten usw. machen. Schreibzeug gehört zur Grundausstattung in der Hauptverhandlung. Anhand ihrer Notizen können sie die Aussagen der Zeugen, die Widersprüche und andere Besonderheiten in der Beratung aus ihrem Gedächtnis wieder abrufen. Die Notizen sollten auch Bemerkungen enthalten, aufgrund welcher Merkmale man den Zeugen oder den Angeklagten für glaubhaft hält oder nicht (z. B. das Verhalten während der Aussage oder die Körpersprache). Diese Notizen müssen nicht – wie in Einzelfällen von Vorsitzenden verlangt – am Ende der Hauptverhandlung abgegeben werden; sie enthalten in öffentlicher Verhandlung festgestellte Tatsachen. Unter das Beratungsgeheimnis fallen sie schon deshalb nicht, weil sie keine Tatsachen aus einer Beratung enthalten. Für Verhandlungen gegen Jugendliche – die grundsätzlich nichtöffentlich stattfinden – gilt nichts anderes, da der Ausschluss der Öffentlichkeit lediglich eine Stigmatisierung des Jugendlichen verhindern soll, aber kein geheimes Verfahren darstellt.

Mobile digitale Geräte (von Smartphone bis Notebook) sind als elektronischer Notizblock hilfreich, da sie durch verschiedene Funktionen (Volltextsuche, Markieren, Ersetzen usw.) komfortabler sind als handschriftliche Notizen. An den Gedanken dieser Nutzung muss sich die Justiz aber erst noch gewöhnen. Hilfreich kann das Gerät in Wirtschaftsstrafverfahren sein, wenn ein umfangreicher Anklagesatz oder mehrere Hundert Seiten Selbstleseakten an die Schöffen ausgehändigt werden. Allerdings hat die Benutzung mobiler Endgeräte auch zu Befangenheitsanträgen sowohl gegen Berufs- wie ehrenamtliche Richter geführt, weil sie in ihrer Aufmerksamkeit bei Vernehmungen abgelenkt worden sein sollen, wie etwa die halbstündige Smartphone-Benutzung des Schöffen während der Beweisaufnahme.[18] Schöffen sollten sich mit ihren Vorsitzenden verständigen, ob die Benutzung digitaler Geräte zugelassen wird; darauf wird der Vorsitzende die anderen Beteiligten hinweisen. Selbstverständlich darf das Gerät weder für Ton-, Film- und Fotoaufnahmen (die § 169 Abs. 1 Satz 2 GVG während der Hauptverhandlung grundsätzlich untersagt) noch in allen Kommunikationsfunktionen benutzt werden. Eine Vernehmung heimlich mitzuschneiden, um die Aussage zu speichern, ist unzulässig, ggf. sogar strafbar. Dafür wird es in absehbarer Zeit ohnehin das Audio-, evtl. auch Video-Sitzungsprotokoll geben. Jede **digitale Kommunikation** mit Dritten außerhalb des Gerichtssaals (E-Mail, SMS usw.) ist ebenso untersagt wie die Nutzung des Internets. Wenn Schöffen Erläuterungen zu unbekannten Fachbegriffen benötigen, muss Transparenz herrschen, indem Fragen an Zeugen oder Sachverständige gestellt werden.

---

18   BGH 17.6.2015, 2 StR 228/14, RohR 2015, S. 101; NStZ 2016, S. 58; LG Koblenz 28.9.2015, 2090 Js 29752/10–12 KLs; RohR 2015, S. 140; StV 2017, S. 169.

4. Aktenkenntnis
4.1 Rechtsprechung

Ein umstrittenes Thema ist das Recht der Schöffen auf Einsicht in die Akten. Die Beurteilung nach dem reinen Wortlaut des § 30 GVG ist klar. Die Schöffen haben alle Möglichkeiten wie die Berufsrichter, es sei denn, das Gesetz sagt ausdrücklich etwas anderes. Eine Vorschrift, dass die Schöffen nicht die Akten einsehen dürfen, gibt es nicht. Das Reichsgericht hat den Schöffen die Einsicht in die Akten insoweit versperrt, als sie das „wesentliche Ergebnis der Ermittlungen" der Anklageschrift nicht lesen dürften.[19] Deren Kenntnis verstoße gegen den Grundsatz der Mündlichkeit und Unmittelbarkeit und würde die Schöffen unzulässig beeinflussen. Daraus entstand der generalisierende Satz „Schöffen dürfen nicht in die Akten sehen", obwohl weder das Reichsgericht noch später der BGH dies in dieser Ausschließlichkeit jemals entschieden haben.

Bereits 1960 hatte der BGH (in einer nicht für die Entscheidung erheblichen Nebenbemerkung, sog. obiter dictum) gegen das Reichsgericht ausgeführt:

„[Der Senat] sieht keinen überzeugenden Grund, eine im Gesetz nicht ausdrücklich vorgesehene unterschiedliche Behandlung von Berufs- und Laienrichtern aufrechtzuerhalten. Auch den Laienrichtern, die dazu berufen sind, alle schwierigen Fragen tatsächlicher und rechtlicher Art gemeinsam und gleichberechtigt mit den Berufsrichtern zu entscheiden, darf nach Ansicht des Senats unbedenklich zugetraut werden, Sinn und Bedeutung der Anklageschrift zu verstehen."[20]

1997 hat sich der BGH der in der Literatur überwiegend vertretenen Meinung angeschlossen, dass die Kenntnis von Teilen der Akten nicht automatisch zur Befangenheit der Schöffen führe:

*„Nach § 30 Abs. 1 GVG üben die Schöffen ihr Richteramt grundsätzlich im gleichen Umfang, mit gleichem Stimmrecht und in gleicher Verantwortung wie die Berufsrichter aus. Sie haben dabei an einer Vielzahl von Entscheidungen in der Hauptverhandlung mitzuwirken, die Aktenkenntnis voraussetzen, wie etwa Vorliegen eines Vereidigungsverbotes nach § 60 Nr. 2 StPO, Berechtigung einer Auskunftsverweigerung nach § 55 StPO, Zulässigkeit von Fragen nach § 242 StPO und anderen im Freibeweisverfahren zu treffende Entscheidungen. Zwar können sich die Schöffen die erforderliche Tatsachengrundlage auch durch einen entsprechenden Sachvortrag eines Berufsrichters verschaffen, **doch widerspricht es grundsätzlich der gebotenen Gleichstellung, sie von jeglicher unmittelbaren Kenntnisnahme aus den Akten auszuschließen.** Andernfalls bestünde die Gefahr, dass die Schöffen insbesondere in komplizierten Verfahren gegenüber den Berufsrichtern benachteiligt und zu bloßen Statisten werden."*[21]

▶ Der Entscheidung lag folgender Sachverhalt zugrunde: In der Hauptverhandlung wurden umfangreiche fremdsprachige (Farsi) Tonbandprotokolle aus einer

---
19 RG 8.2.1935, 4 D 787/34, RohR 2003, S. 95.
20 BGH 23.2.1960, 1 StR 648/59, RohR 1997, S. 95.
21 BGH 26.3.1997, 3 StR 421/96, RohR 1997, S. 95; NStZ 1997, S. 506 mit Anm. *Katholnigg*.

Telefonüberwachung vorgespielt, die jeweils nach einigen Sätzen von einem Dolmetscher übersetzt wurden. Nachdem die Schöffen äußerten, dass sie dem Wortwechsel nicht folgen konnten und ihnen die jeweils sprechende Person, die Bezugspunkte, Örtlichkeiten und mögliche Tarnbezeichnungen für Rauschgift undurchsichtig geblieben seien, ließ ihnen der Vorsitzende Kopien der bereits im Ermittlungsverfahren übersetzten Tonbandprotokolle, die sich in den Akten befanden, aushändigen. Die Aufzeichnungen enthielten Anmerkungen am Rand, Hervorhebungen durch Fettdruck, Bearbeitungszusätze der Berufsrichter und Ähnliches. Die Schöffen haben diese Protokolle während des weiteren Abspielens der Tonbänder und deren Übersetzung mitlesen können. ◄

Es sind Fallkonstellationen denkbar, in denen die Schöffen (und andere Mitglieder des Gerichts) zur **Erinnerung** an vorherige Vernehmungen oder zur Erleichterung des Verständnisses auf Akteneile zurückgreifen müssen. Wenn der Vorsitzende einem Zeugen einen Vorhalt aus einer früheren polizeilichen Vernehmung gemacht hat, kann bei einem der nächsten Zeugen erforderlich sein, dass man sich dieses polizeiliche Protokoll zur Erinnerung noch einmal ansieht, um ggf. eine Frage an den neuen Zeugen stellen zu können.

Die **Verlesung eines Beschlusses** des Schöffengerichts zur Übernahme des Verfahrens durch das Landgericht vor der Beweisaufnahme war für den BGH ebenfalls kein Grund zu der Annahme, dass die Schöffen befangen sein könnten. In der Begründung des Beschlusses hatte der Vorsitzende des Schöffengerichts die Glaubhaftigkeit der Aussagen der Hauptbelastungszeugin bewertet, was wahrscheinlich zur Verneinung des minder schweren Falles einer Geiselnahme führen werde und damit zur Überschreitung der amtsgerichtlichen Strafgewalt:

„Im Übrigen sind Schöffen auch sonstigen Einflussnahmen durch wertende Stellungnahmen der Verfahrensbeteiligten in der Hauptverhandlung und in wesentlich stärkerem Maße durch tendenziöse Berichterstattung der Medien ausgesetzt, von denen sie sich ebenfalls freimachen müssen, um zu einem unbeeinflussten Urteil zu gelangen. Bei diesen von außen kommenden Einwirkungen geht die Rechtsprechung davon aus, dass der Schöffe seine Pflicht, ihnen keinen Einfluss zu gewähren und seine Überzeugungen ausschließlich aufgrund der Hauptverhandlung zu gewinnen, kennt und beachtet. Auch wird von ihnen erwartet, dass sie sich etwa nach erfolgter Erhebung eines Beweises wegen eines später zutage tretenden Verwertungsverbots von diesem Beweisergebnis innerlich freimachen. Eine entsprechende Kritikfähigkeit ist den Schöffen auch gegenüber dem Akteninhalt zuzubilligen. Für dieses Ergebnis spricht zudem, dass der Gesetzgeber den Schöffen durch das erweiterte Selbstleseverfahren nach § 249 Abs. 2 StPO die Kenntnisnahme von Urkunden nicht nur gestattet, sondern sogar ausdrücklich vorschreibt."[22]

---

22 BGH 10.12.1997, 3 StR 250/97, RohR 1998, S. 85; NStZ 1998, S. 264.

Nach der Auffassung des BGH ist die Einsicht in die Akten durch die Schöffen generell *zulässig* (dann liegt der Umfang der Einsicht im Ermessen des Vorsitzenden), in manchen Fällen sogar *geboten* (dann ist der Vorsitzende gezwungen, die Akteneinsicht zu gewähren). Wenn es **für das Verständnis der Sache erforderlich** ist, stehen den Schöffen auch die Akten zur Einsichtnahme zur Verfügung. Sie müssen aber stets unterscheiden können (und informiert werden), wann der Akteninhalt der Information oder Erinnerung dient, und wann der Inhalt ein Beweismittel darstellt. So sind in einer Reihe von Fällen **Entscheidungen nach Lage der Akten** im Wege des Freibeweises zu treffen, z. B. zur Feststellung einer Verwandtschaft. Schöffen müssen sich von Beweisergebnissen freimachen, wenn sich später deren Unverwertbarkeit ergibt. In der **Berufungshauptverhandlung** wird anstelle der Anklage das Urteil des Amtsgerichts verlesen (§ 324 Abs. 1 Satz 2 StPO), wobei sich die Schöffen von dessen festgestelltem Sachverhalt und der Beweiswürdigung des Strafrichters bzw. Schöffengerichts freimachen müssen, weil sie diese im Laufe ihrer Verhandlung selbstständig feststellen müssen. Es ist daher weder einleuchtend, weshalb sie vorherige Aktenkenntnis und spätere Beweisergebnisse nicht auseinanderhalten können sollen, noch ist plausibel, weshalb die vorherige Aktenkenntnis der Berufsrichter die Grundsätze der Mündlichkeit und Unmittelbarkeit nicht gefährdet, gleiches Vorwissen der Schöffen diese Grundsätze aber verletzt.[23] Im Übrigen ist die Abstraktion von vorher Gehörtem eine Frage geistiger Disziplin und Charakterfestigkeit – Kriterien, die weder Bestandteil der juristischen Ausbildung noch der Auswahl von Schöffen sind.

4.2 Umfang der Aktenkenntnis

Wenn man von der Akteneinsicht durch die Schöffen spricht, bedeutet dies nicht, dass die Schöffen vor der Hauptverhandlung im Gericht erscheinen und die Akten vollständig durcharbeiten sollen. Dieser Aufwand ist den Schöffen – besonders in umfangreichen Verfahren – ohnehin kaum zuzumuten. Zudem hat es Vorteile, dass Mitglieder des Gerichts nicht durch vollständiges Aktenstudium vorgeprägt sind und denen etwa in der Beratung auffällt, dass eine bestimmte Tatsache in der Hauptverhandlung nicht erörtert wurde und folglich nicht zur Grundlage der Entscheidung gemacht werden darf. Diese Überlegung kann aber nicht dazu führen, dass den Schöffen die Kenntnisnahme der zu beweisenden Tatsachen und deren Bedeutung für die Beweisaufnahme erschwert bis unmöglich gemacht wird.

Soweit die Akten schriftliche **Beweise** enthalten, müssen diese ohnehin in der Hauptverhandlung wegen des Grundsatzes der Mündlichkeit und Unmittelbarkeit verlesen werden (außer beim Selbstleseverfahren). Es geht bei der Frage der Aktenkenntnis nicht darum, ob ein Aktenstudium gewünscht wird, sondern um die bestmögliche Kenntnisnahme von dem Inhalt des Beweismittels. Wenn seitenweise Dokumente „heruntergeleiert" werden, deren Inhalt man weder erfassen noch

---

23 *Dirk Gittermann*, in: Löwe-Rosenberg, Die Strafprozeßordnung und das Gerichtsverfassungsgesetz, 27. Aufl., Bd. 11, 2023, § 30 GVG Rn. 8.

verstehen und im Gedächtnis behalten kann, wird der Sinn der Beweisaufnahme verfälscht. Der Inhalt des Beweismittels soll nicht nur *gehört*, sondern vor allem *verstanden* werden. Eines der wesentlichen Hilfsmittel ist dabei die Anklageschrift, mindestens aber der die Taten auflistende Anklagesatz.

4.3 Aushändigung der Anklageschrift

Die Anklage*schrift* besteht aus dem „Anklagesatz" und dem „wesentlichen Ergebnis der Ermittlungen". Der Anklage*satz* wird von dem Staatsanwalt in der Hauptverhandlung verlesen und enthält die Personalien des Angeklagten, die ihm zur Last gelegten Handlungen und die dadurch verletzten Strafvorschriften. Das **wesentliche Ergebnis der Ermittlungen** fasst die Maßnahmen des Ermittlungsverfahrens und das Ergebnis zusammen. Es enthält eine Bewertung der Staatsanwaltschaft, warum die Hauptverhandlung gegen den Angeklagten wahrscheinlich zu einer Verurteilung führen wird. Das wesentliche Ergebnis der Ermittlungen soll den Schöffen nach den derzeit bestehenden Richtlinien für das Strafverfahren und das Bußgeldverfahren nicht zugänglich gemacht werden, obwohl der BGH in einigen Entscheidungen zu erkennen gegeben hat, dass er seine damit übereinstimmende frühere Rechtsprechung nicht mehr aufrechterhalten werde, wenn ihm diese Frage zur Entscheidung vorgelegt würde.

Nr. 126 Abs. 3 RiStBV
Die Anklageschrift darf den Schöffen nicht zugänglich gemacht werden. Ihnen kann jedoch, namentlich in Verfahren mit einem umfangreichen oder schwierigen Sachverhalt, für die Dauer der Hauptverhandlung eine Abschrift des Anklagesatzes nach dessen Verlesung überlassen werden.

Die in Satz 1 enthaltene Beschränkung wird daher seit längerem aufgrund der gewandelten Rechtsprechung für überholt gehalten,[24] ohne dass die Bundes- und Landesjustizverwaltungen bislang darauf reagiert hätten. Ebenso wenig ist einsichtig, warum in den Fällen der Aushändigung diese erst nach der Verlesung erfolgen soll, wenn ein gleichzeitiges Mitlesen durchaus hilfreich wäre. Eine vergleichbare gesetzliche Formulierung zur Kenntnisnahme von Urkunden („Schöffen ist hierzu erst nach Verlesung des Anklagesatzes Gelegenheit zu geben", § 249 Abs. 2 StPO a. F.) ist bereits mit dem StVÄG 1987 gestrichen worden. Über die RiStBV (an die das Gericht nicht gebunden ist) wird die Beschränkung perpetuiert. Dabei steht schon in der Begründung zum Gesetzentwurf des StVÄG 1987, dass die Kenntnis der Schöffen auch schon vor Verlesung des Anklagesatzes zweckmäßig sein könnte und rechtlich nicht unzulässig sei.[25]

Besonders in Verfahren mit mehreren Angeklagten, vielen Zeugen und einer Vielzahl einzelner Taten ist es für den Schöffen schwierig, sich allein aus diesem

---

24 *Dieter Temming*, in: Jürgen Peter Graf (Hrsg.), RiStBV und MiStra, 2015, Nr. 126 RiStBV vor Rn. 1 (S. 254), sowie Rn. 7 f. m. w. N. zur Kenntnis des wesentlichen Ergebnisses der Ermittlungen und des Akteninhalts im Übrigen.
25 BT-Drs. 10/1313, S. 29.

Vortrag Personen und Sachverhalte zu merken. Wenn sich junge Angeklagte und Zeugen nur mit Spitznamen anreden, hilft auch das Mitschreiben nicht – abgesehen davon, dass dadurch die Aufmerksamkeit abgelenkt wird. Da in der späteren Beratung jede einzelne Tat erörtert und nachgewiesen werden muss, müssen die Schöffen sich erinnern, zu *welchem* Angeklagten in *welcher* Tatbeteiligung mit einem Mitangeklagten *welcher* Zeuge den Angeklagten mit *welcher* Tatsache beoder entlastet hat. Sie brauchen die notwendigen Hilfsmittel, um der Verhandlung stets folgen zu können. Ihnen soll deshalb eine **Abschrift des Anklagesatzes** ausgehändigt werden. Der BGH geht in der Bewertung weiter und äußert unter Bezug auf die Entscheidung von 1960 Bedenken gegen die im Gesetz nicht vorgesehene unterschiedliche Behandlung von Berufs- und Laienrichtern, die nicht überzeugend begründbar sei. Der Senat neige dazu, den Bedenken gegen die Rechtsprechung des Reichsgerichts und der ablehnenden Meinung in der Literatur dazu den Vorzug zu geben."[26]

Mit dem Urteil vom 12.6.2008 hat der **EGMR** weitergehend die Überlassung des wesentlichen Ergebnisses der Ermittlungen für zulässig erachtet. Im Ausgangsverfahren vor dem Landgericht hatte die Schwester des Angeklagten in dem gegen sie abgetrennten Verfahren erklärt, sie räume die in der Anklage dargelegten Taten einschließlich der Tatausführung im Wesentlichen ein; eine darüber hinausgehende Einlassung wollte sie nicht abgeben. Die Schöffen erhielten dann die gesamte Anklageschrift zur Kenntnisnahme dessen, was die Mitangeklagte eingeräumt hatte. Die Schöffen sind vom Vorsitzenden belehrt worden, dass die Anklageschrift die Auffassung der Staatsanwaltschaft am Ende des Ermittlungsverfahrens wiedergebe und nicht mit der Beweisaufnahme in der Hauptverhandlung verwechselt werden dürfe. Dazu entschied der EGMR:

> *1. Den Schöffen den Teil der Anklageschrift zugänglich zu machen, der das wesentliche Ergebnis der Ermittlungen enthält, kann unter bestimmten Umständen (hier: umfangreiche Anklageschrift von 641 Seiten, auf die eine der Angeklagten in ihrem Geständnis Bezug nimmt) sachlich gerechtfertigt sein.*
>
> *2. Die Unparteilichkeit der Schöffen kann durch hinreichende Schutzvorkehrungen gewährleistet werden, etwa dadurch, dass der Kammervorsitzende sie vor der Übergabe der Abschrift über die Art des wesentlichen Ergebnisses der Ermittlungen aufklärt, so dass ihnen noch einmal bewusst wird, dass die darin enthaltene Sichtweise der Staatsanwaltschaft nicht dem in der Rechtssache des Beschwerdeführers zu erlassenden Urteil zugrunde gelegt wird, für das allein die Beweisaufnahme in der Hauptverhandlung maßgeblich ist.*
>
> *3. Die Garantie des Art. 6 Abs. 1 EMRK auf ein unparteiisches Gericht wird hierdurch nicht berührt.*[27]

---

26 BGH 26.3.1997, 3 StR 421/96, RohR 1997, S. 95.
27 EGMR 12.6.2008, 26771/03, RohR 2009, S. 74; NJW 2009, S. 2871.

5. Aufruf der Sache bis Verlesung der Anklage

Die Hauptverhandlung beginnt mit dem **Aufruf der Sache** (§ 243 Abs. 1 StPO). Der Vorsitzende stellt fest, ob alle Geladenen anwesend sind. Ist der Angeklagte nicht erschienen, wird seine ordnungsgemäße Ladung anhand der Akten geprüft. Wurde er ordentlich zur Hauptverhandlung geladen und liegt keine genügende Entschuldigung vor, muss entschieden werden, ob ein neuer Termin festgesetzt und der Angeklagte durch die Polizei vorgeführt bzw. ein Haftbefehl gegen ihn erlassen wird. In der Hauptverhandlung sind die Schöffen an der Entscheidung beteiligt. Der Vorsitzende kann sich vorbehalten, außerhalb der Hauptverhandlung Nachforschungen anzustellen und danach die notwendigen Maßnahmen zu veranlassen.

Die erschienenen **Zeugen** werden durch den Vorsitzenden auf ihre Wahrheitspflicht und die Möglichkeit der Vereidigung belehrt. Dann verlassen sie den Saal (§ 243 Abs. 2 Satz 1 StPO). Im Rahmen der Beweisaufnahme werden sie einzeln wieder aufgerufen, um in Abwesenheit der jeweils nachher zu hörenden Zeugen vernommen zu werden (§ 58 StPO).

Es folgt die **Vernehmung des Angeklagten** zu seiner Person und über seine persönlichen Verhältnisse (§ 243 Abs. 2 Satz 2 StPO). Er ist zur Angabe der Personalien, die der Identifizierung der Person dienen, verpflichtet (Vor-, Nach- und Geburtsname, Tag und Ort der Geburt, Familienstand, Beruf, Anschrift und Staatsangehörigkeit). Darüber hinausgehende Angaben zu den persönlichen Verhältnissen gehören zur Sache (Vorleben, Vorstrafen, schulischer und beruflicher Werdegang, familiäre und wirtschaftliche Verhältnisse, Einkommen), weil sie z. B. zur Strafzumessung herangezogen werden können. Hierzu kann der Angeklagte die Angaben verweigern. Eventuelle Vorstrafen können durch Verlesen der Auskunft aus dem Bundeszentralregister in das Verfahren eingeführt werden. Dies geschieht aber aus Gründen des Persönlichkeitsschutzes erst am Ende der Beweisaufnahme. Wenn abzusehen ist, dass eine Verurteilung nicht in Betracht kommt, müssen Vorstrafen nicht erörtert werden. Mit der Vernehmung zur Person endet das Recht, aufgrund bislang bekannter Tatsachen einen Richter wegen der Besorgnis der **Befangenheit** abzulehnen (§ 25 Abs. 1 StPO).

Die Einführung des zu verhandelnden Sachverhaltes erfolgt mit der **Verlesung des Anklagesatzes** durch den Staatsanwalt, ggf. auch mit abweichenden rechtlichen Auffassungen des Gerichts, wenn solche im Eröffnungsbeschluss dargelegt wurden (§ 243 Abs. 3 StPO). Die Anklage begrenzt den Prozessstoff.

6. Vernehmung des Angeklagten zur Sache

Der Beginn der Vernehmung des Angeklagten zur Sache stellt einen weiteren Einschnitt im Verfahren dar: Der Angeklagte muss sich bis dahin auf die (funktionelle, § 6a StPO und örtliche, § 16 StPO) Unzuständigkeit des Gerichts berufen, eine Nichteinhaltung der Ladungsfrist gerügt (§ 217 Abs. 2 StPO) und im Verfahren vor dem Landgericht den Einwand der fehlerhaften Besetzung des Gerichts erhoben haben (§ 222b StPO). Danach sind diese Rügen unzulässig.

Der Angeklagte wird belehrt, dass er sich zur Sache nicht äußern muss (§ 243 Abs. 5 Satz 1 StPO). Aus einem **Schweigen** dürfen keine für ihn nachteiligen Schlüsse gezogen werden. Wechselt er jedoch im Laufe des Verfahrens seine Taktik, nachdem er sich zunächst zur Sache eingelassen hat, und verweigert die Antwort auf weitere Fragen, kann das Gericht aus einem **Teilschweigen** Schlussfolgerungen ziehen. Hierauf ist der Angeklagte fairerweise zu belehren. Werden dem Angeklagten mehrere Straftaten vorgeworfen, gilt das Schweigerecht gesondert für jede einzelne Straftat. Er kann ohne Nachteile zu einem Tatvorwurf schweigen, zu anderen Anklagepunkten hingegen Angaben machen. Macht der Angeklagte in der Hauptverhandlung von seinem Schweigerecht Gebrauch, hat aber im Ermittlungsverfahren bei einer Vernehmung durch Polizei oder Staatsanwalt bereits Angaben gemacht, kann die Vernehmungsperson als Zeuge befragt werden, wenn der Angeklagte vor seiner damaligen Vernehmung ordentlich belehrt wurde. Wurde er damals durch einen Richter vernommen, kann auch das Vernehmungsprotokoll verlesen werden (§ 254 Abs. 1 StPO).

Dem Angeklagten soll mit seiner **Einlassung** die Gelegenheit gegeben werden, sich im Zusammenhang zu der Anklage zu äußern. Vorhaltungen, klarstellende und steuernde Fragen des Vorsitzenden sind zulässig; der zusammenhängende Bericht darf aber nicht ständig unterbrochen werden. Die Vernehmung des Angeklagten erfolgt grundsätzlich mündlich. Das Gericht kann ihm jedoch gestatten, zunächst eine vorbereitete Erklärung zur Sache zu verlesen oder verlesen zu lassen. Ein Sachvortrag des Verteidigers wird dem Angeklagten zugerechnet, wenn er den Vortrag als *eigene* Einlassung gelten lassen will. Die Verweigerung weiterer Antworten auf Fragen zu seiner Schilderung gibt dem Gericht wiederum Gelegenheit, hinsichtlich der Motive des Schweigens Schlussfolgerungen zu ziehen.

VII. Beweisaufnahme

1. Grundsätze des Beweisrechts

Die Anklage, die der Staatsanwalt verlesen hat, stellt das Ergebnis *seiner* Ermittlungen dar. In der Hauptverhandlung sind diese Behauptungen durch die vorhandenen Beweismittel zur Überzeugung des Gerichts zu beweisen. Ziel der Beweisaufnahme ist es zu klären,

- ob die angeklagte Tat dem Angeklagten nachzuweisen ist oder eine Verurteilung aus tatsächlichen bzw. rechtlichen Gründen nicht in Betracht kommt;
- welche Umstände einem überführten Täter strafmildernd oder strafschärfend zugerechnet werden können, um schuld- und tatangemessene Sanktionen gegen ihn festzusetzen.

Dabei dürfen nur solche Tatsachen festgestellt werden, die für die angeklagte Tat **erheblich** sind, d. h. in Beziehung zu dem Tatbestand des Strafgesetzes oder zu den für die Strafbemessung wichtigen Umständen stehen. Wird der Angeklagte eines Diebstahls beschuldigt, haben Fragen nach seinem Sexualleben nur selten einen Bezug zum Tatvorwurf. Die Beweisaufnahme soll nicht *die* Wahrheit über den Angeklagten feststellen, sondern nur eine *prozessuale* (im Prozess erforderliche) Wahrheit über die in der Anklage enthaltenen Taten. Bei der Erhebung der Beweise sind dem Gericht rechtliche Grenzen gesetzt. Lassen sich die für eine Verurteilung erforderlichen Tatsachen nicht beweisen oder bestehen Zweifel daran, ist freizusprechen.

2. Beweismittel und -arten

Im Strafprozess wird das Urteil des Gerichts auf die Basis rationaler Erkenntnisse gestellt, die durch bestimmte Beweismittel erlangt werden. Den Nachweis aller Tatsachen, die für den Hergang der Tat, die Schuld des Täters und die Höhe der Strafe von Bedeutung sind, muss das Gericht mit den vier Mitteln des **Strengbeweises** führen: Zeugen und Sachverständige als **Personalbeweise** sowie richterlicher Augenschein und Urkunden als **Sachbeweise**. Die Einlassung des Angeklagten ist im strengen Sinn kein Beweismittel, weil der Angeklagte nicht verpflichtet ist, sich selbst zu belasten. Wenn er sich zur Sache einlässt, sind seine Ausführungen zu den Vorwürfen gleichwohl eine Erkenntnisquelle für das Gericht, die bei der Beweiswürdigung berücksichtigt werden.

Umstände, die nicht mit der Schuld und der Strafe im Zusammenhang stehen – im Wesentlichen reine Verfahrensfragen –, können durch **Freibeweis** festgestellt werden. Dabei ist das Gericht weder an die vier Beweismittel noch an die Art der Beweiserhebung gebunden. Auch an die Überzeugung des Gerichts werden geringere Anforderungen gestellt. Die Tatsachen müssen nur *wahrscheinlich* sein. In Betracht kommen die Überprüfung der Verhandlungsfähigkeit des Angeklagten, das Bestehen eines Verwandtschaftsverhältnisses für ein Zeugnisverweigerungsrecht, die Rechtzeitigkeit eines Strafantrages usw.; dies kann durch Telefonat, schriftliche Auskunft oder jedes andere geeignete Mittel überprüft werden.

3. Beweis und Indizien, Haupt- und Hilfstatsachen

In der Beweisaufnahme geht es um die **Feststellung von Tatsachen**, die das Gericht vom Vorliegen oder Nichtvorliegen eines strafrechtlichen Tatbestandes überzeugen sollen durch Sach- und Personalbeweise sowie Indizien unter Anwendung der Denkgesetze. Der Beweis ist der plausible ursächliche Zusammenhang zwischen verschiedenen Tatsachen aufgrund eines Denkvorganges. Alle Tatsachen sind daraufhin zu überprüfen, welche Aussagekraft sie im Hinblick auf die angeklagte Tat haben. Dabei wird unterschieden in unmittelbare (sog. Haupttatsachen) und mittelbare Beweise (Indizien oder Hilfstatsachen). *Unmittelbar* ist ein Beweis, dessen Tatsachen direkt auf ein im Strafgesetz genanntes Merkmal hinweisen. Wenn bei einer Anklage auf Totschlag (§ 212 StGB: „Wer einen Menschen tötet, …") ein Zeuge den Angeklagten bei der Tat beobachtet hat, bekundet er unmittelbar eine Haupttatsache, nämlich den Täter. Der *mittelbare* Beweis bezieht sich auf Tatsachen, die erst durch ihr Zusammenwirken mit weiteren Tatsachen und darauf beruhenden Schlussfolgerungen auf das Vorliegen eines Merkmals des gesetzlichen Tatbestandes schließen lassen. Erläutert der Sachverständige, dass der Fingerabdruck am Tatort dem Angeklagten zuzuordnen ist, lässt dies den Schluss zu, dass der Angeklagte (irgendwann) am Tatort war. Der Zeitpunkt muss durch weitere Tatsachen geklärt werden; zum Nachweis der Täterschaft ist der Abdruck allein nicht geeignet.

In der Regel handelt es sich bei den vom Gericht erhobenen Beweisen um **mittelbare Tatsachen**. Da auch innere Merkmale (Vorsatz oder Fahrlässigkeit), Antriebe und Motive des Angeklagten (z. B. Habgier) eine Rolle spielen, sind vorwiegend durch Indizien erbrachte Beweise Grundlage der richterlichen Überzeugung. Mehrere mittelbare Tatsachen können die Wahrscheinlichkeit erhöhen, dass ein gesetzliches Tatbestandsmerkmal vorliegt. Die festgestellten Tatsachen müssen daraufhin bewertet werden, welche Bedeutung und Aussagekraft sie im Hinblick auf die gesetzlichen Merkmale der Strafvorschrift haben. Diese Bewertung muss logisch sein, d. h. mit den Denkgesetzen übereinstimmen. Schlussfolgerungen, die zur Täterschaft des Angeklagten führen können, müssen eine hohe Wahrscheinlichkeit in sich tragen und mögliche entlastende Schlussfolgerungen ausschließen, so dass keine vernünftigen Zweifel an der Täterschaft des Angeklagten bleiben.

Der Erkenntnisvorgang aus mehreren Indizien kann sich im Wesentlichen in zwei verschiedenen Methoden vollziehen. Zum einen können sich viele Tatsachen **wie ein Ring** um die zu beweisende Haupttatsache gruppieren; jede weist auf die Haupttatsache hin. Der Wert jeder einzelnen Tatsache kann für die Beweisführung unterschiedlich groß sein. Wird ein Indiz widerlegt oder erweist sich als bedeutungslos, kann die Beweisführung schwächer werden, bricht aber nicht in sich zusammen, weil die restlichen Indizien immer noch genügend Überzeugungskraft im Hinblick auf die Täterschaft haben können.

▶ BEISPIEL

A ist des Mordes an O angeklagt. In der Leiche des O wurde ein Messer gefunden, dessen Griff den Anfangsbuchstaben des Vornamens des A trägt [Indiz 1]; zudem finden sich am Messer Fingerabdrücke [Indiz 2] sowie Hautpartikel, die dem A zugeordnet werden können [Indiz 3]. Auf dem Smartphone des O ist eine WhatsApp mit einer Drohung des A [Indiz 4]; an der Kleidung des A befinden sich Fasern einer Jacke [Indiz 5], die A nach Aussage eines Zeugen zur Tatzeit getragen hat [Indiz 6]. Jedes Indiz weist in unterschiedlicher Intensität auf den A als Täter hin; in der Summe verdichtet sich der Verdacht zur Gewissheit, weil das zufällige Aufeinandertreffen dieser Merkmale wenig wahrscheinlich ist. ◀

Von einer **Beweiskette** spricht man, wenn Tatsachen hierarchisch (logisch) aufeinander aufbauen. Entfällt eine dieser Tatsachen, zerreißt die Kette und der Beweis misslingt. Stellt sich z. B. heraus, dass bei einer Laboruntersuchung das untersuchte Tatwerkzeug nicht durchgängig in der vorgeschriebenen Weise aufbewahrt wurde, so dass nicht ausgeschlossen werden kann, dass Spuren nachträglich auf den Gegenstand gelangt sind, ist die Kette vom Tatort über das Labor zum Gericht (und damit die Logik des Beweises) unterbrochen. Das Tatwerkzeug ist als Beweis für die auf ihm enthaltenen Spuren wertlos geworden.

Zu der Bewertung, welche **Beweiskraft** eine Tatsache für den Nachweis einer strafbaren Handlung besitzt, sind auch Schöffen in der Lage. Für diesen Gedankengang sind keine speziellen juristischen, sondern vor allem tatsächliche Kenntnisse über das Verhalten von Menschen und Lebenserfahrung erforderlich. Für den Beweiswert einer Tatsache kann z. B. von Bedeutung sein, wie häufig sie erfahrungsgemäß im Zusammenhang mit den Umständen zusammentreffen, die der zu beweisenden Tatsache entsprechen.

4. Beweisantrag, Beweisanregungen

Das Gericht ist von Amts wegen zur Wahrheitserforschung verpflichtet und muss auch ohne Antrag jedes Beweismittel heranziehen, das zur Aufklärung des Sachverhalts erforderlich ist. Dabei ist es nicht auf die in der Anklageschrift benannten Beweismittel beschränkt. Alle Prozessbeteiligten haben das Recht, Anträge zur Beweisaufnahme zu stellen. Die Schöffen können innerhalb der Beratungen des Gerichts Beweis*anregungen* geben. Das Gericht muss zulässigen Beweisanträgen nachgehen. Dies erfolgt durch Anordnung des Vorsitzenden.

Ein **unzulässiger** Beweisantrag ist durch Beschluss des Gerichts abzulehnen, wenn
- die Beweiserhebung unmöglich oder verboten ist (z. B. weil der Zeuge das Zeugnis zulässig verweigert),
- über den Beweisgegenstand bereits rechtskräftig entschieden ist oder
- die zu beweisende Tatsache mit der verhandelten Sache nichts zu tun hat.

Im Übrigen darf ein Beweisantrag nur **abgelehnt** werden, wenn
- die Beweistatsache offenkundig, die Beweiserhebung deshalb überflüssig ist,
- die behauptete Tatsache für die Entscheidung tatsächlich oder rechtlich unerheblich oder schon erwiesen ist,
- das Beweismittel völlig ungeeignet oder unerreichbar ist,
- der Beweisantrag zum Zweck der Prozessverschleppung gestellt wurde,
- eine den Angeklagten entlastende Tatsache als wahr unterstellt werden kann.

Ein Beweisantrag auf Einholung eines Gutachtens und Vernehmung des Sachverständigen kann abgelehnt werden, wenn das Gericht die **erforderliche Sachkunde** selbst besitzt. Ist bereits ein Gutachten erstattet worden, kann die Anhörung eines weiteren Sachverständigen abgelehnt werden, wenn das Gegenteil der vom Antragsteller behaupteten Tatsache bereits durch das frühere Gutachten erwiesen ist. Liegen mehrere Gutachten vor, die einander widersprechen oder Zweifel offenlassen, kann ein Obergutachten eingeholt werden.

Bloße **Beweis*ermittlungs*anträge** kann das Gericht zurückweisen. Das sind solche Anträge („ins Blaue"), bei denen der Angeklagte bzw. sein Verteidiger hoffen, dass bei weiteren Ermittlungen etwas Günstiges für den Angeklagten herauskommt. Sprachlich ist ein Beweisermittlungsantrag meist daran zu erkennen, dass Beweis erhoben werden soll, „ob, wann, wie oder wo" eine Tatsache sich ereignet hat oder eingetreten ist.

5. Beweisverbote

Der Gewinnung von Beweisen sind aus rechtsstaatlichen Gründen **Grenzen** gesetzt (Verhältnismäßigkeit, Schutz der Menschenwürde oder Privatsphäre, Verbot, den freien Willen zu brechen usw.). Der Zweck des Strafverfahrens, Straftaten aufzuklären und abzuurteilen, kann zurücktreten, wenn andere staatliche oder private Interessen überwiegen. Dieser Interessenabwägung dienen die Beweisverbote, die in Beweiserhebungs- und Beweisverwertungsverbote unterschieden werden. Beweis*erhebungs*verbote untersagen, einem bestimmten Beweis überhaupt nachzugehen; ein Beweis*verwertungs*verbot besteht, wenn ein zulässig oder unzulässig erhobener Beweis, der zur Kenntnis des Gerichts gelangt ist, für die Urteilsbildung nicht herangezogen werden darf.

Eine Beweiserhebung ist nur über Tatsachen zulässig. Über **Rechtsfragen** kann kein Beweis erhoben werden; über diese muss das Gericht aus eigener Sachkunde entscheiden. Eine (seltene) Ausnahme kann bestehen, wenn Fragen aus einem fremden Rechtskreis bei der Entscheidung des deutschen Verfahrens eine Rolle spielen können, z. B. wenn es bei der Klärung, ob sich der Angeklagte in einem Rechtsirrtum befunden hat, darauf ankommt, wie das Recht seines Heimatstaates diese Frage regelt. Dazu kann ein Gutachter gehört werden, der in diesem Recht sachverständig ist. Auch die Praxis anderer Gerichte (z. B. welche Strafen diese in bestimmten Fällen verhängen) ist einer Beweisaufnahme nicht zugänglich. Tatsachen, die bereits rechtskräftig von einem anderen Gericht durch rechtsgestaltendes Urteil festgestellt sind, können ebenso nicht Gegenstand einer Beweisaufnahme sein. Hat z. B. das Familiengericht rechtskräftig festgestellt, dass der Angeklagte der Vater des Kindes ist, ist das Strafgericht bei der Beurteilung, ob er sich einer Unterhaltspflichtverletzung schuldig gemacht hat, an diese Feststellung gebunden.

5.1 Beweiserhebungsverbote

(**a**) Beim Beweis*themen*verbot dürfen bestimmte Sachverhalte nicht zum Gegenstand der Beweisaufnahme gemacht werden. Hierzu gehört der Bereich der Geheimnisse. Die Beratung des Gerichts darf (mit geringen Ausnahmen) nicht ausgeforscht werden, weil Richter wie Schöffen eine Pflicht zur Wahrung des Beratungsgeheimnisses trifft (§§ 43, 45 Abs. 1 DRiG). Von dieser Schweigepflicht können sie nicht entbunden werden. Getilgte oder tilgungsreife Vorstrafen darf das Gericht nicht berücksichtigen. Einige Themen dürfen nur unter bestimmten Voraussetzungen zum Gegenstand der Beweisaufnahme gemacht werden. So dürfen Beamte oder Richter über dienstliche Kenntnisse nur im Rahmen einer dienstlich erteilten Aussagegenehmigung (§ 54 StPO) vernommen werden.

(b) Das Beweis*mittel*verbot untersagt, bei der Beweisaufnahme bestimmte Beweismittel zu benutzen. Die Aussage einer Person, die zur Verweigerung des Zeugnisses berechtigt ist und über dieses Recht nicht belehrt wurde, darf nicht verwertet werden. Unzulässig ist es, sich auf einen Mitangeklagten als Zeugen zu berufen.

(c) Das Beweis*methoden*verbot untersagt bestimmte Maßnahmen oder Vorgehensweisen (§ 136a StPO):

- Eine Übermüdung darf nicht zur Vernehmung ausgenutzt werden.
- Hemmungslösende Mittel („Wahrheitsserum") zu verabreichen, ist ebenso untersagt, wie einem starken Raucher über lange Zeit keine Zigaretten zu geben, um ihn zum Reden zu bringen.
- Verboten ist die Zufügung körperlicher oder seelischer Schmerzen.
- Es ist verboten, den Beschuldigten zu täuschen. Das heißt nicht, dass ihm keine Falle gestellt werden darf. Das bloße listige Verschweigen von Tatsachen ist nicht verboten. Unzulässig ist eine glatte Lüge, die die Situation des Beschuldigten in entscheidender Weise verdreht. Klassischer Fall: Dem Beschuldigten wird wahrheitswidrig erklärt, sein Komplize habe bereits gestanden. Macht der Beschuldigte daraufhin eine Aussage, die ihn selbst belastet, ist diese wegen Täuschung nicht verwertbar.
- Die Drohung mit *unzulässigen* Maßnahmen ist verboten, die Androhung zulässiger Maßnahmen hingegen erlaubt. Der vernehmende Polizeibeamte oder Staatsanwalt kann nicht mit dem Erlass eines Haftbefehls drohen, da nur der Richter dafür zuständig ist.
- Das Versprechen von nicht erfüllbaren Vorteilen ist verboten (z. B. ein Polizeibeamter verspricht dem Beschuldigten für ein Geständnis die Aussetzung der Strafe zur Bewährung).

Einzelne Beweiserhebungen sind nur einem bestimmten **Personenkreis** erlaubt (z. B. die Entnahme einer Blutprobe durch einen Arzt, die Anordnung der Beschlagnahme durch einen Richter oder bei Gefahr im Verzug durch einen Staatsanwalt). Der Einsatz eines **Polygrafen** (Lügendetektor) ist – selbst bei Einwilligung und nur zugunsten des Betroffenen – unzulässig, weil es keinen zuverlässigen Maßstab zur Prüfung der Ergebnisse gibt. Insoweit verletzt seine Anwendung die Menschenwürde.[28]

5.2 Beweisverwertungsverbote

Nicht jeder unzulässig erhobene Beweis führt automatisch dazu, dass die durch ihn gewonnenen Erkenntnisse für die Urteilsfindung nicht verwertet werden dürfen. Entscheidend ist, ob **höherwertige Rechtsgüter** als die Bestrafung eines Täters und die Sicherheit der Allgemeinheit den Verzicht auf Beweismittel und Beweisergebnisse unabweislich machen. In folgenden Fällen dürfen unzulässig erhobene Beweise nicht verwertet werden:

---

28 BGH 17.12.1998, 1 StR 156/98, BGHSt 44, S. 308.

Gesetzliche **Verwertungsverbote:** Erkenntnisse, die mit verbotenen Methoden (§ 136a Abs. 3 StPO) gewonnen wurden, dürfen nicht verwertet werden. Die Aussage eines vor der Hauptverhandlung vernommenen Zeugen, der in der Hauptverhandlung von seinem Zeugnisverweigerungsrecht Gebrauch macht, darf nicht verlesen werden (§ 252 StPO). Eine Verurteilung, die im Bundeszentralregister zu löschen ist, darf für die Strafzumessung nicht verwendet werden.

Die Rechtsprechung hat *außergesetzliche* **Beweisverwertungsverbote** entwickelt, wenn

- Strafverfolgungsorgane gegen ein Beweiserhebungsverbot, das dem Schutz des Beschuldigten dient, *bewusst* verstoßen (Gebot des fairen Verfahrens);
- der durch das Verbot gewährleistete Schutz gerade durch die Verwertung entfallen würde; z. B. darf bei einer unterbliebenen Belehrung des Zeugen (§ 136 StPO) über sein Auskunftsverweigerungsrecht wegen der Gefahr eines Strafverfahrens gegen ihn selbst (§ 55 StPO) seine Aussage zwar gegen den Angeklagten dieses Verfahrens verwertet werden (weil dieser nicht dem Schutz des § 55 StPO unterfällt), wegen der Selbstbelastungsfreiheit aber nicht in einem späteren Strafverfahren gegen den Zeugen;
- bei einer an sich zulässigen Telefonüberwachung weitere Straftaten bekannt werden, derentwegen die Telefonüberwachung nicht hätte angeordnet werden dürfen.

Kein Verwertungsverbot liegt vor, wenn der Rechtskreis des Angeklagten durch den fehlerhaft erhobenen Beweis nicht wesentlich berührt ist. Dies ist der Fall, wenn

- ein Beamter ohne Aussagegenehmigung aussagt (§ 54 StPO);
- ein bloßer Zuständigkeitsverstoß im Rahmen des § 81a StPO (körperliche Untersuchung) vorliegt, z. B. ein Nichtarzt die Blutprobe entnimmt, dabei aber die Regeln der ärztlichen Kunst einhält;
- die Verwertung auf das Urteil keinen Einfluss hat, z. B. bei einer unterlassenen Belehrung über ein Aussageverweigerungsrecht, wenn der nicht belehrte Angeklagte sein Schweigerecht kennt, aber gleichwohl aussagt;
- gegen bloße Ordnungsvorschriften verstoßen wird.

Ein **selbstständiges Beweisverwertungsverbot** (ohne vorherigen Verstoß gegen ein Verbot zur Gewinnung des Beweises) kann bestehen, wenn durch die Beweiserhebung in die **Privatsphäre** des Angeklagten eingedrungen wird:

- Wenn die Information im unantastbaren „**Kernbereich**" der Persönlichkeit (Intimbereich) gewonnen wurde (z. B. Tagebuch), herrscht ein generelles Beweisverwertungsverbot. Eine Ausnahme ist bei der Aufklärung eines Mordes gemacht worden, weil das Interesse an der Strafverfolgung wichtiger war als der Schutz der Persönlichkeit.
- Stammt die durch den Beweis gewonnene Information aus dem **Privatbereich** (z. B. Aufzeichnung eines Telefongesprächs), muss eine Abwägung erfolgen.

Dabei kommt es auf die Schwere des Delikts an: je schwerer das Delikt, umso eher ist die Information verwertbar.

▶ **BEISPIEL**

Beim Ankauf sog. Steuer-CDs durch die Staatsanwaltschaft sind die Daten vom Verkäufer oder einem Dritten zuvor dem Berechtigten entwendet worden. Nach Auffassung des Bundesverfassungsgerichts darf das Gericht diese Daten verwenden, um Angeklagte der Steuerhinterziehung zu überführen. Nicht jede unzulässige oder rechtswidrige Beweiserhebung führe zu einem Beweisverwertungsverbot.[29] Das Rechtsstaatsprinzip erfordere die Berücksichtigung einer funktionstüchtigen Strafrechtspflege, ohne die der Gerechtigkeit nicht zum Durchbruch verholfen werden könne.[30] ◀

Stammen die Daten aus der **öffentlichen Sphäre**, ist eine Verwertung der durch die Beweiserhebung gewonnenen Information zulässig (z. B. Nachweis eines Diebstahls durch Videokamera).

Darf ein mit verbotenen Methoden gewonnenes Wissen nicht gegen den Angeklagten verwendet werden, ist streitig, wie zu verfahren ist, wenn aufgrund des illegal erworbenen Wissens *weitere legale* Ermittlungen ermöglicht werden, die ihrerseits Erkenntnisse über eine Täterschaft erbringen. Dies wird auch als **Fernwirkung eines Beweisverbotes** oder „Früchte des vergifteten Baumes" bezeichnet.[31] Nach der überwiegenden Rechtsprechung ist eine Verwertung der durch anschließende legale Methoden gewonnenen Erkenntnisse nicht automatisch verboten. Der BGH ist der Auffassung, dass für eine effektive Strafverfolgung auf derartige Methoden nicht verzichtet werden könne, da nicht vorhergesehen werden könne, ob der Beweis nicht auch ohne die unzulässige Erhebung gefunden worden wäre. Dieses Argument arbeitet mit einem hypothetischen Verlauf der Ermittlungen. Für die Verwertbarkeit der gefundenen Beweismittel reicht die bloße Möglichkeit aus, dass die Ermittlungsbehörden auch ohne den Verstoß das erforderliche Beweismaterial gefunden hätten.

▶ **BEISPIEL**

Bei der Durchsuchung einer Wohnung, die die Polizei ohne richterliche Anordnung durchführt, weil sie fehlerhaft eine „Gefahr im Verzug" angenommen hat, findet sie ein Schriftstück, das einen Hinweis auf den Aufenthalt eines Zeugen gibt, der Angaben zu der Straftat machen kann. Durch die Aussage dieses Zeugen kann der Angeklagte überführt werden. ◀

Ermittlungen von Privatpersonen, die den Anforderungen der StPO (z. B. Belehrungspflicht, § 136 StPO; verbotene Vernehmungsmethoden, § 136a StPO) nicht genügen, führen nach der Rechtsprechung nicht automatisch zu Verwertungsverbo-

---

29 BVerfG 9.11.2010, 2 BvR 2101/09, NStZ 2011, S. 103 Rn. 43 (Steuer-CD).
30 BVerfG 7.12.2011, 2 BvR 2500/09, 2 BvR 1857/10, NStZ 2012, S. 496 Rn. 113 (Wohnraumüberwachung).
31 Aus dem amerikanischen Strafprozess: fruit of the poisonous tree.

ten. Die gesetzlichen Anforderungen sollen die Staatsgewalt „zähmen", nicht Private zur Einhaltung strafprozessualer Vorschriften anhalten. Eine Ausnahme besteht lediglich dann, wenn die private Maßnahme eine extreme Menschenrechtsverletzung darstellt (z. B. Folter). Dann dürfen die gewonnenen Erkenntnisse durch die Justiz nicht verwertet werden. Wann ein solcher Grad von Menschenrechtsverletzung anzunehmen ist (eventuell schon bei Drohung oder massiver Täuschung), muss das Tatgericht im Einzelfall entscheiden. Ebenso wäre die rechtswidrig erhobene Erkenntnis eines Privaten unverwertbar, wenn er von der Strafverfolgungsbehörde bewusst zu der rechtswidrigen Maßnahme benutzt worden wäre (z. B. ein V-Mann).

VIII. Einzelne Beweiserhebungen

1. Zeugenvernehmung

1.1 Zur Person

Zu seiner **Identifizierung** macht der Zeuge zunächst Angaben zur Person: Vor-, Nach- und Geburtsname, Alter, Beruf, Wohnort (§ 68 Abs. 1 StPO). Auch der Zeuge, der sich auf ein Zeugnisverweigerungsrecht beruft, muss diese Angaben machen. Besteht für den Zeugen eine Gefahr, kann der Vorsitzende ihm gestatten, seinen Wohnort nicht anzugeben (§ 68 Abs. 2 StPO). Besonders gefährdeten Personen (V-Leute, verdeckte Ermittler) kann die Angabe der Personalien erlassen werden (§ 68 Abs. 3 StPO). Gegen die Entscheidung des Vorsitzenden kann das Gericht angerufen werden. Der Zeuge wird noch einmal auf die Wahrheitspflicht, ein eventuelles Zeugnisverweigerungsrecht (§§ 52, 53, 53a StPO) hingewiesen sowie auf ein Auskunftsverweigerungsrecht (§ 55 StPO), wenn er sich durch die wahrheitsgemäße Beantwortung einzelner Fragen der Gefahr einer strafrechtlichen Verfolgung aussetzen würde. Die Bereitschaft, trotz eines Verweigerungsrechtes auszusagen, kann der Zeuge im Laufe der Vernehmung widerrufen.

1.2 Zur Sache

Die **Vernehmung** ist eine auf einem Konzept beruhende eingehende Befragung des Zeugen und zunächst Sache des Vorsitzenden, der dieses Recht einem Beisitzer (dem Berichterstatter) überlassen kann. Ist der Zeuge von der Verteidigung benannt worden, kann dem Verteidiger die einleitende Vernehmung gestattet werden. Der Zeuge wird über den Gegenstand der Vernehmung unterrichtet; dann erhält er Gelegenheit, das ihm zum Gegenstand der Untersuchung Bekannte im Zusammenhang zu schildern (§ 69 StPO). Die Darstellung erfolgt mündlich; das Verlesen vorbereiteter schriftlicher Erklärungen durch den Zeugen ist unzulässig. Allerdings kann der Zeuge Aufzeichnungen und andere Unterlagen als Gedächtnisstütze benutzen. Weitschweifigkeit und nicht zur Sache gehörende Darstellungen kann der Vorsitzende durch korrigierende Fragen unterbinden, ohne den Zeugen in eine bestimmte Richtung zu drängen. Einen Zeugen, der wegen Nervosität, mangelnder Fähigkeiten oder Erinnerungslücken nicht in der Lage ist, den zu beweisenden Vorgang in einer historischen und logischen Folge zu schildern, kann die Vernehmungsperson durch gezielte Fragen führen. Nach seiner freien Darstellung wird der Zeuge ergänzend vernommen, der Bericht durch Fragen vervollständigt und überprüft.

Nach der Vernehmung hat der Vorsitzende den Beisitzern und Schöffen, dem Staatsanwalt, dem Verteidiger und dem Angeklagten zu gestatten, **ergänzende Fragen** zu stellen (§ 240 StPO). Fragen des Staatsanwalts, des Verteidigers und des Angeklagten sowie der Schöffen können vom Vorsitzenden beanstandet werden. Dagegen kann von dem Betroffenen das Gericht angerufen werden, das durch begründeten Beschluss entscheidet. Fragen der berufsrichterlichen Beisitzer kann der Vorsitzende nicht beanstanden. Er kann aber die Verhandlung unterbrechen und über die Zulässigkeit einer Frage, die er monieren will, eine Entscheidung des Gerichts herbeiführen. Beanstanden der Staatsanwalt oder der Verteidiger eine Frage des Vorsitzenden, eines Beisitzers oder Schöffen, entscheidet wiederum der Vorsitzende, danach auf Antrag das Gericht.

Zurückgewiesen werden können **ungeeignete** und **nicht zur Sache gehörende** Fragen (§ 241 Abs. 2 StPO). „Nicht zur Sache gehörend" sind Fragen, die keinen auch nur mittelbaren Bezug zum Gegenstand der Anklage haben oder erkennbar verfahrensfremden Zwecken dienen (z. B. einen Zeugen bloßstellen oder lediglich Aufsehen erregen sollen). „Ungeeignet" sind Fragen, die nicht zur Wahrheitsfindung beitragen (z. B. nach der Rechtsmeinung eines Zeugen) oder bloße Wiederholungen bereits gestellter und ausreichend beantworteter Fragen sind. Fragen, die nur der Verwirrung des Zeugen dienen sollen oder aus Rechtsgründen nicht gestellt werden dürfen, sind ebenfalls unzulässig, z. B. Fragen an einen Beamten außerhalb seiner Aussagegenehmigung oder an einen Richter, wenn sie das Beratungsgeheimnis betreffen, entehrende Fragen (§ 68a StPO), Fangfragen, die unter das Täuschungsverbot (§ 136a StPO) fallen, oder Fragen zu Vorgängen, über die kein Beweis erhoben werden darf.

Zeugen berichten über Wahrnehmungen. Diese können Fehlern unterliegen. Das typische Beispiel ist der sog. **Knallzeuge**, der durch den Aufprall auf einen Auffahrunfall aufmerksam wird und hinterher sicher ist, bezeugen zu können, dass das hintere Fahrzeug auf das vordere aufgefahren ist, weil dies der Erfahrung in 99 % aller Fälle entspricht. Dass das vordere Fahrzeug zurückgesetzt hat, wird er bestreiten. Deshalb ist es wichtig, sich nicht nur den äußeren Hergang schildern zu lassen, sondern auch nachzufragen, *warum* der Zeuge etwas wahrgenommen hat und *was* seine Aufmerksamkeit veranlasst hat.

1.3 Rechte und Pflichten des Zeugen

Der Zeuge hat die Pflicht, vor Gericht zu **erscheinen** und eine **wahrheitsgemäße Aussage** zu machen. Verweigert ein Zeuge die Aussage, obwohl er kein Zeugnisverweigerungsrecht hat, können ihm die verursachten **Kosten** und ein Ordnungsgeld auferlegt werden (**Ordnungshaft**, wenn das Geld nicht beigetrieben werden kann); zusätzlich kann zur Erzwingung der Aussage **Beugehaft** bis zu sechs Monaten angeordnet werden, jedoch nicht über das Ende des Verfahrens in dieser Instanz hinaus (§ 70 Abs. 2 StPO). Der Weigerung gleichzustellen ist die wahrheitswidrige Behauptung, nichts von dem Vorgang zu wissen. Alternativ oder zusammen mit der Beugehaft kann ein Ordnungsgeld – ersatzweise Ordnungshaft – festgesetzt werden. Der Zeuge trägt neben dem Ordnungsgeld die Kosten, die durch sein pflichtwidriges Verhalten entstanden sind. Die Entscheidung über Ordnungsstrafe und Erzwingungshaft trifft das Gericht mit einfacher Mehrheit (Verfahrensfrage). Im Übrigen begeht ein Zeuge, der fälschlicherweise vorgibt, keine Erinnerung an das Geschehen zu haben, ein Aussagedelikt.

Zeugen können nach ihrer Vernehmung vereidigt werden, wenn ihre Aussage „nach dem Ermessen" des Gerichts von ausschlaggebender Bedeutung oder die **Vereidigung** zur Erlangung einer wahrheitsgemäßen Aussage notwendig ist (§ 59 StPO). Wenn sich der Zeuge auf einen früher geleisteten Eid beruft, gilt dieser fort (§ 67 StPO). **Vereidigungsverbote** bestehen für Zeugen unter 18 Jahren und Personen, die wegen ihrer Unreife oder einer psychischen Krankheit keine Vorstellung von der Bedeutung eines Eides haben (§ 60 StPO), sowie für Personen, die in der zu verhandelnden Sache der Begünstigung, Strafvereitelung oder Hehlerei verdächtig sind oder verurteilt wurden. Den Eid **verweigern** (§ 61 StPO) dürfen Zeugen, die ein Zeugnisverweigerungsrecht aus persönlichen Gründen haben (§ 52 Abs. 1 StPO), namentlich Verwandte und Angehörige des Angeklagten. Über die Möglichkeit, einen Eid zu verweigern, muss das Gericht den Betroffenen aufklären. Wer uneidlich vorsätzlich oder unter Eid fahrlässig falsch aussagt, dem drohen hohe Strafen. Hat das Gericht den Eindruck, dass ein Zeuge nicht die Wahrheit sagt, darf es ihn nicht deshalb vereidigen, damit er im Falle der Falschaussage „ordentlich" bestraft wird. Ein offensichtlich falsch aussagender Zeuge darf nicht in den Meineid (§ 154 StGB) „gehetzt" werden. Die Vereidigung ist in diesem Fall schon deshalb unzulässig, weil eine erkennbar falsche Aussage keine „ausschlaggebende Bedeutung" für das Urteil haben kann. Der Eid kann in weltlicher oder religiöser Form oder als Beteuerung geleistet werden (§ 64 Abs. 1 StPO). Über die Vereidigung kann zunächst der Vorsitzende entscheiden, wogegen die Verfahrensbeteiligten die Entscheidung des Gerichts beantragen können. Die freie Beweiswürdigung des Gerichts wird durch eine Vereidigung nicht beeinflusst. Das Gericht kann dem unvereidigten Zeugen glauben und dem vereidigten nicht. Es gibt keine Rangfolge der vereidigten und unvereidigten Zeugen.

1.4 Zeugnisverweigerung

Ein Zeuge kann die Aussage verweigern, wenn ihm aus persönlichen oder beruflichen Gründen ein Zeugnisverweigerungsrecht zusteht. Ein **persönliches Zeugnisverweigerungsrecht** (§ 52 Abs. 1 StPO) steht Verlobten, Ehegatten (auch geschiedenen), Verwandten und Verschwägerten des Angeklagten zu. Der Grund zur Verweigerung des Zeugnisses muss zum Zeitpunkt der Hauptverhandlung (nicht schon zur Tatzeit) bestehen. Verwandte auf- und absteigender Linie sind bis zum dritten und Verschwägerte bis zum zweiten Grad verweigerungsberechtigt.

In *aufsteigender* Linie sind Verwandte

- ersten Grades: (Adoptiv-, Stief-, Schwieger-)Eltern;
- zweiten Grades: deren Eltern (Großelterngeneration) sowie die Geschwister;
- dritten Grades: die Urgroßeltern und die Großeltern der Stief- bzw. Schwiegereltern sowie die Geschwister der Eltern (Onkel und Tanten).

In *absteigender* Linie sind Verwandte

- ersten Grades: Adoptiv-, Stief-, Schwiegerkinder, nichteheliche Kinder;
- zweiten Grades: deren Kinder (Enkelgeneration) sowie die Ehegatten der Enkel;
- dritten Grades: (Stief-)Urenkel, die Ehegatten der Urenkel sowie Nichten und Neffen.

Verschwägert sind die Ehegatten der Geschwister und die Geschwister der Ehegatten. Nicht zur Verweigerung des Zeugnisses berechtigt sind demnach Cousin und Cousine sowie die Ehegatten der Geschwister des Ehepartners (sog. Schwipp-Schwäger). Auch gleichgeschlechtliche Lebenspartner in eingetragener *Lebenspartnerschaft* haben ein Zeugnisverweigerungsrecht.

Aus beruflichen Gründen (§ 53 StPO) können Geistliche, juristische Berater, Angehörige von Heilberufen, Mitglieder von Schwangerschaftsberatungsstellen, Abgeordnete und Journalisten das Zeugnis über Angelegenheiten verweigern, die sie in ihrer beruflichen Eigenschaft erfahren haben. Auch ihre Berufshelfer haben dieses Recht (§ 53a StPO). Öffentliche Bedienstete bedürfen vor ihrer Aussage einer Genehmigung des Dienstherrn. Abgesehen von Geistlichen, Abgeordneten und Journalisten *müssen* die übrigen aus beruflichen Gründen zur Verweigerung des Zeugnisses Berechtigten aussagen, wenn sie von der Schweigepflicht entbunden werden (§ 53 Abs. 2 StPO). Die Entbindung kann vom Angeklagten zurückgenommen werden. Daraus kann das Gericht Schlussfolgerungen ziehen. Eine richterliche Vernehmung dieses Zeugen aus dem Ermittlungsverfahren kann in der Hauptverhandlung verwertet werden, indem der vernehmende Richter als Zeuge über die damalige Aussage vernommen wird.

1.5 Auskunftsverweigerung

Auf **einzelne Fragen** kann der Zeuge die Auskunft verweigern, wenn er sich mit der Beantwortung der Gefahr einer strafrechtlichen Verfolgung aussetzen würde (§ 55 StPO). Das kann z. B. der Fall sein, wenn wegen des Sachverhaltes, der der Vernehmung zugrunde liegt, gegen den Zeugen ein Strafverfahren anhängig ist oder anhängig gemacht werden könnte. Auf Fragen, die diesen Sachverhalt nicht betreffen, muss der Zeuge hingegen antworten. Wenn zu befürchten ist, dass alle Fragen, die dem Zeugen in dieser Sache gestellt werden, eine strafrechtliche Verfolgung begründen, darf er die Auskunft ganz verweigern. Der Zeuge muss ein Zeugnis- oder Auskunftsverweigerungsrecht im Zweifel glaubhaft machen (§ 56 StPO), worüber das Gericht durch Beschluss entscheidet.

1.6 Zeugenbeistand

Der Zeuge kann bei seiner Vernehmung einen Rechtsanwalt als Beistand hinzuziehen (§ 68b StPO). Dieser Zeugenbeistand unterstützt den Zeugen bei der Durchsetzung eines möglichen Zeugnisverweigerungsrechts und bedarf keiner besonderen Zulassung durch das Gericht. Ihm stehen keine Rechte zu, Anträge zu stellen oder Akten einzusehen. Beanstandet er die Art der Vernehmung, entscheidet der Vorsitzende, gegen dessen Maßnahme das Gericht angerufen werden kann (§ 238 Abs. 2 StPO). Der Beistand kann ausgeschlossen werden, wenn seine Anwesenheit dazu missbraucht wird, die Beweisaufnahme zu erschweren. Er kann mehreren Zeugen beistehen, wenn zwischen diesen kein Interessenkonflikt besteht. Dem Zeugen kann ein Beistand vom Gericht beigeordnet werden (§ 68b Abs. 2 StPO), wenn er seine Befugnisse bei der Vernehmung ersichtlich nicht selbst wahrnehmen und seinen schutzwürdigen Interessen auf andere Weise nicht Rechnung getragen werden kann (z. B. durch Ausschluss der Öffentlichkeit, Entfernung des Angeklagten, Videovernehmung). Eine Beiordnung kommt z. B. in Betracht bei minderjährigen (Opfer-)Zeugen sowie ungeschickten, ängstlichen oder gefährdeten Zeugen, die mit Repressalien seitens des Angeklagten oder Dritter rechnen müssen. Die wirtschaftliche Situation des Zeugen spielt bei der Frage der Beiordnung keine Rolle.

1.7 Junge Zeugen – Vertrauensperson

Junge Zeugen sollen vor der psychischen Belastung einer Vernehmung weitgehend bewahrt werden. **Kinder** und **Jugendliche** (unter 18 Jahren) werden allein vom Vorsitzenden vernommen (§ 241a StPO). Zur „Stärkung der Rechte von jugendlichen Opfern und Zeugen von Straftaten" ist mit dem 2. OpferRRG 2009[32] die Schutzaltersgrenze von damals 16 auf 18 Jahre heraufgesetzt worden. Einer **Vertrauensperson** kann die Anwesenheit in der Verhandlung gestattet werden (§ 406f StPO). Die übrigen Prozessbeteiligten (auch die Schöffen) können verlangen, dass der Vorsitzende im Anschluss an seine Vernehmung bestimmte Fragen an den jungen Zeugen richtet. Dieser darf nur solche Fragen verweigern, die er bei direkter Befragung durch den Prozessbeteiligten beanstanden könnte. Er kann die direkte Befragung durch einen Prozessbeteiligten gestatten, wenn ein Nachteil für das Wohl des Kindes bzw. Jugendlichen nicht zu befürchten ist (§ 241a Abs. 2 Satz 2 StPO). Die Erlaubnis kann er jederzeit zurücknehmen. Die Öffentlichkeit kann für die Dauer der Vernehmung ausgeschlossen oder der Angeklagte aus dem Gerichtssaal entfernt werden. Die **Videovernehmung** eines jungen Zeugen von außerhalb des Gerichtssaals ist zulässig. Ist ein Zeuge unter 18 Jahren in Verfahren wegen bestimmter schwerer Straftaten (§ 255a Abs. 2 StPO) richterlich vernommen und die Vernehmung videografiert worden, ist anstelle der Vernehmung in der Hauptverhandlung das Abspielen der Videoaufnahme zulässig.

---

32 Gesetz vom 29.7.2009, BGBl I S. 2280.

1.8 Unmittelbarkeit der Vernehmung

Bei der Vernehmung von Zeugen gilt der Grundsatz der Unmittelbarkeit, d. h. das Gericht muss sie persönlich vernehmen. Von diesem Grundsatz macht die StPO einige **Ausnahmen**. Stehen der Vernehmung eines Zeugen (oder Sachverständigen) an Gerichtsstelle für längere oder ungewisse Zeit gesundheitliche, sonstige nicht zu beseitigende Hindernisse bzw. eine weite Entfernung entgegen, kann die **kommissarische Vernehmung** durch einen beauftragten Richter (Mitglied des erkennenden Gerichts, in aller Regel der Berichterstatter) oder einen ersuchten Richter (Richter des Amtsgerichts am Aufenthaltsort des Zeugen) durchgeführt werden (§ 223 StPO).

Die **Verlesung von Protokollen** über die Vernehmung des Zeugen im Ermittlungsverfahren ist im Grundsatz unzulässig (§ 250 StPO), weil das Protokoll im Verhältnis zu der Aussage vor Gericht nicht das „originäre" Beweismittel ist. Die Vernehmung eines Zeugen, Sachverständigen oder Mitbeschuldigten darf ausnahmsweise durch das polizeiliche Protokoll einer Vernehmung oder eine von ihm stammende schriftliche Erklärung ersetzt werden (§ 251 Abs. 1 StPO), wenn

- der Staatsanwalt, der Verteidiger und der Angeklagte damit einverstanden sind,
- der Zeuge, Sachverständige oder Mitbeschuldigte verstorben ist oder aus einem anderen Grund in absehbarer Zeit gerichtlich nicht vernommen werden kann oder
- die Niederschrift oder Urkunde das Vorliegen oder die Höhe eines Vermögensschadens betrifft.

Das Protokoll einer früheren *richterlichen* *Vernehmung* kann verlesen werden (§ 251 Abs. 2 StPO), wenn

- dem Erscheinen des Zeugen, Sachverständigen oder Mitbeschuldigten in der Hauptverhandlung für eine längere oder ungewisse Zeit Krankheit, Gebrechlichkeit oder andere nicht zu beseitigende Hindernisse entgegenstehen,
- das Erscheinen in der Hauptverhandlung wegen großer Entfernung unter Berücksichtigung der Bedeutung der Aussage nicht zugemutet werden kann.

Erklärt ein Zeuge, dass er sich an eine Tatsache nicht mehr erinnern kann, kann der Teil des Protokolls, der die Erinnerungslücke betrifft, zur Unterstützung des Gedächtnisses verlesen werden (sog. **Vorhalt**, § 253 Abs. 1 StPO). Dasselbe gilt, wenn der Zeuge die Sache im Vergleich zu seinen Erklärungen im Ermittlungsverfahren widersprüchlich darstellt (§ 253 Abs. 2 StPO). Das Protokoll über ein von dem Angeklagten abgelegtes Geständnis darf in der Hauptverhandlung verlesen werden, wenn es sich um die Protokollierung einer *richterlichen* Vernehmung handelt (§ 254 StPO). Über die Verlesung von Protokollen entscheidet das Gericht (§ 251 Abs. 4 Satz 1 StPO).

▶ BEISPIEL

Der Zeuge ist in dem (zivilrechtlichen) Vaterschaftsprozess des Angeklagten vernommen worden. In dem späteren Strafprozess wegen der Verletzung der Unterhaltspflicht darf das Protokoll seiner Aussage nicht anstelle seiner Vernehmung im Strafverfahren verlesen werden. Es darf dem Zeugen aber zur Auffrischung des Gedächtnisses oder zur Herbeiführung einer wahrheitsgemäßen Aussage vorgehalten werden, um eventuelle Widersprüche zu klären. ◄

Hat ein Angeklagter im Ermittlungsverfahren ein Geständnis abgelegt und widerruft er es in der Hauptverhandlung, kann die vernehmende Person (Polizeibeamter, Staatsanwalt, Richter) als Zeuge gehört werden. Dasselbe gilt für die Vernehmung eines Zeugen, der in der Hauptverhandlung von seinem Zeugnisverweigerungsrecht Gebrauch macht (§ 252 StPO). Bei der **Vernehmung der Verhörperson** durch das Gericht sollte geklärt werden, ob sie sich anhand des Protokolls auf die Vernehmung vorbereitet und die Glaubhaftigkeit der Schilderung dadurch gelitten hat. Kann die Verhörperson nur bekunden, dass das richtig sei, was seinerzeit protokolliert wurde, reicht das für eine Beweisführung nicht aus.

Per **Videoübertragung** ist die Vernehmung eines Zeugen zulässig, der sich außerhalb des Gerichtssaals befindet (Videosimultanvernehmung), wenn

- eine dringende Gefahr für das Wohl des Zeugen bei seiner Anwesenheit im Gerichtssaal besteht (§ 247a Satz 1 Halbsatz 1 StPO),
- dem Erscheinen des Zeugen, Sachverständigen oder Mitbeschuldigten in der Hauptverhandlung für eine längere oder ungewisse Zeit Krankheit, Behinderung oder andere nicht zu beseitigende Hindernisse entgegenstehen oder
- das Erscheinen in der Hauptverhandlung wegen großer Entfernung unter Berücksichtigung der Bedeutung seiner Aussage nicht zugemutet werden kann (§ 247a Satz 1 Halbsatz 2 i. V. m. § 251 Abs. 2 StPO).

Das Gericht ordnet eine solche Vernehmung nach pflichtgemäßem Ermessen an. Wie bei der Verlesung eines Protokolls des im Ermittlungsverfahren vernommenen Zeugen kann von der Vernehmung ein Video aufgezeichnet werden und dann als Ersatz in die Hauptverhandlung eingebracht werden (§ 255a Abs. 2 StPO).

Zeugen, die ihre Kenntnisse nicht durch unmittelbare eigene Wahrnehmung erworben haben, sondern durch Erzählungen Dritter, sind **Zeugen vom Hörensagen**. Über die Wahrheit und Richtigkeit des Erzählten können sie keine Angaben machen. BGH und Bundesverfassungsgericht sehen die Vernehmung als zulässig an und den Unmittelbarkeitsgrundsatz nicht verletzt, da auch der Zeuge vom Hörensagen eine Primärquelle ist zu dem, was er gehört hat bzw. ihm mitgeteilt wurde. Es liegt aber ein Verstoß gegen die gerichtliche Aufklärungspflicht (§ 244 Abs. 2 StPO) vor, wenn das Gericht nicht den unmittelbaren Zeugen vernimmt, obwohl dies möglich wäre. Hauptfälle eines Zeugen vom Hörensagen sind Vernehmungen nach dem Einsatz von verdeckten Ermittlern und Vertrauenspersonen. Bekommt der V-Mann keine Aussagegenehmigung und wird an seiner Stelle der V-Mann-Führer vernommen, verstößt dies nicht gegen die gerichtliche Aufklärungspflicht, da der V-Mann dem Gericht nicht zur Verfügung steht. Allerdings ist nach Auffassung des BGH ein solches Beweismittel wenig wert, da die Aussage nicht durch Rückfragen überprüfbar ist und die Verurteilung deshalb nicht allein auf einen Zeugen vom Hörensagen gestützt werden kann.

2. Sachverständige

Als **Gehilfe des Gerichts** hat der Gutachter die zur Beantwortung der rechtlichen Fragen notwendigen Anhaltspunkte zu liefern (§§ 72 bis 84 StPO). Das Gericht ist an die Beurteilung des Sachverständigen nicht gebunden. Der Verkehrssachverständige kann neue Erkenntnisse der Unfallforschung vortragen, der Psychiater Anhaltspunkte für etwaige psychische Störungen, der Psychologe abnorme Verhaltensweisen erklären. Um die Ausführungen des Sachverständigen nachvollziehen und bewerten zu können, muss sich das Gericht selbst ein Mindestmaß an Sachverstand zulegen. Es muss sich kundig machen, ob andere wissenschaftliche Schulen bestehen oder der Sachverständige sich auf dem letzten Stand der Technik befindet. Der Sachverständige darf sich **nicht an die Stelle des Gerichts** setzen. Der Psychiater hat nicht zu begutachten, ob der Angeklagte schuldunfähig oder vermindert schuldfähig (§§ 20, 21 StGB) ist, sondern nur, ob bei dem Angeklagten zur Tatzeit die in § 20 StGB genannten krankhaften Erscheinungen vorlagen. Die daraus folgende Rechtsfrage der (verminderten) Schuld(un)fähigkeit hat das Gericht zu entscheiden. Auch die Beurteilung der Glaubhaftigkeit einer Zeugenaussage liegt ausschließlich in der Kompetenz des Gerichts. Lediglich bei kindlichen Zeugen kommt ein aussagepsychologisches Gutachten in Betracht.

Bei den Tatsachen, die ein Sachverständiger vorträgt, ist zu unterscheiden in diejenigen, die er aufgrund seiner Sachkunde selbst festgestellt hat (sog. *Befund*tatsachen), und solchen, die er erst durch Befragung anderer Personen als des Angeklagten in Erfahrung gebracht hat (sog. *Zusatz*tatsachen, z. B. wenn die Mutter des Angeklagten über dessen Entwicklung befragt wird). Solche Zusatztatsachen sind entweder durch die Vernehmung dieser anderen Person oder durch den Sachverständigen als Zeugen in den Prozess einzuführen. Dieser Umstand ist wichtig für den Fall, dass die dritte Person nicht über ein mögliches Zeugnisverweigerungsrecht belehrt worden ist (zu dieser Belehrung ist der Sachverständige nicht verpflichtet). Der Sachverständige hat aus denselben Gründen, aus denen ein Zeuge ein Recht zur Zeugnisverweigerung hat, das Recht zur Verweigerung des Gutachtens (§ 76 StPO).

▶ BEISPIEL

Fall Maria Rohrbach: Wie notwendig die kritische Prüfung von Gutachten ist, macht einer der bekanntesten Justizirrtümer der Nachkriegsgeschichte deutlich. Der Sachverständige hatte im Kamin der Wohnung, in der Maria Rohrbach ihren Mann getötet haben soll, Thallium gefunden – ein Stoff, der in dem Rattengift Celiopaste Verwendung fand. Daraus schloss er, dass die Angeklagte ihren Mann vergiftet und den nicht gefundenen Kopf der Leiche im Ofen verbrannt hatte. Es wurden weder Vergleichsuntersuchungen durchgeführt zur Klärung, ob Thallium regelmäßig bei Verbrennungsprozessen anfällt, noch wurde der fragliche Ofen vom Gericht in Augenschein genommen. Der Kopf des Opfers wurde später in einem Bombentrichter gefunden. In dem folgenden Wiederaufnahmeprozess ließ die Verteidigung Untersuchungen durchführen, bei denen in vielen Kaminen Thallium-Rückstände gefunden wurden (u. a. in einer JVA und der Wohnung des Sachverständigen des ersten Prozesses). Die Öffnungen in dem Ofen erwiesen sich zudem allesamt zu klein für einen Menschenkopf.[33] Maria Rohrbach wurde nach 4 ½ Jahren Freiheitsentzug 1961 „aus Mangel an Beweisen" freigesprochen, was nach damaligem Recht bedeutete, dass keine Entschädigung für „unschuldig" erlittene Haft gezahlt wurde. ◄

3. Richterlicher Augenschein

Der Augenschein (§ 86 StPO) bezieht sich im Wesentlichen auf die Beschaffenheit eines Objekts (z. B. eines Tatwerkzeugs). Bei einer Urkunde kann die Existenz des Dokuments an sich, das Schriftbild eines Briefes (Abschiedsbrief eines Selbstmörders zu dessen psychischer Verfassung) oder die Echtheit einer Unterschrift unter einem Dokument bewiesen werden. Geht es um die Aussagekraft eines Gegenstandes, muss der lesbare Teil als „Urkunde" in die Hauptverhandlung eingeführt werden (z. B. der eingestanzte Schriftzug des Herstellers auf einer Waffe). Bild- und Tonträger können den Inhalt der Aufzeichnung beweisen, wenn die Echtheit von dem Angeklagten oder einem Zeugen bestätigt wird. Auch das Äußere des Angeklagten kann Gegenstand der Augenscheineinnahme sein, wenn z. B. ein Zeuge bekundet hat, der Täter habe eine auffallend große Nase gehabt. Wenn es auf den unmittelbaren Eindruck ankommt, muss sich das Gericht diesen durch eigenen Augenschein verschaffen. In schwierigen Situationen (z. B. Besichtigung eines Gegenstandes unter Wasser) kann dieser durch die Anhörung eines Sachverständigen, der das Objekt zur Vorbereitung seines Gutachtens besichtigt hat, ersetzt werden (sog. **Augenscheingehilfe**). Der Unmittelbarkeitsgrundsatz gilt insoweit nicht.

4. Urkunden, Selbstleseverfahren

Strafprozessual sind Urkunden (§§ 249 bis 256 StPO) „alle **Gedankenerklärungen, die** zum Beweis dienen und **verlesen werden können**". Die Schriftstücke können auch in Zahlen verfasst sein, (Bilanzen, Rechnungen). Technische Aufzeichnungen – wie ausgelesene Daten eines Fahrtenschreibers –, die nicht verlesen werden können, sind Gegenstand des richterlichen Augenscheins. Auch Kopien sind Urkunden im prozessualen Sinn. Die Echtheit ihres Inhalts muss mit anderen Mitteln als der Verlesung bewiesen werden, z. B. durch Zeugenaussagen oder der Einholung eines Schriftgutachtens. Dokumente in fremden Sprachen können nicht als Urkunde verlesen werden. Diese sind zu übersetzen, so dass die Übersetzung in der Hauptverhandlung verlesen werden kann. Ist ein Schriftstück in Kurz- oder Geheimschrift abgefasst, muss zum Inhalt ein Sachverständigengutachten erstellt

---

33 *Hans-Dieter Otto*, Das Lexikon der Justizirrtümer, Sonderausg., 2007, S. 154.

werden. Beherrscht ein Mitglied des Gerichts z. B. die Stenografie, kann das Gutachten durch die Sachkunde des Gerichts ersetzt werden. Auch Zeugnisse oder Gutachten öffentlicher Behörden oder von Ärzten oder Gutachten über den Blutalkoholgehalt können in Verhandlungen über leichtere Delikte, wie z. B. Körperverletzung, verlesen werden (§ 256 StPO). Öffentliche Behörden sind u. a. die Kriminalämter, Handels- und Handwerkskammern, öffentliche Kliniken oder die Physikalisch-Technische Bundesanstalt.

Als wesentliche Ausnahme vom Grundsatz der Mündlichkeit und Unmittelbarkeit kann nach § 249 Abs. 2 StPO auf die Verlesung von Urkunden (insbesondere in „papierintensiven" Wirtschaftsstrafverfahren) in der Hauptverhandlung verzichtet und durch das **Selbstleseverfahren** ersetzt werden. Die Verlesung endloser Schriftstücke wie Bilanzen, Rechnungen usw. ist entbehrlich, wenn alle Mitglieder des Gerichts (also auch die Schöffen) vom Wortlaut der Schriftstücke durch eigenes Lesen tatsächlich Kenntnis genommen haben (die bloße *Möglichkeit* zur Kenntnisnahme reicht nicht aus). Für diesen Fall ist die Aktenkenntnis für die Schöffen schon von Gesetzes wegen zwingend vorgeschrieben. Berufsrichter wie Schöffen müssen zu Protokoll versichern, vom Wortlaut der Urkunden Kenntnis genommen, diese also tatsächlich gelesen zu haben.

IX. Fragerecht der Schöffen

Fragen sind Instrumente zur Gewinnung von Informationen (Fakten, Begründungen, Erklärungen, Präzisierungen, Hintergründe).[34] Das Gericht will etwas erfahren oder erläutert bekommen, was es zuvor noch nicht oder nicht genau wusste. Eine allgemeine Regel lautet: „Wer fragt, der führt!" Der Fragende übernimmt eine führende Rolle. Mit Fragen steuert und strukturiert er die Vernehmung, wobei er sich vom Allgemeinen zum Speziellen vorarbeitet. Professionelles Fragen erfolgt nach dem Modell des „Fragetrichters". Zunächst ist der Trichter breit – durch *offene Fragen* (bei denen der Antwortende viel Spielraum zur Antwort hat) werden möglichst viele Informationen gesammelt, der Fragende verschafft sich einen Überblick. Im Laufe der Vernehmung wird der Trichter nach unten immer enger – durch *geschlossene Fragen* werden die Informationen geordnet, sondiert, gefiltert und überprüft. Die Frage*form* bestimmt das Maß der Freiheit, das der Befragte bei seiner Antwort hat, und den Informationsgehalt der Antwort. Körpersprachliche Begleitsignale des Befragten sind dabei zu beobachten, um die Antwort richtig einordnen und den Informationsstand absichern zu können. Der Vorsitzende leitet die **Vernehmung** nach einem bestimmten Konzept. Im Anschluss haben die anderen Verfahrensbeteiligten ein umfassendes Fragerecht (§ 240 StPO, Einschränkungen in §§ 241, 241a StPO). Die Schöffen haben das Recht, (ergänzende) Fragen an den Angeklagten, Zeugen oder Sachverständigen zu stellen.

---

34 Ausführliche Darstellungen: *Anne Brunner*, Die Kunst des Fragens, 5. Aufl., 2017; *Sigrid Frank-Eßlinger*, Mit Fragen führen, 2. Aufl., 2019; *Vera F. Birkenbihl*, Fragetechnik schnell trainiert, 22. Aufl., 2018.

1. Fragetechnik

Oberstes Gebot ist, die Frage **unbefangen** und neutral zu stellen. Die Frage sollte keine Vermutungen, emotionalen Wertungen und Vorurteile enthalten. Der Befragte soll das *Wissen* des Gerichts erweitern, nicht dessen *Erwartungen* erfüllen. Dass der Befragte auf der Anklagebank sitzt, macht seine Antworten nicht per se unglaubhaft. Der Angeklagte ist nur beschuldigt, noch nicht schuldig.

Der Befragte muss den Inhalt der Frage verstehen. Um ein optimales Ergebnis aus der Befragung zu erzielen, hat sich der Fragende dem **Sprachhorizont** des Befragten anzupassen. Angeklagte wie Zeugen verfügen häufig nicht über die sprachliche Fähigkeit, erlebtes Geschehen in eine bildhafte Sprache zu übersetzen. Sie sollten durch einen geeigneten Fragestil unterstützt werden, ihre Wahrnehmungen und Erinnerungen sprachlich zu rekonstruieren. Nur wenn man sich den Fall **in einfachen Worten** schildern lässt (und auch so fragt), können Tathergang und weitere Umstände nachvollzogen werden. Keinesfalls sollte der Fragende einen Dialekt oder speziellen Jargon (Jugendsprache) imitieren. Ebenso wenig sollten Schöffen der Versuchung erliegen, sich möglichst „juristisch" auszudrücken.

Fragen sollten **eindeutig formuliert** sein. Ist von Bedeutung, was der Angeklagte am Tag vor der Tat gemacht hat, lautet die Frage „Was haben Sie am Tag vor der Tat gemacht?" und nicht „Was haben Sie vor der Tat (oder: vorher) gemacht?". Nicht eindeutig sind weit gefasste Fragen, obwohl nur eine bestimmte Tatsache von Interesse ist („Wie verhält sich der Angeklagte denn so?" anstatt „Wie steht es mit dem Alkoholkonsum des Angeklagten?").

In kurzen Sätzen (mit höchstens einem Nebensatz) fragen. Schon der Fragende kann Schwierigkeiten haben, einen langen Satz grammatikalisch richtig zu Ende zu bringen, weil ihm am Ende des Satzes das richtige Verb nicht mehr einfällt. Der Befragte wird sich am Ende eines langen Satzes erst recht nicht mehr sicher sein, was der Fragende von ihm will.

Mehrere Fragen sollten niemals gleichzeitig, sondern einzeln nacheinander gestellt werden. Kettenfragen sind zu vermeiden, z. B. „Konnten Sie überhaupt den Tatort einsehen? Wie waren denn die Lichtverhältnisse und wo war ihr Standort? Sie sind doch durch Ihre Brille sicherlich behindert, bei einbrechender Dämmerung auf die Entfernung noch sichere Beobachtungen zu machen? Wie stark ist denn Ihre Brille?" Mehrere aufeinanderfolgende Fragen verunsichern den Befragten und überfordern seine Merkfähigkeit. Klassische Folge: Der Befragte beginnt auf die ihm gestellten Fragen mit dem Satz: „Um mit der Beantwortung der letzten Frage zu beginnen…" Er wird sich bis zur ersten Frage möglicherweise nicht mehr durchkämpfen oder selektiv antworten, d. h. unverfängliche Fragen beantworten, unangenehme ausblenden. Sollen z. B. die Alkoholgewohnheiten einer Person erfragt werden, wird eine Kette einzeln zu beantwortender Fragen aufgebaut: „Haben Sie den Angeklagten einmal betrunken gesehen?" – „Wann war das?" – „Haben Sie ihn häufiger betrunken gesehen?" – „Wie betrunken war er jeweils?" – „Womit hat er sich betrunken?"

Eine **Fachsprache**, die dem Laien unverständlich ist, oder Begriffe, die in der Umgangssprache eine andere Bedeutung haben können als in der Fachsprache (gleichgültig ob juristisch, technisch, medizinisch usw.), sind zu vermeiden. Um Verständnisschwierigkeiten auszuschließen, ist in allgemein verständlichem Deutsch zu fragen.

Abstrakte Bezeichnungen sollten nicht verwendet werden, auch wenn sie bei Gericht gebräuchlich sind. Bei dem Begriff „Nebenkläger" weiß der Angeklagte nicht unbedingt, welche Person gemeint ist; daher ist die Person mit ihrem Namen zu benennen. Unbestimmte Fragen („Wie haben *die* denn reagiert?") sollten präzisiert und dem Befragten stets deutlich gemacht werden, wer mit „die" gemeint ist.

Missverständliche Fragen sind zu vermeiden. Wendungen wie „Sie sollen gesagt haben …?" klingen, als ob Zweifel an der Wahrheit bestehen. Doppelte Verneinungen sind missverständlich und können beim Zuhören verwirren. Die Frage „Sind Sie nicht der Auffassung, dass Sie von dieser Stelle nichts sehen konnten?" lässt, wenn mit Ja oder Nein geantwortet wird, keine eindeutigen Schlüsse zu. Rückfragen („Also haben Sie …?", „Bedeutet das, dass Sie …?") sind erforderlich, damit der Befragte ggf. eine missverständliche Antwort korrigieren kann.

Dieselbe Sache ist immer mit **demselben gebräuchlichen Begriff** zu bezeichnen. Eine Vernehmung ist kein Deutschaufsatz, in dem aus ästhetischen Gründen mit Synonymen eine Wortvielfalt hergestellt wird.

Bewusst oder unbewusst können Fragen bereits **Vorgaben oder Wertungen** enthalten. Eine Frage an den Zeugen darf nicht die Erwartung wecken, dass er sie „eigentlich beantworten können müsste". Gutwillige Zeugen, die dem Gericht bei der Wahrheitsfindung behilflich sein wollen, neigen dazu, diese Erwartungen erfüllen zu wollen. Der Zeuge sagt dann nicht nur das, was er aus eigenem Erleben weiß, sondern was das Gericht nach seiner Auffassung hören will. Auch Floskeln wie „Wollten sie wirklich (etwa) …?" drängen den Befragten in eine Richtung.

Eine Frage sollte nicht mit einer **Begründung** beginnen, warum sie gestellt wird. Selbst wenn die Frage kontextlos erscheint, würde eine Erläuterung Aufschluss über bisherige Kenntnisse des Fragenden offenbaren. Allenfalls können allgemeine Übergänge gewählt werden wie: „Um noch mal auf den Punkt xy zu kommen …" Auch eine **Entschuldigung** für eine (unangenehme) Frage ist fehl am Platz.

Schambesetzte Themen, die dem Angeklagten oder Zeugen **peinlich** sein können, sind neutral und sachlich zu behandeln. Beispielsweise darf bei sexuellen Bezügen nicht um den „heißen Brei" herumgeredet werden. Dem Befragten ist fest in die Augen zu blicken und er ist so zu fragen, als ob die Angelegenheit die selbstverständlichste Sache der Welt wäre.

Fragen sollten **keine Vorwürfe** enthalten. Ein Zeuge darf durch Vorwürfe in der Frage nicht subjektiv in die Rolle des Angeklagten gerückt werden. Ein Vorwurf reizt den Zeugen zum Widerspruch oder drängt ihn in eine Verteidigungsposition, in der er unter Umständen sogar zum Lügen gezwungen wird. Eine Anhalterin, die in das Auto des Mannes gestiegen ist, der sie später vergewaltigt hat, wird auf die vorwurfsvolle Frage „Steigen Sie eigentlich zu jedem wildfremden Mann ins Auto?" möglicherweise zu rechtfertigenden Schilderungen greifen, die eine falsche Darstellung der Ereignisse entstehen lassen. Taktische Vorwürfe, z. B. zur Provokation des Befragten, sollten an das Ende der Befragung gestellt werden, um die Aussage nicht zu verfälschen.

Wer fragt, muss auch **zuhören** können. Beim aktiven Zuhören werden dem Befragten Aufmerksamkeit und Interesse durch eine zugewandte Grundhaltung und Blickkontakt signalisiert. Im nachfolgenden Beispiel ist der Schöffin die Logik der vorhergehenden Fragen verschlossen geblieben:

▶ BEISPIEL
Bei einer Anklage wegen Vergewaltigung sagte eine Augenzeugin aus: „Ich habe gesehen, wie das Opfer an der Bushaltestelle stand. Da kam von hinten ein Mann und zerrte das Mädchen ins Gebüsch." Frage der Vorsitzenden: „Können Sie den Mann beschreiben?" – „Nein. Ich weiß nur, dass er eine Lederjacke anhatte." – „Haben Sie irgendwelche Merkmale gesehen, die den Mann identifizieren könnten?" – „Nein." – „Erkennen Sie hier im Saal jemanden wieder, der so aussieht, wie dieser Mann?" – „Nein." – Frage der Schöffin: „Können Sie denn die Farbe der Jacke beschreiben, die der Angeklagte trug?" – „Nein." Nunmehr beantragte der Verteidiger, die Schöffin wegen Besorgnis der Befangenheit auszuschließen. Ihre Frage offenbarte, dass sie ohne Anlass den zuvor nur als unbekannt bezeichneten Mann mit dem Angeklagten identifizierte. ◀

2. Frageformen

Mit der **Filterfrage** prüft der Vernehmende, ob der Zeuge überhaupt etwas zum Beweisthema aussagen kann („Waren Sie am Soundsovielten an jenem Ort [Tatort]?") oder in der Lage war, eine bestimmte Wahrnehmung zu machen („Hat das Gespräch auf Englisch stattgefunden?" – „Sprechen Sie Englisch?"). Anlass zu Filterfragen geben Formulierungen des Zeugen wie „*Man* hat …" oder „*Wir* haben …", um zu klären, ob der Zeuge die Beobachtung selbst gemacht hat. Damit werden überflüssige Vernehmungen vermieden. Darüber hinaus können vorab Handicaps bei der Wahrnehmung (z. B. Seh-, Hörschwäche) geklärt werden.

Mit **offenen Fragen**, die wertungsfrei sind und keine Richtung vorgeben, hat der Zeuge Gelegenheit zu einer ausführlichen, zusammenhängenden und unbeeinflussten Schilderung der Beweisfrage. Er kann seinen Gedanken freien Lauf lassen; die Antworten sind nicht vorgegeben. Offene – sog. W-Fragen – sind daran zu erkennen, dass das Fragewort mit einem W beginnt: was, wie, wo, wer, weshalb, warum, wozu, womit, wohin, welche usw. („Was haben Sie gesehen?", „Wo haben Sie den Angeklagten gesehen?"). Sie werden häufig als Einstieg genutzt, um möglichst viele Informationen zu sammeln und Einzelheiten zu erfahren. Das Gericht erhält Erkenntnisse, an was sich der Zeuge erinnert und welche Details fehlen. Zudem hat der Zeuge die Möglichkeit, etwas zu schildern, was er im

Ermittlungsverfahren vielleicht noch nicht ausgesagt hat. Er kann Schwerpunkte setzen, was er für wichtig und erwähnenswert hält. Daraus können hinsichtlich des Wahrheitsgehaltes mehr Schlüsse gezogen werden, als wenn der Fragende eine bestimmte Richtung vorgibt. Offene Fragen können als **Leerfragen** gestellt werden („Wie ging es weiter?" – „Was geschah dann?"), als **Anstoßfragen**, mit denen der Befragte weiter frei assoziieren kann („Was geschah während des Gesprächs?"), oder als **Sondierungsfragen**, mit denen zur Ergänzung weiterer Details ermutigt wird („Woher wissen Sie das?", „Wie meinen Sie das?"). Offene Fragen haben auch Nachteile, wenn z. B. der redselige Zeuge den Faden verliert oder der Zeuge nur einsilbig antwortet, weil er den angebotenen Freiraum nicht nutzen will. „Warum"-Fragen sind vorsichtig einzusetzen, da sie Rechtfertigungsdruck auslösen können; unproblematisch sind sie, wenn nach sachlichen Informationen gefragt wird.

Im Laufe der Vernehmung kann durch **geschlossene Fragen** immer enger auf ein bestimmtes Ziel hingesteuert werden. Geschlossene Fragen lassen nur kurze, prägnante Antworten zu, bergen aber ein hohes suggestives Potenzial. Mit **Auswahlfragen** werden dem Zeugen zwei oder mehrere Varianten zur Auswahl gegeben; eine offene Variante ist immer hinzuzufügen („Hatte der Täter Jeans oder einen Anzug an oder welche Kleidung trug er sonst?"). Die **Alternativfrage** („Hatte die Person schwarze oder braune Haare?") lässt nur eine von zwei Möglichkeiten zu. Die meisten Zeugen entscheiden sich für eine der beiden Varianten, selbst wenn sie gar keine oder eine andere Erinnerung haben. Nur wenige Zeugen haben die Souveränität zu antworten, dass die von ihnen beobachtete Person rote Haare oder gar eine Glatze hatte. Wird der fragende Richter von dem Zeugen mit einer hohen Autorität versehen, so dass er unterstellt, nur die beiden gefragten Alternativen kämen in Betracht, wird eine mögliche andere Alternative von vornherein ausgeklammert. Mit einer **Präzisierungsfrage** kann nachgehakt werden, um eine genauere Erläuterung zu bekommen („Wie hat sich der Angeklagte bei der dritten Tat verhalten?"). Die engste aller geschlossenen Fragen ist diejenige, die nur noch mit Ja oder Nein beantwortet werden kann. Auf eine Antwort zu einer Ja-Nein-Frage können mit einer offenen Frage weitere sichere Erkenntnisse gewonnen werden („Haben Sie die Pistole in der Hand des Angeklagten gesehen?" – „Ja." – „Wie sah sie aus?").

Bestehen Zweifel an der Aussage, kann durch **Unmöglichkeitsfragen** die Zweifelhaftigkeit überprüft werden. Dadurch wird die Gelegenheit eröffnet, Umstände zu schildern, die das Geschilderte doch möglich erscheinen lassen („War es nicht unmöglich, über die hohe Mauer zu klettern?" – Antwort: „Aber da lag doch dieser große Müllberg, über den ich bis an die Mauerkrone kam").

Mit einer gezielten Frage kann auf das gewünschte Thema hingesteuert werden. Zwei Varianten von **Lenkungsfragen** stehen dafür zur Verfügung. Bei allzu großer Weitschweifigkeit des Befragten ist mit **Rangierfragen** das relevante Thema anzusprechen. Stationen, die der Befragte offensichtlich noch erzählen will, werden so übersprungen und er wird auf das Thema zurückgeführt („An dieser Stelle stellt sich die Frage, ob Sie nicht zu dem Vorfall vom …"). Erfolgt die Unterbrechung zu früh, werden eventuelle Erkenntnisquellen verschüttet. In heiklen Situationen, wenn z. B. eine Zeugin in Tränen ausbricht, kann mit **Ablenkungsfragen** auf ein neutrales Thema ausgewichen und sie langsam wieder an das Thema herangeführt werden. Einem Zeugen, der sich von einem allzu direkt angesprochenen Thema brüskiert fühlt, wird der Umweg über ein unverfängliches Thema angeboten.

Mithilfe von **Kontrollfragen** kann der Fragende die Qualität der Aussage überprüfen und sich vergewissern, dass alles richtig verstanden wurde ("Habe ich das richtig verstanden, dass …?"). Kontrollfragen eignen sich z. B. bei Schätzungen von Mengen, Entfernungen oder Geschwindigkeiten. Sagt eine Zeugin aus, den Unfall-Pkw innerorts etwa 100 m von der Kreuzung entfernt zum ersten Mal „ganz plötzlich" gesehen zu haben, kann errechnet werden, dass sie den Pkw ca. 7 Sekunden lang gesehen haben muss, wenn dieser mit 50 km/h gefahren ist (= ca. 14 m/sec.); die Schätzung kann also nicht stimmen. Mit **Situations- oder Umgebungsfragen** kann die Glaubhaftigkeit einer Aussage überprüft werden. Dabei wird nach Nebensächlichkeiten oder Randgeschehen gefragt, die im Kontext zum Kerngeschehen stehen, z. B. Tageszeit, Witterung, Kleidung, Geräusche, Details zum Tatort. Wenn der Zeuge die geschilderte Situation wirklich erlebt hat, sollte er solche Fragen beantworten können. Flüchtet er in unbestimmte, detailarme Schilderungen, lässt dies auf die Unwahrheit schließen.

Die **Suggestivfrage** ist manipulativ und nur in Ausnahmefällen anzuwenden ("Sie wollen doch nicht etwa behaupten, dass …"). Sie muss dem erfahrenen Vernehmer vorbehalten bleiben, weil sich die Suggestion nicht auf das Beweisthema beziehen darf, sondern nur der Prüfung einer Beeinflussbarkeit, der Verbesserung der Erinnerung oder der Auflösung von Widersprüchen dient. Die Antwort auf eine Suggestivfrage hat grundsätzlich keinen Beweiswert.

▶ BEISPIEL

Das LG Mainz verhandelte 1994 bis 1997 drei bundesweit beachtete Verfahren wegen schwersten Kindesmissbrauchs. Die sog. „Wormser Prozesse" endeten sämtlich mit Freisprüchen für die 24 Angeklagten. Die drei Strafkammern stellten übereinstimmend fest, dass zahlreiche Kinder, die belastende Angaben gemacht hatten, im Vorfeld durch „aufdeckende" Erwachsene inquisitorisch befragt, unter Druck gesetzt, manipuliert und beeinflusst worden waren. Bis zu 30-mal wurden die kindlichen Zeugen vernommen und in ihren Aussagen herumgebohrt, angeblich um ihnen zu helfen, endlich über ihr Trauma zu sprechen.[35] ◀

Zur Beurteilung der Glaubhaftigkeit der Aussage kann mit **Thema-Wechsel-Fragen** abrupt das Thema der Befragung gewechselt werden (vom Kernthema zu einem neutralen Thema, dann zurück zum Kernthema). In der Aussagepsychologie

---

35 *Sabine Rückert*, Inquisitoren des guten Willens, ZEIT online vom 11.1.2007.

sind bestimmte Reaktionen ermittelt worden, wie lügende Personen auf solche Situationen reagieren. Jede **Lüge** ist mit einer inneren Anspannung verbunden, weil sich der Lügner zu höchster Konzentration zwingen muss; daher kommt es zu Unsicherheitszeichen wie abgehacktes Sprechen, Lippenbefeuchten mit der Zunge wegen trockenen Mundes, ausführlichen und weitschweifigen Erklärungen, komplizierten Sätzen, Änderung des Verhaltens. Diese Zeichen können aber nicht schematisch interpretiert werden, weil die Art des Sprechens unterschiedliche Ursachen haben kann, etwa die ungewohnte Situation in einem Gerichtssaal.

X. Besprechungen zwischen den Verfahrensbeteiligten

Im Laufe des Verfahrens haben die Verfahrensbeteiligten und das Gericht die Möglichkeit, über den Stand des Verfahrens, seine weitere Gestaltung und das Ergebnis miteinander zu kommunizieren. Da der Strafprozess grundsätzlich ein streitiges Verfahren ist, ist das Gericht an bestimmte Verfahrensgrundsätze gebunden, vor allem an die Pflicht zur Aufklärung von Amts wegen. Es ist zur Einhaltung und Durchsetzung dieser Grundsätze auch gegen den Willen der Verfahrensbeteiligten verpflichtet. Seit Beginn der 1980er-Jahre entwickelte sich ein Trend zur Kommunikation über die Gestaltung des Verfahrens – zunächst informell, später durch höchstrichterliche Rechtsprechung geregelt, 2009 vom Deutschen Bundestag durch das „Gesetz zur Regelung der Verständigung im Strafverfahren" in rechtliche Normen gegossen. Zwei Stufen werden dabei unterschieden: die **Erörterung** und die **Verständigung**. Beide Formen sind in der Hauptverhandlung möglich.

1. Erörterung des Verfahrensstandes

Staatsanwalt und Gericht können in den verschiedenen Phasen den Stand des Verfahrens insbesondere mit der Verteidigung erörtern, und zwar nach

- § 160b StPO ausgehend von der Staatsanwaltschaft im Ermittlungsverfahren,
- § 202a StPO ausgehend vom Gericht im Zwischenverfahren,
- § 212 StPO ausgehend vom Gericht im Hauptverfahren vor Terminierung der Hauptverhandlung,
- § 257b StPO ausgehend vom Gericht in der Hauptverhandlung.

In der Praxis geht die Initiative zu einer Verfahrenserörterung häufig von der Verteidigung aus. Die Themen der Erörterung sind vielfältig und vom Gesetzgeber bewusst nicht eingeschränkt worden. In Betracht kommen etwa Ablauf und Struktur des weiteren Verfahrens (z. B. die Reihenfolge der Zeugen, Ankündigung von oder Verzicht auf Beweisanträge), Verfahrensbeendigung durch Einstellung (z. B. nach § 153a StPO gegen Auflagen) oder die Vorbereitung eines Täter-Opfer-Ausgleichs (§ 46a StGB). Teilnehmer der Erörterung sind die „Verfahrensbeteiligten", also alle, die gestaltend als Subjekt am Prozess mitwirken. „Das Gericht" ist immer der Spruchkörper in der Zusammensetzung des jeweiligen Verfahrensabschnittes, d. h. vor der Hauptverhandlung (§§ 202a, 212 StPO) ohne Schöffen, nach Beginn der Hauptverhandlung stets unter Beteiligung der Schöffen (§ 257b StPO).

Bedenklich ist die bewusste Unterbrechung der Hauptverhandlung, um **Erörterungsgespräche** „außerhalb der Hauptverhandlung" und dementsprechend **ohne Mitwirkung der Schöffen** zu führen. Schöffen haben in einer Vielzahl von Fällen berichtet, dass sie im Laufe der Verhandlung vom Vorsitzenden gebeten wurden, den Saal zu verlassen; Staatsanwalt, Verteidigung und Berufsrichter hätten „etwas Juristisches" miteinander zu besprechen. Sie würden danach wieder hereingebeten. Dagegen haben Schöffen nur ein Mittel: Sie lassen sich nicht wegschicken und nehmen selbstverständlich an der Erörterung teil. Die Unterbrechung der Hauptverhandlung mit der Behauptung, man befände sich nun „außerhalb" der Hauptverhandlung mit der Folge, dass die Schöffen nicht teilnehmen dürfen, ist rechtsmissbräuchlich.[36] Als Grund für den Ausschluss wird immer wieder vorgetragen, dass die Schöffen durch diese Gespräche befangen werden könnten. Bei einer reinen Verfahrenserörterung kann eine solche Befangenheit kaum auftreten. Dient die Erörterung – wie häufig in der Praxis – bereits der Vorbereitung einer Verständigung, sind solche Befürchtungen ebenfalls unbegründet, weil ohnehin später beraten werden muss. Warum die Schöffen die gegenseitigen Argumente über das weitere Verfahren nicht im Originalton miterleben, sondern auf einen späteren Bericht des Vorsitzenden angewiesen sein sollen, ist nicht nachvollziehbar.

2. Verständigung

Die Verständigung (umgangssprachlich auch Absprache oder Deal) ist für die Hauptverhandlung in § 257c StPO geregelt.[37] Der Gesetzgeber hat sich dabei an der in Jahrzehnten entwickelten Rechtsprechung des BGH orientiert. Die Verständigung hat ihren Ursprung im „plea bargaining" des anglo-amerikanischen Strafprozesses, in dem sich „Anklage" und „Verteidigung" als Parteien gegenüberstehen und demgemäß über Verfahren und Ausgang des Prozesses verständigen können. Ausgangspunkt für Verständigungen in Deutschland waren Fälle von Gewalt- und Sexualstraftaten, in denen geschädigten Frauen oder Kindern erspart werden sollte, als Zeugen in der Hauptverhandlung vernommen zu werden und ihre Tat während der Einvernahme noch einmal durchleben zu müssen. Ein Angeklagter, der durch ein Geständnis die Vernehmung dieser Zeugen überflüssig machte, sollte auf eine Strafmilderung rechnen können. Als rechtliche Grundlage hierfür diente seinerzeit § 46 Abs. 2 StGB, wonach „das Verhalten nach der Tat" Einfluss auf die Höhe der Strafe hat. In welchem Umfang das Geständnis strafmildernd wirken sollte, teilte das Gericht vorab mit, so dass der Angeklagte abschätzen konnte, worauf er sich einließ. Von hier aus entwickelte sich eine Dynamik auf andere Verfahren, in denen das Gericht für ein Geständnis schon vorab einen bestimmten Strafnachlass signalisierte. Von dieser nachvollziehbaren Konstellation war es in der Praxis nur ein kleiner Schritt zu

---

36 Zur Auffassung, dass die Erörterung auch bei einer Unterbrechung „in der Hauptverhandlung" stattfindet, vgl. *Wolfgang Pfister*, Die Verfahrensabsprache im Strafprozess – Welche Rolle haben die Schöffen?, RohR 2010, S. 97, 99.
37 Eingefügt durch das Gesetz zur Regelung der Verständigung im Strafverfahren vom 29.7.2009, BGBl I 2009, S. 2353; *Hasso Lieber*, Verständigung und Schöffen in Geschichte und aktueller Literatur, RohR 2021, S. 10.

- Verteidigern, die ein schwieriges und umfangreiches Verteidigungsverhalten ankündigten für den Fall, dass das Gericht nicht in eine Verhandlung über die Strafe eintreten würde (**Konfliktverteidigung**);
- dem Gericht, das harte Sanktionen in Aussicht stellte für den Fall, dass der Angeklagte nicht zu einem Geständnis mit verkürzter Beweisaufnahme bereit war, und erheblich mildere für den Fall einer Verständigung (**Sanktionsschere**).

Dem deutschen Strafprozess, in dem die gerichtliche Aufklärungspflicht oberste Maxime ist, ist eine solche Verständigung im Grundsatz fremd. Ihre extensive Ausweitung, die auch in den Amtsgerichten um sich greift, führt zu kritischem Nachdenken. Rechtslehrer (z. B. *Siolek, Rönnau, Schünemann, Schlothauer*) und (ehemalige) Bundesrichter (*Fischer, Eschelbach*) denken offen darüber nach, ob ein allzu plattes „Dealen" nicht seinerseits eine Strafbarkeit der Verfahrensbeteiligten begründen kann.

Jahrelang hat der BGH versucht, diese vom Gesetz nicht vorgesehene – in der Praxis aber nicht mehr zu verhindernde – Verhaltensweise durch Entwicklung von Regeln in halbwegs rechtsstaatliches Fahrwasser zu steuern. Erst auf massiven Hinweis des obersten Gerichts in Strafsachen hat der Gesetzgeber in der StPO verbindliche Regeln aufgestellt. Große Teile der Praxis ignorieren diese gesetzlichen Regelungen jedoch weiterhin. Der Düsseldorfer Rechtsprofessor *Karsten Altenhain* hat im Auftrag des Bundesverfassungsgerichts ein Gutachten über die Verständigungspraxis erstellt, für das Richter und Staatsanwälte über ihren Umgang mit den vom Gesetzgeber aufgestellten Regeln befragt worden waren. 2011 wurden 17,9 % der Strafverfahren an Amtsgerichten und 23 % der Strafverfahren an Landgerichten durch Absprachen erledigt. 58,9 % der befragten Richter gaben an, mehr als die Hälfte ihrer Absprachen „informell", also ohne Anwendung des § 257c StPO durchgeführt zu haben; 26,7 % gaben sogar an, *immer* so vorgegangen zu sein. Da die Rechtsprechung an Recht und Gesetz gebunden ist (Art. 20 Abs. 3 GG), kann durchaus von einem massenhaften Verfassungsbruch in der Justiz gesprochen werden.[38] Die erneute Untersuchung einige Jahre später bestätigte die Ergebnisse, an denen sich in der Zwischenzeit nicht nur nichts geändert, sondern die ihren Umfang vergrößert hatten.[39]

2.1 Grundsätze der Verständigung

Die Prinzipien des Strafprozesses werden nicht verändert: Die Hauptverhandlung ist der allein maßgebliche Ort für eine bindende Verständigung.[40] Das Gesetz

---

[38] *Karsten Altenhain/Frank Dietmeier/Markus May*, Die Praxis der Absprachen in Strafverfahren, 2013; zur Feststellung defizitären Vollzugs der Verständigung – auch bei der Einbeziehung der Schöffen: *Tanja Feichtbauer*, Verständigung als Fremdkörper im deutschen Strafprozess?, 2021; Bestätigung der Feststellungen in der Studie von *Benedikt Iberl/Jörg Kinzig*, Die Rolle der Schöffen bei Absprachen im Strafprozess, 2023; vgl. dazu *Hasso Lieber*, B. Iberl; J. Kinzig: Die Rolle der Schöffen bei Absprachen im Strafprozess [Rezension], LAIKOS Journal Online 2023, S. 87.
[39] *Karsten Altenhain/Matthias Jahn/Jörg Kinzig*, Die Praxis der Verständigung im Strafprozess, 2020.
[40] *Martin Niemöller/Reinhold Schlothauer/Hans-Joachim Weider*, Gesetz zur Verständigung im Strafverfahren, 2010, S. 63 Rn. 13.

bestimmt in § 257c StPO ausdrücklich, dass das Gericht seine Vorstellung über eine Verständigung in **öffentlicher** Hauptverhandlung „bekannt gibt". Deshalb steht die zentrale Vorschrift über die Verständigung in dem Abschnitt über die Hauptverhandlung. Der Gesetzgeber wollte seinerzeit die zunehmende „Hinterzimmer-Verständigung" beenden und dem Öffentlichkeitsgrundsatz auch bei einer Verständigung Geltung verschaffen. Darauf hat das Bundesverfassungsgericht in seiner Entscheidung ausdrücklich hingewiesen.[41] Kontakte vor der Hauptverhandlung zwischen Gericht, Staatsanwalt und Verteidiger sind Erörterungen, keine Vereinbarungen. Allerdings erfolgt die öffentliche Darstellung des Absprachergebnisses meist in stark verkürzter Form, was sich mit dem eigentlichen Anliegen des Öffentlichkeitsgrundsatzes nur schwer vereinbaren lässt, nämlich dem Informationsinteresse der Allgemeinheit, um die Kontrolle der Justiz zu gewährleisten.

(a) Der Grundsatz der **Mündlichkeit** und **Unmittelbarkeit,** wonach das Urteil aus dem „Inbegriff der Hauptverhandlung" zu schöpfen ist (§ 261 StPO), gilt auch für die Verständigung. Zwar muss das Gericht eine gewisse Prognose aus der Aktenlage treffen, welche Strafe möglicherweise in Betracht kommt und in welchem Umfang sich ein Geständnis auf die Strafe auswirken kann. Da es sich hier um eine noch zu verifizierende Prognose handelt, kann eine Verständigung die Beweisaufnahme – insbesondere den persönlichen Eindruck vom Angeklagten – nicht vollständig ersetzen. Das Gericht kann nur einen Strafrahmen nennen, in dem es sich nach der Beweisaufnahme bewegen will. Insbesondere müssen die Schöffen hinreichend über die Tatsachen informiert werden, auf die das Gericht seine Überzeugung von dem Strafrahmen stützen will. Unmittelbarkeit und Mündlichkeit würden ausgehebelt, wenn die Schöffen nur das anhand des Akteninhalts ausgehandelte Ergebnis kennen und keinen originären Eindruck von den Beweismitteln haben.

(b) Der **Amtsermittlungsgrundsatz** wird weder durch die Verständigung noch das Geständnis beeinträchtigt. Deshalb formuliert § 257c Abs. 1 Satz 2 StPO ausdrücklich: „§ 244 Absatz 2 bleibt unberührt." Das Gericht ist auch bei einer Verständigung von der Ermittlung der Wahrheit von Amts wegen nicht entbunden. Die Verständigung wirkt sich nur auf den *Umfang* der Beweiserhebung aus: Die Verteidigung verzichtet auf weitere Beweisanträge; das Gericht erhebt keine Beweise, die nur indiziell sind oder die Glaubhaftigkeit von Zeugenaussagen betreffen. Im Kerngeschehen kann auf eine Beweiserhebung nicht verzichtet werden. Die Ermittlung des Sachverhalts wird jedoch oft durch ein – taktisch motiviertes – „abgesprochenes Geständnis" ersetzt, das in der Hauptverhandlung zu einem sehr frühen Zeitpunkt abgelegt wird, um die erstrebte Ersparnis an Zeit und Aufwand zu erreichen.

(c) Bei dem **Grundsatz des fairen Verfahrens** handelt es sich um einen aus dem Rechtsstaatsprinzip entwickelten Verfahrensgrundsatz (Art. 6 Abs. 1 Satz 1 EMRK).

---

[41] BVerfG 19.3.2013, 2 BvR 2628/10, RohR 2013, S. 25; BVerfGE 133, S. 168, 218 Rn. 89.

Das Strafverfahren orientiert sich an den Prinzipien von Gerechtigkeit, Vernunft und Mäßigung der strafenden Gewalt des Staates. Der Grundsatz gebietet im Hinblick auf die Verständigung vor allem, dass der Angeklagte nicht unter Druck gesetzt wird, sich auf eine Verständigung einzulassen. Er ist nicht verpflichtet, die Beweisaufnahme zu vereinfachen. Legt er ein Geständnis ab, kann er sich (wegen der Einsichtsfähigkeit) eine Strafmilderung verdienen; legt er kein Geständnis ab, ist dies kein Grund für eine Strafschärfung.

(d) Die **Unschuldsvermutung** darf durch die Absprache nicht in ihr Gegenteil verkehrt werden. Das Angebot des Gerichts für einen möglichen Strafrahmen gegen ein Geständnis setzt die Annahme der Schuld des Angeklagten gerade voraus. Nach einer nicht zustande gekommenen Verständigung darf man sich nicht zu der Annahme verleiten lassen, die Bereitschaft des Angeklagten zur Verständigung beinhalte ein indirektes Eingestehen seiner Täterschaft. Die **Selbstbelastungsfreiheit** kann faktisch beeinträchtigt werden, wenn das Angebot des Gerichts auf Strafreduzierung inzident die Drohung enthält, im Falle der Verweigerung die Strafe gegenüber der ansonsten schuldangemessenen deutlich zu erhöhen. Die Absprachepraxis bedroht latent auch den verfassungsrechtlichen Grundsatz der Gleichbehandlung (Art. 3 Abs. 1 GG). Ob das Gericht einer Absprache zugänglich ist, kann davon abhängen, welches „Verhandlungs- bzw. Störpotenzial" der Angeklagte mitbringt. Der wegen Alltags- oder Massenkriminalität Angeklagte hat regelmäßig gegenüber Wirtschaftskriminellen, bei denen die Tataufklärung in komplexen Fällen erheblich schwieriger ist, schlechtere Karten. Ein Anspruch auf eine Verständigung besteht nicht.

(e) Die **Stellung der Schöffen** wird nicht beeinträchtigt: Schöffen üben während der Hauptverhandlung das Richteramt in vollem Umfang und mit gleichem Stimmrecht wie die Berufsrichter aus, sofern nicht gesetzlich eine Ausnahme bestimmt ist (§§ 30, 77 GVG). Sie wirken auch an den Entscheidungen mit, die nicht in Beziehung zu der Urteilsfällung stehen. Dieser Grundsatz ist durch die Regeln zur Verständigung nicht tangiert und schon gar nicht außer Kraft gesetzt. Ein Mitglied des Gerichts von der Mitwirkung und Entscheidung auszuschließen, ohne dass es dafür eine ausdrückliche Rechtsgrundlage gibt, ist rechtswidrig – wenn nicht sogar nichtig. Gleichwohl werden Schöffen in großem Umfang von Erörterungen über eine Verständigung ferngehalten. *Rönnau* bringt es auf den Punkt: *„Für die Laienrichter ist die Situation im Absprachekontext zudem deshalb überaus misslich, weil sie noch erheblich stärker als im herkömmlichen Verfahren in eine Nebenrolle abgedrängt werden, obwohl sie nach dem Gesetz während des Laufs der Hauptverhandlung das Richteramt grundsätzlich ‚in vollem Umfang und mit gleichem Stimmrecht' [...] wie die Berufsrichter ausüben. In ihrer eigentlichen Kernfunktion, als einzige Verfahrensbeteiligte (ohne Aktenkenntnis) ihre Überzeugung frei und allein ‚aus dem Inbegriff der Verhandlung schöpfen' zu können, werden sie bei nach der Absprache* *deutlich verkürzter Hauptverhandlung nicht mehr gebraucht. Mittelfristig wird das bei anhaltender Abspracheeuphorie zu ihrer Abschaffung führen."*[42]

Schöffen müssen sich darüber informieren lassen, welche Erkenntnislage die Akten gemessen an der Anklage haben. Welches sind die tragenden Beweise? Wie sicher ist die Beweislage? Dient das Geständnis tatsächlich nur der Abkürzung des Verfahrens oder soll Druck auf den Angeklagten ausgeübt werden, eine unsichere Beweislage „wasserdicht" zu machen? Die Verständigung hat nicht die Aufgabe, eine mäßige Aufklärung der Staatsanwaltschaft zu reparieren. Kurz: Schöffen haben einen Anspruch auf eine qualifizierte Einführung in den Verfahrensstand. Auf keinen Fall dürfen sie sich mit oberflächlichen Informationen abspeisen lassen oder sich davon beeindrucken lassen, dass bereits Vorgespräche mit Staatsanwaltschaft und Verteidigung geführt worden seien, „an die man in gewisser Hinsicht gebunden sei". Ein solches Ansinnen ist rechtswidrig, da über eine Verständigung „das Gericht" – also einschließlich der Schöffen – entscheidet; Vorabsprachen haben keinerlei Bindungswirkung. Das Bundesverfassungsgericht hat in nicht zu überbietender Klarheit festgestellt: *Dementsprechend ermöglicht § 257c StPO es ausschließlich „dem Gericht" – nicht nur dem Vorsitzenden oder nur den Berufsrichtern –, eine Verständigung mit den Verfahrensbeteiligten herbeizuführen. Damit ist es ausgeschlossen, dass ohne eine Beteiligung der Schöffen Strafgrenzen mit der Bindungswirkung des § 257c Abs. 4 StPO in Aussicht gestellt werden.*[43]

▶ **BEISPIEL**

In krassem Widerspruch dazu steht die Entscheidung des BGH vom 14.4.2011, der ein Verfahren des LG Verden zugrunde liegt. Die Schöffen stimmten nach der Verlesung der Anklage aufgrund einer ca. 10-minütigen Beratung einem Verständigungsvorschlag zu, der 148 Taten von vier Angeklagten in wechselnder Tatbeteiligung in einer Spannbreite von schwerem Bandendiebstahl bis Fahren ohne Fahrerlaubnis umfasste. Bei zwei Angeklagten war eine Gesamtstrafe unter Einbeziehung mehrerer früherer Verurteilungen zu bilden. Der 4. Senat des BGH ließ diesen Vorgang unbeanstandet: „Den Schöffen war bei der Beratung der zur Anklage gebrachte Sachverhalt bekannt, denn in dem verlesenen Anklagesatz sind alle Taten konkret geschildert. Anhaltspunkte dafür, dass die Schöffen nicht in der Lage gewesen wären, sich während der Beratung eine eigene Meinung über die Angemessenheit der von den Berufsrichtern für sachgerecht erachteten Strafobergrenzen zu bilden, bestehen nicht."[44] Der Senat stellt mit solch irrealen Annahmen die jahrelangen Bemühungen des BGH in Frage, die Tatgerichte zu rechtsstaatlichem Verhalten anzuhalten. ◀

Wie die Mitglieder des 4. Strafsenats zu dem Ergebnis kommen konnten, dass man sich nach einmaligem Verlesen von 148 – sehr unterschiedlichen – Taten merken

---

42 *Thomas Rönnau*, Das deutsche Absprachemodell auf dem Prüfstand – zwischen Pest und Cholera, ZIS 2018, S. 167, 171.
43 BVerfG 19.3.2013, 2 BvR 2628/10, RohR 2013, S. 25; BVerfGE 133, S. 168, 219 Rn. 90.
44 BGH 14.4.2011, 4 StR 571/10, NStZ 2011, S. 590, 591.

kann, wer mit wem wie oft welche Tat mit welchem Beitrag begangen hat, um binnen 10 Minuten eine eigene (!) Meinung zu haben, welches Maß an Schuld den Einzelnen zu jeder Tat und insgesamt trifft, wird ein Geheimnis bleiben müssen.

(f) Die **Grundsätze der Strafzumessung** werden nicht berührt: Die Schuld des Täters ist die Grundlage für die Bemessung der Strafe (§ 46 Abs. 1 StGB). Der Katalog der Schuldmerkmale (§ 46 Abs. 2 StGB) ist auch für die Strafzumessung bei der Verständigung zu beachten; die Strafe muss schuldangemessen sein.[45] Die Feststellung der Schuld ist wesentlicher Teil der Beweisaufnahme. Ohne dass das Gericht Tatsachen zur Motivation des Angeklagten, zu der Tatsituation, zu seinen sozialen und wirtschaftlichen Verhältnissen, zur kriminellen Energie usw. erhebt, kann es keine Strafe festsetzen. Der äußere Tathergang allein ist keine ausreichende Grundlage für die Feststellung der Schuld und die Bemessung der Strafe. Das Geständnis ist nur *ein* – wenn auch wesentliches – Kriterium der Strafzumessung. Die Verständigung kann gegen das Schuldprinzip verstoßen (§ 46 Abs. 1 Satz 1 StGB), wenn ein „Zweckgeständnis" nicht auf Reue, Einsicht oder den Willen, künftig keine Straftaten mehr zu begehen, schließen lässt.

2.2 Zulässige Gegenstände der Verständigung

Die Verfahrensbeteiligten und das Gericht verständigen sich über den *„weiteren Fortgang des Verfahrens"* sowie über die *„Rechtsfolgen",* jedoch nur im Rahmen der Zuständigkeit des Gerichts und nur, soweit keine entgegenstehenden gesetzlichen Bindungen bestehen.

(a) Mit der Verständigung über den **Fortgang des Verfahrens** ist nicht gemeint, dass die Beteiligten sich über den Ablauf der Verhandlung ggf. abweichend von der StPO einigen können. Verteidigung und Staatsanwaltschaft machen ihr Prozessverhalten, das Gericht die verfahrensbezogenen Maßnahmen zum Gegenstand der Verständigung. Die verfassungsrechtlich garantierte Bindung der Richter an Recht und Gesetz kann nicht aufgehoben oder eingeschränkt werden. Somit beschränkt sich die Verständigungs„fähigkeit" des Gerichts auf die Maßnahmen, für die ein **Ermessensspielraum** besteht; es können Maßnahmen vereinbart werden, in denen das Gericht nach dem Gesetz etwas tun „kann". Wenn das Gericht etwas zu tun „hat" oder das Gesetz die Formulierung „ist zu" benutzt, kommt eine Verständigung nicht in Betracht, da das Gericht zu der jeweiligen Maßnahme verpflichtet ist, wenn deren Voraussetzungen vorliegen. Zum „Fortgang des Verfahrens" gehören Terminierung, Urlaub für den Angeklagten oder dessen Entbindung vom Erscheinen in der Hauptverhandlung, Verbindung mehrerer Strafverfahren, Form der Beweiserhebung (Videovernehmung weit entfernt wohnender Zeugen) sowie deren Umfang, ohne dass auf eine Beweisaufnahme ganz verzichtet werden kann. Der Angeklagte kann auf die Stellung von Beweisanträgen verzichten (weil er ein Geständnis ablegen will), der Verlesung von Protokollen oder dem Selbstleseverfahren zustimmen, von Befangenheitsanträgen Abstand nehmen usw. Die Staatsan-

---

[45] BGH 28.8.1997, 4 StR 240/97, BGHSt 43, S. 195; NStZ 1998, S. 31, 34.

waltschaft hat in ähnlichem Umfang die Möglichkeit, gestaltende Absprachen zu treffen.

(**b**) Die Verständigung über das **Ergebnis des Verfahrens** betrifft das Urteil mit den zugehörigen Beschlüssen (Bewährungsauflagen, Haftfortdauer usw.). Die wichtigste Rechtsfolge einer Verständigung ist die zu verhängende Strafe. Das Gericht nennt eine **Ober- und Untergrenze** der in Betracht kommenden Strafe, innerhalb derer es sich unter Berücksichtigung des Geständnisses und des weiteren Ergebnisses der Beweisaufnahme bewegen wird. Die Zusicherung einer punktgenauen Strafe ist unzulässig. Ober- und Untergrenzen, die lediglich um einen Monat differieren, dürften als Umgehung dieses Verbots zu werten sein.

(**c**) Problematisch ist, wenn das Gericht sein „Angebot" mit der „Drohung" verbindet, beim Ausbleiben eines Geständnisses eine exorbitant hohe Strafe zu verhängen (sog. **Sanktionsschere**). Der Angeklagte ist in einem solchen Fall kaum noch frei in seiner Entscheidung und legt manchmal lieber ein falsches Geständnis ab, als das Risiko einer hohen Strafe einzugehen.[46] So ausschlaggebend für die Höhe einer Strafe (bzw. deren Milderung) kann aber kein Geständnis sein, als dass es die in Aussicht gestellte Strafe um die Hälfte verringern könnte. Strafverteidiger sprechen unverhohlen von Aussageerpressung durch das Gericht.

(**d**) Das Gericht darf **keine Verständigung** eingehen, wenn es nicht zuständig ist oder das Gesetz ihm eine eigene Entscheidung zwingend auferlegt. Es ist unzulässig, Zusagen über Verfahren zu machen, die bei einem anderen Gericht anhängig sind, oder über Maßnahmen, die erst bei der Vollstreckung des Urteils getroffen werden (z. B. eine Zusage über die Aussetzung der Reststrafe zur Bewährung nach der Hälfte oder zwei Dritteln der verbüßten Strafe). Auch den Strafvollzug kann das erkennende Gericht nicht beeinflussen. Es dürfen keine Vereinbarungen über Fragen getroffen werden, deren Vorliegen das Gericht anhand von gesetzlich bestimmten Voraussetzungen bejahen oder verneinen muss (Anwendbarkeit von Jugend- oder allgemeinem Strafrecht, Anordnung der Sicherungsverwahrung usw.). Es dürfen mit der Absprache keine unzulässigen Zwecke verfolgt werden, die mit der angeklagten Tat nichts zu tun haben (z. B. dass der Angeklagte Steuern zahlt, die nicht von dem Verfahren umfasst sind, sondern sich noch im Verwaltungsverfahren beim Finanzamt befinden). Die Absprache darf keinen Rechtsmittelverzicht des Angeklagten beinhalten.

(**e**) Es dürfen keine Absprachen über den **Schuldvorwurf** getroffen werden. Dem Angeklagten darf z. B. nicht zugesichert werden, dass das Gericht nicht von einer bandenmäßigen, sondern einer alleinigen Begehung des Einbruchdiebstahls ausgeht, um den Strafrahmen dahin zu beeinflussen, dass statt eines schweren nur wegen einfachen Diebstahls verhandelt wird. Ebenso wenig kann das Gericht zusagen, die Tat als (bewusst) fahrlässige Tötung zu bewerten statt – wie in der Anklage – als (bedingt vorsätzlichen) Totschlag.

---

46 Vgl. *Frauke Drews*, Die Königin unter den Beweismitteln?, 2013, S. 141.

2.3 Zustandekommen der Verständigung

(**a**) Das Gericht macht nach dem Wortlaut des Gesetzes einen **Vorschlag**, welcher Strafrahmen in Betracht kommt, wenn der Angeklagte den Bedingungen des Gerichts (in aller Regel ein Geständnis) erfüllt. Die Initiative für eine Verständigung kann auch von Verteidigung oder Staatsanwaltschaft ausgehen. Das Gericht muss eine Vorstellung davon entwickeln, welcher Strafrahmen angemessen wäre, wenn sich die Anklage in dem erhobenen Umfang in einem ordentlichen Verfahren beweisen ließe. Davon kann ein „Abschlag" für ein qualifiziertes Geständnis als Ausdruck von Reue, Schuldeinsicht usw. gemacht werden. Kein Argument für eine geringere Strafe ist die Tatsache, dass der Angeklagte dem Gericht „Arbeit erspart hat". Hinsichtlich des Geständnisses muss sich das Gericht darüber einig sein, ob es auf der persönlichen Darstellung des Angeklagten besteht oder eine Erklärung der Verteidigung ausreicht. Der Angeklagte sollte bereit sein, Nachfragen zu beantworten. Das Bundesverfassungsgericht fordert in seinem Grundsatzurteil, dass das Tatgericht seine Entscheidung nicht auf ein Formalgeständnis oder ein schlichtes Anerkenntnis des Anklagesatzes durch den Verteidiger stützen darf („Mein Mandant räumt die von der Staatsanwaltschaft erhobenen Vorwürfe im Umfang der Anklage ein").

(**b**) Der Vorschlag des Gerichts kommt durch **Beschluss des gesamten Spruchkörpers** zustande. Die Abstimmung erfolgt nach denselben Regeln wie bei der Urteilsfindung (§ 263 StPO). Da der Beschluss die Schuld des Angeklagten und die Rechtsfolgen betrifft, muss er mit **Zwei-Drittel-Mehrheit** gefasst werden. Gegen die beiden Stimmen der Schöffen kommt keine Verständigung zustande. Der Vorsitzende ist daher gut beraten, die Schöffen von vornherein einzubeziehen. Für den Fall, dass Verteidiger und Staatsanwalt (in einem informellen Vorgespräch) sein Angebot akzeptieren, nicht aber später die Schöffen, würde er sich außerordentlich blamieren. Vereinbarungen vor der Hauptverhandlung im Rahmen von Erörterungen haben keine Verbindlichkeit. Das Procedere macht deutlich, dass Verständigungen bereits zu Beginn der Beweisaufnahme wenig sinnvoll (und vom Gesetzgeber nicht gewollt) sind, da die Schöffen keinen Anhaltspunkt haben, an dem sie sich bei der Abstimmung über das „Angebot des Gerichts" orientieren können. Sie müssten sich auf die (ggf. am gewollten Ergebnis ausgerichtete) Auskunft der Berufsrichter und den (verlesenen) Anklagesatz verlassen, was dem Grundsatz widerspricht, dass die Überzeugung des Richters aus „dem Inbegriff der Hauptverhandlung" zu schöpfen ist.

(**c**) Der Vorschlag des Gerichts bedarf der **Zustimmung** des Angeklagten bzw. seines Verteidigers und der Staatsanwaltschaft. Nimmt eine der beiden Seiten den Vorschlag des Gerichts nicht an, sondern unterbreitet eigene Vorstellungen über Verfahren oder Ergebnis des Prozesses, ist der gerichtliche Vorschlag abgelehnt. Das Gericht kann sich über den Vorschlag des ablehnenden Beteiligten eine Meinung bilden und ggf. einen weiteren Vorschlag machen. Nehmen Staatsanwalt und Angeklagter den Vorschlag des Gerichts an, hängt es von dem Verhalten des Angeklagten ab, das gewollte Ergebnis tatsächlich herbeizuführen.

Das Gericht kann **andere Verfahrensbeteiligte** zu der beabsichtigten Verständigung hören, z. B. den Nebenklagevertreter. Dessen Ablehnung hätte keinen zwingenden Einfluss auf die Verständigung, da er nicht notwendiger Beteiligter der Absprache ist. Vorschläge zur obligatorischen Beteiligung des Nebenklägers hat der Bundestag im Gesetzgebungsverfahren abgelehnt.

(d) **Bindungswirkung** entfaltet die Verständigung nur für das Gericht, das die Absprache vorgeschlagen hat. Nachfolgende Gerichte (in Berufung, Revision oder Wiederaufnahme) sind nicht gebunden. Auch für die Staatsanwaltschaft und den Angeklagten gibt es keine Bindungswirkung. Der Angeklagte kann sich jederzeit anders entscheiden mit der Folge, dass das Gericht von seiner Zusage frei wird. Das Gericht kann sich von einer Zusage wieder lösen, wenn es rechtlich oder tatsächlich bedeutsame Umstände übersehen hat oder der Angeklagte sich nicht an seine Zusagen hält. Die Bindungswirkung entfällt nicht automatisch, sondern nur mit der Erklärung des Gerichts, sich nicht mehr an die Verständigung halten zu wollen. Dies muss es den Beteiligten – insbesondere dem Angeklagten – mitteilen. Das von dem Angeklagten ggf. bereits abgelegte Geständnis darf dann nicht verwertet werden; die Schuld des Angeklagten muss folglich mit vorhandenen Beweismitteln nachgewiesen werden.

(e) Haben **vor der Hauptverhandlung** Erörterungen (§§ 202a, 212 StPO) zwischen Berufsrichtern, Staatsanwaltschaft und Verteidigung stattgefunden, ist deren Inhalt zu protokollieren und in der späteren Hauptverhandlung bekannt zu geben (§ 243 Abs. 4 StPO). Insbesondere die Schöffen müssen darüber informiert sein.

XI. Einstellung während der Hauptverhandlung

Das Gericht kann in jeder Lage (noch in der Berufungsverhandlung) das Verfahren einstellen, soweit es sich bei der Tat um ein **Vergehen** handelt. In aller Regel erfolgt eine Einstellung nach dem Opportunitätsprinzip schon aus Gründen der Prozessökonomie im Laufe der Verhandlung. Das Verfahren dient der Straffung und Beschleunigung des Verfahrens sowie der Erledigung kleiner und mittlerer Delikte, die nicht unbedingt einen Strafausspruch verlangen. Der Einstellung nach §§ 153, 153a StPO müssen Angeklagter/Verteidiger, Staatsanwalt und Gericht zustimmen.

Die Einstellung nach § 154 StPO bedarf eines Antrags der Staatsanwaltschaft, über den das Gericht zu entscheiden hat; die Zustimmung des Angeklagten ist nicht erforderlich. Ist ein Verfahren nach § 154 StPO vorläufig eingestellt worden, kann es nur innerhalb von drei Monaten nach Rechtskraft des Urteils, wegen dessen Tatvorwürfen eingestellt wurde, wieder aufgenommen werden.

Mit der Einstellung wird auch über die **Kosten** und notwendigen **Auslagen** entschieden, die grundsätzlich der Staatskasse zur Last fallen (§ 467 Abs. 1 StPO). Das Gericht kann nach seinem Ermessen davon absehen, der Staatskasse die notwendigen Auslagen des Angeklagten aufzuerlegen (Abs. 4); bei der endgültigen

Einstellung nach § 153a StPO werden die notwendigen Auslagen des Angeklagten der Staatskasse nicht auferlegt (Abs. 5).

Umstritten ist, welche **Mehrheit** des Gerichts für die Zustimmung zu einer Einstellung erforderlich ist. Für die Vertreter der Auffassung, die vorläufige Einstellung sei eine vereinfachte *Erledigung des Verfahrens* und damit reine Verfahrensfrage, ist die absolute[47] Mehrheit ausreichend.[48] Wird die Einstellung hingegen als *Rechtsfolge der Tat* angesehen, ist eine Zwei-Drittel-Mehrheit erforderlich. Zwar ist nach der Rechtsprechung mit einer Einstellung nach §§ 153 ff. StPO kein Schuldvorwurf verbunden;[49] es soll weiter die Unschuldsvermutung gelten. Die Einstellung ist aber nur dann möglich, wenn ein Freispruch für das Gericht nicht in Frage kommt.[50] Bei der Einstellung nach § 153 StPO bleibt die Schuldfrage ausdrücklich offen. Es wird keine explizite Beweiswürdigung vorgenommen. Für den Zweifelssatz ist (noch) kein Raum, weil dieser nur nach abgeschlossener Beweiswürdigung, die zu keinem zweifelsfreien Ergebnis führt, Geltung beanspruchen kann. Insofern kann diese Einstellung als reine Verfahrensentscheidung ohne Wertung zur Schuld betrachtet werden, auch wenn in der summarischen Betrachtung eine Verurteilung wahrscheinlicher sein muss als ein Freispruch.

Anders ist die (vorläufige) Einstellung nach § 153a StPO zu betrachten. Zum einen wird das angeklagte Verhalten mit einer Auflage sanktioniert, zum anderen darf die „Schwere der Schuld" nicht entgegenstehen. Es wird also nur noch das Maß der Schuld betrachtet, nicht mehr das „Ob" einer Schuld. Da zudem feststeht, dass ein Freispruch nicht in Frage kommt, handelt es sich um eine Rechtsfolge der Tat, die mit einer Zwei-Drittel-Mehrheit zu beschließen ist.

Folgender Weg bietet sich in der **Beratung** an: Der Entscheidung der Frage, ob das Gericht der Einstellung zustimmt, ist eine Abstimmung darüber voranzustellen, ob hinreichende Zweifel an der Schuld des Angeklagten bestehen. Bestehen bei mehr als einem Mitglied des Gerichts bereits Zweifel an der Schuld des Angeklagten, muss freigesprochen werden. Dies ist kein Widerspruch zur freien Beweiswürdigung, die nicht vor Abschluss der Beweisaufnahme erfolgen soll. Die Entscheidung nach § 153 StPO stellt aber ggf. das Ende der Beweisaufnahme dar; deshalb ist eine Einschätzung über die Schuld zulässig oder sogar notwendig. Die Einstellung ist weder ein taktisches Mittel zur Vermeidung von Freisprüchen, noch darf sie zu einem „billigen" Hinterausgang für Intelligenztäter werden, indem sich der Angeklagte mit einem namhaften Betrag an die Staatskasse oder eine gemeinnützige Organisation „freikauft", z. B. in Wirtschaftsstrafsachen.

---

[47] Hier wird häufig der Begriff der einfachen Mehrheit verwendet. Da alle Mitglieder des Gerichts zur Stimmabgabe verpflichtet sind, ist die einfache zugleich die absolute Mehrheit, im Schöffengericht auch zugleich die qualifizierte Mehrheit.
[48] *Louisa Bartel*, in: Schneider (Hrsg.), Münchener Kommentar zur Strafprozeßordnung, Bd. 2, 2. Aufl., 2024, § 263 Rn. 2 m. w. N.; a. A. *Georg Mellinghoff*, Fragestellung, Abstimmungsverfahren und Abstimmungsgeheimnis im Strafverfahren, 1988, S. 149.
[49] BVerfG 6.12.1995, 2 BvR 1732/95, NStZ-RR 1996, S. 168.
[50] *Rainer Hamm*, Wie man in richterlicher Unabhängigkeit vor unklaren Gesetzeslagen kapituliert, NJW 2001, S. 1694; *Frank Saliger*, Grenzen der Opportunität – § 153a und der Fall Kohl, GA 2005, S. 155.

▶ BEISPIEL

Fragwürdig war die Einstellung eines Strafverfahrens gegen den früheren Formel I-Veranstalter *Bernie Ecclestone* gegen die Zahlung einer Geldbuße von 100 Mio. US-Dollar (ca. 75 Mio. €). Da die höchste denkbare Geldstrafe nur 21,6 Mio. € beträgt, stellt sich die Frage, wie „geringfügig" eine Straftat sein muss, um den Höchstbetrag einer Geldstrafe um ein Mehrfaches zu überschreiten. ◀

Verstöße gegen die Ordnungsgemäßheit der Abstimmung können mit der Revision gerügt werden. Da der Revisionsführer das Rechtsmittel mit Tatsachen begründen muss, die Abstimmung aber (noch) dem Beratungsgeheimnis unterliegt, ist schon an dieser Stelle die Revision zum Scheitern verurteilt. Hier hat der Gesetzgeber Nachholbedarf. Das Beratungsgeheimnis soll dem Schutz der Unabhängigkeit der Richter dienen, nicht der Verschleierung von Verfahrensfehlern. Zudem wird die Bindung an das Beratungsgeheimnis von den einzelnen Mitgliedern des Gerichts höchst unterschiedlich gehandhabt. Während der Vorsitzende der Strafkammer des LG Limburg im „Fall Josefine" unbeanstandet in der Begründung öffentlich mitteilen konnte, dass das Urteil nicht einstimmig zustande gekommen war,[51] ist ein Essener Schöffe wegen Mitteilung über das von ihm als ungebührlich empfundene Verhalten des Vorsitzenden der Strafkammer vom OLG Hamm wegen Verletzung der Amtspflicht seines Amtes enthoben worden[52].

XII. Schlussvorträge und letztes Wort

Werden keine weiteren Beweisanträge gestellt, wird die Beweisaufnahme geschlossen. Danach folgen die Schlussvorträge – im erstinstanzlichen Verfahren zuerst der Staatsanwalt (ggf. noch der Nebenklagevertreter), dann der Verteidiger (§ 258 Abs. 1 StPO). Der Angeklagte hat das letzte Wort. Falls das Gericht nach den Schlussvorträgen erneut in die Beweisaufnahme eintreten sollte, muss nach der Fortsetzung noch einmal die Gelegenheit zum Plädoyer und zum letzten Wort gegeben werden.

1. Staatsanwaltschaft

Der klassische Schlussvortrag des Staatsanwaltes hat einen logischen Aufbau:

- Zunächst schildert er in straffer Form den Sachverhalt, der nach seiner Auffassung aufgrund des Ergebnisses der Beweisaufnahme erwiesen ist.
- Er würdigt danach anhand der Beweise, warum der Sachverhalt für ihn erwiesen ist, und geht dabei auf die Glaubhaftigkeit der Einlassung des Angeklagten und der Zeugenaussagen ein sowie die Beweiskraft der übrigen Beweismittel im Hinblick auf die angeklagte Tat. Dabei werden be- und entlastende Umstände zusammengefasst und miteinander verglichen.
- Der Sachverhalt wird dann unter die verwirklichten Straftatbestände subsumiert (Welches Strafgesetz ist verletzt?).

---

51 Zum Vorgang vgl. *Wolfgang Janisch*, Josefines langes Sterben, Süddeutsche Zeitung vom 13.1.2021.
52 OLG Hamm 26.4.2021, III1 Ws 135/21, Besprechung *Lieber*, RohR 2021, S. 51.

- Abschließend wird die Schuld des Angeklagten gewürdigt und die für und gegen den Angeklagten sprechenden Umstände gegeneinander abgewogen (Welche Strafe ist angemessen?).

Das Plädoyer endet mit einem genauen **Antrag** („… den Angeklagten wegen Diebstahls in 12 Fällen zu einer Gesamtfreiheitsstrafe von zwei Jahren zu verurteilen, die Vollstreckung der Strafe zur Bewährung auszusetzen, die Fahrerlaubnis zu entziehen, den Führerschein einzuziehen und der Verwaltungsbehörde zu untersagen, vor Ablauf von neun Monaten eine neue Fahrerlaubnis zu erteilen"). Gegenstand des Antrags ist nur die in der Anklage bezeichnete Tat, wie sie sich nach der Hauptverhandlung darstellt (§ 264 StPO). Befindet sich der Angeklagte in Untersuchungshaft, findet mit der Urteilsverkündung von Amts wegen eine Haftprüfung statt (§ 268b StPO). Der Staatsanwalt bezieht in seinen Antrag deshalb auch die Fortdauer der Haft oder die Aufhebung bzw. Außervollzugsetzung des Haftbefehls ein. Der Schlussvortrag kann Anträge zu Nebenentscheidungen wie die Einziehung der Tatwaffe enthalten.

Plädiert der Staatsanwalt auf **Freispruch**, legt er nur dar, ob dies aus Rechtsgründen (weil das durch die Beweisaufnahme erwiesene Verhalten nicht strafbar ist, Verjährung eingetreten ist usw.) oder aus tatsächlichen Gründen (das angeklagte Verhalten konnte nicht nachgewiesen oder sogar widerlegt werden) erfolgen soll. Dem Angeklagten stehen im Fall des Freispruchs evtl. Leistungen nach dem Gesetz über die Entschädigung für Strafverfolgungsmaßnahmen zu.

2. Nebenklage

Nach dem Staatsanwalt erhält der Vertreter der Nebenklage das Wort, für den – da er eine Stellung wie der Staatsanwalt hat – das zuvor Gesagte gilt. Der Antrag der Staatsanwaltschaft hat für ihn keine Bindungswirkung. Er kann einen eigenen Antrag stellen oder sich dem der Staatsanwaltschaft anschließen.

3. Verteidigung

Der Schlussvortrag des Verteidigers folgt grundsätzlich demselben Schema wie der des Staatsanwaltes. Sein Plädoyer unterscheidet sich aber in der Funktion. Anders als der Staatsanwalt ist der Verteidiger nicht zur Objektivität verpflichtet, sondern er vertritt als Fürsprecher die Interessen seines Mandanten und trägt daher vor allem die für ihn günstigen Umstände vor. Der Verteidiger wird besonderes Gewicht auf die Strafzumessungsgründe legen, wenn eine Verurteilung zu erwarten ist, um eine möglichst geringe Strafe zu erreichen.

4. Letztes Wort

Vor der Beratung des Gerichts hat in jedem Fall der Angeklagte das letzte Wort (§ 258 Abs. 2 Halbsatz 2 StPO). In seiner Redezeit darf er ebenso wenig wie sein Verteidiger beschränkt werden. Einen Missbrauch des letzten Wortes (z. B. durch ständige Wiederholungen) kann der Vorsitzende jedoch unterbinden, indem er dem Angeklagten das Wort entzieht. Etwas süffisant fragt der Hamburger Strafverteidiger *Strate*,[53] ob denn je das vorletzte Wort (des Angeklagten) das letzte Wort (des Richters) – das Urteil – beeinflusst habe? Die Fälle, in denen das zu bejahen sei, seien in einem Richterleben sehr selten. Das mag zutreffen und das letzte Wort eher ein Relikt aus Zeiten sein, als es eine professionelle Strafverteidigung für jedermann noch nicht gab. Es symbolisiert aber, dass bei allem, was von wem im Laufe des Verfahrens vorgebracht wurde, der Angeklagte und der mögliche Eingriff in seine Grundrechte im Mittelpunkt stehen.

XIII. Beratung und Urteil

Die Beratung des Gerichts dient der Abwägung und sorgfältigen Prüfung aller für das Urteil wichtigen Umstände, die Gegenstand der Hauptverhandlung waren. Die Beweiswürdigung umfasst insbesondere die Beurteilung der Glaubwürdigkeit von Zeugen und der Glaubhaftigkeit ihrer Aussagen. Im Beratungszimmer spielt sich – abseits der öffentlichen Wahrnehmung – der wesentliche Teil der Mitwirkung von Schöffen ab.

1. Ablauf der Beratung

In der Regel erfolgt die Beratung unverzüglich im Anschluss an das letzte Wort, kann aber auch auf einen späteren Tag verschoben werden. Allerdings muss das Urteil (vom Fall der Erkrankung abgesehen, §§ 268 Abs. 3, 229 Abs. 3, 4 StPO) spätestens zwei Wochen nach Schluss der Verhandlung verkündet werden, sonst muss die Hauptverhandlung erneut beginnen (§ 268 Abs. 3 StPO). Diese Regelung ist Ausdruck des Beschleunigungsgrundsatzes im Strafverfahren.

Lässt sich die Schuld des Angeklagten nicht zweifelsfrei nachweisen, ist auf **Freispruch** zu entscheiden. Eine Unterscheidung zwischen einem Freispruch „aus Mangel an Beweisen" und wegen „erwiesener Unschuld" gibt es nicht (mehr). Im Hinblick auf die Rechtsfolgen eines Urteils ist lediglich die Urteilsformel entscheidend. Als *Jörg Kachelmann* vom Vorwurf der Vergewaltigung freigesprochen wurde, war in den Medien (bedauerlicherweise auch vom Vorsitzenden der Strafkammer) vom „Freispruch 2. Klasse" die Rede (*Alice Schwarzer* sprach sogar vom „Freispruch 3. Klasse").[54] Solche Äußerungen stellen (auch wenn sie nicht im formal-rechtlichen Sinne gemeint sind) eine Missachtung rechtsstaatlicher Grundsätze dar. Die große Mehrheit aller Freisprüche erfolgt, weil die Tat nicht mit der erforderlichen Sicherheit nachzuweisen war.

Die Beratung ist ein **Kommunikationsprozess**, in dem sich das Gericht unter Ausschluss der Öffentlichkeit zu den wesentlichen Punkten von Verfahren und Urteil eine Meinung bildet. Nach außen tritt das Gericht als Einheit auf, auch wenn Beratung und Abstimmung kontrovers verlaufen sind. Die Beratung hat

---

53 *Gerhard Strate*, Freie Beweiswürdigung und gebundene Beweiserhebung, HRRS 2003, S. 47, 49.
54 *Alice Schwarzer*, „Das Urteil hinterlässt einen bitteren Beigeschmack", Bild vom 31.5.2011; *David Klaubert*, In dubio pro Kachelmann, Frankfurter Allgemeine Zeitung vom 31.5.2011.

– von wenigen Ausnahmen abgesehen, in denen eine offenkundige Übereinstimmung aufgrund früherer Beratung durch kurzen Blickkontakt zu erzielen ist – im Beratungszimmer stattzufinden. Beratung und Abstimmung unterliegen dem **Beratungsgeheimnis** (§§ 43, 45 Abs. 1 DRiG). Rechtspolitisch kann darüber diskutiert werden, ob eine Beratung nicht transparenter gegenüber den Verfahrensbeteiligten und der Öffentlichkeit verlaufen sollte. Die Rechtslage ist jedenfalls derzeit noch anders. Bei der Durchsicht der strafprozessualen Literatur sind nur vergleichsweise wenige Beiträge zur Praxis der Beratung zu finden.

Die **Struktur der Beratung** folgt einem logischen Ablauf denkbarer Entscheidungen:
1. Stehen dem Verfahren im Ganzen Prozesshindernisse entgegen?
2. Kann dem Angeklagten die Tat nachgewiesen werden?
3. Welches Gesetz ist dadurch verletzt worden?
4. Welche Strafe ist schuldangemessen?
5. Sind Maßregeln der Besserung und Sicherung zu verhängen?
6. Bei Freiheitsstrafe: Kann diese zur Bewährung ausgesetzt werden?
7. Wenn ja, welche Auflagen werden verhängt?
8. Kommen Nebenstrafen und Nebenfolgen in Betracht?
9. Weitere Entscheidungen (Kosten, Untersuchungshaft, Entschädigung)?

Das tatsächliche Vorgehen hängt aber davon ab, ob und welche Fragen streitig sind. Die Punkte sind ein logisches Gedankengerüst für ein systematisches Vorgehen, das in der Praxis unterschiedliche Ausprägungen hat. Manchmal bringt eine Vorwegabstimmung „über alles" größere Klarheit als Abstimmungen über alle Einzelfragen. *Simon* illustriert dies an einem – zur Veranschaulichung gedachten –

Beispiel:[55]

Wenn alle fünf Mitglieder der Kammer für einen Freispruch sind, jeder aber aus einem anderen Grund (A. hält den Angeklagten nicht für überführt, für B. ist er schuldunfähig, C. sieht ihn in einem unvermeidbaren Verbotsirrtum, für D. ist die Tat durch Notwehr und für E. durch Notstand gerechtfertigt), dann würde kein Grund für einen Freispruch eine Mehrheit finden. Eine „Zerlegung" der Fragen kommt insoweit nicht in Betracht. Bei der globalen Abstimmung „schuldig oder nicht schuldig" stimmen alle für einen Freispruch.

Bevor sich das Gericht mit der Tat befasst, können **prozessuale Vorfragen** zu klären sein. Das Verfahren wird durch (Prozess-)Urteil eingestellt, wenn ein Prozesshindernis vorliegt (§ 260 Abs. 3 StPO), z. B. die Verjährung der Verfolgung eingetreten ist. Manchmal kann die Verfahrensfrage erst dann geklärt werden, wenn festgestellt wurde, welches Delikt der Angeklagte begangen hat, etwa wenn vorher unterschieden werden muss, ob es sich um Mord (verjährt nie) oder Totschlag

---

[55] *Eric Simon*, in: Löwe-Rosenberg, Die Strafprozeßordnung und das Gerichtsverfassungsgesetz, Bd. 11, 27. Aufl., 2023, § 194 GVG Rn. 4.

handelt (verjährt in 20 Jahren, bzw. Totschlag in besonders schwerem Fall in 30 Jahren).

2. Tatsachenfeststellung, Beweiswürdigung

Mit der Beweiswürdigung muss das Gericht darüber befinden, welche Tatsachen als bewiesen anzusehen sind. Berufsrichter wie Schöffen müssen dabei auf juristisches sowie Alltagswissen, Lebens- und Berufserfahrung, Menschenkenntnis und Intuition zurückgreifen. Ein Beweis ist erbracht, wenn der Richter von der Wahrheit – nicht nur der bloßen Wahrscheinlichkeit – einer behaupteten Tatsache überzeugt ist. Das Gericht muss die Beweismittel auf ihren Inhalt (Tatsachen) und ihre Geeignetheit prüfen (Sagt der Zeuge die Wahrheit? Ist die Urkunde echt? Hat der Sachverständige den notwendigen fachlichen Sachverstand?) und beurteilen, welche Schlüsse aus dem Inhalt des jeweiligen Beweismittels zu ziehen sind (Lässt die Beobachtung des Zeugen, der den Angeklagten am Tatort gesehen hat, einen Rückschluss auf die Täterschaft zu?).

Aufzuklären sind sämtliche tatsächlichen Umstände, die für eine Entscheidung unmittelbar oder mittelbar von Bedeutung sind:

- Umstände, die die Merkmale des Straftatbestandes einer angeklagten Tat begründen (z. B. „Wegnahme" beim Diebstahl, „Täuschung" beim Betrug), ggf. im Zusammenhang mit Merkmalen des Allgemeinen Teils des StGB (z. B. Versuch der Straftat);
- Umstände, welche die Strafbarkeit ausschließen (z. B. Rechtfertigung einer Körperverletzung als Notwehr gegen einen Angriff), vermindern (z. B. im Gesetz beschriebener minder schwerer Fall, verminderte Schuldfähigkeit) oder erhöhen (z. B. im Gesetz beschriebener besonders schwerer Fall einer Straftat);
- Umstände, die im Tatbestand einer Strafvorschrift nicht ausdrücklich benannt sind, aber für eine Strafmilderung (unbenannte Strafmilderungsgründe), Strafschärfung (unbenannte Strafschärfungsgründe) oder bei einer Abweichung von gesetzlichen Regelbeispielen zu berücksichtigen sind;
- sonstige Umstände, die sich auf Strafzumessung oder Strafaussetzung zur Bewährung auswirken können.

Die Aussage einer Person wird auf ihre Glaub*haftig*keit überprüft, die Personen selbst ggf. auf ihre Glaub*würdig*keit. Eine Aussage muss daher in zwei Schritten gewürdigt werden: Zum einen muss die Qualität einer Aussage analysiert, zum anderen die Aussagekompetenz des Zeugen festgestellt werden, ob er fähig ist, eine zuverlässige Aussage zu machen (**Aussagetüchtigkeit**). Aussagen von Zeugen sind das häufigste, oft aber auch unzuverlässigste Beweismittel. Sie können einer Reihe von Fehlerquellen unterliegen:

- bei der Aufnahme der Information (Beobachtungsfehler, Disposition der Wahrnehmung durch körperliche Faktoren, wie z. B. Kurzsichtigkeit, selektive Wahrnehmung);

- bei der Erinnerung an das Wahrgenommene (Zeitablauf, Verdrängung);
- bei der Wiedergabe vor Gericht (Ausdrucksfähigkeit).

Der Angeklagte selbst ist kein Beweismittel; seine **Einlassung** kann aber im Urteil verwertet werden. Anhaltspunkte für die Unrichtigkeit leugnender Angaben des Angeklagten können sich ergeben aus:

- nicht nachvollziehbaren Lücken in der Schilderung der Vorgänge,
- einem Wechsel der Darstellung im Ermittlungsverfahren und der Hauptverhandlung,
- dem sonstigen Aussageverhalten,
- unvereinbaren Widersprüchen zu anderen zweifelsfrei festgestellten Tatumständen oder der Lebenserfahrung.

Bei den Kriterien für die Beurteilung eines Zeugen und seiner Aussage handelt es sich nicht um ein schematisch zu benutzendes Kochrezept. Die einzelnen Merkmale, die darauf hinweisen, ob das vom Zeugen oder Angeklagten Geschilderte auf eigenem Erleben beruht (sog. Realkennzeichen oder **Realitätskriterien**), können auf unterschiedliche Weise interpretiert werden.

In einer Grundsatzentscheidung hat der BGH ausgeführt:

„... dürfen die Realkennzeichen jedenfalls nicht schematisch angewandt werden. Ein zwingender Schluss von einem festgestellten Merkmal auf die Glaubhaftigkeit von Angaben [...] ist keinesfalls möglich. Methodisch unzulässig ist es auch, aus dem Vorliegen einer bestimmten Anzahl von Merkmalen im Sinne eines Schwellenwertes auf die Qualität einer Aussage zu schließen. Nur im Einzelfall können auch einzelne Realkennzeichen ausreichen, um den Erlebnisbezug einer Aussage anzunehmen. Fehlen derartige Merkmale, kann umgekehrt nicht unbedingt eine bewusst unwahre Aussage angenommen werden, da dies durch verschiedene Faktoren (z. B. Angst, Erinnerungslücken) verursacht worden sein kann."[56]

2.1 Kriterien der Glaubwürdigkeit

Die traditionellen Kriterien zur Prüfung der Glaubwürdigkeit sind Persönlichkeit, Motivation und Aussagesituation.

(a) Dass ein Mensch **persönlichkeitsbedingt** ständig zur Lüge neigt, ist eher selten. Es wäre ein Fehler, Personen deshalb nicht zu glauben, weil sie schon einmal gelogen haben. *„Wer einmal lügt, dem glaubt man nicht, und wenn er auch die Wahrheit spricht"*, ist in seinem ersten Teil ein ungeeigneter Grundsatz. Vielmehr sagt der zweite Teil zu Recht: Auch wer einmal gelogen hat, kann an anderer Stelle die Wahrheit sagen. Die gesellschaftliche Stellung eines Menschen sagt ebenfalls zur Wahrheit seiner Aussage wenig aus; auch in höchsten gesellschaftlichen Kreisen wird gelogen – insbesondere, wenn es um die Verteidigung dieser Stellung geht. In der Literatur findet sich bei *Rückert* der Aphorismus: *„Man glaubt die Wahrheit*

---

[56] BGH 30.7.1999, 1 StR 618/98, NStZ 2000, S. 100, mit Anm. *Ziegert*, S. 105.

nicht, wenn sie ein Armer spricht, und selbst die Lüge glaubt man einem reichen Wicht"[57] – ein Hinweis darauf, sich von der gesellschaftlichen Stellung bei der Beurteilung des Wahrheitsgehaltes einer Aussage zu lösen.

(b) Die **Motivlage** kann die Aussage beeinflussen, z. B. eigenes Interesse am Ausgang des Verfahrens, Erlangung eines Vorteils (z. B. als Kronzeuge Strafmilderung im eigenen Verfahren), Freundschaft oder Berufsehre (z. B. bei Polizeibeamten).

(c) Das **Aussageverhalten** wird von den Gerichten gern als Argument dafür herangezogen, einer Person zu glauben oder nicht. Ein hochroter Kopf kann aber z. B. erst dann auf die Vernehmung bezogen werden, wenn andere Ursachen (z. B. hoher Blutdruck) ausgeschlossen sind. Auf das Verhalten der Angeklagten stützten sich z. B. in dem erwähnten Fall *Maria Rohrbach* Ermittler wie Gericht.[58] An der zerstückelten Leiche ihres Mannes zeigte die (seit vier Tagen verhörte) Frau keinerlei Regungen, was die Strafverfolger als Indiz für die Täterschaft werteten.

2.2 Kriterien der Glaubhaftigkeit

Die Glaubhaftigkeitsprüfung geht von der Annahme aus, dass Aussagen erst dann auf realen Erlebnissen basieren, wenn sie bestimmte **individuelle Merkmale** aufweisen. Deshalb sei zur Beurteilung der Glaubhaftigkeit eine genaue Analyse der Aussage unerlässlich. Über einen längeren Zeitraum in einer Vernehmung zu lügen oder zu phantasieren, ist eine hohe intellektuelle Leistung, zu der nur wenige Zeugen oder Angeklagte in der Lage sind. Deshalb muss die konkrete Persönlichkeit in die Analyse einbezogen werden, z. B. sprachliche Ausdrucksmöglichkeiten, Bildungsniveau, Kreativität. Folgende Kriterien spielen bei der Analyse der Glaubhaftigkeit eine Rolle:

2.2.1 Aussageanalyse

(a) **Inhaltliche Kriterien:** Der wahre Bericht ist nicht bloß darauf gerichtet, beim Vernehmenden einen bestimmten Eindruck zu erwecken, sondern zeichnet sich durch **Detailreichtum** aus. Gerade scheinbar nebensächliche Details zum Kerngeschehen sind ein Wahrheitskriterium. Beschreibungen von Komplikationen im Geschehensablauf und wie diese überwunden wurden, sprechen für reales Erleben. Von Gesprächen wird in erfundenen Schilderungen nur selten berichtet, da der Gesprächspartner als Zeuge zur Richtigkeit des Gesprächs gehört werden könnte. Originelle Redewendungen und beiläufige Gesprächsfetzen deuten auf wirkliches Erleben hin. Bestimmte Vorgänge kann ein Zeuge vor allem dann glaubhaft berichten, wenn ein geschildertes Erlebnis für ihn nicht alltäglich ist.

Einzelheiten, die durch ihren Inhalt oder ihre Sprachverwendung gerade durch die Persönlichkeit des Zeugen, des Täters oder die Tatsituation geprägt sind (**Originalität**), spontane gefühlsmäßige Reaktionen oder zwiespältige Gefühlsregungen sprechen für ein reales Erlebnis (**Individualität**). Berichten Zeugen, dass sie bei dem

---
[57] *Friedrich Rückert*, Die Weisheit des Brahmanen, Bd. 6, 1839, S. 47.
[58] *Hans-Dieter Otto*, Das Lexikon der Justizirrtümer, Sonderausg., 2007, S. 154.

Geschehen an ein anderes Erlebnis erinnert wurden, hat eine solche Assoziation einen hohen Beweiswert. Hat ein Zeuge den Hergang eines Vorgangs nicht verstanden, spricht das für die subjektive Wahrheit. Der Lügner will gerade überzeugen und nicht Zweifel an sich säen.

Ein schlauer Lügner wird keine Geschichte erzählen, die von A bis Z erfunden ist. Diese wäre leicht zu widerlegen, weil sie mit dem Geschehen außerhalb seiner Geschichte in Einklang gebracht werden müsste (**Verflechtung**). Er wird dem Bericht so lange wie möglich und erforderlich eine wahrheitsgemäße Geschichte zu Grunde legen. Erst bei den für den Tatvorwurf entscheidenden Merkmalen wird er von der Wahrheit abweichen. Besonders schwierig ist dies zu durchschauen, wenn der Zeuge von einem anderen (ähnlichen, aber wahren) Ereignis erzählt und lediglich Ort, Zeit, handelnde Personen usw. austauscht. Die Vernehmung ist dann darauf zu richten, ob die geschilderte Handlung mit außerhalb des Tatgeschehens vorhandenen Umständen, die zur Tatzeit vorlagen (Wetter, bestimmte Ereignisse, Gespräche usw.), verflochten ist. In diesem Fall muss bei der Befragung in **Randgeschehen**, das mit der Tat nur mittelbar etwas zu tun hat, ausgewichen werden, um Unstimmigkeiten aufzudecken.

(b) **Strukturelle Kriterien:** Bei einer wahrheitsgemäßen Schilderung bleibt die Struktur während der ganzen Aussage gleich, und zwar sowohl inhaltlich im Hinblick auf Detailreichtum, Individualität und Verflechtung wie sprachlich hinsichtlich Sprachfluss, Satzbau und Ausdrucksweise (**Strukturgleichheit**). Dabei kommen Tempo und Spontaneität, in der die (stimmigen) Antworten gegeben werden, eine hohe Bedeutung zu. Auf Strukturbrüche im Aussageverhalten ist zu achten, wenn etwa die Person zunächst sicher und detailreich über ein Geschehen berichtet, dann verkrampft, ungenauer und unsicherer wird, um später wieder sicherer auszusagen. Solche Strukturbrüche können auf eine unwahre Aussage hinweisen; allerdings können sie auch zufällig bei einer wahren Aussage auftreten.

Der Lügner muss seine Aussage kontrollieren. Er wird das Erlebnis deshalb schwerlich in chronologisch umgekehrter Reihenfolge berichten können; das lässt sich intellektuell kaum durchhalten. Für eine wahrheitsgemäße Schilderung spricht, wenn ein zunächst nicht zu verstehendes Geschehen später durch andere Informationen seine Erklärung findet. Das gleiche gilt, wenn sich verschiedene Teile der Aussage gegenseitig stützen (**Homogenität**).

(c) **Wiederholungskriterien:** In mehrfachen Vernehmungen gibt es zwischen den verschiedenen Aussagen zwangsläufig Widersprüche und gravierende Abweichungen. Dies ist nicht notwendigerweise ein Argument für eine unwahre Aussage. Vielmehr kommt es darauf an, welche Teile der Aussage widersprüchlich sein dürfen und welche konstant bleiben sollten. Das Kerngeschehen (Ort, Zeit, handelnde Personen) sollte – sinngemäß – gleichbleiben (**Konstanz**). Nebenumstände können gegenüber der früheren Aussage gewisse Veränderungen erfahren; dies folgt aus unserem Erinnerungsvermögen. Wörtliche Übereinstimmungen deuten darauf hin, dass die Aussage auswendig gelernt wurde. Dies ist vor allem ein Kriterium für die Beurteilung der Aussagen mehrerer Personen zu einem Tatgeschehen. Je wortgleicher die Schilderungen sind, umso unwahrscheinlicher ist es, dass sie auf eigenem Erleben beruhen; wahrscheinlich sind sie abgesprochen. Manchmal erzählen Zeugen in späteren Vernehmungen zusätzliche Details, obwohl eher zu erwarten ist, dass die Erinnerung nachlässt. **Erweiterungen** der Darstellung in späteren Vernehmungen sind jedoch normal. Bei der Beurteilung des Wahrheitsgehaltes ist entscheidend, ob die ergänzenden Schilderungen das homogene Gesamtbild abrunden und Ergänzungen die Aussagen anderer Zeugen unterstützen oder ihnen widersprechen.

(**d**) **Phantasiesignale:** Hinweise auf eine unwahre Aussage ergeben sich zum einen aus dem Fehlen von Realitätskriterien, die die Person bekunden müsste, wenn sie an dem Geschehen tatsächlich beteiligt gewesen wäre, zum anderen aus Phantasiesignalen. Verhalten und Aussageinhalt lügender Personen sind unangemessen zu ihrer Situation. Vier Gruppen dieser Signale werden unterschieden:

(**aa**) Auffälligkeiten können zum einen darin bestehen, dass die Person zu zentralen Begebenheiten keine Wahrnehmungen gemacht hat oder sich nicht daran erinnern will, in uninteressanten Nebenpunkten aber über Erinnerungen verfügt (**Zurückhaltungssignal**). Sie weicht auf Nebensächlichkeiten, vage oder zweideutige Formulierungen aus oder „antwortet" mit Gegenfragen.

(**bb**) Die vernommene Person kehrt (angebliche) Unwissenheit oder Hilfsbedürftigkeit hervor, damit die Vernehmungsperson glauben soll, eine sympathische Person werde nicht so „frech" sein zu lügen (**Unterwürfigkeitssignal**).

(**cc**) Manche Lügner versuchen, durch übertriebene Forschheit und Bestimmtheit zu überzeugen. Damit sollen Verlegenheit und mangelnde Kompetenz kompensiert werden (**Übertreibungssignale**). Die demonstrative Beteuerung, man sage nur die reine Wahrheit und erinnere sich mit Sicherheit, sind eher Lügensignale als ein Indiz für Selbstsicherheit. Von übertriebener Genauigkeit in Nebensächlichkeiten darf man sich nicht täuschen lassen. Eine stete Wiederholung des Kerns der Aussage ohne Erweiterungen und Widersprüche im Randgeschehen spricht eher gegen ihre Glaubhaftigkeit. Eine besondere Dreistigkeit der Aussage ist ebenso ein Lügensignal wie die Unterwürfigkeit. Lügensignale sind: dummdreiste Frechheit, Gegenangriffe oder Vorwegverteidigung, noch bevor überhaupt ein Vorwurf erhoben wurde. Auffällig ist auch, wenn statt erwarteter Tatsachen Begründungen geliefert werden („Wo waren Sie zur Tatzeit?" – „Ich hatte damals so viel zu tun; ich war ständig unterwegs.").

(**dd**) Widersprüche in Wortwahl und Inhalt der Aussage signalisieren ein abweichendes Unterbewusstsein (**Freud'sches Signal**). Dazu gehören Versprecher, verräterische Redeweisen oder Gegenfragen. Wird die Aussage relativiert durch Formulierungen wie „sicherlich", „genau genommen", „allerdings" oder „eigentlich", fällt die direkte Lüge offensichtlich schwer.

▶ **BEISPIEL**

Ehefrau und Schwiegermutter zeigten das Verschwinden eines Mannes an. Obwohl sein Schicksal noch unklar war, insbesondere sein Tod nicht feststand, wurden die Polizeibeamten stutzig, weil beide Frauen über ihn immer in der Vergangenheitsform redeten („Er war eigentlich immer pünktlich" usw.). Eine Hausdurchsuchung brachte die im Garten vergrabene Leiche des Mannes. ◀

(e) **Signale mangelnder Kompetenz:** Auffällig ist, wenn einer Aussage jedes **Realitätskriterium** fehlt. Ihr fehlt Farbe in der Erzählung und enthält wenig Handlung. Ähnlich ist eine Aussage zu werten, die so abstrakt ist, dass sie von jedem erzählt werden könnte und keinen persönlichen Bezug zu einem eigenen Erleben hat. Lügensignale sind auch, wenn die Geschichte ohne Komplikationen zu glatt geschildert wird und konsequent auf das Beweisthema ausgerichtet ist, ohne auf Randgeschehen einzugehen. Besonders auffällig sind „Stimmungsmacher", die das Gericht ohne konkrete Tatsachenschilderung mit Wertungen und Emotionen gegen etwas oder jemanden einnehmen wollen.

2.2.2 Körpersprache

Viele Informationen werden über die Körpersprache vermittelt. Mimik und Gestik, Haltung und Dynamik, Nähe und Distanz sowie die Kleidung vermitteln Botschaften („Ich sehe, was Du sagst"). Die Körpersprache wird u. a. durch das Verhalten der Füße, der Hände, der Finger, des Halses, des Mundes und der Augen bestimmt. Die Art und Weise, wie sich eine Person auf jemanden zubewegt oder Distanz nimmt, wie jemand sitzt oder geht, lässt Rückschlüsse zu. Die Beobachtung durch den Richter beginnt bereits, wenn der Zeuge den Saal betritt: Geht er sicher oder unsicher, wie bewegt er sich im Saal, ist er betont forsch usw.? Die Hände sind dabei einer der wichtigsten und ausdrucksstärksten Körperteile.

Signale des Körpers, die auf eine unwahre Aussage hinweisen, sind Schwitzen, Farbwechsel im Gesicht, trockener Mund, erhöhter Puls, Atemnot, Vermeidung des Blickkontakts, Veränderung der Stimmlage, nervöses oder verschmitztes Lächeln, Starrheit, Gesten wie Selbstkontakte mit der Hand im Gesicht, Körperbewegungen auf dem Stuhl oder gesenkter Kopf. Für eine wahre Aussage sprechen dagegen eine natürliche Körpersprache, unwillkürliche Kopfbewegungen und vorauseilende Körpersprache. Unsicherheit signalisieren verschränkte Arme, Zupfen an der Kleidung, Finger am Mund, unsteter Blick, verschlossener Mund mit herabgezogenen Mundwinkeln oder monotones halblautes Sprechen. Die Beobachtung darf aber nicht aus der konkreten Situation gelöst werden. Schwitzen, Fahrigkeit oder Stottern können auch der für die meisten Zeugen ungewohnten Situation im Gericht geschuldet sein. Stereotype Schlussfolgerungen sind zu vermeiden. In der Psychologie gibt es Erkenntnisse darüber, dass im Wesentlichen sechs **Basisemotionen** in allen Kulturen gleich sind: Angst, Freude, Trauer, Ärger, Ekel und Überraschung. Gesten sind hingegen unterschiedlich ausgeprägt, z. B. das zustimmende Kopfnicken in Europa bedeutet in den arabischen Ländern Ablehnung.

2.2.3 Geständnis

Das Geständnis eines Angeklagten wird vielfach für die Krone der Beweisführung gehalten. Das Gericht darf es nur verwerten, wenn es vollständig und glaubhaft ist. Es kann aus vielerlei Gründen falsch sein: Der Angeklagte will den wahren Täter decken, sich selbst interessant machen, eine schwerere Tat verbergen, prozessuale Vorteile erlangen usw. Der Amtsermittlungsgrundsatz zwingt das Gericht daher, trotz eines Geständnisses weiter zu ermitteln, wenn es Anhaltspunkte gibt, dass es falsch sein könnte. „Ein Geständnis allein beweist nicht die Schuld des Betroffenen", heißt es in einer grundlegenden Entscheidung des BGH.[59] Das Gericht hat im Extremfall auch gegen ein Geständnis des Angeklagten freizusprechen.

Um herauszufinden, ob ein Geständnis **falsch** ist, muss das Gericht das Motiv ermitteln, warum das Geständnis abgelegt wurde. Ein Anhaltspunkt für die Richtigkeit des Geständnisses ist z. B., ob der Täter mehr Umstände geschildert hat, als dem Gericht bisher bekannt waren (Täterwissen). Räumt der Täter (bzw. sein Verteidiger) nur die Tatsachen ein, die dem Gericht ohnehin bekannt sind (schlankes Geständnis), handelt es sich kaum um ein echtes Geständnis. Das *wahre* Geständnis zeichnet sich durch eine vollständige, detaillierte und anschauliche Schilderung aller für die Entscheidung (insbesondere die Strafzumessung) relevanten Tatsachen aus.

3. Richterliche Überzeugung

Am Schluss der Beratung wird abgestimmt, ob die angeklagten Taten „zur Überzeugung des Gerichts" nachgewiesen sind. Es genügt nicht, den Beweisstoff – Zeugenaussagen, Gutachten, Urkunden usw. – Punkt für Punkt abzuarbeiten und auf die Geeignetheit für den Nachweis der Täterschaft zu prüfen. Notwendig ist eine **Gesamtwürdigung** aller Ergebnisse der Ermittlungen. Hierfür bedarf es vorrangig der Logik, Lebenserfahrung und Menschenkenntnis (nicht des vielbeschworenen Bauchgefühls). Bewiesen werden müssen alle Elemente der Straftat. Das Gericht schöpft dabei seine Überzeugung aus dem „Inbegriff der Hauptverhandlung", d. h. nur solche Tatsachen dürfen verwertet werden, die in der Hauptverhandlung erörtert worden sind (Grundsatz der Mündlichkeit und Unmittelbarkeit). Alle Beweismittel sind gleichermaßen zu würdigen. Es besteht kein Vorrang eines Beweismittels gegenüber einem anderen. Tatsachen, die einem **Beweisverwertungsverbot** unterliegen, dürfen bei der Urteilsfindung nicht berücksichtigt werden. Hat das Gericht solche Tatsachen zur Kenntnis genommen, müssen Richter und Schöffen diese bei der Urteilsfindung ausblenden. Die Überzeugung des Richters, d. h. seine subjektive, persönliche **Gewissheit** von der Schuld des Angeklagten, muss auf einer objektiven Tatsachengrundlage beruhen. Eine bloße Wahrscheinlichkeit der Täterschaft reicht nicht aus. Die Gewissheit schließt die theoretische Möglichkeit eines anderen, auch gegenteiligen Sachverhaltes nicht aus. Es gehört nach der

---

[59] BGH 17.12.1998, 1 StR 156/98, BGHSt 44, S. 308, 325 (Lügendetektor-Entscheidung).

Auffassung des BGH gerade zum Wesen der Überzeugung, dass sie häufig einem objektiven Zweifel ausgesetzt ist. Richter und Schöffen müssen sich in zweifelhaften Fällen mit einem „für das praktische Leben brauchbaren Grad von Gewißheit begnügen, der den Zweifeln Schweigen gebietet, ohne sie völlig auszuschließen".[60] Diese etwas literarische Formulierung besagt, dass eine lediglich „an Sicherheit grenzende *Wahrscheinlichkeit*" für die richterliche Überzeugung nicht ausreicht.

3.1 Gesamtschau der Aussagemerkmale

Das Gericht muss darauf achten, ob Defizite der Aussage auf einer mangelnden **Ausdrucksfähigkeit**, der intellektuellen und emotionalen **Leistungsfähigkeit** des Zeugen oder auf etwaigen körperlichen oder sozialen Dispositionen beruhen. Die Aussagemerkmale können andere (natürliche oder psychologische) Ursachen haben. Sie müssen daher mit Umständen außerhalb der Aussage abgeglichen werden.

▶ BEISPIEL

Eine fehlerhafte Bewertung erfuhr ein Zeuge, als er nach einem Verkehrsunfall als Verletzter vernommen wurde. Er erschien auf Krücken im Gerichtssaal. Nach der (stehend gemachten) Aussage über den Unfallhergang erklärte der Richter in der Urteilsbegründung, dass er der Schilderung über die Verletzungen nicht glaube, weil er beobachtet habe, dass der Zeuge während der Aussage die Belastung der Beine mehrfach gewechselt hätte. Die Krücken sollten wohl nur Eindruck auf ihn machen und seien nicht erforderlich. Der Zeuge nutzte die Krücken aber nicht zur Entlastung des Beins, sondern weil er den versteiften Fuß nicht mehr abrollen konnte. Der Richter hatte versäumt, seine Annahme durch Nachfragen zu überprüfen. ◀

3.2 Gesamtschau der Haupttatsachen

Haupttatsachen sind solche Fakten, die unmittelbar **Elemente des Tatbestandes** einer Norm beweisen können. Das Gericht muss alle verfügbaren Tatsachen im Zusammenhang würdigen und widerspruchsfrei argumentieren, aus welchen Umständen es auf die Täterschaft schließt und andere Erklärungen ausschließt. Kann das Gericht eine Einlassung des Angeklagten nicht widerlegen, muss es zu seinen Gunsten von der Richtigkeit ausgehen. Widerlegte Einlassungen des Angeklagten dürfen nicht einfach zu seinen Lasten gewertet werden. Stellt sich heraus, dass sein Alibi falsch war oder hat er zu bestimmten Tatsachen gelogen, kann daraus nicht unmittelbar auf seine Schuld geschlossen werden; auch Unschuldige versuchen nicht selten, eine Beweislage durch falsche Angaben zu ihren Gunsten zu beeinflussen. Abweichende Schilderungen des Angeklagten von früheren Vernehmungen lassen nicht unbedingt darauf schließen, dass der Angeklagte in der Hauptverhandlung die Unwahrheit sagt. Abweichungen in gewissem Umfang können auf natürlichem Erinnerungsverlust oder einer Rückkehr der Erinnerung wegen eines

---

60   BGH 17.2.1970, III ZR 139/67, BGHZ 53, S. 245, 256 (Fall Anastasia).

besonderen Stichwortes in der Vernehmung beruhen, also eher auf den Realitätsgehalt einer Schilderung hindeuten. Einen Erfahrungssatz, dass Abweichungen stets auf Unwahrheit hindeuten, gibt es nicht. Auch aus der „besonderen Verstocktheit und Uneinsichtigkeit" des Angeklagten (also einem Merkmal, das erst zur Strafzumessung herangezogen werden kann) darf nicht auf eine Täterschaft geschlossen werden.

3.3 Bewertung von Indizien

Indizien lassen nur im Zusammenwirken mit anderen Tatsachen auf die Verwirklichung eines strafrechtlichen Tatbestandes schließen, sind in der gerichtlichen Praxis aber der Regelbeweis. Auch die Aussage des Augenzeugen oder das Geständnis des Angeklagten sind streng genommen nur Indizien. Beide können falsch sein. Das Gericht muss entscheiden, welche Aussagekraft ein Indiz im Hinblick auf ein bestimmtes Merkmal des Straftatbestandes hat.

Das Gericht hat aufgrund von Erfahrungssätzen festzustellen, welches Indiz hinsichtlich des jeweiligen Tatbestandsmerkmals be- oder entlastend wirkt. Jedes *be*lastende Indiz erhöht die Wahrscheinlichkeit für das Vorliegen dieses Merkmals. Auch wenn einzelne Indizien für sich genommen das Tatbestandsmerkmal nicht begründen können, kann die Gesamtschau mehrerer Indizien die Wahrscheinlichkeit des Tatbestandsmerkmals erhöhen. Mehrere mittelbare Tatsachen, die jeweils allein keine oder nur geringe Aussagekraft haben, können zusammen betrachtet einen Schluss auf die Täterschaft des Angeklagten zulassen. Auch auf innere Tatsachen (Vorsatz, Absicht) kann aus der Gesamtschau der Indizien geschlossen werden, z. B. kann aus der besonderen Brutalität des Prügelns geschlossen werden, dass der Angeklagte den Tod des Opfers mindestens billigend in Kauf genommen hat, also mit bedingtem Tötungsvorsatz handelte.

3.4 Methoden der Entscheidungsfindung

Von Schöffen wird erwartet, dass sie über **„gesunden Menschenverstand"** verfügen. „Gesund" steht hier für (all)gemein, d. h. die Fähigkeit zur Wahrnehmung allgemein anerkannter Erkenntnisse und dem dazu gehörenden Wissen darüber. Der Begriff hat eine lange Geschichte vom *koine aisthesis* in der Wahrnehmungstheorie des *Aristoteles* über den lateinischen *sensus communis* zum englischen *common sense*. Alle drücken Wissen und gemeinsame Überzeugungen aus, die auf praktischer Erfahrung beruhen und von verständigen Menschen geteilt werden. Ehrenamtliche Richter müssen an die Feststellung von Tatsachen und Merkmalen genauso mit Rationalität, Logik und Erfahrungswissen herangehen wie die Berufsrichter. Was richtig und falsch ist, sagt uns rationales, vorurteilsfreies, aber auch empathisches Denken. Schöffen sollen eine auf Erfahrung, Lebenssituation, Ausbildung, soziale Stellung usw. gestützte Rationalität einbringen, die nicht wissenschaftlich-juristisch fundiert sein muss, sondern auf **praktischer Vernunft** beruht. „Vernunft" ist das Vermögen, den Zusammenhang von Tatsachen zu erkennen und umgekehrt einzelne Tatsachen aus diesem Zusammenhang oder aus allgemeingültigen, systematischen Prinzipien heraus zu verstehen. Die angewandte Logik (Folgerichtigkeit) umfasst das Wissen von Definition, Beweis und Methode.

Welche Bedeutung haben diese Überlegungen für die Mitwirkung der Schöffen? Sie ist zunächst eine verstandesbezogene, d. h. die Tatsachen gedanklich logisch und rational verarbeitende Tätigkeit. Das spricht nicht gegen intuitive Wahrnehmungen (z. B. aus der Körpersprache eines Zeugen); sie müssen aber rational und durch Tatsachen untermauert werden. Diese Tatsachen sind in ihrem jeweiligen Zusammenhang zu verstehen. Ist z. B. die fehlerhafte Auskunft eines Verkäufers über den Zustand oder das Vorhandensein einer Sache ein Irrtum bzw. Missverständnis oder eine (betrügerische) Täuschung? Aus den Tatsachen müssen richtige Schlussfolgerungen gezogen werden.

Der Berufsrichter hat die Schöffen auf dem *methodischen* Weg der Entscheidungsfindung mitzunehmen. Das gilt für das Verfahren (Aus dem Schweigen eines Beschuldigten dürfen keine nachteiligen Schlüsse gezogen werden; nur in der Hauptverhandlung Erörtertes darf für die Urteilsfindung verwendet werden) wie für die materiell-rechtlichen Fragen (Ist ein nötigendes Verhalten auch „verwerflich", um rechtswidrig im Sinne des § 240 Abs. 2 StGB zu sein?). Auch Begrifflichkeiten sind zu erläutern, insbesondere wenn sie in der Umgangssprache eine andere Bedeutung haben als in der Rechtssprache. Verknüpfungen mit anderen Rechtsgebieten (Was sind Gründe für eine Insolvenz?) sind zu erklären. Am Ende steht jeweils eine bestimmte Frage, die die Schöffen mit praktischer Vernunft beantworten können. Das klassische Schwurgerichtssystem sah dieses Vorgehen explizit vor. Das Gericht legte der Jury zur Frage der Schuld (Täterschaft) näher erläuterte Tatsachen- und Rechtsfragen vor, die sie zu beantworten hatte.

4. Rechtliche Würdigung der Tat

Steht der Sachverhalt fest, muss das Gericht beurteilen, welche Strafnorm dadurch verletzt wird (sog. **Subsumtion**, von lat. Sub = unter und sumere = nehmen). Die Subsumtion ist die Methode des Juristen, mit der er beurteilt, ob ein Sachverhalt mit den abstrakten gesetzlich geregelten Merkmalen übereinstimmt. Daraus wiederum schließt er, ob etwas verboten oder erlaubt ist, jemand einen Anspruch hat oder etwas zahlen muss. Gedanklich handelt es sich um einen Wenn-Dann-Vorgang: *Wenn* der Vergleich der gesetzlichen Merkmale mit den tatsächlichen Gegebenheiten übereinstimmt, *dann* hat das bestimmte Folgen. Oder auf einen Straftatbestand bezogen: *Wenn* jemand [Täter] einem anderen [Geschädigter] eine fremde bewegliche Sache [Tatobjekt] in der Absicht [Vorsatz] wegnimmt [Tathandlung], sich diese rechtswidrig zuzueignen, *dann* hat er einen Diebstahl nach § 242 StGB begangen. *Wenn* er einen Diebstahl begangen hat [Tatbestand], *dann* wird er mit Freiheitsstrafe bis zu fünf Jahren oder Geldstrafe bestraft [Rechtsfolge].

Die Subsumtion ist die Verbindung der Lebenswirklichkeit mit der Welt der Rechtsregeln. Der Einzelfall weist viele Merkmale auf, die alle für die Entscheidung relevant sein können. Die Strafnorm hingegen reduziert das verbotene Verhalten auf einzelne Merkmale. Nur deswegen können Regeln auf viele Einzelfälle angewandt werden und durch die gleiche Anwendung Gerechtigkeit schaffen. Juristen beherrschen die Methode dieser Anwendung. Sie wissen, wann Gesetzgeber oder Rechtsprechung Ausnahmen von der Regel und Ausnahmen von der Ausnahme zulassen. Diese Übereinstimmung der Lebenswirklichkeit mit Regeln und Ausnahmen kann der Nichtjurist häufig ebenso beurteilen, wenn er von dem Juristen durch die Systematik des Gesetzes geleitet wird.

▶ BEISPIEL

Der Ehemann E beauftragt einen Mittelsmann, jemanden zu finden, der bereit ist, seine scheidungswillige Frau zu töten. Über die mögliche Person des Täters und die Art und Weise der Tatausführung macht sich E keine Gedanken. Der Dritte tötet die Ehefrau heimtückisch und wird wegen Mordes verurteilt. Im Prozess gegen E ist die Frage zu beantworten: Hat der anstiftende Ehemann auch mit Vorsatz hinsichtlich des Mordmerkmals „Heimtücke" gehandelt (Anstiftung zum Mord) oder – weil er sich keinerlei Gedanken über die Art der Ausführung gemacht hat – nur mit Vorsatz zum Totschlag? Letzteres war die Auffassung des Landgerichts („Wer sich keine Gedanken macht, hat keinerlei Vorstellung über die Tatausführung, folglich mangels Willen und Wollen keinen Vorsatz hinsichtlich des Mordmerkmals der heimtückischen Begehung"). Gegen das Urteil zu zwölf Jahren Freiheitsstrafe legte die Staatsanwaltschaft Revision ein. In einem Schöffenseminar, in dem diese Frage zur Diskussion gestellt wurde, intervenierte ein Teilnehmer mit der Bemerkung: „Wenn jemand sich bei der Anstiftung keine Gedanken macht, ist er doch mit jeder Form der Tatausführung einverstanden." Mit eben dieser Begründung hat der BGH das Urteil aufgehoben (Wer sich keine konkreten Vorstellungen zur späteren Tatausführung macht, nimmt alle möglichen Ausführungsarten billigend in Kauf, handelt also bedingt vorsätzlich.) und eine Anstiftung zum Mord angenommen (mit der Konsequenz der lebenslangen Freiheitsstrafe im zitierten Fall).[61] ◀

Der Fall macht deutlich, dass auch der Nichtjurist die Frage entscheiden kann: „Welche Merkmale des Gesetzes waren bei der gegebenen Sachlage vom Willen des Anstifters umfasst, wenn er sich hinsichtlich der Art der Umsetzung seines Begehrens (Tötung der Frau) keine konkreten Gedanken gemacht hat?" Es wird von objektiv festgestellten Tatsachen auf innere Vorgänge beim Anstifter (Vorsatz) geschlossen. Der Schöffe muss nur hinsichtlich des methodischen Vorgehens von dem Berufsrichter „an die Hand genommen" werden, um sich bei der Schlussfolgerung eine eigene Meinung bilden zu können.

---

61 Fall nach BGH 12.1.2005, 2 StR 229/04, NStZ 2005, S. 381.

5. Abstimmungen

Am Ende der Beratung wird über die Schuld des Angeklagten, die Rechtsfolgen und ggf. Nebenfolgen abgestimmt. Entscheidungen zum Nachteil des Angeklagten über seine Schuld und die zu verhängende Strafe bedürfen einer **Zwei-Drittel-Mehrheit**. Die Schöffen müssen an jeder Abstimmung teilnehmen; Stimmenthaltungen sind unzulässig. Wer in einer Entscheidung **überstimmt** wurde, muss in der nächsten Abstimmung die Auffassung der Mehrheit zugrunde legen. Wurde z. B. darüber abgestimmt, ob der Täter eine gefährliche Körperverletzung nach § 224 Abs. 1 Nr. 2 StGB begangen hat, weil der bei der Körperverletzung verwendete Gegenstand ein „gefährliches Werkzeug" war, muss der überstimmte Schöffe, der den Tatgegenstand nicht für gefährlich hielt und für eine einfache Körperverletzung gestimmt hatte, bei der anschließenden Frage nach der Strafe seiner Stimme den Strafrahmen des § 224 StGB[62] zugrunde legen, nicht den geringeren des § 223 StGB für die – von ihm präferierte – einfache Körperverletzung[63]. Eine Geldstrafe scheidet damit erst einmal aus, weil der Strafrahmen des § 224 StGB eine solche nicht vorsieht. Nur wenn das Gericht sich entschließt, in der Tat einen minder schweren Fall der gefährlichen Körperverletzung anzunehmen und auf eine Freiheitsstrafe von max. sechs Monaten erkennt, kann diese kurze Freiheitsstrafe nach § 47 StGB in eine Geldstrafe umgewandelt werden.

Wird der Angeklagte zu einer Freiheitsstrafe verurteilt, deren Vollstreckung zur Bewährung ausgesetzt wird, muss zusammen mit dem Urteil durch Beschluss über die Dauer der Bewährungszeit sowie Auflagen und Weisungen entschieden werden (§ 268a StPO). Befindet sich der Angeklagte zum Zeitpunkt der Urteilsverkündung in Untersuchungshaft, ist mit dem Urteil zu entscheiden, ob diese fortdauern soll. Das Urteil wird nach der Beratung in öffentlicher Sitzung (Ausnahme: Verfahren gegen Jugendliche) durch Verlesung des Urteilstenors verkündet und (meist mündlich) begründet (§ 275 Abs. 1 StPO).

5.1 Abstimmung über Verfahrensfragen

Wenn es Veranlassung dazu gibt, wird zunächst mit einfacher Mehrheit über die Verfahrensfragen abgestimmt, insbesondere über das Vorliegen oder Fehlen von Verfahrensvoraussetzungen entschieden. Dazu zählt z. B. die Frage, ob hinsichtlich der angeklagten Tat die Verjährung eingetreten ist (§ 263 Abs. 3 StPO). In diesen Punkten – weil zumeist rechtlicher Natur – sind die Schöffen weitgehend auf die Beratung durch die Berufsrichter angewiesen.

5.2 Entscheidungen im Freibeweis

Eine Reihe von Entscheidungen werden im Laufe des Verfahrens nicht im Wege des Strengbeweises durch Zeugen, Sachverständige, Urkunden oder richterlichen

---

62 Freiheitsstrafe von sechs Monaten bis zu zehn Jahren, in minder schweren Fällen Freiheitsstrafe von drei Monaten bis zu fünf Jahren.
63 Freiheitsstrafe von einem Monat bis zu fünf Jahren oder Geldstrafe.

Augenschein getroffen, sondern durch Freibeweis unter Nutzung der Akten oder formloser Auskünfte entschieden. Dabei geht es vor allem um Prozessvoraussetzungen oder sonstige verfahrensrelevante Tatsachen. Wenn sich z. B. in einer Hauptverhandlung wegen Förderung der Prostitution die Prostituierte auf ein Zeugnisverweigerungsrecht beruft, weil sie inzwischen mit dem wegen Zuhälterei Angeklagten verlobt sei, muss das Gericht darüber entscheiden, ob tatsächlich ein solches Verlöbnis vorliegt. Dazu kann es sich des Akteninhalts bedienen oder formlose Auskünfte einholen (z. B. bei Angehörigen).

Dem Freibeweisverfahren unterliegen z. B. die Klärung oder Beurteilung
- der Gründe für das Ausbleiben eines Angeklagten,
- der Sachdienlichkeit eines Zeugen im Ausland für eine Beweisfrage,
- der tatsächlichen Voraussetzungen für die Ablehnung eines Beweisantrages,
- der tatsächlichen Voraussetzungen von Beweisverwertungsverboten (etwa wegen unterlassener Belehrung des Beschuldigten, einen Verteidiger hinzuziehen zu können),
- eines Zeugnisverweigerungsrechts,
- von Rechtzeitigkeit, Form und Aufrechterhaltung eines Strafantrages,
- der Sachkunde eines Sachverständigen,
- eines Vereidigungsverbotes,
- der Verhandlungsfähigkeit.

Die Entscheidungen über diese Verfahrensfragen werden vom Gericht mit einfacher Mehrheit getroffen.

5.3 Abstimmung über die Schuld (Tatnachweis)

Die Abstimmung über die Schuld umfasst die Frage, ob der Angeklagte eine bestimmte (die angeklagte) Tat begangen hat. Wird er mehrerer selbstständiger Delikte beschuldigt, ist über jede Tat gesondert abzustimmen. *Innerhalb* einer Straftat sind Abstimmungen zu einzelnen Tat- und Rechtsfragen unzulässig.[64] Das schließt eine Einigung im Gericht darüber nicht aus, ob einem Be- oder Entlastungszeugen geglaubt wird, auch nicht im Wege einer Probe(Abstimmung). Diese Abstimmungen sind aber nicht bindend für die Schlussabstimmung. Die Abstimmung findet stets über eine bestimmte Straftat des Angeklagten statt. Über diese konkrete Straftat kann auch alternativ unter verschiedenen rechtlichen Aspekten abgestimmt werden.

▶ BEISPIEL1

Die Strafkammer hält für bewiesen, dass sich die Angeklagten mit völlig überhöhter Geschwindigkeit innerorts ein Autorennen geliefert, dabei einen Unfall verursacht und einen Menschen (bedingt) vorsätzlich getötet haben. Uneinigkeit herrscht über das Vorliegen eines Mordmerkmals (gemeingefährliches Mittel,

---

[64] *Louisa Bartel*, in: Schneider (Hrsg.), Münchener Kommentar zur Strafprozeßordnung, Bd. 2, 2. Aufl., 2024, § 263 Rn. 6.

Heimtücke). Zwei Mitglieder der Kammer äußern insoweit begründete Zweifel. Das bedeutet, dass drei Richter bei der Tötung von Mord und zwei Richter von Totschlag ausgehen. In diesem Fall kann zunächst über den „Mord" abgestimmt werden, bei dem mit 3:2 nicht die erforderliche Mehrheit zustande käme. Danach wird über die Frage abgestimmt, ob „Totschlag" in Betracht kommt, wofür sich die erforderliche Zwei-Drittel-Mehrheit ergibt. Es kann auch alternativ über „Mord oder Totschlag" abgestimmt werden. Ergibt die Abstimmung ein Stimmenverhältnis von 3:2 für Mord, ist mangels einer Zwei-Drittel-Mehrheit für das schwerere Delikt das mildere – der Totschlag – das mit Mehrheit festgestellte Delikt. ◀

▶ **BEISPIEL 2**
Die Mitglieder des Gerichts sind uneins, ob der Angeklagte dem Geschädigten eine Sache aus dessen Gewahrsam weggenommen (Diebstahl) oder der Geschädigte dem Angeklagten zunächst die Sache überlassen hat, der sich dann weigerte, diese zurückzugeben (Unterschlagung). Die Abstimmung fällt 3:2 bzw. 2:3 aus (also ohne erforderliche Mehrheit für eine Seite). ◀

Für diesen Fall hat die Rechtsprechung die sog. **Wahlfeststellung** entwickelt. Wenn feststeht, dass der Angeklagte auf jeden Fall eine strafbare Handlung aus dem einen oder anderen Rechtsgrund begangen hat, aber nicht festgestellt werden kann, welche von zwei Strafvorschriften verwirklicht wurde, kann „wahlweise" – in diesem Fall wegen Diebstahls oder Unterschlagung – verurteilt werden. Klassischer Fall der Wahlfeststellung ist, wenn jemand beim Verkauf von Diebesgut erwischt wird und nicht sicher festgestellt werden kann, ob er die Sache selbst gestohlen hat (Diebstahl) oder die ihm vom Dieb überlassene „Sore"[65] an den Mann bringen will (Hehlerei). Die wahlweise Verurteilung setzt voraus, dass die in Betracht kommenden Normen, nach denen er sich strafbar gemacht haben kann, (rechtsethisch) gleichwertig sind. Zwischen Mord oder Totschlag kann keine Wahlfeststellung getroffen werden, da der Mord verwerflicher ist als der Totschlag. Bei Zweifeln über die Mordmerkmale wäre aus der milderen Strafvorschrift des Totschlages zu bestrafen. Die Schuldfrage umfasst auch die **besonderen Umstände**, „welche die Strafbarkeit ausschließen, vermindern oder erhöhen" (§ 263 Abs. 2 StPO), z. B. den Rücktritt von einem Versuch. Ob ein Rücktritt vom Versuch einer Straftat hinsichtlich seiner strafbefreienden Wirkung unwirksam erfolgte (weil er z. B. nicht freiwillig war), ist vom Gericht ebenfalls mit Zwei-Drittel-Mehrheit zu entscheiden.

5.4 Abstimmung über die Rechtsfolgen

Die Abstimmung über die Rechtsfolgen umfasst die Entscheidung über **alle Sanktionen** mit und ohne Strafcharakter, Art und Höhe der Strafe sowie eine eventuelle Aussetzung der Vollstreckung der Freiheitsstrafe zur Bewährung, Nebenstrafen und

---

65 Aus dem Rotwelsch; Gaunersprache für Hehlerware, Beute, Diebesgut.

Nebenfolgen, Verhängung einer Maßregel der Besserung und Sicherung sowie die Kosten des Verfahrens. Abgestimmt wird nur über die Fragen, deren Entscheidung erforderlich ist. Es muss also nicht der gesamte Katalog möglicher Rechtsfolgen durchgestimmt werden. Wenn es für eine Maßregel der Besserung und Sicherung oder eine Nebenfolge wie die Einziehung des Tatobjekts oder des Wertersatzes keine Veranlassung gibt, wird darüber nicht abgestimmt. Für alle zur Entscheidung stehenden Fragen zum Nachteil des Angeklagten ist eine Zwei-Drittel-Mehrheit erforderlich. Dieses Erfordernis macht deutlich, dass es bei der Abstimmung auf alle Mitglieder des Gerichts – auch die Schöffen – ankommt, und alle Mitglieder in gleicher Weise die Verantwortung für das Urteil trifft.

Gibt es bei einer Abstimmung **zwei Meinungen** und für keine der beiden eine Zwei-Drittel-Mehrheit, so greift die allgemeine Regel, dass die mildere Sanktion beschlossen ist. Die Geldstrafe ist dabei gegenüber der Freiheitsstrafe immer die mildere Sanktion, selbst wenn eine zur Diskussion stehende Freiheitsstrafe zeitlich gesehen kürzer wäre als die Anzahl der Tagessätze einer Geldstrafe. Eine Geldstrafe von 180 Tagessätzen (= sechs Monatseinkommen) ist die mildere Strafe gegenüber einer viermonatigen Freiheitsstrafe.

Bestehen **mehr als zwei unterschiedliche Auffassungen** (z. B. hinsichtlich der Höhe der Strafe), werden – ausgehend von dem Votum für die höchste Strafe – die Stimmen so lange dem nächsthöheren Votum (hier: zur nächsthöheren Strafe) zugeschlagen, bis die notwendige Zwei-Drittel-Mehrheit erzielt ist (§ 196 Abs. 2, 3 Satz 1 GVG). Um es an einem Rechenbeispiel zu illustrieren: Sollte in einem erweiterten Schöffengericht der jüngste Schöffe für sechs, der ältere für sieben, der Beisitzer für acht und der Vorsitzende für neun Monate Freiheitsstrafe stimmen, beginnt man mit der Zählung der Stimmen bei neun Monaten und rechnet die Stimmen so lange von der höheren zur nächst geringeren zusammen, bis die erforderliche Zwei-Drittel-Mehrheit erreicht ist – im Beispiel also bei dem Votum für sieben Monate, das drei Stimmen auf sich vereinigen kann.

XIV. Strafzumessung

Eine auf den Punkt genaue „gerechte" Strafe gibt es nicht. Jede Bemühung, eine Mathematisierung der Straffindung zu entwickeln, war bislang zum Scheitern verurteilt. In der Praxis haben sich zwar für Massendelikte – insbesondere im Bereich der Verkehrsstraftaten – de facto „Einheitskataloge" gebildet, die jedoch regional von Gericht zu Gericht unterschiedlich sind. Die Strafe muss immer der individuellen Schuld des Täters Rechnung tragen. Zwei Täter, die dem äußeren Erscheinungsbild der Tat nach dasselbe getan haben, können gleichwohl unterschiedlich bestraft werden.

Die Strafzumessung vollzieht sich systematisch in mehreren Schritten:
- Festlegung der Strafart, wenn Geld- oder Freiheitsstrafe möglich sind;
- Ermittlung des anwendbaren Strafrahmens aus dem verletzten Strafgesetz und dessen Verschiebung durch benannte oder unbenannte Strafschärfungs- bzw. -milderungsgründe;
- Ausfüllung des Strafrahmens durch Merkmale der persönlichen Schuld aus dem Katalog des § 46 Abs. 2 StGB;
- Prognose der Wirkung der Strafe, die für das künftige Leben des Täters in der Gesellschaft zu erwarten ist;
- weitere Entscheidungen (Bewährung, Nebenstrafen und -folgen, Untersuchungshaft, Kosten).

1. Festlegung der Strafart

Im Bereich der mittleren Kriminalität ist zunächst zu entscheiden, ob eine **Geld- oder Freiheitsstrafe** in Betracht kommt. Bei einer in Frage kommenden Freiheitsstrafe von sechs bis zwölf Monaten (bzw. Geldstrafe zwischen 180 und 360 Tagessätzen) stehen beide Strafarten gleichberechtigt nebeneinander, soweit das jeweilige Strafgesetz Geld- und Freiheitsstrafe zulässt. Die Wertung, dass eine Geldstrafe immer die mildere Strafart gegenüber der Freiheitsstrafe ist, ist rein dogmatisch. In der Praxis kann die Geldstrafe als sehr viel härter empfunden werden (und tatsächlich auch die gravierenderen Auswirkungen haben) als eine Bewährungsstrafe. Oberhalb einer in Betracht kommenden Strafe von einem Jahr ist eine Geldstrafe nur noch zulässig, wenn wegen mehrerer Taten eine Gesamtgeldstrafe (bis zu 720 Tagessätzen) gebildet werden muss.

2. Festlegung des Strafrahmens

2.1 Gesetzlicher Strafrahmen der Freiheitsstrafe

Jedes Strafgesetz enthält eine Ober- und Untergrenze für die Strafe (sog. Strafrahmen). Ist keine bestimmte Untergrenze genannt, beträgt sie einen Monat; fehlt die Angabe einer Obergrenze, beträgt die Höchststrafe 15 Jahre. Durch zusätzliche Tatbestandsmerkmale kann ein „schwerer Fall" vom Gesetz beschrieben werden, etwa anhand von Verhaltensweisen (gewerbsmäßiges Handeln), Begehungsarten (Ausführung der Tat mit Waffen) oder durch den Umfang der Tatbegehung (Handeln mit einer nicht geringen Menge Betäubungsmittel) oder als „besonders schwerer Fall" ohne nähere Beschreibung der Beurteilung des Gerichts überlassen sein.

▶ **BEISPIEL**

Der „Normalfall" eines Raubes sieht Freiheitsstrafe von einem Jahr bis zu 15 Jahren vor (§ 249 StGB). Der schwere Raub ist mit mindestens drei Jahren (bei Führen einer Waffe, bandenmäßiger Begehung usw., § 250 Abs. 1 StGB) bzw. mindestens fünf Jahren (Benutzen einer Waffe, Todesgefahr usw., § 250 Abs. 2 StGB) bedroht. Liegt ein solches erschwerendes Tatbestandsmerkmal vor, ist die

Strafe zwingend dem erhöhten Strafrahmen des jeweiligen schweren Falles zu entnehmen. ◄

2.2 Verschiebungen des gesetzlichen Strafrahmens

Der „Normalstrafrahmen" kann durch Strafmilderungen oder Strafschärfungen ausgeweitet oder eingeengt werden. Das geschieht entweder durch besonders definierte benannte oder unbenannte Strafschärfungs- oder -milderungsgründe.

2.2.1 Strafmilderungsgründe

(**a**) Der Allgemeine Teil des StGB sieht eine Reihe von Gründen vor, die eine Milderung des Strafrahmens vorschreiben oder zulassen (**benannte Strafmilderungsgründe**). Ist die Milderung vorgeschrieben, *muss* das Gericht den Strafrahmen verringern. Ist sie zugelassen, *kann* das Gericht von der Milderung Gebrauch machen.

Vorgeschrieben ist eine Milderung bei

- der Strafe für einen Gehilfen (§ 27 Abs. 2 StGB);
- einem Anstifter oder Gehilfen, bei dessen Tatbeitrag bestimmte persönliche Merkmale fehlen, die Voraussetzung für die Strafbarkeit des Täters sind (§ 28 Abs. 1 StGB); wer z. B. einen Amtsträger zur Bestechlichkeit verleitet, ohne selbst Amtsträger zu sein, würde milder bestraft als der bestechliche Amtsträger;
- *versuchter* Anstiftung zu einem Verbrechen, wenn der Angeklagte als Mittäter oder Gehilfe einen anderen dazu bestimmen wollte, ein Verbrechen zu begehen (§ 30 Abs. 1 StGB);
- einem Irrtum über einen entschuldigenden Notstand (§ 35 Abs. 2 StGB), d. h. wenn der Angeklagte irrtümlich angenommen hat, in einer gegenwärtigen, nicht anders abwendbaren Gefahr für Leben, Leib oder Freiheit eine rechtswidrige Tat begehen zu dürfen, um die Gefahr von sich, einem Angehörigen oder einer anderen ihm nahestehenden Person abzuwenden;
- einer *erfolglosen* öffentlichen Aufforderung zu Straftaten (§ 111 Abs. 2 StGB).

Zugelassen ist die Milderung bei

- einer durch **Unterlassen** begangenen Tat (§ 13 StGB);
- Handeln im vermeidbaren **Verbotsirrtum** (§ 17 StGB);
- einem strafbaren **Versuch** (§ 23 StGB). Obwohl der Unrechtsgehalt eines Versuchs regelmäßig unter dem eines vollendeten Delikts liegt, ist die Strafe für das nur versuchte Delikt nicht zwingend zu mildern. Faustformel: Je weiter sich der Versuch dem vollendeten Delikt nähert, umso eher ist von Milderung abzusehen;
- **verminderter** Schuldfähigkeit (§ 21 StGB);
- durchgeführtem Täter-Opfer-Ausgleich, wenn der Täter **Wiedergutmachung** geleistet (§ 46a Nr. 1 StGB) oder das Opfer entschädigt hat (§ 46a Nr. 2 StGB);
- einem **Aufklärungsgehilfen**, der dazu beiträgt, dass eine begangene Tat aufgedeckt oder eine in Planung befindliche besonders schwere Straftat verhindert wird („Kronzeugenregelung" nach § 31 BtMG; § 46b StGB). Hat er selbst eine

Strafe von nicht mehr als drei Jahren verwirkt, kann auch von Strafe abgesehen werden;
- Fällen **tätiger Reue**, wenn der Täter nach Beginn der Tathandlung durch freiwillige Handlungen die Vollendung der Tat verhindert, z. B. bei Aussagedelikten (§ 158 StGB) seine Falschaussage rechtzeitig berichtigt oder wenn – trotz Tatvollendung – beim erpresserischen Menschenraub (§ 239a StGB) der Entführer sein Opfer laufen lässt. Ggf. kann das Gericht auch nach seinem Ermessen von Strafe absehen. Sieht ein Strafgesetz diesen Milderungsgrund nicht vor, kann das Gericht eine tätige Reue als „Verhalten nach der Tat" (§ 46 StGB) ansehen und die Strafe entsprechend niedriger ansetzen.

(b) Einige Strafvorschriften lassen für einen nicht näher beschriebenen „minder schweren Fall" (**unbenannte Strafmilderungsgründe**) einen geringeren Strafrahmen zu. Das Gericht muss dann im Einzelfall prüfen, ob Anhaltspunkte für eine mildere Beurteilung der Tat vorliegen. In die Gesamtbetrachtung eines minder schweren Falles können Gründe einbezogen werden, die

- vor der Tat liegen (Vorleben, Entwicklung und Erziehung usw.),
- sich aus der Tat selbst ergeben (spontane Handlung statt Planung, geringer Schaden usw.),
- erst nach der Tat entstanden sind (Wiedergutmachung, Stabilisierung der Lebensverhältnisse usw.).

(c) Liegt ein **minder schwerer Fall** vor, reduziert sich der Strafrahmen. Wenn der Strafrahmen für den minder schweren Fall in der betreffenden Vorschrift aufgeführt ist, ist dieser der weiteren Straffindung zu Grunde zu legen. Die Strafnorm kann auch auf den **Berechnungsmodus des § 49 Abs. 1 StGB** verweisen, wonach sich – teils zwingend, teils im Ermessen des Gerichts stehend – Höchst- und Mindestmaß des Strafrahmens wie folgt verschieben:

- Höchstmaß:
  - Ist für die Tat eine *lebenslange* Freiheitsstrafe vorgesehen, verringert sich der Strafrahmen auf eine Spanne von mindestens drei, höchstens 15 Jahren.
  - Das Höchstmaß einer *zeitigen* Freiheitsstrafe ermäßigt sich für jeden zulässigen Milderungsgrund auf drei Viertel des angedrohten Höchstmaßes.
- Mindestmaß:
  - Eine Mindeststrafe von zehn oder fünf Jahren verringert sich auf zwei Jahre,
  - eine Mindeststrafe von drei oder zwei Jahren verringert sich auf sechs Monate,
  - eine Mindeststrafe von einem Jahr verringert sich auf drei Monate,
  - im Übrigen verringert sich die Mindeststrafe auf das gesetzliche Mindestmaß (ein Monat).

Verweist die Strafnorm auf § 49 Abs. 2 StGB, kann das Gericht die Strafe nach seinem Ermessen bis zum gesetzlichen Mindestmaß reduzieren und sogar auf eine Geldstrafe erkennen, wenn eine solche in der betreffenden Strafnorm nicht vorgesehen ist, z. B. bei einem untauglichen Versuch (§ 23 Abs. 3 StGB).

Ist die Minderung des Strafrahmens nach § 49 Abs. 1 und 2 StGB zugelassen, steht also im Ermessen des Gerichts, ist zunächst zu beraten und beschließen, *ob* die Strafe gemildert werden soll und wenn ja, in welchem Umfang gemildert werden soll. Liegen **mehrere Gründe** zur Strafrahmenverschiebung vor, kann das Gericht diese kumulativ bei der Festlegung des Strafrahmens heranziehen.

▶ BEISPIEL

Hat der Täter einen Raub versucht und befand sich wegen einer alkoholischen Beeinflussung in einem Zustand verminderter Schuldfähigkeit, kann der Strafrahmen zweimal reduziert werden. Wegen des Versuchs (§ 23 Abs. 2 StGB) kann das Höchstmaß von 15 Jahren auf drei Viertel (= elf Jahre und drei Monate) und das Mindestmaß von einem Jahr auf drei Monate gesenkt werden. Aufgrund der verminderten Schuldfähigkeit (§ 21 StGB) kann das Höchstmaß der Strafe von elf Jahren drei Monaten erneut auf drei Viertel der bereits abgesenkten Höchststrafe gesenkt werden (= 101 ¼ Monate), also auf acht Jahre und fünf Monate, da Strafen über einem Jahr in vollen Jahren und Monaten festgesetzt werden (§ 39 StGB); das Mindestmaß sinkt auf einen Monat. ◀

Diese Strafrahmenverschiebung ist kein Ausdruck übergroßer Milde. Das macht die folgende Überlegung deutlich. Käme das Gericht zu der Überzeugung, dass der Versuch des Raubes besonders dilettantisch war und zusammen mit der alkoholischen Beeinflussung dazu führt, dass es sich insgesamt um den minder schweren Fall eines Raubes handelt (§ 249 Abs. 2 StGB), würde der Strafrahmen eine Freiheitsstrafe von sechs Monaten bis fünf Jahre betragen. In dem oben geschilderten Beispiel muss das Gericht zunächst entscheiden, ob es sich bei dem Raub aufgrund der Umstände um den „Normal-" oder minder schweren Fall eines Raubes handelt. Zieht es den Versuch und die verminderte Schuldfähigkeit zur Begründung des minder schweren Falles heran, dürfen diese Merkmale nicht noch einmal verwendet werden, um den Strafrahmen des minder schweren Raubes erneut zu senken. Insoweit besteht ein Doppelverwertungsverbot (§ 50 StGB). Auf jeden Fall sieht der minder schwere Fall nach § 249 Abs. 2 StGB eine niedrigere Höchst- und höhere Mindeststrafe gegenüber der doppelten Verschiebung nach § 49 Abs. 1 StGB vor. Solche Umstände können die Überlegungen des Gerichts beeinflussen.

2.2.2 Strafschärfungsgründe

Der Strafrahmen kann durch besonders schwere Fälle auch erweitert und erhöht werden. Dabei werden benannte (im Gesetz genau beschriebene) und unbenannte (nicht näher definierte) Strafschärfungsgründe unterschieden.

Im Gesetz kann zu einem Delikt beispielhaft erläutert werden, wann „in der Regel" ein schwerer Fall vorliegt (sog. Regelbeispiele als **benannte Strafschärfungsgründe**). Das Gericht muss dann einerseits prüfen, ob im Einzelfall das Vorliegen des Regelbeispiels den schweren Fall begründet oder ob die konkrete Begehung doch nicht als so schwer anzusehen ist, dass sie eher dem „Normalfall" entspricht.

Andererseits können auch Begehungsweisen, die nicht im Gesetz aufgeführt sind, den Regelbeispielen nahekommen und die Annahme eines besonders schweren Falles begründen. Regelbeispiele beschreiben eben nur die „Regel" und nennen ein „Beispiel" für den (besonders) schweren Fall.

▶ **BEISPIEL**
Für den besonders schweren Fall des Diebstahls führt § 243 StGB folgende Regelbeispiele an: Einbruch, gewerbsmäßiges Stehlen, Diebstahl aus einer Kirche, Ausnutzen der Hilflosigkeit des Opfers usw. Die Rechtsprechung hat weitere Tatausführungen, die den Regelbeispielen in der Intensität der Begehung oder der Verletzung des Rechtsgutes gleichkommen, ebenfalls als besonders schwer angesehen, z. B. den Diebstahl von Sachen mit hohem Wert, den von einem Amtsträger begangenen Diebstahl oder den Diebstahl einer Sache, die dem öffentlichen Nutzen dient. ◀

Das StGB nennt in einigen Strafvorschriften nicht näher beschriebene **„besonders schwere Fälle"** (sog. **unbenannte Strafschärfungsgründe**; vgl. etwa § 212 StGB, Totschlag im besonders schweren Fall). „Erschwerend" dürfen nur Umstände herangezogen werden, die mit der Tat in Zusammenhang stehen. Als Merkmale für einen besonders schweren Fall kommen in Betracht: besonders hoher Schaden, lange Dauer der Tat, viele einzelne Taten, gewerbsmäßiges Handeln. In der Regel müssen mehrere Merkmale zusammenkommen. Wie sich der Täter *nach* der Tat verhalten hat, ist für die Annahme eines besonders schweren Falles nicht erheblich. Weder Vorstrafen noch zeitlich nach der abzuurteilenden Tat begangene Straftaten können zur Begründung eines besonders schweren Falles herangezogen werden.

Der besonders schwere Fall kann in einer eigenen Strafnorm geregelt sein. So eröffnen der Diebstahl mit Waffen, der Bandendiebstahl und inzwischen auch der Wohnungseinbruch eigene erhöhte Strafrahmen. Liegt ein besonders schwerer Fall einer Tat vor, ist der anzuwendende erhöhte Strafrahmen immer in der jeweiligen Strafnorm aufgeführt („nicht unter …"; „bis zu …"; „von … bis"). Von diesem erhöhten Strafrahmen muss das Gericht bei seiner weiteren Beratung ausgehen.

Wenn zu den erschwerenden Gründen mildernde Umstände hinzutreten, die den Fall insgesamt milder erscheinen lassen, kann der besonders schwere Fall verneint werden. Faustregel: Der besonders schwere Fall muss immer *aus den Umständen der Tat selbst* begründet werden; zur Annahme eines minder schweren Falles können auch *Umstände außerhalb der Tat* herangezogen werden.

Der Unterschied zwischen dem schweren Fall aufgrund eines Tatbestandsmerkmals und den schweren Fällen aufgrund von Strafschärfungsgründen macht sich bei der **Verjährung** einer Straftat bemerkbar. Die Frist, nach der eine Tat verjährt und nicht mehr verfolgt werden kann (§ 78 Abs. 1 StGB), richtet sich nach der Höhe der Strafandrohung des Gesetzes, dessen *Tatbestand* verwirklicht ist. Gehört der „schwere Fall" also zum Tatbestand, kann ein erhöhter Strafrahmen die Verjährungsfrist verlängern. Bloße Strafschärfungsregeln dagegen verlängern die Verjährungsfrist nicht (§ 78 Abs. 4 StGB), sondern richten sich nach der Verjährungsfrist des „einfachen" Delikts.

▶ BEISPIELE

Der Diebstahl hat im Normalfall des § 242 Abs. 1 StGB eine Verjährungsfrist von fünf Jahren, weil die Höchststrafe fünf Jahre beträgt (§ 78 Abs. 2 Nr. 4 StGB). Der Diebstahl mit Waffen (§ 244 StGB), der die Benutzung der Waffe als Tatbestandsmerkmal beschreibt, hat eine Verjährungsfrist von zehn Jahren, weil er im Höchstmaß mit zehn Jahren Freiheitsstrafe bedroht ist (§ 78 Abs. 2 Nr. 3 StGB). Der besonders schwere Fall des Diebstahls nach § 243 StGB ist zwar ebenfalls mit Freiheitsstrafe bis zu zehn Jahren bedroht; die Verjährungsfrist beträgt aber (wie beim „einfachen" Diebstahl) fünf Jahre, weil es sich bei den Regelbeispielen des § 243 StGB nur um Strafzumessungsregeln handelt (§ 78 Abs. 4 StGB). ◀

2.3 Doppelverwertungsverbot

Jeder Umstand für eine Strafzumessung darf nur einmal berücksichtigt werden. Kann *ein* Umstand rechtlich zu *zwei* Strafmilderungsgründen führen, ist nur eine Milderung zulässig. Kommt das Gericht z. B. bei Gesamtwürdigung aller Umstände zu einem minder schweren Fall erst dann, wenn es sowohl die Trunkenheit als auch den Versuch der Straftat in die Begründung einbezogen hat, sind beide Gründe „verbraucht"; eine weitere Milderung nach § 49 Abs. 1 StGB kommt nicht mehr in Betracht. Ebenso wenig darf ein Straf*schärfungs*grund doppelt verwertet werden. Ein Merkmal, das im gesetzlichen Tatbestand enthalten ist, darf deshalb nicht zusätzlich für die Strafzumessung benutzt werden, weil es ebenfalls zum zweiten Mal verwendet würde.

▶ BEISPIEL

Dem wegen gefährlicher Körperverletzung Verurteilten darf nicht strafschärfend angerechnet werden, dass er für die Verletzung ein Messer benutzt hat. Die Benutzung einer Waffe oder eines gefährlichen Werkzeuges begründet bereits den Tatbestand der gefährlichen Körperverletzung (§ 224 StGB), der gegenüber der einfachen Körperverletzung einen erhöhten Strafrahmen hat. ◀

2.4 Gesetzlicher Strafrahmen der Geldstrafe

Der gesetzliche Rahmen der Geldstrafe beträgt 5 bis 360 Tagessätze für eine einzelne Tat (§ 40 Abs. 1 StGB); für mehrere Taten kann eine Gesamtgeldstrafe bis zu 720 Tagessätzen (§ 54 Abs. 2 Satz 2 StGB) gebildet werden. Eine Eingrenzung des Strafrahmens ist nur bei Strafmilderung nach § 49 Abs. 1 Nr. 2 Satz 2 StGB vorgesehen; dabei verringert sich die höchste zulässige Geldstrafe auf drei Viertel der angedrohten Höchststrafe. Verweist die Strafnorm auf die Milderung nach § 49 Abs. 2 StGB, kann anstelle einer Freiheitsstrafe auf Geldstrafe erkannt werden, selbst wenn diese in dem angewendeten Strafgesetz nicht vorgesehen ist.

Bei der Festsetzung der Geldstrafe sind einige **Grenzen** von Bedeutung:
- Hält das Gericht eine Strafe für angemessen, die zeitlich gesehen unterhalb eines Monats liegt, ist nur die Verhängung einer Geldstrafe möglich.
- Bei einer Geldstrafe bis zu 15 Tagessätzen ist die Berufung gegen das Urteil nur zulässig, wenn sie vom Berufungsgericht angenommen wird.
- Ist der Angeklagte freigesprochen worden und hat der Staatsanwalt in der Hauptverhandlung eine Geldstrafe von nicht mehr als 30 Tagessätzen beantragt, ist eine Berufung der Staatsanwaltschaft nur zulässig, wenn das Berufungsgericht die Berufung annimmt.
- Eine Geldstrafe von nicht mehr als 90 Tagessätzen wird – wenn sie die einzige Verurteilung ist – nicht in ein Führungszeugnis aufgenommen.
- Bis zu einer (möglichen) Geldstrafe von 180 Tagessätzen ist eine Verwarnung mit Strafvorbehalt möglich.

Wichtig ist die richtige **Ermittlung der wirtschaftlichen Verhältnisse** des Angeklagten. Verweigert der Angeklagte Angaben zu seinem Einkommen oder gibt eine unglaubhafte Höhe an, kann das Gericht aufgrund der Umstände wie Beruf, Alter, Familienstand das Einkommen schätzen. Eine kritische Hinterfragung der Angaben des Angeklagten ist angebracht. Angeklagte mit eher geringem Einkommen und sozialem Status neigen oft dazu, ihre finanzielle Situation besser darzustellen, als sie tatsächlich ist. Der Ansatz eines zu hohen Einkommens hat fatale Folgen, wenn anschließend die Geldstrafe nicht bezahlt werden kann. In vielen Fällen beruht die Anordnung der **Ersatzfreiheitsstrafe** darauf, dass in der Hauptverhandlung die wirtschaftlichen Verhältnisse des Angeklagten nicht sorgfältig ermittelt wurden. Umgekehrt vermeiden wohlhabende Angeklagte gerne die Darstellung eines erheblich über dem Durchschnitt liegenden Einkommens, weil sie einerseits befürchten, dass ein gehobener sozialer und finanzieller Status strafschärfend berücksichtigt wird, andererseits soll die Höhe des Tagessatzes gedrückt werden. Bei der Einschätzung des Einkommens helfen Lebens- und Berufserfahrung.

2.5 Einordnung der Schuld in den Strafrahmen

Grundlage für die Strafe ist die Schuld des Täters. Eine verbindliche Definition der „Schuld" nimmt der Gesetzgeber nicht vor. Er zählt lediglich Strafzumessungs*kriterien* in § 46 Abs. 2 StGB auf, die in den gesetzlichen Strafrahmen eingeordnet werden. Die schuldangemessene Strafe ergibt sich aus dem Abwägen der für und gegen den Angeklagten sprechenden Gesichtspunkte. Welches Gewicht das Gericht einzelnen mildernden und schärfenden Gesichtspunkten beimisst, kann unterschiedlich sein. Der BGH bemisst diese Kriterien nach dem verschuldeten Unrecht (*Erfolgsunwert*, Verletzung oder Gefährdung des jeweiligen Rechtsgutes, z. B. der angerichtete Schaden) und der Vorwerfbarkeit (*Handlungsunwert*, Art und Weise der Begehung, z. B. ein besonders brutales Vorgehen). Innerhalb des gesetzlichen Strafrahmens wird die Strafe je nach der Schwere der einzelnen Merkmale näher zur Höchst- oder zur Mindeststrafe verschoben. Die bloße Zahl entlastender und belastender Umstände hat keine Aussagekraft. Die einzelnen strafschärfenden und strafmildernden Umstände müssen gewichtet werden und lassen erst in ihrer Gesamtwürdigung die Tat in einem eher schweren oder milden Licht erscheinen.

Bei den **Beweggründen und Zielen** des Täters erforscht das Gericht, warum die Tat begangen wurde, also die Motive des Täters. Ist er an die Begehung von Straftaten gewöhnt (Gewohnheitstäter) oder geschah die Tat spontan, vielleicht aus einer momentanen Versuchung heraus? Handelte er aus eigennützigen oder vielleicht aus selbstlosen Gründen? Beweggründe für eine Tat können eine soziale Notlage oder die Sorge um den Bestand des Unternehmens sein, eine unverschuldete alkoholische Enthemmung, auch im Grunde edle Motive oder ein Mitverschulden des Verletzten usw. Diese würden sich strafmildernd auswirken (können). Handeln aus Gewinnsucht würde sich hingegen strafschärfend auswirken.

Die **Gesinnung** bezieht sich auf die Tatausführung, nicht auf eine weltanschauliche Gesinnung des Täters. Für die Straffindung ist bedeutsam, ob sie im Hinblick auf die abzuurteilende Tat (ver)achtenswerte Gründe enthält. Anhaltspunkte für die aus der Tat sprechende Gesinnung sind z. B. Rohheit oder Rücksichtslosigkeit. Der bei der Tat aufgewendete Wille zielt auf die **kriminelle Energie** des Täters bei der Begehung der Tat ab. Das kann ein langer Tatzeitraum sein, eine besondere Hartnäckigkeit bei der Tatausführung oder ein mit viel Raffinesse ausgeklügelter Plan.

Das **Maß der Pflichtwidrigkeit** ist insbesondere bei Fahrlässigkeitstaten von Bedeutung, betrifft aber auch die Verletzung besonderer Rechtspflichten, wie z. B. die Untreue des Geschäftsführers einer Gesellschaft. Gerade bei Fahrlässigkeitstaten darf das Maß der Pflichtverletzung nicht mit dem angerichteten Schaden gleichgesetzt werden. Vielmehr ist der Grad der Fahrlässigkeit maßgebend: Handelte es sich um eine leichte oder vielleicht sogar an der Grenze zum bedingten Vorsatz liegende bewusste Fahrlässigkeit?

▶ BEISPIEL

Wer infolge leichter Unaufmerksamkeit an einer unübersichtlichen Kreuzung einen Unfall verschuldet, bei dem ein junger Mensch zu Tode kommt, dem kann nicht strafschärfend vorgehalten werden, seine Pflichtverletzung sei deshalb besonders schwer, weil er ein blühendes Leben ausgelöscht habe. ◀

Bei der **Art der Ausführung** der Tat kommen einerseits besonders gefährliche Mittel oder eine sorgfältige Planung, andererseits aber auch das Verhalten des Opfers in Betracht (Provokation, besonderer Leichtsinn). Es können auch Umstände berücksichtigt werden, die zwar nicht eingetreten sind, vom Täter aber bewusst in Kauf genommen wurden.

▶ BEISPIEL

Kommt bei einem Bombenanschlag in einer belebten Einkaufspassage zufällig niemand ums Leben, kann dem Täter gleichwohl strafschärfend zugerechnet werden, dass er das Leben vieler Menschen gefährdet hat. ◀

Auch wenn das deutsche Strafrecht Schuld- und nicht Erfolgsstrafrecht ist, lässt sich der mit der Straftat erreichte Erfolg bei der Strafbemessung nicht ausklammern. Hierauf ist das Merkmal der **verschuldeten Auswirkungen** der Tat ausgerichtet. Diese Auswirkungen können eine verursachte Notlage für einen Dritten, psychische Schäden beim Opfer, bleibende Körperschäden usw. sein. Dabei ist das Gericht nicht auf die durch die reine Tatbegehung verursachten Auswirkungen beschränkt. Auch ideelle oder mittelbare Auswirkungen, wie der Schock der Eltern über den Tod des Kindes, können bei der Strafzumessung berücksichtigt werden.

Das **Vorleben** des Täters spielt eine wesentliche Rolle bei der Straffindung. Gerade hier ist besondere Vorsicht geboten. Moralische Aspekte spielen nur selten eine Rolle. Nicht jede **Vorstrafe** wirkt strafschärfend, sondern nur eine solche, bei der der Täter die ihm mit der früheren Verurteilung zugedachte Warnung missachtet hat. Eine Verurteilung wegen fahrlässiger Körperverletzung im Straßenverkehr hat eine Warnfunktion für den Verurteilten im Hinblick auf sein künftiges Verhalten im Straßenverkehr, allenfalls noch im weiteren Sinn im Hinblick auf die Beachtung des Rechtsgutes „körperliche Unversehrtheit" Dritter. Sie kann nicht als Strafschärfungsgrund bei einer späteren Verurteilung wegen Unterhaltspflichtverletzung herangezogen werden.

Im Zentralregister **getilgte oder tilgungsreife** Vorstrafen dürfen bei der Strafzumessung nicht berücksichtigt werden. Schwierig ist die Frage, ob frühere, für die Allgemeinheit erbrachte Leistungen strafmildernd zu werten sind, z. B. wenn der Täter bei einer Unfallrettungsorganisation ehrenamtlich tätig war und schon mehrfach Menschenleben gerettet hat. Es muss bei dem Grundsatz bleiben, dass bei der Strafzumessung nur Berücksichtigung finden kann, was einen Bezug zur Tat hat. Das wird nur selten vorliegen, z. B. wenn der Rettungshelfer bei einem Einsatz fahrlässig eine Körperverletzung begeht. Umgekehrt darf ein liederlicher Lebenswandel dem Angeklagten nicht strafschärfend zugerechnet werden, wenn er nicht im Zusammenhang mit der Tat steht. Eine Lebensführungsschuld ist dem deutschen Strafrecht fremd; anstößige oder unmoralische – nicht strafbare – Verhaltensweisen dürfen sich nicht belastend auswirken.

Zu den **persönlichen Verhältnissen** gehören Alter, Gesundheitszustand, Bildung, Erziehung, berufliche und soziale Stellung usw. Bei dem letzten Merkmal stellt sich die Frage, ob sich eine herausgehobene berufliche oder soziale Stellung strafschärfend auswirken kann. Soll ein Abgeordneter, der betrunken in seinem Wahlkreis fährt und dabei einen anderen Verkehrsteilnehmer anfährt, härter bestraft werden als ein Durchschnittsbürger? Wird ein Schöffe, der in einem eigenen Prozess falsch ausgesagt hat, härter bestraft wegen seiner Aufgabe, Recht zu sprechen und dort der Wahrheit verpflichtet zu sein?

Selbstverständlich wirkt die **Ausländereigenschaft** generell weder strafmildernd noch -schärfend. Allerdings müssen die Eigenheiten des Kulturkreises berücksichtigt werden, wenn es z. B. darum geht zu beurteilen, ob ein Irrtum über die Strafbarkeit eines bestimmten Tuns vermeidbar war oder nicht.

Die **Folgen der Tat** für den Täter können zu einer geringeren Straffestsetzung führen, weil er bereits in anderer Weise „bestraft" wurde. Nicht nur die rechtlichen Konsequenzen der Tat (etwa der Verlust der Fahrerlaubnis), auch tatsächliche Auswirkungen können zu einer geringeren Strafe führen (z. B. weil er wegen des begangenen Diebstahls seinen Arbeitsplatz verloren hat).

Problematisch kann sein, wenn sich der Täter **über Merkmale irrt**, die für die **Strafzumessung** von Bedeutung sind. Stiehlt er einen unscheinbaren Gegenstand, den er für wertlos hält, bei dem es sich aber um eine wertvolle Antiquität handelt, stellt sich die Frage, ob dem Täter der herausragende Wert der Beute, den er bei der Tat nicht erkannt hat (und nicht erkennen konnte), strafschärfend zuzurechnen ist. Wird auf den objektiven hohen Wert abgestellt, hat der Täter eine schwerwiegende Tat begangen; wird der subjektive Wille zu Grunde gelegt, ist die Tat weniger schwer. Die Rechtsprechung verlangt, dass der Täter die Umstände, die ihm erschwerend zur Last gelegt werden, kennen muss. Das gilt auch für den umgekehrten Fall. Bricht der Täter in ein Museum ein, um ein wertvolles Bild zu stehlen, das aber zuvor durch eine Kopie ersetzt wurde, hat er objektiv keinen großen Schaden angerichtet; sein Wille war aber auf einen großen Wert gerichtet. Hier kann dem Täter der geringere Wert der Beute nicht strafmildernd angerechnet werden.

Auch die **Wirkungen des Verfahrens** auf den Täter selbst können bei der Bemessung der Strafe von Bedeutung sein, etwa wenn das Verfahren große Aufmerksamkeit erregte oder der Angeklagte durch Verbüßung von Untersuchungshaft bereits mit dem Strafvollzug in Berührung gekommen ist. Die Rechtsprechung hat inzwischen anerkannt, dass eine **lange Verfahrensdauer** (Abstand zwischen Tat und Urteil) zu einer Verringerung der Strafe führen kann, weil ein Verstoß gegen das Beschleunigungsgebot eine Verletzung von Art. 2 Abs. 1 GG und Art. 6 Abs. 1 Satz 1 EMRK darstellen kann. Das Gericht kann daher aussprechen, dass ein Teil der Strafe wegen der langen Dauer als vollstreckt gilt.

2.6 Präventionsentscheidung

Der letzte Schritt der Strafzumessung, die Präventionsentscheidung, beschäftigt sich vorrangig mit dem Täter und seinem (durch die Strafe zu beeinflussenden) künftigen Verhalten (**Spezialprävention**) sowie mit der Einwirkung des Urteils auf potenzielle andere Straftäter (**Generalprävention**). Darüber hinaus muss die Strafempfindlichkeit des Angeklagten berücksichtigt werden. Auf den Hartnäckigen muss stärker eingewirkt werden als auf den, der sich schon durch das bloße Strafverfahren beeindruckt zeigt. Bei der Prognose der Auswirkungen des Urteils hat das Gericht insbesondere folgende Faktoren in Betracht zu ziehen:

- das Vorleben des Täters (Ausbildung, Familie, Vorstrafen, unfallfreies Fahren usw.) sowie persönliche und wirtschaftliche Verhältnisse (Reife, Intelligenz, Schwangerschaft);
- sein Verhalten nach der Tat, besonders das Bemühen, den Schaden wiedergutzumachen, z. B. Hilfe für das Opfer nach der Tat, Verhalten im Prozess (hartnä-

ckiges Leugnen kann nur ausnahmsweise zum Nachteil des Angeklagten berücksichtigt werden).

Im Rahmen dieser Erwägungen werden auch die weiteren **Auswirkungen der Strafe** auf Beruf, Ausbildung oder Familie zu berücksichtigen sein, z. B. dass ein Beamter, der wegen einer vorsätzlichen Straftat zu einer Freiheitsstrafe von mindestens einem Jahr verurteilt wird, mit der Rechtskraft des Urteils automatisch aus dem Dienst entlassen ist (§ 24 Abs. 1 Nr. 1 Beamtenstatusgesetz) oder bei einem ausländischen Angeklagten die Höhe der Strafe Bedeutung für eine Ausweisung haben kann.

Die Überlegungen zum Strafmaß und deren Festsetzung müssen eng an den **Zweck der Strafe** gekoppelt sein. Vor einem „Automatismus der Strafen" muss gewarnt werden. Bei gleich gelagerter Tatbegehung und Motivation kann es gerechtfertigt sein, unterschiedlich zu reagieren. Bei einem Täter kann eine Geldstrafe für den ersten Diebstahl angemessen sein, während der andere Täter durch eine kurze Freiheitsstrafe zur Bewährung „geschockt" werden muss.

2.7 Prognoseentscheidungen

Im Zusammenhang mit dem Urteil hat das Gericht häufig eine Prognose hinsichtlich des künftigen Verhaltens des Angeklagten, insbesondere über die Wahrscheinlichkeit weiterer Straftaten zu treffen (Kriminalprognose):

- Bei der Strafzumessung ist zu berücksichtigen, welche Auswirkungen die Strafe auf den Verurteilten haben wird.
- Strafaussetzung zur Bewährung und Verwarnung mit Strafvorbehalt hängen weitgehend davon ab, ob der Verurteilte künftig ein straffreies Leben führen wird.
- Die Sicherungsverwahrung kann angeordnet werden, wenn der Angeklagte in Zukunft aufgrund seines Hanges zu erheblichen Straftaten gefährlich für die Allgemeinheit sein wird.
- Die Unterbringung in einem psychiatrischen Krankenhaus setzt eine Prognose voraus, ob von dem Angeklagten erhebliche rechtswidrige Taten zu erwarten sind und er deswegen eine Gefahr für die Allgemeinheit darstellen wird.
- Bei der Unterbringung in der Entziehungsanstalt ist einzuschätzen, ob wegen eines Hanges zu berauschenden Mitteln die Gefahr künftiger rechtswidriger Taten besteht.
- Die Anordnung eines Berufsverbotes hat die Prognose zur Voraussetzung, dass der Angeklagte weitere gleich gelagerte Straftaten unter Missbrauch seines Berufs oder Gewerbes begehen wird.

Der Erfassung der für eine Prognose bedeutsamen Umstände widmen sich verschiedene Methoden. Die *statistische* Methode vergleicht, wie oft das Vorliegen bestimmter objektiver Merkmale (unvollständiges Elternhaus, Schulversagen, fehlende Berufsausbildung, Arbeitslosigkeit, Alkoholmissbrauch usw.) mit tatsächlicher Straffälligkeit zusammentrifft. Die *intuitive* Methode leitet die Voraussage von dem Eindruck ab, den der Angeklagte in der Hauptverhandlung hinterlassen hat. Allerdings widersprechen die Begriffe „Intuition" und „Methode" einander. Das heißt nicht, dass diese Vorgehensweise keinen Platz bei der Prognoseentscheidung hätte. Phantasie, Kreativität und Eingebung durch Erfahrung können durchaus zu Erkenntnissen über den Angeklagten und sein künftiges Verhalten führen. Die *klinische* Methode bedient sich der Mittel der persönlichen und sozialen Anamnese (Vorgeschichte), psychologischer, psychiatrischer und neurologischer Befunde und Untersuchungen. Die Methoden sind nicht trennscharf gegeneinander abgegrenzt, sondern beinhalten verschiedene Aspekte, die zusammenwirken können.

Der Satz „Im Zweifel für den Angeklagten" gilt bei der Prognose in der Weise, dass das Gericht von Tatsachen, die sich bei der Prognose ungünstig auswirken, *überzeugt* sein muss; Merkmale, die sich günstig auswirken, müssen nur *möglich* sein. Entscheidungen auf die Zukunft beruhen überwiegend auf reiner Lebens- und Berufserfahrung. Sie sind naturgemäß schwierig und mit einer gewissen Fehlerquote behaftet.

3. Strafzumessung bei mehreren Straftaten
3.1 Tateinheit, Tatmehrheit

Verletzt jemand durch *eine* Handlung mehrere Strafgesetze (Tateinheit), wird nur *eine* Strafe verhängt. Werden Straftaten durch mehrere selbstständige Handlungen begangen (Tatmehrheit), wird für jede Tat eine eigene Strafe – und daraus eine Gesamtstrafe – gebildet. Dies gilt nicht bei der Festsetzung einer Jugendstrafe.

▶ BEISPIEL

Wer durch einen Messerstich einen Menschen umbringen will, der aber überlebt, hat *versuchten* Totschlag in Tateinheit mit *vollendeter* (gefährlicher oder schwerer) Körperverletzung begangen. Die Körperverletzung wurde durch dieselbe Handlung (Messerstich) wie der versuchte Totschlag begangen. ◀

3.2 Gesamtstrafe

Werden für mehrere Taten verschiedene Strafen festgesetzt, werden diese nicht einfach addiert. Aus den einzelnen Strafen wird eine sog. Gesamtstrafe gebildet. Dies geschieht, indem die höchste bzw. schwerste Einzelstrafe (sog. **Einsatzstrafe**) schuldangemessen erhöht, die Summe der Einzelstrafen dabei aber nicht erreicht wird. In der Praxis unterschreitet die Gesamtstrafe die Summe der einzelnen Strafen meistens sogar erheblich.

Die Gesamtstrafe darf die gesetzlich zulässige Höchststrafe für eine einzelne Tat überschreiten. Die Höchststrafe für einen *einzelnen* einfachen Diebstahl beträgt z. B. fünf Jahre; werden für 20 Diebstähle jeweils sechs Monate Freiheitsstrafe verhängt, liegt die höchste zulässige Gesamtstrafe bei (20 x 6 = 120 – 1 = 119 Monate) neun Jahren und elf Monaten.

Die absolute **zeitliche Höchststrafe** beträgt 15 Jahre und darf auch durch eine Gesamtstrafe nicht überschritten werden, selbst wenn die Einsatzstrafe bereits 15

Jahre beträgt. Auch eine lebenslange Freiheitsstrafe kann nicht mehr erhöht werden (§ 54 Abs. 1 Satz 1 StGB). „Zweimal Lebenslang" oder „170 Jahre Freiheitsstrafe" sind in Deutschland nicht möglich. Die Gesamtstrafe bezweckt nicht, dass jemand für viele Taten „Rabatt" erhält. Grundlage der Strafzumessung ist weiterhin die Schuld des Täters. Bricht jemand drei Autos auf, ist seine Schuld zwar höher, als wenn er nur ein Auto aufgebrochen hätte, aber eben nicht dreimal so hoch. Die Strafzumessung widersetzt sich einer solchen Mathematisierung. Durch die Grenzen der höchsten Einzelstrafe und der Summe aller Strafen wird ein **neuer gesetzlicher Strafrahmen** gebildet, innerhalb dessen das Gericht erneut alle für und gegen den Angeklagten sprechenden Umstände bewerten und die Prognose über die Auswirkungen der Strafe auf den Verurteilten treffen muss.

▶ BEISPIEL

Nach erheblichem Alkoholgenuss hat der (einschlägig vorbestrafte) Angeklagte eine Schlägerei angefangen, dabei mehrere Personen verletzt (Körperverletzung, § 223 StGB), sich danach an das Steuer seines Autos gesetzt, einen Unfall verursacht (Gefährdung des Straßenverkehrs, § 315c StGB) und sich dann vom Unfallort entfernt (unerlaubtes Entfernen vom Unfallort, § 142 StGB). Als Strafen setzt das Gericht Freiheitsstrafen von sechs Monaten für die Körperverletzung, zwei Monaten für die Straßenverkehrsgefährdung und vier Monaten für die Verkehrsunfallflucht fest. Die Gesamtstrafe wird durch Erhöhung der Einsatzstrafe von sechs Monaten gebildet (also mindestens sechs Monate und eine Woche); die Gesamtstrafe darf aber die Summe aller Einzelstrafen (= 12 Monate) nicht erreichen (also höchstens elf Monate und drei Wochen). In diesem Korridor der Untergrenze (sechs Monate und eine Woche) und der Obergrenze (elf Monate und drei Wochen) muss die schuldangemessene Strafe durch Abwägung der schulderhöhenden und -mindernden Umstände gefunden werden. ◀

3.3 Geldstrafe neben Freiheitsstrafe

Werden für einzelne Taten mehrere Freiheitsstrafen und eine Geldstrafe festgesetzt, bestehen für das Gericht zwei Möglichkeiten. Es kann die Geldstrafe in Freiheitsstrafe umrechnen (1 Tagessatz Geldstrafe = 1 Tag Freiheitsstrafe) und daraus eine Gesamtfreiheitsstrafe bilden. Es kann auch die Geldstrafe neben der (Gesamt-)Freiheitsstrafe bestehen lassen, wenn der Angeklagte sich durch seine Tat bereichert hat und seine persönlichen und wirtschaftlichen Verhältnisse dies nahelegen (§ 41 StGB). Welche Variante das Gericht wählt, ist eine Frage der Gesamtwürdigung im Rahmen der Strafzumessung. Soll der Angeklagte eine Sanktion unmittelbar spüren, kann die gesonderte Geldstrafe ausgewiesen werden; soll die Vollstreckungsandrohung für den Fall des Bewährungsversagens besonders intensiv sein, kann die Gesamtfreiheitsstrafe gebildet werden.

4. Weitere Entscheidungen

4.1 Maßregeln der Besserung und Sicherung

Neben (bei Schuldunfähigkeit auch anstelle) der Strafe kann eine Maßregel zum Schutz vor gefährlichen Straftätern oder zu deren Besserung angeordnet werden. Die Maßregel knüpft nicht an die Schuld, sondern allein an den (zu prognostizierenden) Erfolg der Maßnahme, also die Besserung des Täters bzw. den Schutz der Öffentlichkeit. Freiheitsentziehende Maßregeln werden vom Gericht als solche angeordnet und nicht – wie die Strafe – mit einer zeitlichen Befristung versehen. Diese ergibt sich im Laufe des Vollzuges, wenn der Erfolg der Maßregel eingetreten ist.

Die Unterbringung in einer Entziehungsanstalt ist von Gesetzes wegen auf zwei Jahre begrenzt (§ 67d StGB) und darf nur angeordnet werden, wenn Aussicht auf eine erfolgreiche Behandlung besteht. Das bedeutet nicht, dass der Therapiefähige härter sanktioniert wird als der -unfähige. Die Aussichtslosigkeit einer Therapie kann bei der Festsetzung der Strafe berücksichtigt werden. Die nicht freiheitsentziehenden Maßregeln haben einen gesetzlichen Zeitrahmen, der vom Gericht konkretisiert werden muss (z. B. die Dauer des Berufsverbotes oder der Sperrfist bei Entzug der Fahrerlaubnis). Auch die Entscheidung über die Maßregel und ggf. ihrer Dauer bedarf als Rechtsfolge der Tat einer Zwei-Drittel-Mehrheit.

4.2 Anrechnung vorläufiger Freiheitsentziehung und Maßregeln

Untersuchungshaft oder anderer Freiheitsentzug vor der Hauptverhandlung sind auf die erkannte Freiheits- oder Geldstrafe anzurechnen (§ 51 StGB). Allerdings kann das Gericht von der Anrechnung (ganz oder zum Teil) absehen, wenn diese im Hinblick auf das Verhalten des Angeklagten (nach der Tat) nicht gerechtfertigt ist, z. B. wenn der Angeklagte das Verfahren bewusst verschleppt hat, um sich so lange wie möglich in Untersuchungshaft zu halten und nicht in den Strafvollzug zu kommen. Die Nichtanrechnung hat Ausnahmecharakter und muss vom Gericht sorgfältig begründet werden. Ebenso können (in EU-Staaten „müssen") ausländische *vollstreckte* Strafen angerechnet werden, wenn der Angeklagte wegen derselben Tat in Deutschland verurteilt wird (das Doppelbestrafungsverbot ist insoweit eingeschränkt). Auch vorläufige Maßregeln im Ermittlungsverfahren sind zu berücksichtigen. Die vorläufige Entziehung der Fahrerlaubnis wird im Urteil bei der Anordnung der Sperrfrist für den Wiedererwerb einer Fahrerlaubnis berücksichtigt. Die Dauer eines vorläufigen Berufsverbotes wird in gleicher Weise bei der Festsetzung der Verbotsfrist für die Ausübung des Berufs angerechnet.

4.3 Kosten und notwendige Auslagen

Das Urteil muss eine Entscheidung darüber treffen, wer die **Kosten des Verfahrens** (§ 464 Abs. 1 StPO) und die notwendigen Auslagen trägt. Die Kosten des Verfahrens sind die Aufwendungen der Staatskasse im Laufe des Verfahrens. Diese hat der Angeklagte im Umfang seiner Verurteilung zu tragen. Dazu können Gebühren gehören, die durch die Tätigkeit anderer Behörden (z. B. für ein Gutachten über den Blutalkoholgehalt), die Ladung der Zeugen, für die Erstattung eines Gutachtens oder durch die Beiordnung eines Pflichtverteidigers entstanden sind. **Dolmetscherkosten** werden dem Angeklagten, der die deutsche Sprache nicht beherrscht, oder einem Taubstummen, der auf einen Gebärdendolmetscher angewiesen ist, nicht in Rechnung gestellt (§ 464c StPO). Keine erstattungsfähigen Kosten stellen die Aufwendungen für die Schöffen dar; diese gehören zur sog. Justizgewährungspflicht und sind aus den allgemeinen Haushaltsmitteln des Landes zu bestreiten.

Die notwendigen Auslagen (Kosten für den Wahlverteidiger, Verdienstausfall und Fahrtkosten) hat der Angeklagte im Falle seiner Verurteilung selbst zu tragen. Erfolgt ein Freispruch, fallen die Kosten des Verfahrens und die notwendigen Auslagen der Staatskasse zur Last. Von der Erstattung der notwendigen Auslagen nach einem Freispruch wird abgesehen (§ 467 Abs. 2, 3 StPO), wenn

- dem Angeklagten durch schuldhafte Säumnis Auslagen entstanden sind;
- der Angeklagte die Anklage verursacht hat, indem er mit einer Selbstanzeige vortäuschte, die Tat begangen zu haben, oder durch wahrheitswidrige Erklärungen sich selbst belastet bzw. entlastende Umstände verschwiegen hat;
- der Angeklagte nur deswegen nicht verurteilt wird, weil ein Prozesshindernis besteht.

4.4 Entschädigung für Strafverfolgungsmaßnahmen

Hat der Angeklagte durch eine Strafverfolgungsmaßnahme einen Schaden erlitten, kann ihm das Gericht in dem Urteil eine Entschädigung zusprechen. Hauptanwendungsfall im Urteil ist, dass der Angeklagte freigesprochen wird und vor der Hauptverhandlung entweder durch vorläufige Freiheitsentziehung (Festnahme, Untersuchungshaft, einstweilige Unterbringung usw.) oder andere strafprozessuale Maßnahmen (Sicherstellung, Beschlagnahme, Vermögensarrest usw.) bzw. vorläufige Maßregeln der Besserung und Sicherung (Entziehung der Fahrerlaubnis, Berufsverbot) einen Schaden erlitten hat. Ein schuldhaftes Verhalten der Strafverfolgungsbehörden ist nicht Voraussetzung für den Entschädigungsanspruch. Ersetzt wird der materielle Schaden, im Fall der Freiheitsentziehung auch der **immaterielle Schaden** für den Verlust der Freiheit in Höhe von 75,00 €/Tag. Bei einem Teilfreispruch kommt eine Entschädigung nur in Betracht, soweit die rechtswidrig vollzogene Maßnahme, z. B. Untersuchungshaft, nicht gegen die verhängte Strafe „aufgerechnet" werden kann.[66] Für den Fall, dass eine im Urteil verhängte Freiheitsstrafe kürzer ist als die erlittene vorläufige Freiheitsentziehung oder das Gericht von Strafe abgesehen hat, kann ein Entschädigungsanspruch entstehen, über den das Gericht nach Billigkeit zu entscheiden hat (§ 4 Abs. 1 StREG). Um Entschädigungsansprüche von vornherein zu vermeiden, werden Freiheitsstrafen im

---

[66] OLG Hamm 3.11.2016, 5 Ws 318/16: In diesem Fall erfolgte ein teilweiser Freispruch mit Verurteilung für die verbleibenden Taten zu einer Geldstrafe. Der Verurteilte wurde für die nicht mehr anrechenbare, über die Geldstrafe hinausgehende Untersuchungshaft entschädigt.

Bereich der mittleren Kriminalität (die selten die Sechs-Monats-Grenze erreichen) sofort in Höhe der erlittenen Untersuchungshaft ausgesprochen. Das verstößt zwar gegen das Schuldprinzip, ist für den Außenstehenden aber kaum zu beweisen. Die einzigen, die insoweit eine Kontrolle gegenüber Berufsrichtern ausüben können, die vorrangig die Interessen des Justizfiskus im Auge haben, sind die an der Beratung beteiligten Schöffen. Das erkennende Gericht spricht in dem Urteil nur eine **Grundentscheidung** aus, *dass* dem Angeklagten eine Entschädigung zusteht. Über die Höhe der Entschädigung wird im Verwaltungsverfahren entschieden. Hierzu haben die Länder Verwaltungsvorschriften erlassen.

5. Praktischer Fall: Wie findet die Kammer die richtige Strafe?

Nach dem Ergebnis der Beweisaufnahme ergibt sich folgender **Sachverhalt**:

Die Angeklagte vermutet seit langer Zeit, dass sich ihr Mann einer anderen Frau zugewandt hat, da er häufiger spät nach Hause kommt. In zunehmendem Maße versucht sie, ihren Kummer zu „ertränken". Am Tattag hat sie in erheblichem Umfang Alkohol zu sich genommen. Nach etlichen Gläsern Wodka Feige und Eierlikör ergibt sich eine Blutalkoholkonzentration auf den späteren Tatzeitpunkt von 1,85 ‰. Als ihr Mann wieder spätabends heimkommt, hat sie sich in eine erhebliche Wut hineingesteigert, weil sie ihn bei der anderen Frau vermutet hat. Sie macht ihm schwere Vorwürfe. In dem anschließenden Streit, der immer heftiger wird, verliert sie endgültig die Nerven, greift zu einem zufällig auf dem Küchentisch liegenden Messer und sticht blindlings mehrfach auf ihren Ehemann ein. Dabei war es ihr völlig egal, wie sie in der Hauptverhandlung aussagte, ob ihr Mann dabei „draufging". Trotz erheblichen Blutverlustes gelang es dem Mann, über sein Mobiltelefon den Notarzt anzurufen. Durch eine schnell durchgeführte Operation konnte er gerettet werden.

Der Fall soll deutlich machen, dass die **Strafzumessung** kein irrationaler Vorgang ist, sondern eine rationale Grundlage hat.

(a) Auf der **ersten Stufe** ist von der Schwurgerichtskammer zu entscheiden, welchen **Straftatbestand** die Frau verwirklicht hat, um den von der Strafnorm bestimmten **gesetzlichen Strafrahmen** zu ermitteln. In Betracht kommen Mord (§ 211 StGB) bzw. Totschlag (§ 212 StGB) in. Der Unterschied zwischen diesen beiden Tötungsdelikten besteht darin, dass der Totschlag allein die vorsätzliche Tötung eines Menschen voraussetzt, während beim Mord besondere Merkmale in Bezug auf Motiv oder Ausführung der Tötung vorliegen müssen. § 211 StGB zählt einige konkrete Beispiele auf (Habgier, Befriedigung des Geschlechtstriebes usw.) und ein allgemeines unbestimmtes Merkmal des „sonstigen niedrigen Beweggrundes". Damit hat der Gesetzgeber eine Auffangmöglichkeit geschaffen, weil er nicht alle denkbaren Motive oder Handlungen eines Täters vorhersehen kann. Dieser „sonstige" Grund, einen Menschen zu töten, muss in Schwere und Zielrichtung den aufgezählten Beispielen entsprechen. Da keines der konkreten Beispiele auf die Handlung der Frau zutrifft, könnte als „sonstiger niedriger Beweggrund" eine Tötung aus „Eifersucht" in Frage kommen. Nach der höchstrichterlichen Rechtsprechung ist Eifersucht in aller Regel kein niedriger Beweggrund. Dies muss das Tatgericht aber anhand der Umstände des Einzelfalles entscheiden. Nimmt die Kammer einen Mord an, ist die Strafe (wenn nicht außergewöhnliche Umstände vorliegen) zwingend lebenslange Freiheitsstrafe.

Folgt die Kammer der herrschenden Rechtsprechung, eröffnet der Tatbestand des Totschlages (§ 212 StGB) zunächst einen Strafrahmen von fünf bis 15 Jahren. Der besonders schwere Fall (§ 212 Abs. 2 StGB) führt ebenfalls zu einer lebenslangen Freiheitsstrafe; ein minder schwerer Fall (§ 213 StGB) eröffnet einen Strafrahmen von einem bis zehn Jahren Freiheitsstrafe. Die Gesamtschau aller Umstände der Tat – alkoholische Beeinflussung, der fehlende „Grund" zur Eifersucht, die Behandlung der Frau durch den Mann usw. – können vom Gericht zur Begründung eines besonders schweren oder eines minder schweren Falles herangezogen werden.

Entscheidet sich die Kammer für einen „Normalfall" des Totschlages, muss sie prüfen, ob sich der Strafrahmen aufgrund gesetzlicher Vorgaben verschiebt. Da der Mann überlebt hat, handelt es sich nur um den **Versuch** eines Totschlages, so dass das Gericht den Strafrahmen reduzieren *kann* (§ 23 Abs. 2 StGB). *Ob* es das tut, muss das Gericht beraten und entscheiden. Der Berechnungsmodus ergibt sich aus § 49 StGB. Wird die Milderung bejaht, reduziert sich das *Mindestmaß* des Strafrahmens von fünf auf zwei Jahre, das *Höchstmaß* reduziert sich auf drei Viertel des gesetzlichen Höchstmaßes von 15 Jahren, also auf elf Jahre und drei Monate.

Gibt es mehrere gesetzliche Gründe für eine Strafrahmenverschiebung, wird für jeden Strafmilderungsgrund eine gesonderte Berechnung vorgenommen. Hier könnte die alkoholische Beeinflussung im Zusammenhang mit der Erregung, in die sich die Angeklagte im Laufe der Auseinandersetzung hineingesteigert hat, zu einer Schuld*un*fähigkeit oder *verminderten* Schuldfähigkeit geführt haben. In Betracht käme eine Verminderung der Steuerungsfähigkeit ihres Handelns, d. h. eine Verminderung der Fähigkeit, im Zeitpunkt der Tat nach der Einsicht zu handeln, dass die Tötung ein verbotenes Tun darstellt. Nimmt die Kammer eine solche verminderte Schuldfähigkeit an (z. B. aufgrund eines Sachverständigengutachtens), *kann* sich der Schuldrahmen erneut nach den Regeln des § 49 StGB verschieben. Die Mindeststrafe beträgt dann statt zwei Jahren nur noch sechs Monate, die Höchststrafe erneut drei Viertel der in der ersten Stufe berechneten (reduzierten) Höchststrafe von elf Jahren und drei Monaten, mithin acht Jahre und vier Monate (§ 39 StGB).

(b) Auf der **zweiten Stufe** wägt das Gericht die sich aus der Beweisaufnahme ergebenden Umstände ab, die für die **Schuld** der Täterin von Bedeutung sind (§ 46 Abs. 1 StGB). Die Kriterien, die das Maß der Schuld prägen, sind in dem Katalog des § 46 Abs. 2 StGB beispielhaft, aber nicht abschließend geregelt. Anhand dieser Merkmale wird die Strafe in den oberen, mittleren oder unteren Bereich des Strafrahmens verschoben. Dabei stellt die höchstmögliche Strafe die Reaktion auf den denkbar schwersten Fall nach dieser Strafnorm dar. Ob ein bestimmter Umstand sich straferschwerend oder strafmindernd auswirkt, kann im Einzelfall unterschiedlich gewertet werden. Dass sich die Angeklagte ohne Grund in die Eifersucht gesteigert hat, kann sich strafschärfend auswirken; eine begründete Eifersucht könnte sich (muss sich aber nicht) strafmindernd auswirken. Für die Bemessung der persönlichen Schuld darf jetzt kein Umstand mehr benutzt werden, der bereits bei der Bestimmung des Tatbestandes der Strafnorm und der Berechnung des gesetzlichen Strafrahmens (Versuch, verminderte Schuldfähigkeit) herangezogen wurde. Das Gericht stellt alle Gründe, die für eine höhere Strafe sprechen (etwa der Verzicht auf eine klärende Aussprache), den strafmildernden Gründen gegenüber (demütigende Behandlung durch den Mann, psychische Labilität) und schiebt auf der Achse zwischen sechs Monaten sowie acht Jahren und vier Monaten die schuldangemessene Strafe mehr in den oberen, mittleren oder unteren Bereich des Rahmens.

(c) Auf der **dritten Stufe** muss das Gericht eine **Prognose** stellen, welche Wirkungen von der Strafe auf das künftige Leben der Angeklagten in der Gesellschaft ausgehen. Die Kammer muss sich darüber im Klaren werden, welchem Zweck die Strafe dienen soll und wie die Angeklagte dieses Ziel erreichen kann. Die Strafe soll der Resozialisierung dienen, Einfluss sowohl auf die Angeklagte als auch auf die Gesellschaft haben, d. h. es müssen sowohl spezial- wie generalpräventive Aspekte berücksichtigt werden. Das Gericht nimmt noch einmal eine Korrektur der auf der zweiten Stufe gefundenen Strafe vor allem im Hinblick darauf vor, ob die Angeklagte besonders strafempfindlich ist (und früher das Ziel erreicht, künftig ein straffreies Leben zu führen) oder sich eher hartleibig und uneinsichtig gibt.

XV. Berufungs- und Jugendstrafverfahren

Das Berufungsverfahren in der Kleinen Strafkammer des Landgerichts folgt grundsätzlich denselben Prinzipen und dem gleichen Verfahren wie die erste Instanz, da es ebenfalls eine **Tatsacheninstanz** ist, in der sich das Gericht über alle festzustellenden Tatsachen eine eigene unabhängige Meinung bildet und entsprechend Beweise erhebt. Die folgenden Ausführungen stellen die wenigen – aber bedeutsamen – Abweichungen dar. Das Jugendstrafverfahren weist grundsätzliche Unterschiede zum allgemeinen Strafverfahren auf. Der Erziehungsgedanke, die darauf ausgerichteten besonderen Sanktionen und die Besonderheiten im Verfahren werden erläutert.

1. Besonderheiten des Berufungsverfahrens
1.1 Gegenstand der Berufungsverhandlung

Angeklagter, Staatsanwaltschaft und Nebenkläger können ein Urteil des Amtsgerichts insgesamt oder teilweise mit der Berufung anfechten. Die Berufung kann auf bestimmte Beschwerdepunkte **beschränkt** werden (gilt für den Nebenkläger nur eingeschränkt, § 400 StPO), z. B. auf einzelne Taten oder nur auf die Höhe der Strafe (§ 318 StPO). Die Beschränkung kann noch in der Berufungsverhandlung erklärt werden. Dann verhandelt das Gericht nur noch über die Teile des Urteils, die der Berufungsführer anficht. Die übrigen Teile werden bestandskräftig. Beschränkt der Angeklagte z. B. die Berufung auf den Strafausspruch, wird die Feststellung, *dass* er die Tat begangen hat, rechtskräftig. Das Berufungsgericht befasst sich dann nur mit den Tatsachen, die für die Höhe der Strafe von Bedeutung sind. Bei einer Freiheitsstrafe kann sich der Angeklagte auf den Strafausspruch insoweit beschränken, dass er eine Strafe anstrebt, die zur Bewährung ausgesetzt wird. Die Berufung gegen eine Geldstrafe kann er sowohl auf die Anzahl als auf die Höhe der Tagessätze beschränken.

1.2 Verlesung des Urteils erster Instanz

In der Berufungsverhandlung übernimmt das erstinstanzliche Urteil die Funktion der Anklage. Es ist der Gegenstand der Berufungshauptverhandlung und wird anstelle des Anklagesatzes – ganz oder teilweise – verlesen. Die Verlesung nimmt der Vorsitzende vor; er kann aber auch einen Schöffen bitten, das Urteil vorzulesen, z. B. bei sehr langen Urteilen oder wenn er stimmlich indisponiert ist.

1.3 Anwesenheit in der Berufungsverhandlung

Bleibt der nicht durch einen Anwalt vertretene berufungsführende Angeklagte der Berufungsverhandlung fern und hat keine zwingenden Gründe für sein Ausbleiben, wird seine Berufung verworfen. Hat die Staatsanwaltschaft zuungunsten des Angeklagten die Berufung eingelegt, kann ohne ihn verhandelt werden. Er kann aber – wie in einer Verhandlung erster Instanz – vorgeführt oder verhaftet werden. Voraussetzung für eine Verwerfung ist, dass der Angeklagte ordnungsgemäß geladen wurde, weder er noch ein Prozessvertreter erschienen sind und eine ordnungsgemäße Entschuldigung fehlt. Diese Feststellungen sind in der Hauptverhandlung mit den Schöffen zu treffen.

1.4 Vernehmung zur Sache

Äußert sich der Angeklagte im Gegensatz zur ersten Instanz nicht zu den Vorwürfen der Anklage, kann über seine damalige Einlassung Beweis erhoben werden, indem das erstinstanzliche Urteil hierzu verlesen wird. Das Gebot der richterlichen **Aufklärungspflicht** (§ 244 Abs. 2 StPO) gilt auch im Berufungsverfahren uneingeschränkt. Da bereits eine richterliche Beweisaufnahme stattgefunden hat, sind einige Erleichterungen erlaubt. Protokolle über Aussagen oder Gutachten der erstinstanzlichen Hauptverhandlung können zu Beweiszwecken verlesen werden, wenn der Zeuge oder der Sachverständige nicht zur Berufungsverhandlung geladen wurden und der Angeklagte die Ladung nicht beantragt hat. Allerdings muss dabei berücksichtigt werden, dass es sich bei den amtsgerichtlichen Protokollen nicht um Wortprotokolle handelt, wenn die wörtliche Protokollierung nicht beantragt oder angeordnet wurde.

1.5 Reihenfolge der Schlussvorträge

In der Berufungsverhandlung kann die Reihenfolge der Schlussvorträge anders als im amtsgerichtlichen Verfahren sein. Zuerst plädiert der Berufungsführer, also der Verteidiger, wenn der Angeklagte das Rechtsmittel eingelegt hat. Ihm antwortet der Berufungsgegner, in diesem Fall der Staatsanwalt. Es bleibt dabei, dass der Angeklagte das letzte Wort hat.

1.6 Das Verschlechterungsverbot

Das Gericht kann bei der Festsetzung des **Strafmaßes** eingeschränkt sein. Hat nur der Angeklagte Berufung eingelegt, ist das Berufungsgericht gehindert, über das angefochtene Strafmaß des Amtsgerichts hinauszugehen (sog. Verschlechterungsverbot). Dieses Prinzip verhindert, dass das Berufungsgericht einen Angeklagten zur Rücknahme der Berufung veranlassen kann, indem es ihm androht, im Fall der Entscheidung über das Urteil des Amtsgerichts hinauszugehen. Diese Beschränkung gilt nicht, wenn die Staatsanwaltschaft allein oder neben dem Angeklagten zu dessen Lasten Berufung eingelegt hat. Hat sie das Rechtsmittel zugunsten des Angeklagten eingelegt (rechtlich möglich, in der Praxis eher selten), gilt wiederum das Verschlechterungsverbot.

Bei der **Geldstrafe** – bestehend aus Anzahl und Höhe der Tagessätze – muss differenziert werden. Die *Anzahl* der Tagessätze darf wegen des Verschlechterungsverbotes nicht erhöht werden; wird sie reduziert, kann die *Höhe* eines Tagessatzes heraufgesetzt werden, wenn im erstinstanzlichen Verfahren die wirtschaftlichen Verhältnisse falsch ermittelt wurden oder sich inzwischen verändert haben. Die Summe der im erstinstanzlichen Verfahren verhängten Geldstrafe darf aufgrund des Verschlechterungsverbotes jedoch in keinem Fall überschritten werden.

Freiheitsstrafe stellt gegenüber der Geldstrafe immer die schwerere Strafe dar. Eine erstinstanzlich etwa verhängte Geldstrafe von 60 Tagessätzen darf vom Berufungsgericht nicht in eine Freiheitsstrafe von zwei Monaten (oder geringer) umgewandelt werden. Die Höhe der Freiheitsstrafe ist unabhängig von einer Strafaussetzung zur Bewährung zu betrachten. Eine vom Amtsgericht verhängte vollstreckbare Freiheitsstrafe darf vom Berufungsgericht nicht deshalb erhöht werden, weil es die Vollstreckung der nunmehr verhängten Freiheitsstrafe zur Bewährung aussetzt. Ein Urteil, mit dem der Angeklagte anstelle der amtsgerichtlichen Strafe von sechs Monaten (ohne Bewährung) in der Berufung zu einer Freiheitsstrafe von neun Monaten unter Strafaussetzung zur Bewährung verurteilt wird, ist unzulässig.

2. Besonderheiten des Jugendstrafverfahrens

Das Verfahren gegen Jugendliche und Heranwachsende richtet sich nach der StPO, soweit das JGG nicht Besonderheiten vorschreibt. Das Jugendstrafrecht als eigenständiges Rechtsgebiet regelt, wie auf Straftaten Jugendlicher und ggf. Heranwachsender adäquat reagiert werden kann. Das Strafverfahren gegen Jugendliche (und Heranwachsende, soweit sie nach Jugendrecht abgeurteilt werden) wird vom

Erziehungsgedanken beherrscht. Dem trägt das JGG Rechnung durch besondere Spruchkörper (Jugendgerichte), ein jugendgemäßes Verfahren sowie einen eigenen Sanktionenkatalog.

2.1 Voraussetzungen

Ein **Jugendlicher** (Person vom vollendeten 14. bis zum vollendeten 18. Lebensjahr) kann strafrechtlich nur zur Verantwortung gezogen werden, wenn er „zur Zeit der Tat nach seiner sittlichen und geistigen Entwicklung reif genug ist, das Unrecht der Tat einzusehen und nach dieser Einsicht zu handeln" (§ 3 JGG). Das Gericht muss also im Einzelfall feststellen, ob *dieser* Jugendliche hinsichtlich *dieser* Tat die hinreichende *Einsichtsfähigkeit* hatte. Darin besteht in der Praxis bei den meisten Taten kein Problem, solange keine geistige Behinderung oder eine auffällige Reifeverzögerung festgestellt wird. Bei Jugendlichen und Heranwachsenden ist die Abschreckung kein anerkannter Strafzweck. Das Jugendgericht soll die erzieherisch günstigste Reaktion finden, um den Straffälligen zu bessern.

Personen zwischen 18 und 21 Jahren sind **Heranwachsende**. Sie werden grundsätzlich nach dem Strafrecht für Erwachsene behandelt. Das Verfahren richtet sich nach Jugendrecht, wenn **Reifeverzögerungen** festgestellt werden oder es sich bei der Straftat um eine sog. **jugendtümliche Verfehlung** handelt. Eine bei Heranwachsenden noch festzustellende Unreife kann sich insbesondere in einem „Mangel an Ausgeglichenheit, Besonnenheit und Hemmungsvermögen" ausdrücken.[67] Als jugendtümlich hat die Rechtsprechung u. a. Imponiergehabe, Mutprobe, Drang zur Selbstbestätigung, Neugier oder jugendlichen Leichtsinn herausgestellt. Die Feststellung wird im Einzelfall getroffen; im Jugendstrafverfahren darf **keine Verständigung** getroffen werden.

2.2 Öffentlichkeit

Im Unterschied zum allgemeinen Strafverfahren finden Verfahren gegen Jugendliche immer unter **Ausschluss** der Öffentlichkeit statt (§ 48 Abs. 1 JGG). Der Schutz des Jugendlichen ist dem Gesetzgeber wichtiger als die Kontrolle des Gerichts durch die Öffentlichkeit. Sind Jugendliche gemeinsam mit Heranwachsenden oder Erwachsenen angeklagt, ist das Verfahren öffentlich (§ 48 Abs. 3 JGG). Die Öffentlichkeit kann dann ausgeschlossen werden, wenn dies im Interesse der Erziehung des Jugendlichen geboten ist.

2.3 Erziehungsberechtigte und gesetzliche Vertreter

Erziehungsberechtigte und gesetzliche Vertreter haben das Recht, an der Hauptverhandlung teilzunehmen (§ 50 Abs. 2 JGG), und sind mit eigenen Rechten ausgestattet. Auf Verlangen müssen sie vom Gericht gehört werden, können Fragen und Anträge stellen und sind berechtigt, Rechtsmittel gegen das Urteil einzulegen (§ 67 JGG).

---

[67] BGH 25.9.2007, 5 StR 375/07, NStZ 2008, S. 696.

2.4 Jugendgerichtshilfe

Für das Jugendstrafverfahren wurde eine besondere Einrichtung – die Jugendgerichtshilfe (auch: Jugendhilfe im Strafverfahren, § 38 JGG) – geschaffen, die beim Jugendamt der Gemeinde oder des (Land)Kreises angesiedelt ist und die Jugend*hilfe* mit dem Jugend*strafrecht* verzahnt. Die Jugendgerichtshilfe hat eine eigenständige Position im jugendgerichtlichen Verfahren und soll Hilfe für den Jugendlichen und die Justiz sein. In ihrer Funktion als **Ermittlungsgehilfe** beschafft sie Erkenntnisse über die Persönlichkeit des Jugendlichen (§ 43 Abs. 1 JGG). In der Hauptverhandlung berichtet der Vertreter der Jugendgerichtshilfe über die Ergebnisse und gibt wichtige Hinweise für die Entscheidung des Gerichts. Dabei sollen „die erzieherischen, sozialen und fürsorgerischen Gesichtspunkte im Verfahren vor den Jugendgerichten zur Geltung" gebracht werden (§ 38 Abs. 2 JGG). Darüber hinaus nimmt die Jugendgerichtshilfe verschiedene Aufgaben wahr, z. B. die Überwachung der Auflagen und Weisungen sowie die Betreuung des Jugendlichen während des Vollzugs der Jugendstrafe und der Bewährungszeit.

2.5 Vorläufige Freiheitsentziehung

Gegen einen Jugendlichen, bei dem die Verhängung von Jugendstrafe zu erwarten ist, kann **einstweilige Unterbringung** in einem Heim der Jugendhilfe angeordnet werden, um den Jugendlichen vor einer weiteren Gefährdung seiner Entwicklung zu bewahren (§ 71 Abs. 2 JGG). Sie kann auch anstelle eines Haftbefehls gegen den Jugendlichen angeordnet werden, wenn zwar die Voraussetzungen des Haftbefehls vorliegen, aber die mildere Form der Heim-Einweisung anstelle der Untersuchungshaft ausreicht (§ 72 Abs. 4 JGG).

2.6 Erziehungsgedanke

Normverstöße gehören fast zwangsläufig zur Entwicklung eines jungen Menschen. Das Jugendstrafrecht will schädlichen Tendenzen entgegenwirken, nicht stigmatisieren, nicht sozial ausgrenzen. Dass das Jugendstrafverfahren zuvörderst dem Erziehungsgedanken verpflichtet ist (§ 2 Abs. 1 JGG), kommt insbesondere bei den Sanktionen zum Ausdruck. Die gegen einen Jugendlichen ergriffenen **Sanktionen** sollen eine pädagogisch vernünftige Reaktion auf die Straftat darstellen. Der Sühnegedanke spielt allenfalls noch bei schweren Gewalttaten eine gewisse Rolle. Vor einer Verurteilung ist jeweils zu prüfen, ob der Jugendliche strafrechtlich verantwortlich ist, d. h. ob er zur Zeit der Tat nach seiner sittlichen und geistigen Entwicklung reif genug war, das Unrecht der Tat einzusehen und nach dieser Einsicht zu handeln (§ 3 JGG). Bestehen hieran Zweifel, kann ein psychologischer Sachverständiger eingeschaltet werden. Jugendschöffen, die nach den Wahlvoraussetzungen „erzieherisch befähigt und in der Jugenderziehung erfahren sein" sollen (§ 35 Abs. 2 Satz 2 JGG), können hier überaus hilfreich sein. Fehlt die **Verantwortungsreife**, ist der Jugendliche freizusprechen oder das Verfahren einzustellen; es können jugendrechtliche Maßnahmen (in der Regel durch den Familienrichter) angeordnet werden.

Dem Gericht stehen **informelle Sanktionierungen** zur Verfügung, indem es das Verfahren einstellt (§ 47 JGG) und dem Jugendlichen ggf. Auflagen macht oder Weisungen erteilt. Formell strafende Sanktionen sollen zurückstehen, wenn andere Reaktionen ausreichen. Das Gericht kann mit Zustimmung der Staatsanwaltschaft das Verfahren unter den Voraussetzungen des § 153 StPO (bei Geringfügigkeit) einstellen,

- wenn die erzieherische Maßnahme eine Entscheidung durch Urteil entbehrlich macht,
- das Gericht eine Entscheidung durch Urteil für entbehrlich hält oder
- wenn der Angeklagte mangels Reife strafrechtlich nicht verantwortlich ist.

Die Vorschrift gilt auch für Heranwachsende, auf die Jugendstrafrecht zur Anwendung kommt. Die **Strafrahmen** des allgemeinen Strafrechts gelten im Jugendstrafrecht nicht. Auch eine Geldstrafe kann gegen Jugendliche nicht verhängt werden.

Teil D Schutz vor Benachteiligung

I. Beschränkungs- und Benachteiligungsverbot

1. Grundsatz

Als Korrelat zur Dienstpflicht der ehrenamtlichen Richter hat der Gesetzgeber jede Beschränkung in der Ausübung oder Benachteiligung wegen Übernahme des Amtes untersagt. Im ArbGG und SGG werden vorsätzliche Verstöße gegen dieses Verbot sogar mit Freiheitsstrafe bis zu einem Jahr oder Geldstrafe bedroht. Auf Initiative von Sachsen, Baden-Württemberg und Hessen hat der Bundesrat 2003 einen Gesetzentwurf eingebracht,[1] der das Benachteiligungsverbot in § 26 Abs. 1 ArbGG und § 20 Abs. 1 SGG zur Stärkung des Ansehens des richterlichen Ehrenamtes auf alle Gerichtsbarkeiten ausweiten sollte. Über die beiden Vorschriften hinaus wurde – klarstellend – die Freistellung durch den Arbeitgeber und als Schutz vor beruflicher Benachteiligung ausdrücklich festgeschrieben, dass die Kündigung eines Arbeitsverhältnisses wegen der Übernahme oder Ausübung eines Amtes als ehrenamtlicher Richter unzulässig ist.[2]

§ 45 Abs. 1a DRiG
Niemand darf in der Übernahme oder Ausübung des Amtes als ehrenamtlicher Richter beschränkt oder wegen der Übernahme oder Ausübung des Amtes benachteiligt werden. Ehrenamtliche Richter sind für die Zeit ihrer Amtstätigkeit von ihrem Arbeitgeber von der Arbeitsleistung freizustellen. Die Kündigung eines Arbeitsverhältnisses wegen der Übernahme oder der Ausübung des Amtes ist unzulässig. Weitergehende landesrechtliche Regelungen bleiben unberührt.

Der Text ist zwar in den Regelbeispielen auf den Kreis der Arbeitnehmer ausgerichtet; der Schutz gilt aber für Angehörige aller gesellschaftlichen Kreise, die das richterliche Ehrenamt ausüben. Er erstreckt sich auch nicht nur auf den eigentlichen gerichtlichen Einsatz, sondern auch auf gerichtlich veranlasste Schulungen sowie die Sitzungen der Ausschüsse nach dem ArbGG und SGG sowie der nach Landesrecht in Brandenburg, Berlin und Thüringen bestehenden Vertretungen aller ehrenamtlichen Richter (auch der Schöffen) an den Gerichten. Unerheblich ist, ob der Schöffe zum Zeitpunkt einer evtl. Beeinträchtigung alle Voraussetzungen für das Amt erfüllt. Entscheidend ist der formale Status als ehrenamtlicher Richter.[3]

2. Umfang des Schutzes

Das Benachteiligungsverbot beginnt im Vorfeld der Amtsübernahme mit der Bewerbung um das richterliche Ehrenamt, da Satz 1 bereits vor Nachteilen „in der Übernahme" des Amtes schützt.[4] **Beschränkungen** sind Einflüsse auf die Übernahme des Amtes oder die Tätigkeit als ehrenamtlicher Richter wie die Androhung

---

1 BR-Drs. 908/02; BT-Drs. 15/411 mit Stellungnahme der Bundesregierung; Gesetz vom 21.12.2004, BGBl I S. 3599.
2 BT-Drs. 15/441, S. 9.
3 So auch für die ehrenamtlichen Richter der Arbeitsgerichtsbarkeit: *Martin Wolmerath*, in: Boecken/Düwell/Diller/Hanau (Hrsg.), Gesamtes Arbeitsrecht, 2016, § 26 ArbGG Rn. 4.
4 So auch *J. Schmidt-Räntsch*, Deutsches Richtergesetz, 6. Aufl., 2009, § 45 Rn. 5; a. A. *Ulrich Koch*, in: Glöge/Preis/Schmidt (Hrsg.), Erfurter Kommentar zum Arbeitsrecht, 23. Aufl., 2023, § 26 ArbGG Rn. 1.

von Nachteilen für den Fall der Amtsübernahme oder Verweigerung der Freistellung sowohl für die Verhandlung als auch für Fortbildungsmaßnahmen. **Benachteiligungen** sind nachteilige Maßnahmen außerhalb des Amtes *wegen* der Amtsausübung, also an diese anknüpfen. Von der ausdrücklich erwähnten Unzulässigkeit der Kündigung (bzw. Ablehnung einer Einstellung) erstreckt sich der Schutz bis zu Statusfragen wie Versetzung an einen anderen Arbeitsplatz, Ausschluss von Beförderung bzw. Höhergruppierung oder Formen der Vergütung. Werden z. B. in einem Betrieb Prämien gezahlt, deren Höhe die Zahl der Abwesenheitstage im Laufe des Jahres berücksichtigt, dürfen die Tage als Schöffe im Gerichtseinsatz nicht als Fehlzeiten berechnet werden. Ein Arbeitgeber darf auch die Einstellung eines Bewerbers nicht ablehnen, weil dieser das Schöffenamt ausübt. Desgleichen ist untersagt, einen Schöffen wegen seines gerichtlichen Verhaltens im Beruf zu sanktionieren, etwa durch den Entzug von Aufgaben oder Funktionen. Das Verbot richtet sich nicht nur gegen den Arbeitgeber, sondern gegen jedermann, z. B. gegen Vorgesetzte wie Arbeitskollegen, den Betriebsrat ebenso wie die vorschlagende Organisation. Der Schutz endet grundsätzlich mit dem Ende der Amtszeit, kann aber auch Fernwirkung entfalten, wenn eine Benachteiligung wegen der früheren Tätigkeit als Schöffe erfolgt.

Trotz der in seiner Intention eindeutigen Regelung berichten Schöffen von teils massiven Eingriffen. Ein „Benachteiligungsbericht" wertete 2013 über 250 schriftliche Berichte sowie die Verfahren aus, in denen der Autor ehrenamtliche Richter gerichtlich und außergerichtlich vertreten hatte, zusätzlich die einschlägige veröffentlichte Rechtsprechung. Die Analyse ging über die arbeitsrechtliche Betrachtung hinaus und zog bereits damals innergerichtliche Benachteiligungen wie die gesetzwidrige Nichtbeteiligung von Schöffen bei Verständigungen nach § 257c StPO mit ein.[5]

Anders als bei Benachteiligungen ehrenamtlicher Richter in der Arbeits- und der Sozialgerichtsbarkeit ist die Benachteiligung von Schöffen nicht unmittelbar strafrechtlich sanktioniert. Wer einen ehrenamtlichen Arbeitsrichter (vgl. § 26 Abs. 2 ArbGG) oder Sozialrichter (vgl. § 20 Abs. 2 SGG) in der Übernahme oder Ausübung seines Amtes behindert, kann mit Geldstrafe oder Freiheitsstrafe bis zu einem Jahr bestraft werden. Ganz straflos ist aber auch die Benachteiligung eines Schöffen nicht. Wer – wie aus der betrieblichen Praxis nicht nur in Einzelfällen berichtet wird – Schöffen dazu veranlasst, das Amt abzulehnen oder aufzugeben und mit Nichteinstellung oder Kündigung droht, kann sich wegen einer Nötigung nach § 240 StGB strafbar machen.

---

5 *Hasso Lieber*, Benachteiligung ehrenamtlicher Richter in ihrem Amt, RohR 2013, S. 123.

II. Arbeitsrechtlicher Schutz

1. Kündigungsschutz

Die **Kündigung** eines ehrenamtlichen Richters ist nach § 45 Abs. 1a DRiG unzulässig. Das Schutzrecht muss allerdings realistisch gesehen werden. Das Amt begründet keinen neuen, über den allgemeinen arbeitsrechtlichen Schutz hinausgehenden Anspruch „als Schöffe", er sichert nach dem Wortlaut des Gesetzes nur den Schutz gegen Nachteile „wegen der Übernahme oder der Ausübung des Amtes". Bei einer regulären Kündigung mit anderer Begründung als den Bezug auf das Amt, bei einer Kündigung in der Probezeit, die keine Gründe benennen muss, oder bei der Nichteinstellung – in allen Fällen liegt in einem arbeitsgerichtlichen Verfahren die **Beweislast** dafür, dass die (realen) Gründe in der Ausübung des Schöffenamtes (bzw. bereits der Bewerbung) zu sehen sind, beim Arbeitnehmer. Zu Recht sind *Priewe/Priewe* der Auffassung, dass die Schutzrechte dadurch zum zahnlosen Tiger mutieren.[6] In vier Jahrzehnten der Beschäftigung haben die Autoren dieses Buches nur in einem einzigen Fall erlebt, dass ein Arbeitgeber die Kündigung eines Schöffen-Arbeitnehmers auf die Ausübung des Schöffenamtes gestützt hat.[7]

Die **Länder** sind nach dem Wortlaut des § 45 Abs. 1a Satz 4 DRiG berechtigt, die Rechtsstellung der Schöffen gesetzlich zu verbessern. Das bislang einzige Beispiel hierfür ist Art. 110 LVerf Bbg. Das DRiG knüpft mit diesem Hinweis an die Rechtsprechung des Bundesverfassungsgerichts an, das auf die Vorlage eines Brandenburger Arbeitsgerichtes hin die Kompetenz der Länder für einen erweiterten Kündigungsschutz ausdrücklich bestätigt hat.[8] Nach Brandenburger Recht kann einem ehrenamtlichen Richter nur aus Gründen gekündigt werden, die eine **fristlose Kündigung** rechtfertigen. Damit sollten **Umgehungen** des Kündigungsschutzes verhindert werden. Brandenburger Schöffen genießen damit einen ähnlichen Schutz wie Betriebsrats- oder Personalratsmitglieder.[9] Die Regelung gilt zunächst für Brandenburger Schöffen, die in Brandenburg arbeiten. In anderen Bundesländern arbeitende Brandenburger Schöffen können sich auf diesen Schutz nicht berufen, da dortige Arbeitgeber Brandenburger Landesrecht nicht unterliegen. Ob auch Schöffen aus den angrenzenden Ländern, die in Brandenburg arbeiten, diesen Schutz genießen, ist von der Rechtsprechung bislang nicht entschieden worden. Nach hiesiger Auffassung ist dies der Fall, da Normadressaten des Art. 110 LVerf Bbg die Brandenburger Arbeitgeber sind.

---

6 *Stephanie Priewe/Frank Priewe*, Die Notwendigkeit eines verbesserten Kündigungsschutzes für ehrenamtliche Richter/innen, AuR 2012, S. 389, 391.
7 Ausführlich *Hasso Lieber*, Das Verbot der Benachteiligung ehrenamtlicher Richterinnen und Richter nach § 45 Abs. 1a DRiG – Praxis und Reformbedarf, in: Thomas Rotsch (Hrsg.) et al., Strafrecht, Jugendstrafrecht, Kriminalprävention in Wissenschaft und Praxis, Festschrift für Heribert Ostendorf, 2015, S. 571.
8 BVerfG 11.4.2000, 1 BvL 2/00, DVBl 2000, S. 1119.
9 Ausführlich zum besonderen Schutz nach Brandenburger Recht: *Hasso Lieber*, in: Iwers/Lieber (Hrsg.), Verfassung des Landes Brandenburg, erscheint 2024, Art. 110; ebenso *Rüdiger Postier/Hasso Lieber*, in: Simonke/Sachs, Handbuch der Verfassung des Landes Brandenburg, 1994, § 19 Rechtspflege, S. 298 Rn. 19 ff.

In **Grenzregionen** taucht häufiger die Frage auf, ob ein im benachbarten Ausland beschäftigter Schöffe die gleichen Schutzrechte gegenüber seinem Arbeitgeber besitzt. Der ausländische Arbeitgeber unterfällt nicht dem deutschen Recht, so dass der Schöffe als Arbeitnehmer keine Möglichkeit hat, den Schutz des DRiG gegen ihn geltend zu machen. Eine europäische Regelung zum Schutz ehrenamtlicher Richter gibt es (noch) nicht, ist aber auch aus der Perspektive der Beteiligung der Zivilgesellschaft an der Rechtsprechung dringend geboten.[10]

2. Freistellung

2.1 Grundsatz

Nach § 45 Abs. 1a Satz 2 DRiG haben ehrenamtliche Richter in einem Arbeits- oder Dienstverhältnis für die Zeit ihrer **Amtstätigkeit** (die Zeit der tatsächlichen Inanspruchnahme durch das Gericht) einen Anspruch auf Freistellung gegen den Arbeitgeber bzw. Dienstherrn. „Amtstätigkeit" ist nicht nur die Mitwirkung an der jeweiligen Hauptverhandlung, sondern auch für Vorbereitungen auf ein Verfahren, in Strafsachen vor allem durch das sog. **Selbstleseverfahren**. Da das Selbstlesen der Akten außerhalb der Hauptverhandlung vom Vorsitzenden angeordnet wird und eine Funktion in der Beweisaufnahme erfüllt, ist der Zeitaufwand geboten und unterfällt daher dem Freistellungsanspruch – insbesondere dann, wenn er einen Umfang annimmt, wie in dem Verfahren vor dem LG Hamburg, wo den Schöffen 9.000 Blatt Akten zum Selbstlesen überreicht wurden.[11] Mit der Freistellung wird der Beschäftigte zeitweise von der vertraglich festgelegten Arbeitspflicht entbunden. Die versäumte Zeit darf nicht als Fehlzeit angerechnet werden; infolgedessen verliert er den Anspruch auf die Entlohnung nicht. Weder darf der Arbeitgeber bzw. Dienstherr verlangen, dass der Schöffe für die Zeit bei Gericht Erholungsurlaub nimmt, noch darf er fordern, dass die Arbeitszeit nachgeholt wird. Die für den Einsatz im Gericht in Anspruch genommene Zeit ist dem Arbeitszeitkonto als „entschuldigt" gutzuschreiben und zu vergüten.

2.2 Flexibilisierung der Arbeitszeit

Die dem DRiG zugrunde liegende Vorstellung der „Freistellung" von der Arbeit entspricht nicht mehr der zunehmenden Flexibilisierung der Arbeitszeit. In gleitender Arbeitszeit (mit Kernzeit) oder Vertrauensarbeitszeit (ohne Kernzeit) und im Homeoffice bedarf es für den Zeitraum, in der der Schöffe an der Arbeitsstelle nicht anwesend ist, definitorisch keiner Freistellung, da über diese Zeiten frei verfügt werden kann. Insoweit „versäumt" der Arbeitnehmer in der Zeit bei Gericht keine Arbeitszeit, die ihm auf dem Zeitkonto gutgeschrieben werden könnte. Aus dieser Feststellung resultiert eine problematische Rechtsprechung des BAG und des BVerwG.

---

10 Vgl. dazu die Europäische Charta der Ehrenamtlichen Richter, beschlossen am 11.5.2012 in Brüssel; Text und Entstehungsgeschichte: *Hasso Lieber*, Geschichte und Grundlagen der Europäischen Charta der ehrenamtlichen Richter und Schiedspersonen, RohR 2012, S. 39.
11 BGH 8.2.2022, 5 StR 243/21, LAIKOS Journal Online 2023, S. 72.

Ausgehend von den Regelungen für Tarifbeschäftigte hat sich inzwischen eine flächendeckende Auffassung verbreitet, dass öffentlich Beschäftigte nach § 29 Abs. 2 Satz 1 TVöD für den Einsatz als ehrenamtliche Richter zunächst Gleitzeit in Anspruch *zu nehmen haben*.[12] Es erfolgt insoweit keine Gutschrift der Arbeitszeit; in der Folge entsteht ein Anspruch auf Entgelt nur, soweit die Pflicht nicht außerhalb der Arbeitszeit, *ggf. nach ihrer Verlegung*, wahrgenommen werden kann. Das BAG hat – in Verkennung vor allem der Verhältnisse in der Strafgerichtsbarkeit – in der Entscheidung postuliert, dass „der als ehrenamtliche Richter tätige Arbeitnehmer (…) sich also bemühen [muss], Einfluss auf die zeitliche Lage der Sitzung, zu der er herangezogen ist, zu nehmen und diese möglichst außerhalb seiner Arbeitszeit stattfinden zu lassen". Man mag sich nicht vorstellen, was der Vorsitzende einer Strafkammer zu diesem Ansinnen sagt, wenn nach Abstimmung der Termine einer Hauptverhandlung mit Verteidigung, auswärtigen Zeugen und Sachverständigen der im Anschluss geladene Schöffe einwendet, dass er aber nur innerhalb seiner fünf- oder gar dreistündigen Kernarbeitszeit zur Verfügung stehe. In flexibler Arbeitszeit ohne Kernzeit oder Homeoffice Tätigen steht nicht einmal diese Zeit zur Verfügung, weil jede Zeit der Hauptverhandlung in eine für ihn disponible Zeit fällt. In der Praxis sind durch die Rechtsprechung des BAG in längeren Verfahren bei Schöffen Fehlzeiten aufgetreten, die bis zu 60 Stunden im Monat erreichten.

Das BVerwG hat diese Rechtsprechung für die Beamten übernommen. Es hat dies damit begründet, dass der Freistellungsanspruch des § 45 Abs. 1a DRiG keine Anwendung finde, weil in der Gleitzeit die Zeit im Gericht nicht mit der Arbeitszeit kollidiere. Eine solche Kollision finde nur im Rahmen der Kernzeit statt, im Übrigen habe der Beamte die volle Verfügungsgewalt über seine Arbeitszeit. Das BVerwG hat allerdings die einzusetzende Gleitzeit **auf drei Stunden pro Kalenderwoche begrenzt**.[13] Darüber hinausgehende Zeiten als ehrenamtlicher Richter sind als „freigestellt" dem Arbeitszeitkonto gutzuschreiben. Dies gilt für alle Arten flexibler Arbeitszeit.

Eine solche zeitscharfe Begrenzung fehlt in der Rechtsprechung des BAG. Erst wenn die Inanspruchnahme durch die staatsbürgerliche Pflicht einen Umfang erreiche, der es dem Arbeitnehmer unmöglich mache, die Arbeitsleistung in dem von der – vertraglichen oder gesetzlichen – Arbeitszeitregelung eingeräumten Rahmen zu erbringen, sei der Arbeitgeber zur Gewährung eines Stundenausgleichs, also zur Freistellung gemäß § 45 Abs. 1a DRiG verpflichtet. Damit ist die Unzumutbarkeit erst dann erreicht, wenn die tarif- oder arbeitsvertraglich vereinbarte Arbeitszeit bzw. die **Grenzen des ArbZG** für die zulässige Tages- oder Wochenarbeitszeit überschritten werden.

Diese Regelung hat die arbeitsgerichtliche Rechtsprechung auch auf die privaten Arbeitnehmer übertragen. Generell gilt danach, dass flexible Arbeitszeitmodelle

---

12 BAG 22.1.2009, 6 AZR 78/08, BAGE 129, S. 170, a. A. zu Recht *Martin Wolmerath*, in: Boecken/Düwell/Diller/Hanau (Hrsg.), Gesamtes Arbeitsrecht, 2016, § 26 ArbGG Rn. 7 mit Bezug auf die zum BAG divergierende Rechtsprechung und Literatur in Fn. 12.
13 BVerwG 28.7.2011, 2 C 45.09, BVerwGE 140, S. 178.

den ehrenamtlichen Richter zum Einsatz der disponiblen Arbeitszeit zwingen. Der Schutz des § 45 Abs. 1a DRiG läuft insoweit ins Leere.

2.3 Entgeltfortzahlung und Entschädigung

Die Rechtsprechung hat eine weitere Auswirkung. Nach § 616 BGB entfällt der Anspruch auf den Lohn bei kurzer Abwesenheit des Arbeitnehmers nicht; die versäumte Zeit muss – in entsprechender Anwendung der Vorschrift – auch nicht nachgearbeitet werden. Die Norm durchbricht zugunsten des Arbeitnehmers den Grundsatz „Kein Lohn ohne Arbeit". Kommt es zu einer Kollision zwischen Arbeitspflicht und Erfüllung staatsbürgerlicher Pflichten, löst § 616 BGB den Konflikt zugunsten des Arbeitnehmers auf und verpflichtet den Arbeitgeber zur Fortzahlung der Vergütung.[14] Allerdings: Bei flexibler Arbeitszeit hält das BAG § 616 BGB nicht für einschlägig, weil der Arbeitnehmer außerhalb dieser Zeit nicht zur Arbeitsleistung verpflichtet sei. Die Tarifvertragsparteien dürften Arbeitnehmer für die Zeit ihrer Tätigkeit als ehrenamtliche Richter, die in die Gleitzeit fällt, allein auf den staatlichen Entschädigungsanspruch verweisen. Dies gelte umso mehr, als es in erster Linie Aufgabe des Staates sei, den ehrenamtlichen Richtern eine angemessene, ihre Unabhängigkeit sichernde Entschädigung zu gewähren.

Hier tun sich bedenkliche Lücken in der Argumentation auf. Zum einen ist die Entschädigung nach dem JVEG gedeckelt (29 €/Std. brutto), also keineswegs für jeden ehrenamtlichen Richter „angemessen", schon gar nicht zur Sicherung der richterlichen Unabhängigkeit. Zum anderen übersieht das BAG, dass nach dem JVEG wie nach § 616 Satz 1 BGB nur der *tatsächliche* Verdienstausfall erstattet wird. Da in der Gleitzeit – worauf das Gericht selbst hinweist – kein Entgeltanspruch erworben wird, wird von der Justizkasse auch kein (nicht entstandener) Ausfall ersetzt.

2.4 Bewertung der Rechtsprechung

(a) Das DRiG regelt nicht bloß den individuellen Schutz des einzelnen ehrenamtlichen Richters, sondern dient der Unabhängigkeit der Rechtspflege insgesamt. § 616 BGB hat das Lohnrisiko aus §§ 326 (Befreiung von der Gegenleistung), 275 BGB (Ausschluss der Leistungspflicht) für Ausfälle, die zwar in der Person des Arbeitnehmers liegen, von diesem aber nicht zu vertreten sind, dem Arbeitgeber überantwortet. Das BAG sieht diese Funktion erst dann als gegeben, wenn die Grenze der zulässigen Arbeitszeit erreicht ist, womit es eine Änderung der Risikoverteilung vornimmt. § 45 Abs. 1a DRiG soll den Arbeitnehmer in seiner Funktion als ehrenamtlicher Richter aber gerade vor einer solchen Änderung der Risikoverteilung schützen, die eine (insoweit verbotene) Benachteiligung darstellt. Mit der Einfügung des Abs. 1a in § 45 DRiG steht im Hinblick auf das ehrenamtliche Richteramt den Tarifparteien die Kompetenz für einschränkende tarifvertragliche

---

[14] BAG 22.12.1982, 2 AZR 350/82, Urteilsabschrift Nr. III 2c (hier: Ableistung einer zweimonatigen Wehrpflicht als Unterfall einer öffentlich-rechtlichen Pflicht).

Regelungen in Bezug auf das richterliche Ehrenamt nicht zu – auch nicht als willkommener Nebeneffekt einer anderen Zwecken dienenden Regelung (hier: Humanisierung des Arbeitsplatzes).

(b) Selbst wenn in umfangreichen Verfahren eine große Anzahl von nachzuarbeitenden Stunden entstehen, übersieht die Rechtsprechung des BAG, dass die Mitwirkung an einer Gerichtsverhandlung nicht nur Pflicht, sondern auch Arbeit ist. Die Rechtsprechung vermittelt den Eindruck, als ob die Zeit im Gericht – wie die arbeitsfreie Gleitzeit – eine der Freizeit vergleichbare Zeit wäre. Die damit verbundene Marginalisierung des richterlichen Ehrenamtes konterkariert die mit der Einfügung des Abs. 1a in § 45 DRiG verbundene Absicht des Gesetzgebers – vor allem in der Strafgerichtsbarkeit, in der die zeitliche Beanspruchung ehrenamtlicher Richter insbesondere beim Landgericht am höchsten ist. Betrachtet man die Mitwirkung an der Dritten Staatsgewalt als Arbeit – was für das einstmals ebenfalls als bloßes Ehrenamt angesehene Mandat des Parlamentsabgeordneten selbstverständlich ist – können in der Addition der Gerichtszeit und der beruflichen Arbeitszeit die Grenzen der täglichen Arbeitszeit in großem Umfang überschritten werden. Man muss nicht den oben erwähnten Fall des Selbstleseverfahrens über 9.000 Akten heranziehen (das bei Zugrundelegung von nur 3 Minuten des Lesens, Verstehens und Einordnens in die Beweiserheblichkeit fast 60 Arbeitstage zu je 8 Std. in Anspruch genommen haben muss), um die vielzitierte staatsbürgerliche Pflicht als Arbeit einzustufen. Ein finanzieller Verlust durch die Deckelung der Entschädigung für Verdienstausfall entsteht ohnehin, wenn Tarif- oder Arbeitsvertrag bzw. die Rechtsprechung die Geltung von § 616 BGB ausschließen, der weiter erhöht wird, wenn es aufgrund der Inanspruchnahme zu nicht nachholbaren Fehlzeiten kommt.

c) Die unterschiedliche Behandlung der Berufsgruppen verstärkt die Problematik der Rechtsprechung. Für **Beamte** gewähren der Bund und die meisten Länder **Sonderurlaub** unter Fortzahlung der Besoldung „zur Ausübung einer ehrenamtlichen Tätigkeit oder eines öffentlichen Ehrenamtes, wenn die Übernahme der Tätigkeit auf einer gesetzlichen Vorschrift beruht."[15] Finanziell wie zeitlich ergeben sich in der Regel rechtlich wenig Probleme – wenn überhaupt, dann in Höhe eines Zeitverlusts von max. 3 Std./Woche. Ob die Besserstellung von Beamten dem Grundsatz der Gleichbehandlung nach Art. 3 Abs. 1 GG genügt, dürfte mehr als zweifelhaft sein. Der Ungleichbehandlung fehlt es an einem sachlichen Grund. Auch allgemein dürften sich Probleme ergeben, weil das Übergewicht des öffentlichen Dienstes im Schöffenamt u. a. aus dieser Besserstellung resultiert und damit der gleiche Zugang zu den öffentlichen Ämtern (Art. 33 Abs. 2 GG) gestört wird.

d) § 616 BGB hat eine sichernde, aber zugleich begrenzende Funktion. Dauert die Hauptverhandlung länger als die Arbeitszeit, kann der Schöffe keine Gutschrift

---

15 § 5 Nr. 3 SUrlVO Bund; ähnliche Formulierungen in den Ländern (§ 4 Abs. 1 Nds. SUrlVO, § 25 Abs. 1 Nr. 3 Freistellungs- und Urlaubsverordnung NRW, § 10 Abs. 1 Nr. 1 UrlMV Bayern).

der bei Gericht geleisteten „Überstunden" verlangen. Das würde ihm einen Vorteil aus seiner ehrenamtlichen Tätigkeit verschaffen. *Schmidt-Räntsch* schlägt für diesen Fall die Berechnung der zu entschädigenden Arbeitszeit in der Weise vor, dass dem ehrenamtlichen Richter die Zeit als Arbeitszeit angerechnet wird, die er durch den Gerichtseinsatz versäumen würde, wenn er bei üblichem Dienstbeginn seine Arbeit aufnähme und die Zahl der wöchentlichen Arbeitsstunden gleichmäßig auf alle Arbeitstage verteilt. Kern- und Gleitzeit spielen dabei keine Rolle.[16]

▶ **BEISPIEL**

Wochenarbeitszeit von 38 Stunden, Kernzeit von 10:00 bis 14:00 Uhr, üblicher Dienstbeginn ab 8:00 Uhr und ein Weg zum Gericht von 30 Minuten: Dauert der Einsatz an einem längeren Hauptverhandlungstag von 9:00 Uhr bis 18:00 Uhr, beginnt die Einsatzzeit mit dem Weg zum Gericht (8:30 Uhr). Vorausgesetzt, die Arbeitsaufnahme um 8:00 Uhr kann nicht sinnvoll zur Arbeit genutzt werden, läge der rechnerische Anfang der anzurechnenden Gerichtszeit um 8:00 Uhr. Da der durchschnittliche Arbeitstag 7 Stunden und 36 Minuten beträgt, wäre dem Schöffen nur diese Zeit anzurechnen. Unter Berücksichtigung von § 15 Abs. 2 Satz 4 JVEG („Die letzte begonnene Stunde wird voll gerechnet.") wird die Entschädigung für Verdienstausfall und Zeitversäumnis in Höhe von 8 Stunden berechnet. Der damit verbundene Vorteil ist von der gesetzlichen Regelung gewollt. An seiner Arbeitsstelle wird ihm ein Arbeitstag = 7 Stunden 36 Minuten gutgeschrieben. ◀

3. Urlaub

Fällt die Sitzung auf den Tag eines bereits genehmigten Erholungsurlaubs, besteht weder ein Anspruch auf Entschädigung eines Verdienstausfalls gegen die Justizkasse noch auf Nachurlaub oder Unterbrechung des Urlaubs gegen den Arbeitgeber bzw. Dienstherrn. Dasselbe gilt, wenn Zeit aus einem Überstundenkonto für den Gerichtseinsatz verwendet wird.[17] Andererseits muss sich kein Arbeitnehmer darauf einlassen, für jeden Sitzungstag einen Tag seines Jahresurlaubs einzusetzen oder unbezahlten Urlaub zu nehmen.

4. Mutterschutz

In der Vergangenheit hat es Schwierigkeiten gegeben bei der Befreiung von Schöffinnen, die sich in der gesetzlichen Mutterschutzfrist befanden. Schöffen befinden sich zur Justiz nicht in einem Dienstverhältnis. Das 2018 novellierte Mutterschutzgesetz (MuSchG) gilt ausdrücklich nicht für ehrenamtlich tätige Personen, auch dann nicht, wenn sie – wie ehrenamtliche Richterinnen – im verpflichtenden staatlichen Amt tätig sind. Es gibt aber folgende Verbindung zu beachten. Ehrenamtliche Richter sind von Gesetzes wegen bei Arbeits- und Wegeunfällen versichert.

---

16 *J. Schmidt-Räntsch*, Deutsches Richtergesetz, 6. Aufl., 2009, § 45 Rn. 10.
17 *Hagen Schneider*, JVEG, 4. Aufl., 2021, § 18 Rn. 7.

Die Unfallversicherung hat auch für die Verhütung arbeitsbedingter Gesundheitsgefahren zu sorgen. Durch die Inbezugnahme staatlichen Rechts in der Unfall-Verhütungs-Vorschrift (UVV) „Grundsätze der Prävention" (DGUV-Vorschrift 1) erstrecken sich – soweit der für die Schöffin zuständige Unfallversicherungsträger diese UVV in seinem Zuständigkeitsbereich erlassen hat (!) – die Regelungen des Mutterschutzgesetzes über die ausdrücklich erfassten Personengruppen hinaus auch auf ehrenamtlich tätige Versicherte wie die Schöffinnen. Nach § 11 Abs. 5 Nr. 6 MuSchG darf eine schwangere Frau keine Tätigkeit ausüben oder Bedingungen ausgesetzt werden, bei denen Unfälle zu befürchten sind, die für sie oder ihr Kind eine unverantwortbare Gefährdung darstellen. Sowohl diese Regelungen, die eine Gefährdungsbeurteilung voraussetzen, als auch das absolute Beschäftigungsverbot in der Zeit sechs Wochen vor und acht Wochen nach der Geburt des Kindes (§ 3 MuSchG) sind in Bezug auf ehrenamtliche Richterinnen zu beachten. Liegen diese Voraussetzungen des MuSchG vor, ist entsprechend § 54 Abs. 1 GVG einer Schöffin die Teilnahme an einer Hauptverhandlung nicht zuzumuten.[18]

III. Sozialversicherung

Da die Erstattung des Verdienstausfalls nach dem Brutto-Prinzip (incl. Steuern und Sozialabgaben) erfolgt, kann eine Kürzung des Lohnes bzw. Gehaltes durch den Arbeitgeber eine geringere Abführung von Sozialversicherungsbeiträgen zur Folge haben. Die entstehende Differenz bekommt der Schöffe mit dem Verdienstausfall von der Justizkasse entschädigt. Er muss dann den Anteil an Sozialabgaben selbst abführen. Bei der Bescheinigung des Verdienstausfalls sollte der Schöffe deshalb darauf bestehen, dass der Arbeitgeber die Höhe der nicht abgeführten Sozialabgaben gesondert ausweist.

1. Krankenversicherung

Auf die Mitgliedschaft in der (pflichtigen) Krankenversicherung wirkt sich die Schöffentätigkeit nicht oder höchstens in Extremfällen aus, da der Verlust der Krankenversicherung eine einmonatige Unterbrechung voraussetzt. Bei einer freiwilligen Krankenversicherung sind die hierfür aufgewendeten Beiträge nicht zu erstatten. Bei der Berechnung des Krankengeldes bleiben Fehlzeiten infolge der Einsätze im gerichtlichen Verfahren unberücksichtigt.[19] Bei Schwierigkeiten oder Zweifelsfragen empfiehlt sich, mit der Krankenkasse Rücksprache zu nehmen bzw. den Arbeitgeber zu bitten, dort über eventuelle Nachteile nachzufragen.

2. Rentenversicherung

Aufgrund der Begrenzung der Entschädigung für Verdienstausfall auf 29,00 € (bzw. 55,00 oder 73,00 €) pro Stunde können bei langen Verfahren wegen des reduzierten

---

18 Ausführlich *Marcus Hussing*, Das neue Mutterschutzgesetz: Gleiches Recht für alle oder Zweiklassenschutz?, RohR 2018 S. 52; *ders.*, Mutterschutz für ehrenamtliche Richterinnen, Besprechung der Entscheidungen des BGH vom 30.9.2021, 5 StR 161/21 und 7.12.2021, 5 StR 187/21, RohR 2022, S. 11.
19 *Hagen Schneider*, JVEG, 4. Aufl., 2021, § 18 Rn. 16.

Gehaltes Nachteile bei der Rentenversicherung entstehen. Der Arbeitgeber führt die Sozialabgaben nur entsprechend dem Umfang des an den Arbeitnehmer ausgezahlten Entgelts ab. Auch den Arbeitgeberanteil hat der Arbeitnehmer insoweit zu tragen.

Wird das Arbeitsentgelt eines versicherungs*pflichtigen* Arbeitnehmers infolge der Schöffentätigkeit gemindert, gilt gemäß § 163 Abs. 3 SGB VI der Differenzbetrag zwischen dem tatsächlichen und dem ohne die Schöffentätigkeit zu beanspruchenden Entgelt bis zur Beitragsbemessungsgrenze als Arbeitseinkommen (sog. Unterschiedsbetrag). Der Schöffe kann bei seinem Arbeitgeber beantragen, dass dieser den Beitrag zur Rentenversicherung unter Einschluss dieses Unterschiedsbetrages abführt, also in der Höhe, die nach dem Einkommen ohne den Verlust durch das Schöffenamt abzuführen wäre. Der Antrag ist Voraussetzung für dieses Verfahren und kann nur für laufende und künftige Abrechnungszeiträume gestellt werden. Er gilt, solange er nicht widerrufen wird, für die gesamte Dauer der Beschäftigung. **Der Antrag sollte vorsorglich zu Beginn der Schöffentätigkeit beim Arbeitgeber gestellt werden.**

Nach der Vorstellung des Gesetzgebers sollte dieses Problem eigentlich (!!!) nicht auftreten, da Benachteiligungen „wegen des Amtes" ausgeschlossen sein sollen. Die Rechtsprechung insbesondere des BAG hat in die Rechtslage zusätzlich Unsicherheiten gebracht, weil die Auswirkungen gekürzter Sozialabgaben erst zu einem sehr viel späteren Zeitpunkt bemerkt werden. Die Schutznorm des § 45 Abs. 1a DRiG läuft zum Nachteil des Arbeitnehmers als Schöffe häufig ins Leere. Ein Gespräch mit dem Personalbüro, in dem evtl. finanzielle Auswirkungen besprochen werden, ist empfehlenswert.

3. Unfallversicherung

Für alle Schöffen besteht auf dem Weg vom und zum Gericht sowie im Gerichtsgebäude ein gesetzlicher Unfallversicherungsschutz gegen **Körperschäden** (§ 2 Abs. 1 Nr. 10 SGB VII). Sie erhalten zur gesetzlichen Unfallversicherung Mehrleistungen nach § 94 SGB VII. Dabei muss ein Zusammenhang zwischen dem Weg vom und zum Gericht und dem Unfallereignis bestehen. Der Versicherungsschutz erlischt im Regelfall, wenn von dem unmittelbaren Weg zwischen Wohnung bzw. Arbeitsplatz und Gericht abgewichen wird. Unfälle müssen dem Gericht, bei dem die Schöffentätigkeit ausgeübt wird, unverzüglich angezeigt werden.

Andere Schäden als Körperverletzungen sind nicht versichert. Erleidet ein Schöffe z. B. auf dem Weg zum Gericht einen Unfall mit seinem Pkw, sind die Schäden an dem Fahrzeug über seine Haftpflichtversicherung auszugleichen. Bleibt der Wagen mit einem Defekt liegen, liegt schon begrifflich kein „Unfall" vor. Auch eine Entschädigung nach beamtenrechtlichen Vorschriften ist ausgeschlossen, da diese nur auf die Berufsrichter Anwendung finden.[20]

---

20 VG Braunschweig 30.11.2017, 7 A 132/16, juris.

Da das Amt des Schöffen ein (staatliches) Ehrenamt ist, ist es auch insoweit sozialversicherungsfrei, wenn eine angemessene Aufwandsentschädigung gewährt wird. Die Entschädigung für Zeitversäumnis und besonderen Aufwand (Tagegeld) werden nicht zur Bemessung der Sozialversicherungsbeiträge herangezogen.[21]

IV. Entschädigung

1. Geltungsbereich des JVEG

(a) Ehrenamtliche Richter erhalten eine Entschädigung für den zeitlichen und sächlichen Aufwand, der mit ihrer Dienstleistung bei Gericht im Zusammenhang steht. Versicherungs- und steuerrechtliche Konsequenzen sind ebenfalls zu berücksichtigen. Das JVEG sieht verschiedene Arten der Entschädigung vor: für zeitlichen Aufwand, Einkommenseinbußen (incl. fiktive für die Haushaltsführung), Fahrtkosten und besonderen Aufwand (insbesondere für eine Vertretung oder Begleitperson). Die Regeln gelten für die ehrenamtlichen Richter aller Gerichtsbarkeiten mit Ausnahme der Handelsrichter. Ehrenamtliche Richter der **Dienst- und Berufsgerichte** unterfallen den Regeln des JVEG nur, wenn landesrechtliche Vorschriften darauf verweisen.

(b) Anlass zur Entschädigung bietet regelmäßig die Heranziehung zur **Hauptverhandlung**. Für Einführungs- und **Fortbildungsveranstaltungen** (incl. Informationsbesuch einer Justizvollzugsanstalt durch Schöffen) gilt das JVEG, soweit die ehrenamtlichen Richter von der zuständigen staatlichen Stelle hierzu *herangezogen* werden. Zwar sind ehrenamtliche Richter weder zur Teilnahme an Einführungs- oder Fortbildungsveranstaltungen verpflichtet; die Regelung der Erstattung in § 15 Abs. 3 Nr. 1 JVEG ist aber dahin auszulegen, dass die Einladung zu einer von der Justiz veranlassten Fortbildung eine *Heranziehung* ist, weil sonst die Bestimmung leerlaufen würde.[22] Für private Fortbildungsveranstaltungen (z. B. bei einer VHS) besteht kein Erstattungsanspruch.[23] Erforderlich ist eine Einladung oder Anordnung des Gerichts; das Auslegen eines Flyers über Fortbildungsangebote von (externen) Bildungseinrichtungen ist noch keine Heranziehung. Soweit es sich um eine gerichtliche Veranstaltung handelt, gelten die Entschädigungsregeln in vollem Umfang. Bedient sich die Justiz privater Bildungseinrichtungen, ist die Teilnahmegebühr als sonstige Aufwendung zu erstatten (§ 7 Abs. 1 Satz 1 JVEG).[24]

(c) § 15 Abs. 3 JVEG erstreckt die Geltung des JVEG auch auf die **Ausschüsse** in der Arbeits- und der Sozialgerichtsbarkeit. Damit soll eine Entschädigung auch gewährt werden, soweit ehrenamtliche Richter zu sie betreffenden Angelegenheiten der Justizverwaltung (z. B. im Rahmen der Geschäftsverteilung) herangezogen werden. Die Brandenburger Landesverfassung – und in ihrem Gefolge die Länder Berlin und Thüringen – haben landesrechtlich solche Beteiligungsorgane auch

---

21 BSG 16.8.2017, B 12 KR 14/16 R (hier: ehrenamtliche Tätigkeit in der Kreishandwerkerschaft), juris Rn. 34.
22 *Hagen Schneider*, JVEG, 4. Aufl., 2021, § 15 Rn. 13 ff.
23 BAG 25.8.1982, 4 AZR 1147/79, DB 1983, S. 183.
24 *Hagen Schneider*, JVEG, 4. Aufl., 2021, § 15 Rn. 14.

für die übrigen Gerichtsbarkeiten übernommen. Soweit die gewählten Mitglieder in Wahrnehmung der Interessen der ehrenamtlichen Richterinnen und Richter Einbußen oder Aufwendungen haben, wäre eine Erstattung aus dem Rechtsgedanken des § 15 JVEG vorzunehmen, da der Bundesgesetzgeber die landesrechtlichen Ausschüsse noch nicht zur Kenntnis genommen hat.

2. Zeitberechnung
2.1 Dauer der Heranziehung

Der Zeitaufwand wird für alle Entschädigungsarten für die gesamte Dauer berechnet, die der **Einsatz** bei Gericht in Anspruch nimmt, vom Verlassen der Wohnung bzw. des Arbeitsplatzes bis zum Zeitpunkt der Rückkehr, maximal jedoch 10 Std./Tag. Privat veranlasste Umwege, um z. B. das Kind aus der Kita abzuholen, werden nicht mitgerechnet. Die angebrochene letzte Stunde am Tag wird auf die volle Stunde **aufgerundet** (§ 15 Abs. 2 JVEG). Bei einer mehrtägigen Hauptverhandlung ist die Aufrundung für jeden Sitzungstag gesondert vorzunehmen.[25]

Arbeitnehmern, denen bei einer täglichen Arbeitszeit von mehr als sechs Stunden nach § 4 Satz 3 ArbZG eine **unbezahlte Pause** von mindestens 30 Minuten am Tag zusteht, haben in dieser Zeit keinen Verdienstausfall, folglich auch keinen Erstattungsanspruch. Das bedeutet nicht, dass generell die Zeit einer Mittagspause bei Gericht nicht in die zu erstattende Zeit eingerechnet wird, sondern nur die im Betrieb nicht zur Arbeitszeit gehörende Pause.

Auch Unvorhergesehenes kann in die Dauer der Heranziehung eingerechnet werden. Ein Schöffe, der während der Anreise zum Termin von einer Verzögerung des Beginns der Hauptverhandlung um mehr als 1 Stunde unterrichtet wird, muss nicht zurückfahren, sondern hat Anspruch auf Einrechnung der versäumten Zeit in die Entschädigung.[26]

2.2 Vor- und Nachbereitungszeiten

Entschädigt werden auch evtl. Vorbereitungszeiten (z. B. für ein umfangreiches Selbstleseverfahren[27]) sowie nach der Sitzung durchgeführte Besprechungen oder Beratungen. Ist es aus betrieblichen Gründen nicht möglich, dass ein Arbeitnehmer vor oder nach der Sitzung die Arbeit (wieder) aufnimmt, gilt auch diese Zeit als entschädigungspflichtig versäumt. Vorbereitungszeit in diesem Sinne ist auch die Zeit, die ein Schichtarbeiter die Nachtschicht vorzeitig beenden muss, um ausgeruht zur Verhandlung zu erscheinen. Wird ein ehrenamtlicher Richter für den gesamten Tag freigestellt und beträgt die regelmäßige Arbeitszeit acht Stunden, sind für den Verdienstausfall diese in Ansatz zu bringen, auch wenn die Verhandlung länger gedauert hat.

---

25 *Stefanie Simon/Ralf Pannen*, in: Schneider/Volpert/Fölsch (Hrsg.), Gesamtes Kostenrecht, 3. Aufl., 2021, § 15 JVEG Rn. 9.
26 SG Leipzig 26.7.2011, S 1 SF 144/10 E, DÖV 2012, S. 124.
27 BGH 8.2.2022, 5 StR 243/21 zum Verfahren vor dem LG Hamburg, in dem 9.000 Blatt im Selbstleseverfahren überreicht wurden, LAIKOS Journal Online 2023, S. 72.

3. Entschädigung für Zeitversäumnis

§ 16 JVEG gewährt unterschiedslos *allen* ehrenamtlichen Richtern – ob berufstätig oder nicht – eine Entschädigung in Höhe von **7,00 €/Std.** für den mit der Teilnahme an der Verhandlung verbundenen Zeitaufwand. Die Entschädigung für Zeitversäumnis wird *zusätzlich* zu allen anderen Entschädigungen gezahlt, auch wenn dem Schöffen durch die Heranziehung außer dem Zeitverlust kein weiterer Nachteil entstanden ist.

4. Entschädigung für Nachteile bei der Haushaltsführung

4.1 Anspruchsberechtigte

Nicht (in Vollzeit) beschäftigte ehrenamtliche Richter, die einen eigenen Haushalt in Haushaltsgemeinschaft für mehrere (mindestens zwei) Personen führen, erhalten eine Entschädigung für Nachteile bei der Haushaltsführung in Höhe von **17,00 €/Std** (§ 17 JVEG). Die berufliche Stellung einer anderen Person (Vollzeit- oder Teilzeitbeschäftigung) ist unerheblich,[28] soweit der Haushalt überwiegend dem ehrenamtlichen Richter obliegt.[29] Ist die andere Person nicht erwerbstätig, der Schöffe voll- oder teilzeitbeschäftigt, kann vermutet werden, dass der nichterwerbstätige den Haushalt führt. Diese Vermutung ist widerlegbar, z. B. wenn der Nichterwerbstätige aufgrund einer Behinderung zur Haushaltsführung nicht in der Lage ist. Sind in einem Haushalt mehrere Personen als ehrenamtliche Richter tätig, steht diese Entschädigung nur der Person zu, die tatsächlich den Haushalt führt. Keine Haushaltsführung gemäß § 17 Satz 1 JVEG liegt vor, wenn der Schöffe und der Partner sich die Hausarbeit hälftig teilen und keine weitere Person zum Haushalt gehört.[30] Eine Erhöhung der Entschädigung für Nachteile bei der Haushaltsführung entsprechend § 18 Satz 2 und 3 JVEG bei häufiger oder umfangreicher Heranziehung findet nicht statt.

4.2 Erwerbsersatzeinkommen

Personen mit sog. Erwerb*ersatz*einkommen sind einem erwerbstätigen ehrenamtlichen Richter gleichgestellt und haben deshalb im Umfang der Voll- oder Teilzeitbeschäftigung keinen Anspruch auf eine Entschädigung für Haushaltsführung (§ 17 Satz 2 JVEG). In diese Kategorie des Erwerbsersatzes fallen neben dem Bezug einer Rente[31] z. B. Arbeitslosengeld, Kranken(tage)geld, Krankengeld der Sozialen Entschädigung, Mutterschaftsgeld, Insolvenzgeld, Übergangsgeld, Verletztengeld und (Saison-)Kurzarbeitergeld. Reine Entschädigungsleistungen oder Leistungen, die allein aufgrund von Bedürftigkeit gezahlt werden (z. B. Sozialhilfe, Bürgergeld), zählen nicht zum Erwerbsersatzeinkommen.

---

28 LG Bonn 26.10.2015, 29 KLs 410 Js 511/10 01/14, RohR 2016, S. 26.
29 OLG Köln 29.12.2015, 2 Ws 797/15, juris Rn. 13.
30 KG Berlin 2.8.2016, 1 Ws 33/16, juris.
31 OVG Niedersachsen 18.8.2022, 13 PS 157/22, juris.

4.3 Erwerbsminderungsrente

Wer eine Erwerbs*minderungs*rente bezieht, weil er infolge von Krankheit oder Unfall nicht mehr in der Lage ist, mehr als sechs Stunden am Tag zu arbeiten, aber den Haushalt führt, ist von dem Anspruch nach § 17 JVEG *nicht* ausgeschlossen. Diese Person steht einem Teilzeitbeschäftigten gleich, wobei die Höhe der Erwerbsminderung der (fiktiven) Teilzeitbeschäftigung entspricht. Die Rente als Äquivalent eines Teiles der Arbeitskraft (Erwerbsminderung) schließt weder nach Wortlaut noch Regelungszweck des § 17 Satz 2 JVEG die Entschädigung vollständig aus.[32]

5. Entschädigung für Verdienstausfall

Nach § 616 Satz 1 BGB verliert ein **Arbeitnehmer** im Grundsatz den Anspruch auf die Vergütung nicht, wenn er für eine „verhältnismäßig nicht erhebliche Zeit" durch einen in seiner Person liegenden Grund ohne sein Verschulden an der Dienstleistung verhindert ist. Bei der Entschädigung ist jedoch der Anspruch nach dem JVEG auf Ersatz des Verdienstausfalls gegenüber dem Lohnfortzahlungsanspruch gegen den Arbeitgeber vorrangig. Erst wenn eine Differenz verbleibt, wäre der Arbeitgeber zur Zahlung des Unterschiedsbetrages verpflichtet. Als sog. nachgiebiges Recht kann § 616 BGB durch Arbeits- oder Tarifvertrag ausgeschlossen werden. Dies ist weit verbreitet der Fall. Dann ist die Differenz zwischen dem entgangenen Lohn und der Erstattung durch die Justizkasse vom Arbeitnehmer/Schöffen selbst zu tragen. Dies hält die Rechtsprechung – ohne ausreichende Begründung – in gewissen Grenzen für zumutbar. Abhängig beschäftigte Schöffen müssen deshalb zur Beantwortung der Frage nach Geltendmachung eines von der Justiz nicht erstatteten Verdienstausfalls in den Arbeits- oder Tarifvertrag sehen.

Zur Vereinfachung des Verfahrens kann der ehrenamtliche Richter mit seinem Arbeitgeber die **Fortzahlung** der Bezüge vereinbaren und den Anspruch auf Erstattung des Verdienstausfalls an ihn abtreten. Die **Abtretung** muss dem Gericht angezeigt werden. Der Arbeitgeber erhält dann den Verdienstausfall direkt von der Justizkasse erstattet. Der ehrenamtliche Richter bekommt weiter die Entschädigung für Zeitversäumnis (7,00 €/Std.) und die Fahrtkosten erstattet, auf die der Arbeitgeber keinen Anspruch hat, weil diese Entschädigung konkrete Aufwendungen des Schöffen ersetzen. Anders als bei der Regelung zur Abführung der vollen Sozialabgaben kann der Arbeitgeber aber zur Annahme der Abtretung nicht gezwungen werden. Diese erfolgt nur auf freiwilliger Basis.

5.1 Tatsächlicher Verlust, Nachweis

Die Entschädigung für Verdienstausfall nach § 18 JVEG setzt den tatsächlichen Verlust von Einkommen voraus. Keinen Verdienstausfall erleiden Personen mit Anspruch auf Fortzahlung des Einkommens, Empfänger von Bürgergeld und Grundsicherung für Arbeitsuchende, Pensionäre bzw. Rentner und nicht Berufstätige.

---

[32] LG Göttingen 5.5.2014, KLs 1/07, RohR 2014, S. 60.

Dürfen zu Sozialleistungen bestimmte Summen *ohne Anrechnung* hinzuverdient werden, wird deren Ausfall erstattet, wenn die Tätigkeit regelmäßig ausgeübt wird und der ehrenamtliche Richter ihr aufgrund des Einsatzes nicht nachgehen kann. Die Entschädigung wird für den nachgewiesenen Verdienstausfall gewährt, der die Obergrenze der Entschädigung darstellt.

Abhängig Beschäftigte legen zum Nachweis des Verdienstausfalls eine Bescheinigung ihres Arbeitgebers vor. Lohnbestandteile wie Auslösungen und Zuschläge sowie die Arbeitgeberanteile zur Sozialversicherung sind ausgewiesen. In der Regel reicht es aus, die Grundlagen für den Verdienstausfall (z. B. die Höhe des Stundensatzes) einmal mitzuteilen und nur bei Veränderungen einen neuen Nachweis vorzulegen.[33]

Bei **Selbstständigen** reicht in der Regel aus, dass der behauptete Verdienstausfall wahrscheinlich und die Höhe ggf. zu schätzen ist. Die Höchstgrenzen können in fast allen Fällen unterstellt werden. Erscheinen die Angaben über Erwerbstätigkeit oder Verdienst unwahrscheinlich, kann die Glaubhaftmachung (§ 294 ZPO) oder ein Nachweis verlangt werden.[34] Die Steuererklärung eines selbstständigen ehrenamtlichen Richters wird in der Praxis wenig aussagekräftig sein, da der zu versteuernde Betrag regelmäßig nicht das Bruttoeinkommen dieses Steuerpflichtigen darstellt.

5.2 Bemessungsgrundlage, Obergrenzen

Berechnet wird der Verdienstausfall nach dem „regelmäßigen" **Bruttoverdienst**, d. h. die auf eine Stunde berechnete Vergütung unter Einbeziehung der Sozialabgaben, bei Arbeitnehmern incl. Arbeitgeberanteil zur Sozialversicherung; ein 13., ggf. 14. Monatsgehalt ist einzubeziehen[35], nicht hingegen sonstige einmalige Sonderzahlungen. Voraussetzung für die Erstattung ist die tatsächliche Minderung des Einkommens durch den Einsatz; fiktive Einkommensverluste werden nicht erstattet.[36] Verluste von **Nebeneinkünften** werden nur erstattet, wenn es sich um *regelmäßige* Einkünfte handelt.

Die Höhe der Erstattung des Verdienstausfalls ist für die Dauer einer durchschnittlichen Verhandlung auf höchstens **29,00 €/Std.** begrenzt (§ 18 Satz 1 JVEG). Bei **erhöhtem Einsatz** wird die Grenze angehoben. Bis zu **55,00 €/Std.** (Satz 2) werden erstattet, wenn der ehrenamtliche Richter

- innerhalb von 30 Tagen an mindestens sechs Tagen in *einem oder mehreren* Verfahren seiner regelmäßigen Erwerbstätigkeit entzogen oder
- in *einem* Verfahren an mehr als 20 Tagen herangezogen wird.

---

33 *Hagen Schneider*, JVEG, 4. Aufl., 2021, § 18 Rn. 3 unter Hinweis auf einschlägige Verwaltungsvorschriften in Rheinland-Pfalz (RdSchr. d. JM vom 3.8.2004) und Thüringen (VV d. JM 31.7.1991).
34 KG 29.11.2017, 1 Ws 27–28/17, RohR 2018, S. 65.
35 *Hagen Schneider*, JVEG, 4. Aufl., 2021, § 18 Rn. 2 m. w. N.
36 LSG Sachsen-Anhalt 21.3.2014, L 1 SV 1/12 B, RohR 2014, S. 59.

Auf bis zu **73,00 €/Std.** erhöht sich die Grenze (Satz 3), wenn der ehrenamtliche Richter in *einem* Verfahren zu insgesamt mehr als 50 Sitzungstagen herangezogen wird.

Die Erhöhung der Erstattung tritt ab dem ersten Sitzungstag ein, d. h. der erhöhte Betrag ist rückwirkend für alle Sitzungstage zu gewähren, wenn nur an einem Tag die Voraussetzungen für eine Erhöhung nach § 18 Satz 2 oder 3 JVEG vorliegen.[37] Werden 20 bzw. 50 Sitzungstage in verschiedenen Verfahren abgeleistet, bleibt es bei dem Ausgangsrahmen von 29,00 €, soweit nicht ein anderes Kriterium (z. B. der 6-Tage-Rhythmus) greift.

Zur Klarstellung: Es bleibt bei der Erstattung des *tatsächlichen* Verdienstausfalls, lediglich der Rahmen wird erhöht. Werden die Voraussetzungen für den erhöhten Verdienstausfall erreicht, ist die Entschädigung von Amts wegen ohne Antrag auf dieser Basis zu berechnen.

5.3 Selbstständige, Freiberufler

Der Anspruch auf Erstattung von Verdienstausfall steht auch Selbstständigen und Freiberuflern zu, wenn sie während ihrer regelmäßigen Arbeitszeit herangezogen werden und dies mit einem Einkommensverlust verbunden ist. Bei selbstständigen ehrenamtlichen Richtern, die eine Verdienstausfallbescheinigung einreichen und durch Gehaltsabrechnung und Nachweis der Krankenversicherung ergänzt haben (z. B. eine geschäftsführende Gesellschafterin, die einen Angestelltenvertrag mit ihrer Gesellschaft hat), kann der Verdienstausfall konkret berechnet werden, so dass es auf die Dauer der Heranziehung am jeweiligen Sitzungstag ankommt. Lässt sich ein tatsächlicher Verdienstausfall nicht beziffern, ist er zu schätzen. Als Maßstab für die Höhe kann der Verdienst eines in vergleichbarer Stellung tätigen abhängig Beschäftigten (z. B. Handwerksmeister als Betriebsleiter) herangezogen werden. Die Entschädigung der Selbstständigen unterliegt den **Höchstgrenzen** der §§ 15, 18 JVEG. Es besteht aber die Möglichkeit, Erstattung für eine **notwendige Vertretung** zu erhalten (§ 7 Abs. 1 Satz 2 JVEG). Diese ist in vollem Umfang zu ersetzen, da § 15 JVEG keine Begrenzung vorsieht. Sind die Vertretungskosten deutlich höher als die Entschädigung für den Verdienstausfall, sollte das Gericht vorher informiert werden.

6. Entschädigung für Teilzeitbeschäftigte

Teilzeitbeschäftigt sind nach § 2 Teilzeit- und Befristungsgesetz (TzBfG) Personen, deren Wochenarbeitszeit kürzer ist als bei vergleichbaren Vollzeitbeschäftigten (Abs. 1) sowie geringfügig Beschäftigte (Abs. 2). Empfänger von Erwerbsersatzeinkommen gelten nicht als Teilzeitbeschäftigte, auch wenn sie einer erlaubten weiteren Tätigkeit in Teilzeit nachgehen. Für die Dauer des Sitzungsdienstes, der in die reguläre regelmäßige Arbeitszeit fällt, werden ehrenamtliche Richter für den **Ver-**

---

[37] *Hagen Schneider*, JVEG, 4. Aufl., 2021, § 18 Rn. 13; KG 13.12.2017, 1 Ws 56/17, RohR 2018, S. 65.

dienstausfall nach § 18 JVEG entschädigt. Soweit Teilzeitbeschäftigte einen Haushalt für sich und eine weitere Person führen, werden sie für die Zeit außerhalb der regelmäßigen Arbeitszeit für Nachteile bei der **Haushaltsführung** nach § 17 JVEG entschädigt.[38] Der Anspruch steht angestellten, selbstständigen wie freiberuflichen Teilzeitbeschäftigten unabhängig davon zu, ob sie jeden Arbeitstag stundenweise berufstätig sind oder ihre Teilzeitarbeit auf einzelne Tage im Monat oder in der Woche verteilen und die übrige Zeit für ihre Haushaltsführung vorsehen. Voraussetzung ist nur, dass der ehrenamtliche Richter außerhalb der Zeit herangezogen wird, in der er regelmäßig der entgeltlichen Arbeit nachgeht.[39] Teilzeitbeschäftigten steht eine Entschädigung für Nachteile bei der Haushaltsführung nach den Grundsätzen zu Nr. 4 zu. Kann ein Teilzeitbeschäftigter die Arbeitszeit individuell einteilen, so ist es zur Vermeidung einer Besserstellung gegenüber einer in einer vollbeschäftigten Person nach Auffassung des OLG Hamm geboten, die Anzahl der Stunden für den Hausarbeitsausfall auf ein angemessenes Maß zu begrenzen. Bei einer Ergänzungsschöffin, die sich eine Arbeitszeit von 8 bis 10 Std./Woche frei einteilen kann und einen Zwei-Personen-Haushalt mit einem im Ruhestand befindlichen Ehemann führt, sind fünf Wochenstunden angemessen.[40]

Die Teilzeitkraft verliert ihren Anspruch auf Entschädigung für Nachteile bei der Haushaltsführung, soweit ihr die Kosten für eine notwendige Vertretung zur Entlastung von der Hausarbeit erstattet werden (§ 7 Abs. 1 Satz 2 JVEG). Wenn die Vertretung erst die Anwesenheit des ehrenamtlichen Richters bei Gericht ermöglicht, sind die Vertretungskosten – ggf. anteilig – neben der Entschädigung für Haushaltsführung zu erstatten.

7. Fahrtkosten

7.1 Wegstrecke

Nach § 5 JVEG werden die tatsächlich entstandenen Fahrtkosten für den Weg von der Wohnung oder Arbeitsstelle zum Gericht und zurück erstattet. Beginnt die Anreise zum Gericht **von einem anderen Ort** als dem Wohnort (z. B. dem Arbeitsort), werden die Fahrtkosten vom Wohnort aus berechnet; liegt der andere Ort näher am Gerichtsort als die Wohnung, werden nur diese niedrigeren Kosten erstattet. **Mehrkosten** von dem anderen Ort können erstattet werden, wenn besondere Umstände dies erfordern, z. B. Anreise aus einer Kur oder dem Urlaub. Ein am Ort des Gerichts beschäftigter, aber nicht dort wohnender ehrenamtlicher Richter hat keinen Anspruch auf Erstattung von Fahrtkosten zwischen Wohn- und Gerichtsort, wenn er am Sitzungstag ohnehin seiner regelmäßigen Arbeit nachgegangen wäre. Ist beabsichtigt, von einem anderen Ort anzureisen oder ein

---

[38] OVG Niedersachsen 18.8.2022, 13 PS 157/22, juris.
[39] KG 26.1.2016, 1 Ws 33.38/14, RohR 2016, S. 24; OLG München 19.12.2013, 4c Ws 1/13, RohR 2014, S. 27.
[40] OLG Hamm 10.1.2019, 5 Ws 431/18, RohR 2020, S. 111.

teureres Verkehrsmittel zu benutzen, ist der Vorsitzende (ggf. über die zuständige Geschäftsstelle) vorher zu informieren und seine Entscheidung herbeizuführen.[41]

7.2 Verkehrsmittel

Für **öffentliche Verkehrsmittel** werden die Kosten der 1. Klasse, ggf. mit Zuschlägen erstattet. Auch für eine Strecke, auf der eine Regionalbahn verkehrt, kann ein zuschlagpflichtiger IC oder ICE benutzt werden; Kosten für Platzreservierung und Beförderung von Gepäck werden erstattet.[42] Ausgaben, die nicht erforderlich sind, werden nicht erstattet (z. B. Mehrkosten durch Nachlösen im Zug). Entstehen für die Anreise keine (Zeit- oder Netzkarte, Deutschlandticket) oder ermäßigte Kosten (Bahn-Card), wird weder der gewöhnliche Fahrpreis erstattet noch der Anteil an den Kosten der Karte.[43]

Für eine Anreise mit einem **eigenen Kfz** werden **pro Kilometer 0,42 €** erstattet sowie die Parkgebühren. Höhere als die preisgünstigsten Fahrtkosten werden erstattet, wenn dadurch insgesamt Mehrbeträge an Entschädigung eingespart werden (z. B. durch Zeitersparnis) oder die höheren Kosten wegen besonderer Umstände notwendig sind. Bei der Bemessung der Wegstrecke ist nicht von amtlichen Entfernungen von Ortsmitte zu Ortsmitte, Wegberechnungsprogrammen oder Routenplanern auszugehen, sondern von der tatsächlich gefahrenen Wegstrecke.[44] Diese kann z. B. anhand des Tageszählers im Pkw glaubhaft gemacht werden. Ein angefangener Kilometer ist auf einen vollen aufzurunden. Auch hier sind die Kosten nur glaubhaft zu machen. Bei den **Parkgebühren** ist deren Höhe nicht zwingend nachzuweisen. Bei der Abrechnung an Gerichtsstelle weiß der Schöffe in aller Regel vorher nicht, wie lange seine Heranziehung dauert, so dass gegen die Erstattung von Tagesparkkarten keine Bedenken bestehen. Bei nachträglicher Abrechnung und Erstattung sollte schon aus Gründen der Verwaltungsvereinfachung ggf. die Angabe der Tagespauschale, die der Abrechnungsstelle bekannt ist, zum Nachweis reichen.

Grundsätzlich ist das **preisgünstigste** Beförderungsmittel zu wählen. Die Wahl zwischen der Nutzung eines öffentlichen Verkehrsmittels oder einem Pkw steht dem ehrenamtlichen Richter jedoch frei. Nach Sparpreisen oder Sonderangeboten muss nicht gesucht werden. In Ausnahmefällen können **Taxikosten** erstattet werden, etwa gehbehinderten ehrenamtlichen Richtern, denen ein öffentliches Verkehrsmittel nicht zur Verfügung steht und die kein eigenes Fahrzeug haben. Eine Vorabinformation an den Vorsitzenden des Spruchkörpers vermeidet unnötige Diskussionen.

---

41 OLG Brandenburg 5.6.2009, 6 W 68/09, juris.
42 *Stefanie Simon/Ralf Pannen*, in: Schneider/Volpert/Fölsch (Hrsg.), Gesamtes Kostenrecht, 3. Aufl., 2021, § 5 JVEG Rn. 8.
43 LSG Bayern 23.2.2016, L 15 RF 35/15, juris Rn. 61 f.; abweichend OLG Koblenz 25.3.1993, 14 W 73/93, Rpfleger 1994, S. 85 zur Möglichkeit der Erstattung anteiliger Kosten für eine BahnCard.
44 LG Dresden 22.6.2005, 10 O 2618/04, MDR 2005, S. 1260.

8. Aufwand

Ehrenamtliche Richter, die nicht innerhalb der Gemeinde, in der die Gerichtsverhandlung stattfindet, wohnen oder arbeiten (sog. auswärtige ehrenamtliche Richter), erhalten nach § 6 JVEG für die Zeit der Abwesenheit von der Wohnung bzw. dem Arbeitsplatz ein **Tagegeld**, das sich nach § 6 BRKG i. V. m. §9 Abs. 4a EStG bemisst. Das BRKG schränkt die Erstattung insoweit ein, als bei einer nur geringen Entfernung (bis 2 km[45]) zwischen der Arbeitsstätte bzw. der Wohnung und dem Gericht das Tagegeld nicht gewährt wird. Bei einer eintägigen Abwesenheit von mehr als acht Stunden erhält der auswärtige ehrenamtliche Richter 14,00 €; bei über 10 Stunden entsteht ein Anspruch auf Erstattung von Übernachtungskosten, die auf 70,00 € begrenzt sind.[46] Eine mehrtägige Abwesenheit wird mit 28,00 €/Tag und je 14,00 € für An- und Abreisetag entschädigt. Das Tagegeld ist ein pauschalierter Aufwand.

9. Sonstige Aufwendungen

9.1 Auslagen

Andere Auslagen können gemäß § 7 JVEG ebenfalls ersetzt werden, wenn sie *notwendig* sind. Darunter fallen z. B. Kosten für ein ärztliches Attest zur Entbindung von einem einzelnen Sitzungstag oder einen Reiserücktritt, wenn wegen einer Fortsetzung der Verhandlung eine Urlaubsreise storniert werden musste. Die Auslagen sind dem Grunde wie der Höhe nach darzulegen. Ein konkreter **Nachweis** ist nur dann erforderlich, wenn die Erteilung von Quittungen und Belegen einer allgemeinen Übung entspricht. Zwei Fälle notwendiger sonstiger Aufwendungen nennt das Gesetz ausdrücklich: die Vertretung und die Begleitperson.

9.2 Vertretung

Die Vertretung ist im natürlichen, nicht im rechtlichen Sinne zu verstehen. Dazu zählt z. B. die Beschäftigung einer Hilfskraft, wenn der ehrenamtliche Richter sein Geschäft ohne eine solche Vertretung nicht geöffnet lassen kann. Neben dem Ausgleich der Vertretungskosten kommt eine Entschädigung für Verdienstausfall nur in Ausnahmefällen in Betracht, da dieser durch die Vertretung gerade vermieden wird. Entstehen für die Mitwirkung am Gerichtstermin besonders **hohe Entschädigungskosten** für eine notwendige berufliche Vertretung, sind ehrenamtliche Richter verpflichtet, das Gericht unverzüglich über diese Umstände zu unterrichten. Solche Vertretungskosten können, wenn sie aus dem Rahmen fallen, ggf. die Verhinderung des ehrenamtlichen Richters begründen.[47]

---

[45] Allgemeine Verwaltungsvorschrift zum Bundesreisekostengesetz (BRKG-VwV), zu § 6 Nr. 6.1.3.
[46] OVG Niedersachsen 31.5.2022, 13 PS 135/22, LAIKOS Journal Online 2024, S. 44.
[47] OVG Hamburg 18.1.2006, 3 So 67/05, NVwZ-RR 2006, S. 446.

9.3 Begleitperson

Der – auch zeitweise – behinderte ehrenamtliche Richter darf sich von einer Begleitperson zum Gericht bringen, ggf. dort betreuen und wieder abholen lassen, wenn dies notwendig ist. Einfluss können dabei die jeweiligen äußeren Umstände nehmen. Ein einseitig Oberschenkelamputierter z. B. kann bei normaler Witterung allein zurechtkommen, bei Glatteis aber einer Begleitperson bedürfen. Eine Erstattung ist in diesem Fall nicht schon deshalb ausgeschlossen, weil die Begleitung durch die Ehefrau erfolgt.[48]

9.4 Nicht notwendige Auslagen

Auch die ausdrücklich genannte Begleitung bzw. Vertretung ist nicht „notwendig", wenn die Leistung in **Erfüllung einer rechtlichen Pflicht** erfolgt. So sind nach § 1619 BGB z. B. Kinder, die dem elterlichen Hausstand angehören und von den Eltern unterhalten werden, verpflichtet, ihnen unentgeltlich Dienste (hier: Vertretung oder Begleitung) zu leisten, so dass eine Entschädigung durch die Justizkasse nicht in Betracht kommt.

9.5 Umsatzsteuer

Selbstständig tätige Schöffen erhalten auf ihre Entschädigung keine Umsatzsteuer ersetzt, da § 12 Abs. 1 Satz 2 Nr. 4 JVEG auf Vergütungen Bezug nimmt und insoweit auf die Erstattung von Aufwand keine Anwendung findet. Diese kann nur nach § 7 JVEG insoweit erstattet werden, wie Umsatzsteuer in den von ihnen geltend gemachten Aufwendungen enthalten ist.

10. Verfahren und Kosten

Alle Anträge und Erklärungen können durch den ehrenamtlichen Richter ohne einen Bevollmächtigten schriftlich oder zu Protokoll der Geschäftsstelle abgegeben werden. Die Verfahren sind kostenfrei (§ 4 Abs. 8 JVEG). Auslagen (z. B. für einen Rechtsanwalt) werden nicht erstattet.

10.1 Antragstellung

Die Entschädigung wird auf Antrag bei der zuständigen Stelle des Gerichts in der genannten Form gewährt. Der Antrag muss die Tatsachen beinhalten, nach denen die Entschädigung berechnet wird (Reisebeginn und -ende, Wegstrecke, benutztes Beförderungsmittel, bare Auslagen, Einstellung einer Vertretung usw.). Soweit ein Nachweis erforderlich ist, ist der Anspruch glaubhaft zu machen. Die **Berechnung** nimmt die zuständige Stelle vor, die an eine Berechnung in dem Antrag nicht gebunden ist. Ist beabsichtigt, die Entschädigung niedriger anzusetzen als beantragt, sollte der ehrenamtliche Richter in Kenntnis gesetzt und die Kürzung begründet werden.

---

[48] *Hagen Schneider*, JVEG, 4. Aufl., 2021, § 7 Rn. 48.

10.2 Gerichtliche Entscheidung

Gegen die Entscheidung des Urkundsbeamten kann die gerichtliche Entscheidung beantragt werden (§ 4 Abs. 1 JVEG). Der Antrag kann bis zum Erlöschen des Anspruchs oder dem Eintritt der Verjährung gestellt werden. Zuständig ist der durch die Geschäftsverteilung des Gerichts bestimmte Spruchkörper.

10.3 Beschwerde, weitere Beschwerde

Gegen die gerichtliche Festsetzung ist die Beschwerde zulässig, wenn der **Wert von 200,00 €** überschritten wird oder das Gericht die Beschwerde ausdrücklich zulässt (§ 4 Abs. 3 JVEG). Der Beschwerdewert ist die Differenz zwischen dem begehrten Betrag und dem durch die gerichtliche Festsetzung zugesprochenen. Die Beschwerde muss bei dem Gericht eingelegt werden, das über die Festsetzung entschieden hat, solange die Forderung nicht verjährt ist. Ändert das erkennende Gericht seine Entscheidung nicht ab, entscheidet das nächsthöhere Gericht.

Gegen die Beschwerdeentscheidung eines Landgerichts ist die weitere Beschwerde zulässig, wenn diese wegen der Bedeutung der zu entscheidenden Frage ausdrücklich zugelassen wurde (§ 4 Abs. 5 JVEG). Eine Zulassung erfolgt, wenn eine Rechtsfrage obergerichtlich noch nicht entschieden wurde, das Landgericht von der Entscheidung eines anderen Gerichts abgewichen ist oder widersprechende Entscheidungen existieren. Die weitere Beschwerde kann nur darauf gestützt werden, dass die angefochtene Entscheidung geltendes Recht verletzt. Der Beschwerdeführer muss darlegen, welche Rechtsnorm verletzt wird, dass die Entscheidung auf dieser fehlerhaften Anwendung beruht und die angefochtene Entscheidung bei richtiger Anwendung des Rechts für ihn günstiger ausgefallen sein würde.

11. Verlust des Anspruchs; Rückforderung
11.1 Erlöschen, Verjährung

Der Anspruch auf Entschädigung kann erlöschen und verjähren (§ 2 JVEG). Ein Anspruch erlischt, wenn der ehrenamtliche Richter bis zum Ablauf der Frist keinen Antrag auf Auszahlung der Entschädigung gestellt hat. Die **Frist des Erlöschens** beginnt mit der Beendigung der Amtsperiode und endet drei Monate später. Soweit ein Verfahren über das Ende der regulären Amtszeit dauert, verlängert sich die Amtsperiode mit der Folge, dass die Drei-Monats-Frist erst mit dem Ende dieses Verfahrens beginnt. Ist ein Anspruch fristgerecht geltend gemacht worden, kann er nicht mehr erlöschen, aber noch verjähren.

Die **Frist der regelmäßigen Verjährung** beträgt drei Jahre (§ 195 BGB), beginnend mit dem Ende der Amtsperiode (§ 2 Abs. 1 Satz 2 Nr. 4 JVEG). Während der Amtszeit des ehrenamtlichen Richters können Entschädigungsansprüche also nicht verjähren. Ein Antrag auf gerichtliche Festsetzung und die Erhebung der (weiteren) Beschwerde (§ 4 JVEG) führen zur **Hemmung** der Verjährung. Diese bewirkt gemäß § 209 BGB, dass der Zeitraum, in dem die Verjährung gehemmt ist, nicht in die Verjährungsfrist eingerechnet wird, d. h. „die Uhr wird angehalten".

Nach Beendigung des hemmenden Ereignisses läuft die Verjährungsfrist weiter. Nach § 204 BGB endet eine Hemmung durch Klageerhebung sechs Monate nach der Beendigung des Verfahrens. Das Beschwerdeverfahren nach § 4 JVEG steht dem Klageverfahren gleich, hemmt also ebenfalls die Verjährung.

11.2 Überzahlte Entschädigung

Für die **Rückforderung** der Staatskasse wegen zu viel gezahlter Entschädigungen gilt das über die Verjährungsfristen Ausgeführte im Wesentlichen entsprechend. Die *Verjährung beginnt* jedoch bereits mit dem Ablauf des Jahres, in dem die zu viel gezahlte Entschädigung ausgezahlt wurde, und endet mit dem Ablauf des darauffolgenden dritten Jahres.

12. Besteuerung der Entschädigung

Eine Entschädigung für **Verdienstausfall** ist nach § 19 Abs. 1 Satz 1 Nr. 1, § 24 Nr. 1 Buchstabe a EStG zu versteuern, wenn sie als Ersatz für entgangene Einnahmen aus einer nichtselbstständigen Tätigkeit gezahlt wird. Deshalb kommen die Steuervergünstigungen nach § 3 Nr. 12 Satz 1 EStG (*Aufwandsentschädigung* aus öffentlichen Kassen an öffentliche Dienste leistende Personen) nicht in Betracht. Die Sozialabgaben sind für die Versteuerung aus diesem Betrag herauszurechnen. Die Angaben hierzu erhält der ehrenamtliche Richter vom Arbeitgeber.

Die Entschädigung für **Nachteile bei der Haushaltsführung** ist als Einkommen aus sonstiger selbstständiger Tätigkeit zu versteuern. Bei Teilzeitbeschäftigung ist der Teil der Entschädigung für den Verdienstausfall wie das Einkommen zu versteuern, die Entschädigung für Nachteile bei der Haushaltsführung wie sonstiges Einkommen aus selbstständiger Tätigkeit.

Die Entschädigung für **Zeitversäumnis** ist steuerfrei. Sie stellt keine Entschädigung im Sinne des EStG dar, da sie nicht an die Stelle entgangener Einnahmen aus nichtselbstständiger Arbeit tritt. Die Tätigkeit als ehrenamtlicher Richter und die Entschädigung für Zeitversäumnis stehen in keinem Gegenseitigkeitsverhältnis. Vielmehr sollen ehrenamtliche Richter nur pauschal für die entstandene Zeitversäumnis entschädigt werden.[49]

Entschädigungen, denen ein entsprechender tatsächlicher **Aufwand** gegenübersteht, sind nicht zu versteuern, wie etwa der Ersatz der Fahrtkosten oder die tatsächlichen Kosten einer Vertretung.

Nach den Lohnsteuer-Richtlinien 2023 zu § 3 Nr. 12 EStG, Abs. 4 Satz 3[50] sind bei ehrenamtlich tätigen Personen grundsätzlich alle durch die Tätigkeit veranlassten Aufwendungen dadurch abgedeckt, dass sie eine steuerfreie Aufwandsentschädigung erhalten. Bildet sich der ehrenamtliche Richter durch Seminare oder Fachliteratur fort, ist dies ein zusätzlicher Aufwand, der durch die Pauschale von 7,00 €/Std. nicht

---

[49] BFH 31.1.2017, IX R 10/16, NJW 2017, S. 1774, 1775 Rn. 22 ff.
[50] Richtlinie Aufwandsentschädigungen aus öffentlichen Kassen (§ 3 Nr. 12 Satz 2 EStG).

abgedeckt ist. Diese Kosten können demgemäß mit der Jahressteuererklärung geltend gemacht werden. Die Praxis der Finanzämter ist aber bundesweit höchst unterschiedlich. Auf jeden Fall sollten mit der Steuererklärung entsprechende Belege eingereicht werden. Die ehrenamtlichen Richter sollten sich deshalb von der Zahlstelle eine detaillierte Aufschlüsselung der Entschädigung aushändigen lassen.

Glossar zum Schöffenamt

A

Abstimmung. Entscheidungen des Gerichts erfolgen als Urteil oder Beschluss mit der jeweiligen gesetzlichen Mehrheit. Entscheidungen zur Schuld des Angeklagten und zu den Rechtsfolgen der Tat bedürfen einer Zwei-Drittel-Mehrheit der Mitglieder des Gerichts, alle anderen (Verfahrens-)Fragen der absoluten Mehrheit.

Adhäsionsverfahren. Verfahren nach der StPO, in dem der von einer Straftat Geschädigte seine zivilrechtlichen Ansprüche (z. B. auf Schadenersatz und Schmerzensgeld) bereits im Strafverfahren gegen den Angeklagten geltend machen kann.

Akteneinsicht. Recht von Verfahrensbeteiligten und Mitgliedern des Gerichts, sich über Stand und Verlauf des Verfahrens durch Einsicht in die vom Gericht zusammengefassten Schriftstücke (Akte) Kenntnis zu verschaffen. Schöffen können Teile des Akteninhalts zur Kenntnis nehmen, wenn dies für die Entscheidung erforderlich ist.

Amtsenthebung. Ein Schöffe ist des Amtes zu entheben, wenn er Amtspflichten gröblich verletzt hat, z. B. durch Bekämpfung der verfassungsmäßigen Ordnung oder die beharrliche Weigerung, an der Hauptverhandlung teilzunehmen. Die Entscheidung trifft ein Strafsenat des Oberlandesgerichts.

Amtsermittlungsgrundsatz. Das Gericht hat von Amts wegen, ohne dass es eines bestimmten Antrags der Verfahrensbeteiligten bedarf, den streitigen Sachverhalt (d. h. die prozessuale Wahrheit) zu ermitteln. Der Grundsatz gilt in den Tatsacheninstanzen der Straf-, Verwaltungs-, Sozial- und Finanzgerichtsbarkeit. In den zivilrechtlichen Gerichtsbarkeiten, in denen sich Bürger als Kläger und Beklagte gegenüberstehen, gilt der Beibringungsgrundsatz, d. h. jede Partei muss die für ihre Position günstigen Tatsachen vortragen und unter Beweis stellen.

Amtsgericht. Gericht der ordentlichen Gerichtsbarkeit, das in Strafverfahren erstinstanzlich für die Aburteilung leichter bis mittelschwerer Kriminalität zuständig ist. Die Strafgewalt beträgt vier Jahre Freiheitsstrafe oder fünf Jahre Jugendstrafe, bei Verbrechen bis zu zehn Jahren Jugendstrafe.

Angeklagter. Der einer Straftat Verdächtige, gegen den die öffentliche Klage der Staatsanwaltschaft vom Gericht zur Hauptverhandlung zugelassen und das Hauptverfahren eröffnet wurde. Im Ermittlungsverfahren wird er als Beschuldigter, nach Anklageerhebung als Angeschuldigter bezeichnet.

Anklage wird von der Staatsanwaltschaft vor dem zuständigen Gericht erhoben, wenn ein hinreichender Tatverdacht einer Straftat gegen den Beschuldigten besteht, in der Regel durch Einreichung einer Anklageschrift sowie der Vorlage der Akten. Die Anklage begrenzt den vom Gericht zu verhandelnden Sachverhalt.

Anklagesatz. Teil der Anklageschrift, der die Person des Angeklagten, die ihm zur Last gelegte Tat, Zeit und Ort ihrer Begehung, die gesetzlichen Merkmale der Straftat sowie die verletzten Strafvorschriften beinhaltet.

Anklageschrift. Besteht aus dem Anklagesatz und dem „wesentlichen Ergebnis der Ermittlungen", das den Gang der Ermittlungen und die Beweisführung zur mutmaßlichen Täterschaft darlegt.

Antragsdelikt. Strafbare Handlung, deren Verfolgung von einem Strafantrag des Verletzten oder einem sonstigen Berechtigten (z. B. Angehörigen) abhängig ist (absolutes Antragsdelikt) oder nur bei Vorliegen eines besonderen öffentlichen Interesses von der Staatsanwaltschaft ohne Antrag verfolgt werden kann (relatives Antragsdelikt).

Auflagen. (a) Bei einer Strafaussetzung zur Bewährung können dem Verurteilten Auflagen erteilt werden, die der Genugtuung für begangenes Unrecht dienen, z. B. Wiedergutmachung des verursachten Schadens, Zahlung eines Geldbetrages an eine gemeinnützige Einrichtung. Einen Katalog von Auflagen sieht das StGB auch bei einer Verwarnung mit Strafvorbehalt vor. (b) Bei einer Einstellung des Verfahrens nach § 153a StPO kann mit einer Auflage das öffentliche Interesse an der Strafverfolgung beseitigt werden. (c) Auflagen nach dem JGG zählen zu den Zuchtmitteln.

Auskunftsverweigerungsrecht. Recht des Zeugen, die Auskunft über solche Fragen zu verweigern, mit deren Beantwortung er sich selbst oder einen Angehörigen der Gefahr strafrechtlicher Verfolgung aussetzen würde; nicht zu verwechseln mit dem Zeugnisverweigerungsrecht, das zum völligen Schweigen berechtigt.

Aussage. Mitteilung eines Zeugen oder Sachverständigen zu einem Sachverhalt, der mit der angeklagten Tat in Verbindung steht. In bestimmten Fällen (z. B. Ehe, Verwandtschaft) verfügt der Zeuge über ein Zeugnis- bzw. Aussageverweigerungsrecht. Sprachlich unterscheidet man die „Aussage" des Zeugen vom „Gutachten" des Sachverständigen und der „Einlassung" des Angeklagten.

Ausschluss von Gerichtspersonen. In bestimmten Fällen sind (ehrenamtliche wie hauptberufliche) Richter gesetzlich von der Mitwirkung an einem Strafverfahren ausgeschlossen, z. B. bei enger Lebensbeziehung zum Angeklagten oder Verletzten, einer früheren Mitwirkung in demselben Verfahren oder persönlicher Betroffenheit von der angeklagten Tat.

Aussetzung der Hauptverhandlung. Unterbrechung der Hauptverhandlung für einen längeren Zeitraum, nach dem die Hauptverhandlung erneut beginnen muss.

B

Befangenheit. Voreingenommenheit, die aufgrund bestimmter Tatsachen Zweifel an der Objektivität insbesondere von Mitgliedern des Gerichts begründet. Die Tatsachen können sich aus der Person des Abgelehnten sowie aus dessen Verhalten oder Äußerungen ergeben. Bereits die Besorgnis der Befangenheit stellt einen Grund zum Ausschluss aus dem Verfahren dar.

Beratung. Nichtöffentliche Willensbildung des Gerichts über das Urteil oder notwendige Entscheidungen im Laufe der Hauptverhandlung.

Beratungsgeheimnis. Pflicht der Mitglieder des Gerichts, über den Hergang von Beratung und Abstimmung zu schweigen. Das Beratungsgeheimnis soll die Unabhängigkeit der Meinungsbildung des Gerichts schützen.

Berichterstatter. Berufsrichter in einem Kollegialgericht, der die Hauptverhandlung aufgrund seiner Aktenkenntnis zusammen mit dem Vorsitzenden vorbereitet und nach Urteilsverkündung den Entwurf der schriftlichen Gründe fertigt.

Berufsrichter ist, wer das Richteramt mit seiner ganzen Arbeitskraft im Hauptamt oder zu einem Teil im Nebenamt (z. B. Rechtsprofessoren) ausübt.

Berufung. Rechtsmittel gegen Urteile des Amtsgerichts, mit dem in allgemeinen Strafsachen (gegen Erwachsene) durch die Kleine Strafkammer des Landgerichts das erstinstanzliche Urteil in tatsächlicher und rechtlicher Hinsicht überprüft wird. In Jugendstrafsachen ist für die Berufung gegen Urteile des Jugendrichters die Kleine Jugendkammer, gegen Urteile des Jugendschöffengerichtes die Große Jugendkammer zuständig.

Beschluss. (a) Gerichtliche Entscheidung ohne mündliche Verhandlung; (b) Entscheidung während einer Verhandlung über Verfahrensfragen.

Besetzungsrüge. Die mit der Revision geltend gemachte Rüge, das erkennende Gericht sei nicht ordnungsgemäß, d. h. nicht in der gesetzlich beschriebenen Weise besetzt gewesen.

Besonders schwerer Fall. Den Strafrahmen einer Straftat erhöhender Strafschärfungsgrund.

Beweis. Begründung für eine aufgestellte Behauptung. Ein Beweis ist erbracht, wenn für die Annahme der Behauptung (Anklage) aufgrund bestimmter Tatsachen eine so hohe Wahrscheinlichkeit besteht, dass für vernünftige Zweifel kein Raum bleibt.

Beweisantrag. Antrag des Sitzungsvertreters der Staatsanwaltschaft, des Nebenklägers bzw. seines Beistandes oder des Angeklagten bzw. seines Verteidigers, das Gericht solle über eine bestimmte Tatsache durch ein bestimmtes Beweismittel Beweis erheben.

Beweisaufnahme. Kernstück der Hauptverhandlung mit dem Ziel zu klären, ob die angeklagte Tat nachzuweisen, ggf. welche Strafe angemessen ist.

Beweismittel. Jeder für den Nachweis der Straftat bzw. die Art und Höhe der Strafe wichtige Umstand muss durch ein Beweismittel (Zeuge, Sachverständiger, Urkunde, richterlicher Augenschein) nachgewiesen werden. Kein Beweismittel ist die Einlassung des Angeklagten.

Beweisverbot. Unzulässigkeit, einen Beweis zu erheben (Beweiserhebungsverbot) oder einen erhobenen Beweis zu verwerten (Beweisverwertungsverbot).

Beweiswürdigung. Überzeugungsbildung des Gerichts von der Wahrheit oder Unwahrheit einer Tatsache aufgrund der Beweisaufnahme. Nach dem Grundsatz der freien Beweiswürdigung ist der Richter nicht an zwingende Beweisregeln gebunden, eine Behauptung oder Tatsache für bewiesen zu halten.

Bundesgerichtshof. Oberstes Bundesgericht in Angelegenheiten der ordentlichen Gerichtsbarkeit. In Strafsachen entscheidet er über Revisionen gegen erstinstanzliche Urteile der Land- und Oberlandesgerichte.

D

Delikt. Durch Gesetz verbotene Handlung, an die eine Sanktion geknüpft ist.

E

Ehrenamtlicher Richter. Mit dem Berufsrichter gleichberechtigt an der Rechtsprechung teilnehmender Richter, der aber nicht in einem Dienstverhältnis zur Justiz steht. Umfasst als Oberbegriff auch die Schöffen in der Strafgerichtsbarkeit und die Handelsrichter in den Kammern für Handelssachen.

Einlassung. Äußerungen des Angeklagten zur Sache.

Einstellung des Verfahrens. Beendigung eines Verfahrens wegen Geringfügigkeit, geringer Schuld, oder aus prozessökonomischen Gründen durch Beschluss oder wegen fehlender Zulässigkeit durch Prozessurteil.

Einziehung. Durch das Urteil angeordnete Wegnahme der durch eine Straftat hervorgebrachten Tatprodukte (z. B. Falschgeld) oder bei der Begehung benutzten Gegenstände (Tatmittel, z. B. Tatwerkzeuge) sowie die Einziehung von Taterträgen.

Erfolg. Eintritt des (erstrebten) Zwecks einer Straftat.

Erfolgsqualifiziertes Delikt. Bezeichnung für eine Straftat, bei der das Gesetz an den Eintritt eines bestimmten Erfolges eine höhere Strafandrohung knüpft.

Ergänzungsschöffe. Ersatzschöffe, der bei Hauptverhandlungen von längerer Dauer von Beginn an zusätzlich herangezogen wird für den Fall, dass ein Hauptschöffe wegen Krankheit, Besorgnis der Befangenheit oder aus sonstigen Gründen aus dem Spruchkörper ausscheidet.

Ermittlungsverfahren. Erste Stufe eines Strafverfahrens, in dem die Staatsanwaltschaft das Vorliegen eines für die Anklage erforderlichen hinreichenden Tatverdachtes aufgrund der durch sie ermittelten Beweise prüft.

Ersatzschöffe. Schöffe, der in den Fällen zum Einsatz kommt, in denen ein Hauptschöffe nicht (mehr) zur Verfügung steht. Er tritt an die Stelle des verhinderten Hauptschöffen, wird Mitglied eines im Laufe des Jahres neu gebildeten Spruchkörpers, nimmt an außerordentlichen Sitzungen oder in Umfangsverfahren als Ergänzungsschöffe teil. Zum Einsatz kommt jeweils der Ersatzschöffe, der bei Eintreten des Vertretungs- bzw. Einsatzgrundes an erster Stelle der Ersatzschöffenliste steht. Nach dem Einsatz, wenn er seinerseits verhindert war oder nicht erreicht werden konnte, rückt er an das Ende der dadurch rotierenden Liste.

Erziehungsmaßregeln sind im Jugendstrafrecht die Erteilung von Weisungen und die Anordnung, Hilfe zur Erziehung anzunehmen.

Ethisches Verhalten. Grundsätze, die die Mitwirkung ehrenamtlicher Richter prägen, das Bewusstsein über die Verantwortung des Amtes schärfen und dazu befähigen, Verhalten und Entscheidungen selbstkritisch zu reflektieren. Maßstab des ethischen Verhaltens ehrenamtlicher Richter ist die Garantie für ein faires Verfahren.

F

Faires Verfahren. Prozessgrundsatz als Ausprägung des Rechtsstaates, der beinhaltet, dass der Angeklagte nicht nur Objekt des Verfahrens ist, sondern auf das Verfahren Einfluss nehmen kann (explizit aufgeführt in Art. 6 EMRK), z. B. durch Gewährung des rechtlichen Gehörs.

Fragerecht. Der Vorsitzende hat den Schöffen auf Verlangen zu gestatten, Fragen an Angeklagte, Zeugen und Sachverständige zu stellen. Ausnahme: Zeugen unter 18 Jahren werden allein vom Vorsitzenden vernommen.

Freibeweis. Nachweis einer Tatsache, zumeist in Verfahrensfragen, ohne die in der StPO genannten Beweismittel.

Freie Beweiswürdigung. Das Gericht wertet in der Hauptverhandlung die erhobenen Beweise, ohne an feste Beweisregeln gebunden zu sein.

Freiheitsstrafe. Das Höchstmaß der zeitigen Freiheitsstrafe beträgt 15 Jahre, das Mindestmaß einen Monat. Für besonders schwere Straftaten wie Mord, Totschlag in besonders schwerem Fall oder Raub mit Todesfolge kann eine lebenslange Freiheitsstrafe verhängt werden.

Freispruch erfolgt, wenn sich die Unschuld des Angeklagten erweist oder begründete Zweifel an seiner Schuld bestehen. Die nicht erwiesene Schuld aufgrund von Zweifeln an der Täterschaft des Angeklagten ist der häufigste Fall des Freispruchs.

G

Geldstrafe wird nach dem sog. Tagessatzsystem festgesetzt. Die Anzahl der Tagessätze bemisst sich nach der Schuld des Angeklagten; die Höhe des Tagessatzes errechnet sich nach den persönlichen und wirtschaftlichen Verhältnissen (Nettoeinkommen) des Angeklagten.

Generalprävention. Die angedrohte oder verhängte Strafe soll die Allgemeinheit von der Begehung von Straftaten abschrecken.

Gericht. Der Begriff wird in mehrfacher Bedeutung verwendet: (a) der zur Entscheidung einer Rechtssache berufene Spruchkörper; (b) die nach der Gerichtsverfassung örtlich und sachlich zuständige Behörde (z. B. Amts- oder Landgericht); (c) Kurzbezeichnung für das Gerichtsgebäude.

Gerichtssprache. Die Gerichtssprache ist deutsch, in den Heimatkreisen der sorbischen Bevölkerung zusätzlich sorbisch (§ 184 GVG).

Geschäftsstelle. Verwaltungseinheit des Gerichts, die die Akten führt und andere Verwaltungsgeschäfte erledigt. Die Schöffengeschäftsstelle führt auch die Schöffenlisten, nach denen die Ladung der Haupt- und Ersatzschöffen erfolgt, und ist erster organisatorischer Ansprechpartner für die Schöffen.

Geschäftsverteilung. Regelt vor Beginn eines jeden Geschäftsjahres die personelle Zusammensetzung und Zuständigkeit eines Spruchkörpers im nächsten Jahr, bestimmt damit den gesetzlichen Richter.

Geschworene. Im klassischen Schwurgericht Mitglieder einer Jury, die entscheiden, ob der Angeklagte schuldig im Sinne der Anklage ist; das Strafmaß setzt der verhandlungsleitende Berufsrichter fest. In der Beweisaufnahme haben sie das Recht, Fragen an Zeugen und Sachverständige zu stellen, auch an den Angeklagten, soweit er bereit ist, als Zeuge vernommen zu werden.

Gesetzlicher Richter. Der verfassungsrechtliche Grundsatz bestimmt, dass die Zuständigkeit eines Richters für jedes Verfahren vorweg abstrakt geregelt sein muss (Art. 101 Abs. 1 Satz 2 GG: „Niemand darf seinem gesetzlichen Richter entzogen werden"). Fehler in der Besetzung können mit der Revision angefochten werden (sog. Besetzungsrüge).

Geständnis bezeichnet das Einräumen des Angeklagten, die vorgeworfene Straftat begangen zu haben. Auch ein Geständnis muss vom Gericht daraufhin geprüft werden, ob es möglicherweise falsch ist.

Glaubhaftigkeit betrifft den Wahrheitsgehalt einer Aussage an sich anhand der Schlüssigkeit ihres Inhalts.

Glaubwürdigkeit betrifft die Einschätzung des Gerichts, ob bezüglich der persönlichen Merkmale (Auftreten, Interesse am Ausgang des Verfahrens usw.) eines Angeklagten oder Zeugen auf eine wahrheitsgemäße Aussage geschlossen werden kann.

H

Haftbefehl. Richterliche Anordnung der vorläufigen Freiheitsentziehung eines Tatverdächtigen zur Sicherung des Verfahrens gegen Flucht oder Verdunkelung.

Hauptschöffen sind diejenigen Schöffen, die für jedes Geschäftsjahr im Voraus auf die Sitzungstage eines Gerichts ausgelost werden.

Hauptstrafe (Freiheitsstrafe, Geldstrafe, Jugendstrafe) kann als solche allein verhängt werden.

Hauptverhandlung. Mündliche Verhandlung, die der Beweisaufnahme und Entscheidung über Schuld und Strafe des Angeklagten dient.

Heranwachsender ist, wer das 18., aber noch nicht das 21. Lebensjahr vollendet hat.

I

Im Namen des Volkes. Urteilsformel, die symbolisiert, dass im demokratischen Staat alle Staatsgewalt vom Volke ausgeht (Art. 20 Abs. 2 GG).

Im Zweifel für den Angeklagten. Rechtsstaatlicher Grundsatz im Strafverfahren, der insbesondere besagt, dass der Angeklagte freizusprechen ist, wenn nach der Beweisaufnahme begründete Zweifel an seiner Schuld bestehen.

Indiz. Im Strafprozess der Beweis einer strafbaren Handlung aufgrund von Tatsachen, die nicht unmittelbar die vorgeworfene Straftat beweisen, aber Rückschlüsse auf diese zulassen.

Irrtum. Widerspruch zwischen Vorstellung und Wirklichkeit; mögliche Fehlerquelle im Rahmen von Zeugenaussagen.

J

Jugendgerichte entscheiden über die Verfehlungen Jugendlicher und Heranwachsender. Als Jugendgerichte fungieren beim Amtsgericht der Jugendrichter als Einzelrichter und das Jugendschöffengericht, beim Landgericht die Kleine und Große Jugendkammer.

Jugendgerichtshilfe. Teil des Jugendamtes der Gemeinde oder des Kreises, der nach dem SGB VIII in Verfahren nach dem JGG als Hilfe für das Gericht und den jugendlichen Beschuldigten mitwirkt.

Jugendlicher im strafrechtlichen Sinn ist, wer zur Zeit der Tat 14, aber noch nicht 18 Jahre alt ist.

Jugendrichter. Gerichtsverfassungsrechtlicher Begriff für den Einzelrichter im Jugendstrafverfahren.

Jugendstrafe. Freiheitsentziehende Strafe nach dem JGG, die in einer Jugendstrafanstalt vollstreckt wird.

Jugendstrafrecht ist das bei Straftaten Jugendlicher und Heranwachsender anzuwendende Recht, das bei Verfehlungen Erziehungsmaßregeln, Zuchtmittel und Jugendstrafe vorsieht.

Justizgrundrechte. Prinzipien im gerichtlichen Verfahren, die ein solches Gewicht haben, dass sie von der Verfassung garantiert werden oder wegen ihrer Bedeutung verfassungsgleichen Status haben: Verbot von Ausnahmegerichten, Recht auf den gesetzlichen Richter und auf rechtliches Gehör, Rückwirkungs- und Analogieverbot, Verbot der Doppelbestrafung sowie Rechtsgarantien bei Freiheitsentziehung. Die Justizgrundrechte des GG werden durch europäische in der EMRK, GRCh und die Allgemeine Erklärung der Menschenrechte ergänzt.

K

Kammer. Spruchkörper des Landgerichts.

Kammergericht. Das Oberlandesgericht des Landes Berlin; ältestes noch bestehendes Gericht in Deutschland aus dem Jahre 1468.

Kapitaldelikt (lat. Caput = Haupt). Bezeichnung für besonders schwere Straftaten wie Mord und Totschlag, die früher mit der Todesstrafe bedroht waren.

Kollegialgericht. Gerichtlicher Spruchkörper mit mehr als einem (Berufs- oder ehrenamtlichen) Richter.

Konfliktverteidigung. Prozessstrategie eines Strafverteidigers, mit der unter extensiver Ausnutzung der Verfahrensrechte die Durchführung des Verfahrens verzögert oder erschwert wird.

Kriminalität ist abweichendes Verhalten gegen Gesetze, die ein bestimmtes Handeln oder Unterlassen mit Strafe bedrohen.

L

Ladung. Aufforderung, zu einem gerichtlichen Termin zu erscheinen.

Landgericht. Gericht der ordentlichen Gerichtsbarkeit, das in Strafsachen in erster Instanz (Große Strafkammer) für Verfahren wegen schwerer Kriminalität oder besonderer Bedeutung und in zweiter Instanz (Kleine Strafkammer) für Berufungen gegen Urteile des Amtsgerichts zuständig ist.

Letztes Wort. Recht des Angeklagten zur Stellungnahme nach Schluss der Beweisaufnahme und den Plädoyers der Staatsanwaltschaft und des Verteidigers.

M

Maßregeln der Besserung und Sicherung. Neben oder anstelle der Strafe können Maßregeln der Besserung und Sicherung verhängt werden: Unterbringung in psychiatrischem Krankenhaus oder Entziehungsanstalt, Sicherungsverwahrung, Führungsaufsicht, Entziehung der Fahrerlaubnis und Berufsverbot.

Mündlichkeitsgrundsatz. Prozessgrundsatz, der besagt, dass nur diejenigen Tatsachen einer Entscheidung zugrunde gelegt werden dürfen, die in der Hauptverhandlung erörtert wurden.

N

Nebenfolge ist eine Rechtsfolge, die nur in Verbindung mit einer Hauptstrafe verhängt werden kann, z. B. der Verlust der Amtsfähigkeit, der Wählbarkeit und des Stimmrechts.

Nebenklage. Verletzte bzw. Opfer bestimmter Straftaten können in der Hauptverhandlung neben der Staatsanwaltschaft als Nebenkläger auftreten und haben dazu eigene Rechte im Verfahren.

Nebenstrafe kann nur zusätzlich neben einer Hauptstrafe verhängt werden; ausdrücklich nennt das StGB nur das Fahrverbot.

Neutralität. Die Pflicht eines Schöffen, den Verfahrensbeteiligten – insbesondere den Angeklagten und Zeugen – unvoreingenommen, vorurteilsfrei und objektiv („ohne Ansehen der Person") zu begegnen.

O

Oberlandesgericht. Gericht der ordentlichen Gerichtsbarkeit (in Berlin Kammergericht). In Strafsachen zuständig für die Revision gegen Urteile des Amtsgerichts und Berufungsurteile des Landgerichts; in erster Instanz zuständig für schwere Staatsschutzdelikte wie Bildung einer terroristischen Vereinigung oder Hoch- und Landesverrat.

Obliegenheit. Für den Schöffen eine Pflicht, der er nachkommen muss, und deren Verletzung ggf. durch ein Ordnungsgeld sanktioniert ist.

Öffentlichkeit der Hauptverhandlung. Prozessgrundsatz, der jedem den Zugang zu den Gerichtsverhandlungen gewährt und der Kontrolle der Rechtsprechung dient. Strafverfahren gegen Jugendliche finden grundsätzlich nichtöffentlich statt, weil der Schutz des Jugendlichen einen höheren Stellenwert hat.

Ordentliche Gerichtsbarkeit. Klassischer Gerichtszweig für zivilrechtliche und strafrechtliche Verfahren und Angelegenheiten der freiwilligen Gerichtsbarkeit in Abgrenzung zu den später entstandenen Fachgerichtsbarkeiten.

Ordnungsmittel. Ahndungsmöglichkeit des Gerichts (Ordnungsgeld, Ordnungshaft) zur Aufrechterhaltung der Ordnung bei ungebührlichem Verhalten oder Verletzung prozessualer Pflichten.

P

Plädoyer. Zusammenfassender Schlussvortrag des Staatsanwaltes und des Verteidigers am Ende der Beweisaufnahme über deren Ergebnis.

Protokoll. Niederschrift über den förmlichen Ablauf der Hauptverhandlung (beim Amtsgericht auch der wesentlichen Inhalte der Zeugenaussagen).

Prozessgrundsätze. Grundprinzipien, die einen rechtsstaatlichen Prozess und ein faires Verfahren, Waffengleichheit und Vorhersehbarkeit staatlichen Handelns garantieren sollen.

R

Rechtsfolgen der Tat. Die vom Gesetz vorgesehenen Konsequenzen (Strafe, Maßregeln der Besserung und Sicherung, Nebenfolgen), wenn das Gericht die Begehung einer Straftat des Angeklagten festgestellt hat.

Rechtsgut ist ein durch die Rechtsordnung geschütztes Gut oder Interesse. Geschützte Rechtsgüter sind insbesondere Leben, Gesundheit, Freiheit und Eigentum. Der Schutz der Rechtsgüter ist Aufgabe des Strafrechts. Konkurrieren Rechtsgüter miteinander, hat das überwiegende Rechtsgut strafbeschränkende Wirkung.

Rechtsmittel sind Beschwerde, Berufung oder Revision, mit denen die Entscheidung eines Gerichts mit dem Ziel angefochten werden kann, dass diese durch ein Gericht höherer Ordnung überprüft wird.

Rechtsprechung. Tätigkeit der Gerichte, die in der Feststellung eines streitigen Sachverhaltes und dessen rechtlicher Beurteilung besteht, ggf. in mehreren Instanzen. Sie ist nach Art. 92 GG den (Berufs- und ehrenamtlichen) Richtern anvertraut.

Rechtsstaatsprinzip bedeutet im Strafverfahren, dass der Angeklagte im Rahmen der geltenden Gesetze abgeurteilt und – wenn er der Tat überführt ist – einer gerechten und schuldangemessenen Strafe zugeführt wird.

Revision. Rechtsmittel, mit dem ein Urteil durch ein Gericht höherer Instanz ausschließlich auf rechtliche Fehler überprüft wird.

S

Sanktionensystem. Katalog der im StGB vorgesehenen Strafen, Maßregeln der Besserung und Sicherung sowie Nebenfolgen, der in der StPO aufgeführten Weisungen und Auflagen bei einer Einstellung des Verfahrens und der Sanktionen gegen Jugendliche und ggf. Heranwachsende im JGG.

Schöffen. Bezeichnung für die ehrenamtlichen Richter in der Strafgerichtsbarkeit.

Schöffengericht. (a) Spruchkörper im Amtsgericht; (b) Oberbegriff für alle mit Schöffen besetzten Gerichte, im Gegensatz zum klassischen Jury-Schwurgericht.

Schuld. Element der Straftat, das die individuelle Vorwerfbarkeit der strafbaren Handlung bezeichnet; nicht Schuldfähige können nicht bestraft werden.

Schuldunfähigkeit. Fehlende strafrechtliche Verantwortung aufgrund rechtlicher (z. B. Person unter 14 Jahre) oder tatsächlicher Umstände (z. B. Krankheit).

Schweigerecht. Recht des Angeklagten, zu den in der Anklage gemachten Vorwürfen keine Angaben zu machen.

Schwurgericht. Im klassischen Schwurgericht entscheidet eine Jury von (zumeist 10 oder 12) Geschworenen über die Frage, ob sich der Angeklagte im Sinne der Anklage schuldig gemacht hat, während der Richter die Verhandlung leitet und über das Strafmaß entscheidet. In der deutschen Gerichtsverfassung heute die Bezeichnung für eine mit Schöffen besetzte Große Strafkammer des Landgerichts, die für Kapitaldelikte zuständig ist.

Selbstleseverfahren. Einschränkung des Öffentlichkeitsgrundsatzes, indem Urkunden oder andere schriftliche Unterlagen als Beweismittel nicht in der Hauptverhandlung verlesen werden, sondern die Mitglieder des Gerichts und die anderen Beteiligten außerhalb der Hauptverhandlung Kenntnis nehmen.

Spezialprävention. Die verhängte Sanktion soll speziell den Verurteilten von der Begehung weiterer Straftaten abhalten.

Spruchkörper. Bezeichnung für das jeweilige zur Entscheidung berufene Gericht.

Staatsanwaltschaft. Ermittlungs-, Anklage- und Vollstreckungsbehörde im Strafverfahren. Sie ist die „Herrin" des Ermittlungsverfahrens; in der Hauptverhandlung vertritt sie die Anklage; nach dem Urteil sorgt sie für dessen Vollstreckung.

Strafaussetzung zur Bewährung. Aufschub der Vollstreckung einer Freiheitsstrafe, die nach erfolgreicher Bewährung erlassen wird.

Strafe. Durch Gesetz angedrohte Zufügung eines (schuldangemessenen) Übels als Ausgleich für eine begangene Straftat. Das StGB unterscheidet Hauptstrafen, Nebenstrafen und Nebenfolgen.

Strafgerichtsbarkeit. Teil der ordentlichen Gerichtsbarkeit, der für das Strafverfahren zuständig ist.

Strafgewalt. Im weiteren Sinne die Befugnis des Staates, Straftaten zu ahnden; im engeren Sinne der Rahmen, innerhalb dessen ein Gericht Strafen verhängen darf (Strafbann).

Strafkammer. Spruchkörper des Landgerichts, der als Kleine Strafkammer in Berufungsverfahren gegen Urteile des Amtsgerichts, erstinstanzlich als Große Strafkammer zuständig ist.

Strafmaß. Vom Gericht festgesetzte Höhe der Strafe.

Strafmündigkeit. Personen unter 14 Jahren sind nicht strafmündig und damit schuldunfähig.

Strafprozess. Gesetzlich geordnetes gerichtliches Verfahren, in dem über das Vorliegen einer Straftat sowie die Rechtsfolgen entschieden wird.

Strafrahmen. Im Gesetz vorgesehener Bereich der jeweiligen Strafe durch Angabe einer Mindest- und Höchststrafe.

Strafrecht. Gesamtheit aller Rechtsvorschriften, die die staatliche Befugnis nach Inhalt und Umfang regeln, welche Handlung einer Person mit Strafe bedroht ist (materielles Strafrecht) und in welcher Art und Weise das Verfahren durchzuführen ist (formelles Strafrecht).

Straftat. Tatbestandsmäßige, rechtswidrige und schuldhafte Handlung, die vom Gesetz unter Strafe gestellt wird.

Strafverteidiger. Selbstständiges Organ der Rechtspflege und Beistand des Angeklagten im Strafverfahren.

Strafzumessung. Festsetzung der Strafe nach der Schuld des Täters und dem gesetzlichen Strafrahmen.

Strafzweck. Frage nach der Rechtfertigung der staatlichen Strafe (Warum Strafe?) sowie Sinn und Zweck (Was soll eine verhängte Strafe bewirken?). Die absoluten Straftheorien – Vergeltung und Sühne – sehen ihn im Schuldausgleich. Die relativen Straftheorien – General- und Spezialprävention – verlangen eine präventive Wirkung der Strafe auf den Täter und die Gesellschaft. Die heute vertretene Vereinigungstheorie will die verschiedenen Strafzwecke in ein ausgewogenes Verhältnis bringen.

Streichung von der Schöffenliste. Beendigung des Schöffenamtes entweder von Amts wegen oder auf Antrag des Schöffen.

Strengbeweis. Beweisführung mit den förmlichen Beweismitteln der StPO (Zeuge, Sachverständiger, Urkunde, richterlicher Augenschein).

Subsumtion. Rechtliche Prüfung, ob eine konkrete Handlung des Täters den Merkmalen eines Strafgesetzes zugeordnet werden kann.

Sühne. Strafzweck, nach dem die Schuld des Täters durch eine Ausgleichsleistung (Wiedergutmachung oder Strafe) aufgehoben oder gemindert werden soll.

T

Tatbestand. Beschreibung der gesetzlich festgelegten Voraussetzungen der Strafbarkeit.

Tatsachengericht. Gericht, das einen Rechtsstreit in tatsächlicher und rechtlicher Hinsicht aufklärt. In Strafverfahren sind die Amts- und Landgerichte Tatsachengerichte, die Oberlandesgerichte nur insoweit, wie sie in besonderen Strafverfahren erstinstanzlich tätig werden.

U

Umfangsverfahren. Verfahren, das wegen einer großen Zahl von Angeklagten oder eines komplizierten Sachverhaltes eine zeitlich intensive Beweisaufnahme erfordert, z. B. bei Kapital- und Wirtschaftsdelikten. Hauptverhandlungen in Umfangsverfahren können mehrere Monate, in Einzelfällen sogar mehrere Jahre dauern.

Unabhängigkeit der Richter. Die Richter sind persönlich (Befreiung von unfreiwilliger Versetzung und Entlassung) und sachlich (Weisungsfreiheit) unabhängig und nur dem Gesetz unterworfen (Art. 97 Abs. 2 Satz 1 GG). Ehrenamtlichen Richtern steht die volle sachliche Unabhängigkeit zu, die persönliche Unabhängigkeit nur in eingeschränktem Umfang.

Unschuldsvermutung. Bis zum Nachweis der Schuld durch ein rechtskräftiges Urteil ist von der Unschuld eines Angeklagten auszugehen.

Unterbrechung der Hauptverhandlung. Zeit zwischen zwei Hauptverhandlungstagen, nach der diese fortgesetzt wird. Hiervon zu unterscheiden ist die Vertagung bzw. die Aussetzung der Hauptverhandlung von mehr als 21 Tagen, die in der Regel zu einem Neubeginn der Hauptverhandlung führt.

Urteil. Förmliche, die Instanz beendende Entscheidung eines Gerichts aufgrund einer Hauptverhandlung. Das Urteil wird in der Hauptverhandlung durch Verlesung der Urteilsformel verkündet und mündlich begründet.

V

Verbrechen. Straftat, die im Mindestmaß mit einem Jahr Freiheitsstrafe bedroht ist.

Vereidigung des Schöffen. Förmliche Verpflichtung vor dem ersten Einsatz des Schöffen in öffentlicher Sitzung des Gerichts auf seine Amtspflichten.

Verfahrensbeteiligte. Personen, denen eine Funktion im Verfahren zukommt oder deren Rechte durch das Verfahren berührt werden, z. B. Angeklagter, Staatsanwalt, Verteidiger, Nebenkläger und sein Beistand (Nebenklagevertreter), Sachverständiger, Dolmetscher, Zeuge. Die Mitglieder des Gerichts werden nicht als Verfahrens*beteiligte* angesehen, weil sie den Verfahrensbeteiligten mit der Befugnis zur Verfahrensleitung, -durchführung und -entscheidung gegenüberstehen.

Verfassungstreue. Schöffen haben nach ihrem Amtseid „die Pflichten eines ehrenamtlichen Richters getreu dem Grundgesetz für die Bundesrepublik Deutschland (…) zu erfüllen", ggf. auch der jeweiligen Landesverfassung. Schöffen, die die verfassungsmäßige Ordnung ablehnen oder bekämpfen, verletzen ihre Amtspflicht gröblich und können ihres Amtes enthoben werden.

Vergehen. Straftat, die nicht Verbrechen ist.

Vergeltung. Ausgleich für erlittenes Unrecht des Geschädigten, als Strafzweck umstritten.

Verständigung. In der Regel Ablegung eines (Teil-)Geständnisses gegen Zusage einer Strafmilderung, vor allem in Verfahren mit umfangreicher und schwieriger Beweisaufnahme.

Vertagung der Hauptverhandlung. Gleichbedeutend mit der Aussetzung der Hauptverhandlung.

Verwarnung mit Strafvorbehalt. Aufschiebend bedingter Strafausspruch, d. h. eine Geldstrafe wird der Höhe nach festgesetzt mit der Maßgabe, dass ihre Vollstreckung nur erfolgt, wenn der Verurteilte innerhalb der Bewährungszeit erneut straffällig wird.

Vorsitzender. Leitet Verhandlung, Vernehmung des Angeklagten und Beweisaufnahme.

W

Wahrheit. Im Strafprozess die Übereinstimmung der Feststellungen des Gerichts mit dem tatsächlichen Geschehen. Das Gericht ist von Amts wegen verpflichtet, die für den Verhandlungsstoff relevante prozessuale (oder forensische) Wahrheit zu ermitteln.

Weisungen. (a) Für die Dauer der Bewährungszeit können dem Verurteilten Weisungen erteilt werden, um seine Lebensführung in Hinblick auf die Gefahr erneuter Straffälligkeit günstig zu beeinflussen. (b) Weisungen nach dem JGG zählen zu den Erziehungsmaßregeln.

Wesentliches Ergebnis der Ermittlungen. Teil der Anklageschrift, in dem der Staatsanwalt den Gang der Ermittlungen und seine Beweisführung zur mutmaßlichen Täterschaft darlegt.

Z

Zuchtmittel nach dem JGG sind die Verwarnung, die Erteilung von Auflagen und der Jugendarrest.

Zwischenverfahren. Verfahren nach der Anklageerhebung, in dem das Gericht darüber entscheidet, ob das Hauptverfahren eröffnet und die Anklage zur Hauptverhandlung zugelassen wird.

Partizipation in der Justiz (PariJus)
Gemeinnützige Gesellschaft zur Förderung zivilgesellschaftlicher Teilhabe mbH

www.parijus.eu

Die Kenntnisse über Wirkung und Einfluss der ehrenamtlichen Richterinnen und Richter sowie der weiteren ehrenamtlich in der Justiz Tätigen sind in der Öffentlichkeit ebenso wie in Wissenschaft, Rechtspolitik, Medien und Rechtskunde wenig ausgeprägt. Deshalb wurde die PariJus gGmbH im August 2016 gegründet mit dem Zweck,

1. Wissenschaft und Forschung über die Teilhabe der Zivilgesellschaft an Rechtsprechung und Streitschlichtung zu fördern durch
   - Unterstützung rechtstatsächlicher Untersuchungen zum Mitwirkungs- und Entscheidungsverhalten ehrenamtlicher Richterinnen und Richter sowie von Schiedspersonen,
   - Unterstützung der Forschung über eine erweiterte und verbesserte Mitwirkung ehrenamtlicher Richterinnen und Richter,
   - Aufbau einer spezialisierten Literatur- und Rechtsprechungsdatenbank zur Unterstützung der Arbeit wissenschaftlicher Institutionen.
2. die Fortbildung von Multiplikatoren in Bildung und Erziehung, kommunalen Verwaltungen und gesellschaftlichen Organisationen sowie der Medienverbände zu fördern durch
   - Beratung und Unterstützung von Bildungsträgern bei der Konzeption und Planung von Seminaren,
   - Seminarangebote für Referenten, Lehrer und Journalisten.
3. gemeinnützige gesellschaftliche sowie öffentlich-rechtliche Körperschaften in Wissenschaft, Justiz und Politik für eine Zusammenarbeit zu gewinnen.
4. die Partizipation in der Justiz zu stärken und auszuweiten, insbesondere durch
   - die Herausgabe der kostenfreien Zeitschrift: LAIKOS Journal Online, **www.laikos.eu**
   - die Webseiten **www.parijus.eu** zur Information über die richterlichen Ehrenämter und **www.schoeffenwahl.de** zur Unterstützung der gesellschaftlichen Organisationen und Kommunen sowie der Bewerber in und zwischen den Schöffenwahlen,
   - Rechtsberatung ehrenamtlicher Richter
   - Beratung der gesetzgebenden Organe.

Register

A

Abladung 50, 76
Ablehnung des Schöffenamtes 106
Abschreckung 118, 268
Absehen von Strafe 141
Abstimmung 63, 86, 244, 245
Abtretung 284
Adhäsionsverfahren 163
Akteneinsicht 189
Alkoholkonsum 134
Alleintäter 123
Altersgrenze 103
Ämterhäufung 47
Amtsenthebung 96, 98
Amtsermittlungsgrundsatz 171, 221, 239
Amtsgericht 56
Amtspflichtverletzung 98
Amtszeit 46
Analogie 167
Anfangsverdacht 177
Angeklagter 158, 230
Anklageerhebung 181
Anklageprinzip 170
Anklagesatz 193, 194
Anklageschrift 192
Anstiftung 123
Antrag auf Entschädigung 290
Antrag auf Streichung 105
Antragsdelikt 171
Anwesenheit des Angeklagten 159, 266
Arbeitsmittel der Schöffen 187
Ärztliches Attest 72
Auferlegung der Kosten 96
Aufklärungsgehilfe 249
Auflagen 146, 153
Aufruf der Sache 194
Aufwandsentschädigung 289
Aufzeichnungen 188
Augenschein 211
Ausbleiben des Schöffen 94

Auskunftsverweigerungsrecht 206
Auslegung von Gesetzen 62
Auslosung 48
Aussageanalyse 235
Aussagegenehmigung 206
Aussagetüchtigkeit 233
Ausschluss der Öffentlichkeit 163, 169, 268
Ausschluss vom Verfahren 78
Außerordentliche Sitzung 53
Aussetzung der Hauptverhandlung 185
Auswärtige Kammer 102
Auswirkungen des Urteils 257

B

Befangenheit 79, 89, 91, 93, 188, 189
Befangenheitsantrag 80
Befehl 132
Begleitperson 290
Belehrung 194
Benachrichtigung über Termine 49
Benachteiligungsverbot 271
Beratung 95, 187, 228, 231
Beratungsgeheimnis 70, 87, 188, 199, 229, 232
Beruf 104
Berufliche Verpflichtung 73
Berufsrichter 29
Berufsverbot 152
Berufung 55–57, 265
Beschlagnahme 179
Beschleunigungsgrundsatz 172, 231
Beschwerde 98, 291
Besetzung des Gerichts 56, 165
Besondere Schwere der Schuld 144
Besonders schwerer Fall 251
Besorgnis der Befangenheit 79
Bestechlichkeit 69
Bewährungshelfer 147, 151, 155
Beweisantrag 198

Beweisaufnahme 195
Beweiserhebungsverbot 199
Beweismittel 203, 233
Beweisverbote 199
Beweisverwertungsverbote 200
Beweiswürdigung 233
Bezeichnung der ehrenamtlichen Richter 31
Bindung an Gesetz und Recht 93
Bundesgerichtshof 58

D

Datenerhebung 178
Dauer der Hauptverhandlung 184
Deutschkenntnisse 104
Dienstgeheimnis 69
Digitales Gerät 81, 188
Dolmetscher 104
Doppelverwertungsverbot 251, 253
Drogendelikt 139
Durchsuchung 180

E

Ehrenamtlicher Richter 29, 31
Eigene Ermittlungen 84
Eigene Sachkunde 170
Einheitsstrafe 155
Einlassung 195, 234
Einsatz des Schöffen 49, 52
Einsatzstrafe 259
Einstellung des Verfahrens 138, 181, 227
Einstweilige Unterbringung 269
Einwilligung 131
Einzelrichter 56
Einziehung 148
Entbindung von einzelnen Sitzungstagen 71, 166
Entgeltfortzahlung 276
Entschädigung 281
Entschädigung für Haushaltsführung 283
Entschädigung für Strafverfolgungsmaßnahmen 262

Entschädigung für Zeitversäumnis 283
Entscheidungsfindung 241
Entschuldigungsgründe 135
Entziehung der Fahrerlaubnis 152
Erfolgsdelikt 124
Ergänzungsschöffe 53, 166
Ergänzungswahl 55
Ermittlungsmethoden 178
Ermittlungsverfahren 158, 177
Eröffnung des Hauptverfahrens 182
Erörterung des Verfahrensstandes 218
Erreichbarkeit 76
Ersatzfreiheitsstrafe 142, 254
Ersatzschöffe 51, 77, 166
Ersatzschöffenliste 52, 55
Erweitertes Schöffengericht 56
Erwerbsersatzeinkommen 283
Erwerbsminderungsrente 284
Erziehungsberechtigter 268
Erziehungsgedanke 269
Erziehungsmaßregeln 153
Ethisches Verhalten 67

F

Fahrerlaubnis 152
Fahrlässigkeit 128, 137
Fahrtkosten 287
Fahrverbot 147
Faires Verfahren 168, 173
Fehlurteil 59
Fehlverhalten des Schöffen 96, 100
Fehlzeiten 274
Fernwirkung eines Beweisverbotes 202
Festnahmerecht 131
Folterverbot 168
Formelles Strafrecht 112
Fortbildung 68, 281
Fortsetzungsverhandlung 50
Frageformen 215
Fragerecht 65, 81, 212
Fragetechnik 213
Freibeweis 191, 196, 245
Freie Beweiswürdigung 171, 174

Freiheitsentziehung 168
Freiheitsstrafe 143, 248, 260, 267
Freispruch 231
Freistellung von der Arbeit 274
Fristlose Kündigung 273
Früchte des vergifteten Baumes 202
Führungsaufsicht 151
Führungszeugnis 140
Fürsorgepflicht des Gerichts 173

G

Garantenpflicht 125
Garantenstellung 125
Geheimhaltung 89
Gehilfe 123, 249
Geldstrafe 141, 248, 253, 260, 267
Gelöbnis 86
Gemeinnützige Arbeit 143
Gerechtigkeit 25
Gerichtliche Entscheidung 291
Gesamtgeldstrafe 141, 248
Gesamtstrafe 144, 259
Geschichte des Schöffenamtes 33
Gesetzlicher Richter 165
Geständnis 208, 209, 239
Gesundheitliche Eignung 103
Gewissensgründe 87
Glaubhaftigkeit 235
Glaubwürdigkeit 234
Gleitende Arbeitszeit 274
Grenzregion 274
Große Jugendkammer 57
Große Strafkammer 57
Grundrechte 164
Gutachten 210
Güterabwägung 176

H

Haftung des Schöffen 64
Hang 150
Hauptschöffe 47, 165
Haupttatsachen 196, 240

Hauptverhandlung 49, 183
Heranwachsender 155, 268
Hilfen zur Erziehung 153
Hilfsspruchkörper 53
Hilfsstrafkammer 53
Hilfstatsachen 197
Hinweispflicht des Gerichts 173

I

Identitätsfeststellung 178
Indizien 196, 241
Information der Schöffen 186
Insolvenz 103
Instanzenzug 55
Internet 188
Irrtum 137

J

Jugendarrest 154
Jugendersatzschöffenliste 52
Jugendgerichtshilfe 269
Jugendlicher 268
Jugendlicher als Zeuge 207
Jugendrichter 56
Jugendschöffe 46, 52
Jugendschöffengericht 56
Jugendschutzgericht 57
Jugendschutzkammer 58
Jugendstrafe 154
Jugendstrafrecht 153, 269
Jugendstrafverfahren 267
Justizgrundrechte 165

K

Kausalität 125
Kernzeit 274
Kind als Zeuge 207
Klageerzwingungsverfahren 181
Kleidung 83
Kleine Jugendkammer 57
Kleine Strafkammer 56
Knallzeuge 204

Kommissarische Vernehmung 208
Kontrollstelle 179
Kopftuch 83
Körpersprache 238
Korruptionsprävention 67
Kosten des Verfahrens 261
Krankengeld 279
Krankenversicherung 279
Krankheit 72
Kriminalität 109
Kriminalitätstheorien 110
Kündigung 273
Kurze Freiheitsstrafe 143, 244

L

Ladung 49
Laienrichter 31
Landesverfassung 30, 273
Landgericht 57
Lauschangriff 179
Lebenslange Freiheitsstrafe 144
Leichenschau 180
Letztes Wort 230
Lüge 218, 234
Lügendetektor 200

M

Maßregeln der Besserung und Sicherung 149, 261
Materielles Strafrecht 112
Medien 84, 89
Mehrfachbestrafung 167
Mehrfachwahl 47
Minder schwerer Fall 250
Mittäter 123
Mittelbarer Täter 123
Mitwirkung der Schöffen 64, 86, 186, 222, 242
Mündlichkeit 170
Mutterschutz 278

N

Nachträgliche Entschuldigung 97
Nachträgliche Sicherungsverwahrung 151
Nachtragsanklage 171
Nachtschicht 282
Nachweis der Verhinderung 72
Nachweis des Verdienstausfalls 285
Nebenfolge 148
Nebenklage 162
Nebenkläger 162
Nebenstrafe 147
Nebenstrafrecht 112
Neuer Spruchkörper 53
Neutralität 83, 93
Nichterreichbarkeit 76
Nothilfe 130
Notizen 188
Notstand 130, 132, 135
Notwehr 130
Notwehrexzess 135
Notwendige Auslagen 262
Notwendige Verteidigung 160
Notwendige Vertretung 286, 289

O

Oberlandesgericht 58
Objektiver Tatbestand 122
Obliegenheitspflichten 86, 94, 100
Observation 179
Offenkundige Tatsache 172
Öffentlichkeit 169
Offizialprinzip 171
Opferanwalt 162
Opportunitätsprinzip 171
Ordnungsgeld 94, 96
Ordnungsmittel <Zeuge> 204
Ortsabwesenheit 77

P

Parken von Schöffen 49
Parkgebühren 288

Pausenzeit 184, 282
Persönliche Verhältnisse 194
Pflichten der Schöffen 70
Pflichtenkollision 131
Pflichtverteidiger 160
Plädoyer 229, 267
Polizeiliche Beobachtung 179
Präventionsentscheidung 257
Private Ermittlungen 202
Privates Wissen 85, 170
Prognose 151, 258
Prozessgrundsätze 168
Prozesshindernis 182, 232
Prozessvoraussetzungen 182
Punktgenaue Strafe 225

R

Rasterfahndung 179
Razzia 180
Recht 21
Rechtfertigungsgrund 129
Rechtliches Gehör 166
Rechtsbeugung 68
Rechtsfortbildung 157
Rechtsfragen 60, 245
Rechtsgut 114
Rechtsmedizin 180
Rechtsordnung 25, 117, 129, 143
Rechtspositivismus 23
Rechtsquelle 23
Rechtssprache 187
Rechtsstaat 28
Rechtsstellung der Schöffen 61
Rechtswidrigkeit 129
Regelbeispiele 251
Reichsbürger 99
Religiöses Symbol 83
Rentenversicherung 280
Reserveschöffe 52
Revision 55
Richter 29, 157
Richterliche Unabhängigkeit 157
Richtervorbehalt 178

Rückfalltäter 118
Rückforderung der Entschädigung 292
Rücktritt vom Versuch 136
Rückwirkungsverbot 166

S

Sachleitung 66
Sachverständiger 210
Sanktionensystem 138
Sanktionsschere 220, 225
Schleppnetzfahndung 179
Schlussvortrag 229, 267
Schöffengericht 56
Schöffengeschäftsstelle 77
Schöffenwahl 45
Schöffenwahlausschuss 46
Schuld 133, 245, 254
Schuldausschließungsgründe 133
Schuldunfähigkeit 134
Schutzrechte 271
Schweigepflicht 87
Schweigerecht 195
Schwurgericht 37, 39, 40
Selbstablehnung 80
Selbstbelastungsfreiheit 172
Selbstgefährdung 129
Selbstleseverfahren 170, 212, 274
Selbstständiger 286
Sicherungsverwahrung 150
Sitzungsleitung 65
Sozialabgaben 279, 280
Soziale Medien 86, 89, 100
Spruchkörper 165
Spruchrichterprivileg 64
Staatsanwaltschaft 158, 229
Steuerrecht 292
Steuerungsfähigkeit 134
Stimmengleichheit 64
Stimmenthaltung 86
Strafantrag 136
Strafaufhebungsgründe 136
Strafausschließungsgründe 136

Strafaussetzung zur Bewährung 145, 155, 267
Strafbarkeit der Schöffen 68
Strafe 114
Strafgerichtsbarkeit 55
Strafmilderung 233, 249
Strafrahmen 248
Strafrahmenverschiebung 249
Strafrecht 114, 163
Strafrichter 56
Strafschärfung 233, 251
Straftat 119
Straftheorien 116
Strafverfahren 163
Strafzumessung 247, 263, 267
Streichung von der Schöffenliste 102
Strengbeweis 196
Subjektiver Tatbestand 127
Subsumtion 59, 242
Suggestivfrage 217

T

Tagegeld 289
Tagessatz 141, 253
Tatbestandsirrtum 137
Tateinheit 259
Täter 123
Tatherrschaft 122
Tätige Reue 250
Tatmehrheit 259
Tatobjekt 124
Tatsachenfeststellung 59
Tatsachengericht 55
Teilnahme an der Hauptverhandlung 70
Teilschweigen 195
Teilzeitbeschäftigte 286
Telekommunikationsüberwachung 179
Todesstrafe 166

U

Überzeugung des Gerichts 239

Ultima-Ratio-Prinzip 115
Umfang der Sitzungstage 105
Umfangsverfahren 53
Umsatzsteuer 290
Unabhängigkeit der Richter 61
Unfähigkeit zum Schöffenamt 102
Unfallversicherung 280
Unfallversicherungsschutz 280
Ungeeignetheit zum Schöffenamt 103
Unmittelbarkeit 170, 208
Unparteilichkeit 79, 93
Unschuldsvermutung 174
Untauglicher Versuch 126
Unterbrechung der Hauptverhandlung 50, 172, 184, 187
Unterbringung in einem psychiatrischen Krankenhaus 149
Unterbringung in einer Entziehungsanstalt 150, 261
Unterlassen 124
Untersuchungshaft 180, 261
Unzumutbarkeit des Sitzungsdienstes 72
Urkunde 211
Urlaub 50, 74, 77, 278
Urteil 244

V

Verantwortung des Schöffen 66
Verbindungsperson 180
Verbotsirrtum 138
Verdeckter Ermittler 180
Verdienstausfall 284
Vereidigung 86
Vereidigungsverbote 205
Verfahrensbeteiligte 157
Verfahrensfrage 64, 65, 232, 244
Verfassungstreue 99
Verfolgung Unschuldiger 69
Verhalten des Schöffen 81, 91
Verhältnismäßigkeit 168
Verhandlungsunfähigkeit 72
Verhinderung 72

Verjährung 137, 232, 252, 291
Verkehrsmittel 288
Verlegung des Sitzungstages 48, 72
Verlesung der Anklage 194
Verlesung von Protokollen 208, 266
Verletztenbeistand 162
Verletzter 161, 162
Verminderte Schuldfähigkeit 134
Vermögensabschöpfung 148
Vermögensverfall 103
Vernehmung 194, 203, 208
Vernehmung zur Person 194
Vernehmung zur Sache 266
Verschlechterungsverbot 267
Verspätung 94
Verständigung 219, 220
Versuch 126
Versuch aus grobem Unverstand 126
Vertagung der Hauptverhandlung 185
Verteidigung 160, 230
Verteidigung der Rechtsordnung 140, 143, 145
Vertrauensperson des Zeugen 162, 207
Verwandte 206
Verwarnung mit Strafvorbehalt 139
Videovernehmung 207, 209
Volksgericht 33
Vollrausch 134
Vorbehaltene Sicherungsverwahrung 151
Vorfeldermittlungen 177
Vorhalt 208

Vorläufige Freiheitsentziehung 180, 261
Vorsatz 127
Vorschlagsliste 45
Vorstrafe 256
Vorteilsannahme 69

W

Wahlfeststellung 246
Wahlrechtsmittel 57
Wahndelikt 126
Wahrnehmung berechtigter Interessen 132
Warnschussarrest 154
Weisungen 147, 151, 153
Wesentliches Ergebnis der Ermittlungen 192
Widerruf der Befreiung 76
Wiederaufnahmeverfahren 167
Wiederwahl 46
Wirtschaftliche Verhältnisse 254
Wohnsitz 103, 106

Z

Zeuge 178, 203, 204, 206, 207
Zeugenbeistand 207
Zeuge vom Hörensagen 209
Zeugnisverweigerungsrecht 205
Zuchtmittel 153
Zwei-Drittel-Mehrheit 63, 244
Zweifelssatz 176
Zwischenberatung 187
Zwischenverfahren 182

»Ein Standardwerk für alle«

RA Ralf Hansen, juralit.com Oktober 2019, zur Vorauflage

Strafgesetzbuch
Lehr- und Praxiskommentar

Von Prof. Dr. Dr. h.c. mult. Urs Kindhäuser
und Prof. Dr. Dr. Eric Hilgendorf

10. Auflage 2024, ca. 1.500 S.,
brosch., 59,– €
ISBN 978-3-7560-1352-4
Erscheint ca. September 2024

Der „Kindhäuser" ist eine Institution. Die vorzügliche Kombination aus Lehrbuch und Kommentar überzeugt mit einer konzentrierten und verständlichen Darstellung zu einem erschwinglichen Preis.

Die 10. Auflage berücksichtigt eine große Anzahl neuer, prüfungsrelevanter Gesetze: vom geänderten Sanktionenrecht, über strafgesetzliche Anpassungen an das neue Cannabis-Gesetz bis hin zu den neu gefassten Regelungen über Gesundheitszeugnisse und der Aufhebung des Werbeverbots für den Schwangerschaftsabbruch (ehemals § 219a).

Seine besonderen Vorteile:

- Schnelles Erfassen, Wiederholen und Beantworten der Fallfrage sowie die Durchdringung des Stoffs im Rahmen eines „kommentarmäßigen" Begründungszusammenhangs
- Aufbau- und Prüfschemata erleichtern den Zugang zu dogmatisch schwierigen Problemfällen
- Beispiele und Kurzfälle helfen bei Einordnung und Subsumtion des konkreten Sachverhalts

Bestellen Sie im Buchhandel oder
versandkostenfrei unter nomos-shop.de
Alle Preise inkl. Mehrwertsteuer